공적 복음과 공공신학

공적 복음과 공공신학

발행	2021년 9월 4일
지은이	류영모, 김도일, 김민석, 김승환, 김진혁, 김창환, 노영상, 류준영, 문시영, 박찬식, 변창배, 변창욱, 성석환, 이승열, 이장형, 임희국, 정재영, 조성돈, 한국일.
발행인	윤상문
디자인	박진경, 이보람
발행처	킹덤북스
등록	제2009-29호(2009년 10월 19일)
주소	경기도 용인시 기흥구 동백동 622-2
문의	전화 031-275-0196 팩스 031-275-0296

ISBN 979-11-5886-223-7 03230

Copyright ⓒ 2021 류영모, 김도일, 김민석, 김승환, 김진혁, 김창환, 노영상, 류준영, 문시영, 문시영, 박찬식, 변창배, 변창욱, 성석환, 이승열, 이장형, 임희국, 정재영, 조성돈, 한국일.

이 책은 저작권법에 따라 보호받는 저작물이므로 무단전재와 복제를 금지하며,
이 책의 내용의 전부 또는 일부를 이용하려면 반드시 저작권자와 킹덤북스의
서면 동의를 받아야 합니다.

※ 잘못된 책은 구입한 곳에서 교환하여 드립니다.
※ 책 가격은 표지 뒷면에 있습니다.

 킹덤북스(Kingdom Books)는 문서사역을 통해 하나님의 나라를 확장하고, 한국 교회와 세계 교회를 섬기고자 설립된 출판사입니다.

공적 복음과 공공신학

류영모, 김도일, 김민석, 김승환, 김진혁, 김창환,
노영상, 류준영, 문시영, 박찬식, 변창배, 변창욱,
성석환, 이승열, 이장형, 임희국, 정재영, 조성돈,
한국일 지음

킹덤북스
Kingdom Books

목차

발간사 　대한예수교장로회 제106회기 총회 총회장 류영모 목사(한소망교회) ········ 6
서　문 　대한예수교장로회 총회 사무총장 변창배 목사 ································· 9

1부 | 공적 복음과 교회의 사회적 책임 ················· 13

1장 사적 복음에서 공적 복음으로 ································· 14
조성돈 교수(실천신학대학원대학교)

2장 복음 전도와 교회의 공적 책임 ································ 37
한국일 교수(장로회신학대학교)

3장 공공신학과 공적 영성 ··· 60
류준영 대표(공적신학실천센터)

2부 | 공공신학이란? ································· 83

1장 마틴 루터의 신학과 공공신학 ································· 84
김진혁 교수(햇불트리니티신학대학원대학교)

2장 공공신학으로서의 존 칼뱅의 신학 ······················· 106
김민석 소장(한국공공신학연구소)

3장 공공신학의 정의와 특징 ······································ 129
김승환 박사(현대기독교연구원)

3부 | 공공신학과 교회의 쇄신 ····· 153

1장 공공신학과 케리그마 ····· 154
변창욱 교수(장로회신학대학교)

2장 공공신학과 디다케 ····· 175
김도일 교수(장로회신학대학교)

3장 공공신학과 건강한 교회의 코이노니아 ····· 195
박찬식 박사(국제이주자선교포럼)

4장 공공신학과 디아코니아 ····· 228
이승열 소장(한국기독교사회봉사연구소)

4부 | 사회를 위한 공공신학 ····· 263

1장 공공신학과 교회의 윤리 개혁 ····· 264
문시영 교수(남서울대학교)

2장 공공신학과 시민 사회 ····· 291
정재영 교수(실천신학대학원대학교)

3장 공공신학으로 본 세계화 시대의 기독교적 책임 ····· 319
이장형 교수(백석대학교)

4장 공공신학과 하나님 나라의 경제 ····· 339
성석환 교수(장로회신학대학교)

5부 | 오늘의 신학에 있어서의 공공신학 ····· 357

1장 공교회 및 교회 공공성의 기반으로서의 한국 장로교회 헌법제 ····· 358
임희국 교수(장로회신학대학교)

2장 영국과 미국에서의 공공신학 ····· 379
김창환 교수(미국 Fuller신학대학원)

3장 한국적 공공신학으로서의 '마을목회' ····· 400
노영상 원장(총회한국교회연구원)

발간사

대한예수교장로회 제106회기 총회 총회장
류영모 목사(한소망교회)

제106회 총회 주제연구『공적 복음과 공공신학』을 발간하게 됨을 하나님께 감사드립니다. 이 책은 제106회기 총회의 주제, "복음으로, 교회를 새롭게 세상을 이롭게"에 대한 연구 서적으로, 본 주제의 신학적 기반과 교회의 실천 문제를 다룬 책입니다.

이 책『공적 복음과 공공신학』은 크게 5부로 구성되어 있습니다. 제1부 공적 복음과 교회의 사회적 책임, 제2부 공공신학이란, 제3부 공공신학과 교회의 쇄신, 제4부 사회를 위한 공공신학, 제5부 오늘의 신학에 있어서의 공공신학입니다.

제1부에선 사적 복음에서 공적 복음으로의 변화의 필요성과 교회의 공적 책임과 공적 영성에 대해 성찰하였으며, 제2부에서는 마틴 루터와 존 칼뱅의 신학에 나타난 공공신학에 대한 반성과 함께 공공신학에 대한 정의와 특징들을 정리하였고, 제3부에서는 케리그마, 디다케, 코이노니아, 디아코니아 등 다양한 측면에서의 교회의 쇄신을 위한 공공신학적 고찰을 하고 있으며, 제4부에서는 공공신학적 입장에서 교회의 윤리 개혁문제와 시민사회의 공공성, 세계화 시대의 기독교적 책임 및 하

나님 나라의 경제에 대해 연구하였고, 마지막 제5부는 교회의 공공성을 기반으로 장로교 헌법에 대해 살폈으며 영국과 미국에서의 공공신학의 흐름에 대한 검토와 함께 한국적 공공신학으로서의 '마을목회'에 대한 입장을 정리하였습니다.

그동안 본 연구원은 '마을목회'란 주제를 강조하며 20권의 책을 출간한 바 있습니다. 현시대의 사사화된 우리의 삶을 분석 조망하고 이를 극복하는 방안으로 공동체적 행복을 강조하는 지역사회 친화적 목회를 부각시킨 것입니다. 이 같은 마을목회의 개념은 개인에 앞서 복음으로 교회를 새롭게 하고 세상을 이롭게 하려는 공적 신앙의 모습과 일맥상통하는 것이라 할 수 있습니다.

코로나19로 인해 세상은 급작스럽게 초연결 사회로 진입하게 되었습니다. 글로컬의 시대에 교회는 사적인 복음의 영역을 넘어서 공적인 영역에도 복음의 영향력이 미치도록 해야 할 것입니다. 이번 총회 주제연구를 통해 복음으로 교회를 새롭게 하며, 세상을 이롭게 하는 일에 조금이나마 힘이 되기를 바라마지않습니다.

이번 연구에 동참하여 원고를 내주신 교수님들과 목사님들께 먼저 감사의 말을 전합니다. 총회한국교회연구원의 노영상 원장, 김신현 실장, 총회 본부의 변창배 사무총장과 노태민 목사, 그리고 책을 출판하여 주신 킹덤북스(Kingdom Books) 대표 윤상문 목사의 노고를 치하드립니다. 이 책을 집필하여 주신 분들은 대부분 본 교단의 목회자나 신학자들이지만, 풀러 신학교의 김창환 교수, 남서울대학의 문시영 교수, 백석대의 이장형 교수, 실천신대의 조성돈 교수, 정대영 교수, 횃불트리니티의 김진혁 교수, 그리고 이승열 박사, 류준영 박사, 김민석 박사, 김승환 박사, 박찬식 소장 등이 귀한 옥고를 주시기도 하였는데, 이 자리를 빌어 그분들에게 심심한 감사의 마음을 전합니다.

바라기는 이 책이 제106회 총회를 위해 유용하게 쓰여 코로나19 팬데믹 시대에 교회가 직면한 위기를 다시 극복하는 데 일조할 뿐 아니라, 영적으로도 더욱 성숙해져 공적인 영역에까지 복음의 선한 영향력을 미치는 기회가 주어지게 되길 간절히 소망하여 봅니다.

서 문

대한예수교장로회 총회 사무총장
변창배 목사

총회는 제106회기 주제를 "복음으로, 교회를 새롭게 세상을 이롭게"(신 16:11, 막 1:15, 행 2:47)로 정하였습니다. 복음은 우리 신앙의 중심입니다. 복음에 따라서 교회는 끊임없이 개혁되어야 하며, 세상 속에서 하나님 나라를 증거 해야 합니다. 코로나19 팬대믹을 겪는 오늘날 어느 때보다도 복음의 능력이 필요합니다. 흑사병이 중세 사회를 뒤흔들고 변화시킨 것처럼 코로나19도 현대 사회의 패러다임과 현대인의 삶을 뒤흔들고 있습니다. 문명사적인 전환기를 살아가는 우리들도 복음의 능력으로 세상을 섬겨야 합니다.

전 세계가 급격하게 변모하고 있습니다. 디지털 혁명으로 일컬어지는 제4차 산업 혁명은 감염병으로 인해서 가속화되고 있습니다. 더구나 2020년 합계출산율이 0.84명으로 감소하고 출생자보다 사망자가 많은 데드크로스 현상에서 보듯이 한국 사회의 저출산 고령화 현상은 극심해졌습니다. 코로나19에도 불구하고 250만 명에 달하는 국내 체류 외국인은 대한민국 인구의 5%에 육박합니다. 전 지구적인 기후 위기는 체감할 수 있을 만큼 다가왔습니다. 문명사적인 위기의 파도가 전 지구적으로

닥치고 있습니다.

한국교회는 한국 사회의 지배 종교가 되었습니다. 한국교회는 성장에 따르는 책임 있는 역할을 감당해야 합니다. 더구나 한국교회 부흥기의 한국 사회와 교세감소기의 한국 사회는 동일하지 않습니다. 복음에 충실하되 이전의 방법을 버리고 변화해야 합니다. 기업이 소비자들이 요구하는 ESG 경영을 주목하듯이 환경 보호(Environment protection), 사회 공헌(Social contribution), 윤리 경영(Ethical governance)에 앞장서야 합니다. 기후 위기에 대응하여 환경 보호를 실천하고, 사회적 약자들을 지원하며, 투명하게 법과 윤리를 준수하는 이미지를 가볍게 여기지 말아야 합니다.

이러한 시대적 요청에 응답하기 위하여 총회 마을목회(치유와 화해의 생명 공동체 운동 10년)위원회에서는 주제 연구 시리즈 ①『제106회 총회 주제 적용지침서: 포스트 코로나19 시대에 마을을 품고 세상을 살리는 교회』와 주제 연구 시리즈 ②『공적 복음과 공공신학』을 발간합니다.

주제 연구 시리즈 ①은 코로나19가 초래한 변화에 대응하여 팬데믹 이후 어떻게 교회를 새롭게 하며 세상을 이롭게 할 수 있을지 실천적 고민을 총회, 노회, 지역 교회 차원에서 접근하였습니다. 주제 연구 시리즈 ②는 한국교회의 대표 학자들의 공공신학에 관한 연구를 집약하였습니다. 공공신학은 사회의 공적 문제들에 대한 교회와 신학의 공적 상관성을 중시합니다. 공공신학을 바탕으로 한 공적 복음에 대한 이해는 제106회 총회 주제의 이해에 도움이 될 것입니다.

지역 교회나 한 교단의 노력만으로 사회 속에서 하나님 나라를 온전하게 증거하기 어렵습니다. 공교회 차원에서 한국교회가 협력하며 연대해야 합니다. 그때 하나님께서 시민 사회와 정부와도 협력할 길을 열어 주실 것입니다. 한국 사회가 하나님 보시기에 좋은 사회가 되도록 한국교회가 앞장서서 나아가야 합니다. 본 책자가 한국교회의 복음 증거를 위한 디딤돌이 되기를 기대합니다. 하나님께 정성껏 예배를 드리기에 힘쓰는 지역 교회가 연대해서 하나님 나라를 증거하는데 도움이 되기를 바랍니다.

1부

공적 복음과
교회의 사회적 책임

사적 복음에서 공적 복음으로

조성돈 교수(실천신학대학원대학교)

1. 들어가는 말: 고백, 기도, 현실

예배 중 대표 기도가 긴 경우가 있다. 이렇게 길어진 기도의 특징은 서론이 길다는 점이다. 무엇보다 시작할 때 하나님에 대한 경배와 감사에서 길어진다. '천지의 창조주가 되시며, 역사의 주인이시며, 만물의 주인이 되시는…' 등등으로 이어지는 하나님께 대한 고백이다. 천지창조부터 역사의 종말까지, 창세기부터 요한계시록까지 이어지는 이런 하나님에 대한 경배는 우리의 고백에 근거한다. 분명 하나님은 인간의 한계를 넘어선다. 그 고백처럼 하나님은 이 모든 창조 세계의 주인이시다. 거기에는 또 하나님의 모든 본성이 드러난다. 하나님은 사랑, 정의, 평화의 하나님이다. 이 세상에 가장 중요한 가치들은 모두 그 하나님의 본성에 속한다. 우리의 고백은 이렇게 하나님의 크심과 선하심에 근거한다.

이러한 고백이 지나고 나면 우리의 간구가 이어진다. 우리 교회가 부흥하고, 교회 건축이 잘 이루어지고, 우리 목사님 설교 잘하시고, 건강하시고, 우리 성도들 모두 건강하고 잘 되기를 기도한다. 아마 우리가 모두 이러한 구조가 이상하다고 생각하지 않을 것 같다. 이상하다기보다는 어색하지 않을 정도로 자연스럽고, 우리에게 아주 익숙한 기도의 패턴이다.

그런데 생각해 보면 이러한 기도 형태는 상당히 모순적이다. 우리의 고백에 따르면 하나님은 교회의 울타리 안이 아니라 이 세계의 주인이시고 주관자이시다. 그 하나님은 우리의 구원자이실 뿐 아니라 이 세계의 구원자이시다. 오늘 우리에게 복을 주시지만, 그분은 창조부터 종말까지 이 역사의 주인이시다. 그런데 우리의 기도는 우리 교회, 우리 목사님, 우리 성도들, 더 나아가서는 우리 가족, 그리고 나에 집중되어 있다. 즉 고백과 기도가 엇나가 있다. 하나님이 이 세계의 주인이라고 고백했다면, 우리의 기도는 이 세계에서 우리가 무엇을 해야 하는지를 물어야 했다. 우리의 구원자이시며, 우리를 교회로 부르신 하나님이 이 세계에서 우리가 무엇을 하도록 요구하는지를 깨닫고, 바로 그 지점에서 우리가 해야 할 바를 감당할 수 있도록 기도했어야 했다. 그런데 우리는 '우리'와 '나'에서 벗어나지를 못했다.

기도가 이렇게 엇나가 있다면, 우리의 현실은 다를까. 아니라고 본다. 우리의 기도가, 우리의 고백과 다르게 자리해 있다면 우리의 현실 역시 다른 자리에 있다고 봐야 한다. 하나님의 존재와 본성에 맞는 삶이 아니라 우리 중심의 삶이 된다. 그래서 하나님이 바로 나에게 무엇을 해주어야 하는지를 묻고, 그 하나님의 도움으로 내가 잘되기를 바랄 뿐이다. 즉 내가 나의 주인이시며 이 세계의 주인이신 하나님을 위해서 무엇을 할까를 구하는 것이 아니라, 하나님이 나를 위해서, 내 가족을 위해서, 그리고 우리 교회와 우리 직장을 위해서 무엇을 해 줄 수 있는지를 묻고, 그런 삶을 살게 된다.

우리에게 신앙은 아주 자연스럽게 사적 영역으로 여겨진다. 내가 복되게 살아가기 위한 훌륭한 도구가 된다. 좀 더 나아간다면 그래도 이웃을 위한 섬김으로 여겨진다. 그것은 하나님의 사랑을 실현해 가는 나의 도움이다. 구원의 감격과 감사는 너무 소중한 우리의 신앙적 유산이다. 그러나 그 이후 우리는 무엇을 해야 하는지를 물었어야 했다. 우리가 하나님은 이 세상의 주인이라고 이야기하고, 하나님 나라가 이 세상에 임해야 한다고 고백한다면 바로 우리의 기도와 행함은 바로 그 세상에서 이루어져야 했다. 하나님의 주권과 통치가 이루어지고 있는 거기가 바로 우리의 사역이 펼쳐져야 할 곳이다.

또 하나 우리가 생각해 볼 지점이 있다. 전에는 한국교회가 삼일절 기념 예배나 8.15 광복절 기념 예배 등을 지켰다. 3.1절은 한국교회의 아주 큰 자부심이다. 당시 기독교인은 약 20만 명 정도였다. 이는 인구의 1.5% 수준밖에 안 되는 수치였다. 그런데 민족대표 33인 중 16명이 기독교인이었고, 교회가 있는 곳마다 만세운동이 일어났고, 수감자 중 20%가 기독교인이었다. 인구의 1.5%였던 기독교가 이 나라의 역사에 있어서 5%, 10%가 아니라 50% 이상의 영향을 끼쳤던 순간이다. 3.1 만세운동은 기독교가 당시 이 나라의 역사에 끼쳤던 영향의 정점이었다. 그 앞에서 이루어졌던 일들과 그 이후로 이어졌던 항일운동과 민족 계몽운동의 분수령이었다. 그래서 나라가 일본 제국주의로부터 해방될 때 기독교는 이 나라의 존경과 존중을 받았다.

상징적인 사건은 제헌의회에서 이루어진 이윤영의 기도였다. 나라의 기틀을 잡기 위해 이루어진 제헌의회에서 임시의장이었던 이승만은 목사인 이윤영을 지목하여 기도하도록 했다. 이 사건에 어떤 의미를 부여하기 이전에, 개인적인 관점에서 볼 때 기독교 국가도 아닌 대한민국에서 제헌의회가 시작하는데 기도가 허용되었다는 점에 주목하게 된다. 당시 기독교인은 약 5% 수준이었다. 아주 미약한 수준이라고 할 수 있다. 그런데 국민을 대표하는 제헌의원들이 모인 자리에서, 그것도 사적인 자리가 아니라 제헌의회를 시작하는 자리에서 목사가 앞에 나서 기도할 수 있도록 '허용한' 그 상황이 특이했다. 오늘날 국회가 시작될 때 의원 중의 한 명이 앞에 나서서 기도하고 시작할 수 있을까. 상상도 할 수 없는 일이다. 그런데 지금보다 기독교인이 훨씬 더 적었던 그때에는 가능했다. 어떻게 그것이 가능했을까. 아마 그것은 기독교가 그동안 쌓았던 신뢰를 바탕으로 했을 것이다. 이 나라가 독립하여 해방을 맞이하기까지 기독교가 큰일을 했으니 그런 세리모니를 갖는 것이 옳다고 여긴 것이다. 이런 의미에서 이윤영 목사의 제헌의회 기도는 당시 기독교가 사회에서 어떤 신뢰를 얻었는가를 보여주는 상징적 사건이다.

이런 기독교의 전통 속에서 한국교회는 삼일절 기념 예배와 8.15 광복절 기념 예배를 드렸다. 개 교회에서도 이루어지고, 노회나 지역 기독교연합회 등에서 주관하여 예배를 통해 기념했다. 이런 전통은 우리가 한국 사회, 이 민족 역사에서 감당했던 그 역할에 대한 자부심의 표출이다. 이 말은 달리 말하면, 우리가 생각하는 바람직한 교회는 역사 속에서 그런 공적 역할을 감당하는, 좀 더 신학적으로 표현한다면 하나님 나라의 비전을 이루어가는 교회이다. 실제로 우리가 역사 가운데 기억하는 기독교인이나 교회들은 이런 공적 사명을 감당한 사람들이고 교회이다. 우리가 그들을 기억하는 이유는 그들이 믿음을 가지고 사적 영역에서 머무른 것이 아니라 공적 영역으로 나아와 하나님 나라의 가치를 이루어갔기 때문이다.

그러면 한 번 우리가 돌아보아야 한다. 복음은 공적이어야 한다는 생각이 있고, 또 그런 기준에서 우리는 과거 한국교회의 공적인 역할에서 자부심을 얻고 있는데, 오늘날 우리는 왜 다른 모습을 가지고 있을까. 개인적인 복에 치중하게 되고, 개 교회의 부흥에 관심이 있는 한국교회의 모습은 어디에서부터 어그러진 것일까를 한 번 생각해 보아야 한다.

2. 한국교회의 배경

한국교회는 세계 기독교의 지형을 볼 때 작은 한 부분을 차지하고 있다. 크게 나누어 볼 때 기독교는 로마 가톨릭이 약 50%를 차지하고 있고, 개신교가 35%, 그리고 정교회가 10% 정도 된다. 개신교는 다시 크게 루터교와 칼뱅주의 전통에 있는 교회로 나누어진다. 루터교는 독일을 중심으로 해서 북구 4개국이 모두 루터교 국가이고, 그 연관된 나라들에 분포되어 있다. 칼뱅주의는 미국을 중심으로 해서 역시 관련된 나라들에 많이 분포되어 있다. 특히 한국은 장로교의 전통이 강한데, 장로교는 의외로 그 인구가 많지 않다. 한국이 장로교 교인이 가장 많은 나라라고 한다. 이렇게 보면 한국교회는 세계 기독교의 흐름에서 보면 상당히 소수적 입장에 있다. 기독교의 전통에서 볼 때 한국교회는 주류의 입장이 아니라 소수파의 입장에 있다고 할 수 있다. 이런 면에서 한국교회가 가지고 있는 특이성을 공적 복음의 입장에서 한 번 살펴보고자 한다.

1) 루터교와 칼뱅주의

개신교의 양대 축이라고 할 수 있는 루터교와 칼뱅주의는 뿌리는 같을지 몰라도, 신학적으로나 현실적으로 많은 차이를 가지고 있다. 특히 공적 복음이라는 측면에서 보면 그 차이가 확연하다.

루터교는 종교개혁의 기반을 정치에 두었다. 개인의 회심에 기반한 종교개혁이 아니라 성주들의 회심에 그 기반을 두었다. 1555년 신성 로마 제국의 황제에 의해서 이루어진 '아우구스부르크 평화조약'은 '한 통치자가 있는 곳에 하나의 종교가 있다(ubi unius dominus, ibi una sit religio)'는 모토로 정리되었다. 즉 성주가 선택한 종교에 따라서 그 지역의 종교가 결정되었다. 성주가 가톨릭으로 남기를 원하면 그 지역은 가톨릭이 되는 것이고, 성주가 개신교로 바꾼다면 역시 그 지역은 개신교가 되었다. 그 지역민들에게는 단지 그 지역의 종교를 따르던지, 아니면 그 지역을 떠날 수 있는 자유만 남겨졌다.[1]

이것은 1517년 루터가 종교개혁을 일으킬 때부터 예견된 결과였다. 루터의 종교개혁에 있어서 중요한 인물로 떠오르는 프리드리히 현제(Friedrich der Weise)가 대표적인 인물이다. 익히 알고 있듯이 루터는 그에게 많은 부분 의지했다. 1521년 보름스 제국의회 이후 루터가 살해 위험에 빠졌을 때 그를 구해 준 것도 프리드리히 현제였고, 그를 바르트부르크성에 숨겨 놓고 성경을 번역할 수 있도록 도와준 것도 그였다. 또한 그는 모든 순간마다 루터와 종교개혁의 든든한 후원자였다. 이처럼 종교개혁은 신앙적인 문제뿐만 아니라 당시 유럽의 정치와 연결되어 있었다.

---

1 조성돈, "독일 사회시장경제와 교회의 역할", 「신학과 실천」, 41(2014), 539-560. 549.

루터의 종교개혁은 철저하게 지방 성주들, 다시 말하면 지방 정부들과 함께 진행되었다. 당시 사회체제인 봉건제에 기반하여 작은 지방 성주들에서부터 작센과 같은 대규모의 지방 성주들까지, 종교개혁의 파트너는 항상 성주들이었다. 이런 배경에서 루터는 '두 왕국론'을 주장하게 되었을 것 같다. 그에 따르면 교회와 정부는 분리되지 않는다. 둘 다 하나님의 통치 수단일 뿐이다. 교회에 복음과 사랑을 주었다면, 정부에는 율법과 검(劍)을 주었다. 이를 통해 하나님 나라를 이루어가는 두 통로가 된다.

이러한 신학적 견해와 사회적 상황 가운데서 루터 교회는 중세시대의 교회와는 다르게 정부와의 관계를 돈독히 한다. 중세 교회는 정부와 그 우위권을 가지고 치열하게 싸웠다. 교황은 신성로마 제국의 황제들과 권력을 가지고 전쟁을 치르기도 했다. 또 세속 권력 이상의 권한을 갖는 교권은 현실적 권력을 가지고 지방 성주들과 다투어 왔다. 그런데 루터교는 철저하게 정부와 함께 하는 교회를 전제했다. 이로써 루터 교회의 전통은 정부에 대한 철저한 신뢰와 연대 의식을 가지고 있다. 교회는 정부의 보호를 받고, 정부의 부족한 부분들은 교회가 채워나갔다. 이러다 보니 교회의 의식은 교회 울타리 안에 머물러 있지 않았다. 그들의 관심은 지역에 있었고, 성주와 지역민들과 함께 하는 교회였다.

이것은 루터 교회의 세계관과 사회적 관점에 지대한 영향을 끼친다. 교회가 공적 역할을 하는 것은 당연한 일로 받아들여진다. 교회는 항상 공동체로서 정체성을 유지하는데, 그것은 단지 교회 안의 구성원뿐만 아니라 그 지역의 주민을 아우른다. 항상 지역의 약자들에 대해서 신경을 쓰고, 그들을 돕기 위해 마음을 쓴다. 그것이 전통으로 남아 오늘날도 정부와 교회의 역할 분담과 같이 이루어지고 있다. 이것은 결국 루터교의 영향이 미치는 모든 나라에서 비슷하게 나타난다.

 이에 반해 칼뱅주의는 정부와의 관계가 원활하지 않았다. 신학적으로도 개인주의적인 신앙이 강조되면서 공동체성과는 약간 거리가 있었다. 현실적으로 칼뱅의 영향을 받은 장로교회나 청교도 등은 각 지역에서 책임 있는 역할을 감당하기보다는 소수자로 많은 박해를 받았다. 대표적인 모습으로 메이플라워호를 타고 신세계인 미국으로 건너간 청교도를 들 수 있다. 이들은 영국에서 당했던 박해를 새기며, 미국에서 정교분리를 헌법에 중요한 원리로 내세웠다. 교회가 국가의 일에 간섭하지 않을 테니, 국가도 교회에 간섭하지 말라는 의미였다. 이로써 교회는 정부나 사회와 일정한 거리를 두었다. 교회에 주어진 사회적 역할을 포기한 것은 아니나 너무 깊이 참여하지는 않았다. 특히 미국의 기독교는 개교회주의를 지향했기 때문에 정부에 영향을 주는 것도 한계가 있었다. 다양한 교파에 근거한 개교회주의는 공적인 역할은 어느 정도 포기해야 했다.

 이러한 배경의 영향은 오늘날까지 그대로 남아있다. 루터교가 주류를 이루거나 국교를 이룬 나라들, 즉 독일과 스칸디나비아 3국, 거기에 핀란드 등은 사회시장 경제 체제[2]를 가지고 있다. 이들 나라는 공동체 중심의 사회체제를 유지한다. 이 가운데 교회의 공적 역할은 극대화 되어 있다. 이에 반해 칼뱅주의의 영향을 받은 나라들에서는, 대표적으로 영국, 미국에 이어 대한민국에 이르기까지, 개인주의에 근거한 자유시장경제가 발전했다.[3] 그리고 교회는 정부와의 거리를 항상 일정 정도 이

---

2 위의 책. 542 이하. 사회시장경제(die soziale Marktwirtschaft)에 대해서 설명이 되어있다.
3 위의 책. 549.

상 두고 있다. 또한 단일화된 교회 체계가 없어서 정부를 상대로나 사회를 상대로도 그 영향력을 발휘하는 데 한계를 가지고 있다.

대한민국은 사회 체계에 있어서나 교회의 체계 역시 미국의 영향을 많이 받았다. 특히 개인주의적인 경향이 큰 자리를 차지하고 있고, 교회의 사회적 역할 역시 한정된 범위 내에서 이루어지고 있다. 또 한국 사회에서 기독교의 역사를 보면 아무래도 서양에서 들어온 종교이고, 아직 그 역사가 그렇게 길다고 할 수 없다. 더군다나 사회가 급변하는 시기에 자리를 잡았기 때문에 큰 영향력을 발휘할 기회도 적었고, 그러한 기회를 유지할 수도 없었다. 이런 신학적 배경이 한국교회에 큰 영향력을 끼쳤다고 할 수 있다.

2) 교회(Church: Kirche)와 종파(Sect: Sekte)

종교사회학에서는 교회와 종파를 구분한다. 오해의 소지를 없애기 위해 미리 이야기하면 종파는 우리가 소위 이야기하는 이단과 같은 집단 내지는 신비주의(Mysticism)와는 구분된다. 우리가 일반적으로 이야기하는 교회에서 그 형태를 나누어 살펴보는 것이라고 보는 것이 정확하다.

어쨌거나, 교회를 교회형과 종파형으로 처음 나누어 본 사람은 막스 베버(Max Weber)이다. 그가 미국을 방문했을 때 독일이나 유럽의 교회들과는 다른 형태의 모습을 보고 놀랐다. 대개 독일이나 유럽의 교회, 아마 그의 경험 범위에서 보았을 때 교구제를 기반으로 하는 가톨릭이나 루터 교회와는 다른 교회의 형태들을 처음 접했던 것 같다. 그것을 보면서 그는 교회의 형태를 종교사회학의 관점에서 교회형과 종파형으로 나누었다.[4] 이에 기반해서 조직신학자인 트뢸치는 좀 더 구체적으로, 특히 신학의 관점에서 정리하였다. 이 논의에 근거해서 정리해 보면 다음과 같다.[5]

교회와 종파를 간단히 구분해 보면 교회는 기관교회, 내지는 제도교회(institutionalized Church)라고 할 수 있다. 국교라고 하는 국가교회의 형태를 가지고 있거나, 국민 대다수가 포함된다고 하여서 국민교회(Volkskirche)라고도 한다. 대부분 이런 교회가 자리하고 있는 곳에서는 자신들의 출생이 교회나 신앙에 영향을 준다. 즉 자신들이 태어난 곳이 가톨릭 지역이면 자연스럽게 가톨릭 교인이 되고, 루터교 지역이면 당연히 루터 교인이 된다.[6] 그래서 사람들은 신앙을 선택하는 것이 아니라 '신앙으로 태어난다.'라고 이야기를 한다. 이에 반해 종파라고 하는 교회의 형태가 지배하는 지역에서는 개신교회라도 다양한 신앙 형태 중에 '선택'을 해야 한다. 장로교, 감리교, 성공회, 오순절 등등으로 나뉘어 있다. 그래서 한 지역 안에서도 여러 형태의 종파들을 대표하는 교회들이 존재하게 된다. 따라서 어느 지역에 태어났다는 것이 신앙을 규정하지는 않는다.

이런 배경에서 보면 교회형은 보편적 대중을 그 교인으로 생각한다. 그 목회의 형태는 주일예배에 나오는 사람들뿐만 아니라 교구가 정해진, 즉 그 마을주민 전체를 대상으로 하는 목회가 된다. 당연히 그러므로 그 목회는 대중적일 수밖에 없다. 그 믿음의 결단이 아니라 참여에

---

4 M. Weber, "Kirche" und "Sekten" in Nordamerika, ChW 20/1906, 558-562. 577-583.
5 조성돈, 『목회사회학. 현대 사회 속의 기독 교회와 생활 신앙』 (서울: 토라, 2004), 73 이하 참조.
6 여기서도 아우구스부르크 평화조약의 영향이 있다. 현재도 개신교 지역에서 한 마을만 가톨릭인 곳도 있다. 그런 경우는 그 종교개혁 당시에 그 성주가 가톨릭으로 머물기로 한 것이 전통으로 남아서 유지되는 것이다.

의미를 둔다. 그래서 신앙생활은 성례의 참여에 큰 비중을 둔다. 특히 생애주기에 따른 의례들, 즉 유아 세례, 견진/입교, 결혼, 장례가 교회에 이루어지는 것에 큰 의미를 둔다.

반면 종파형은 자신들의 교회를 선택하여 온 교인들을 대상으로 한다. 그들은 다른 이들과는 구별된 공동체의 정체성을 같이 나누어야 한다. 특히 대중의 이야기가 아니라 자신의 신앙 고백이 신앙의 중요한 부분이 된다. 즉 개인의 결단이 중요하고, 그러한 결단에 따른 삶이 중요하게 된다.

또 우리에게 중요한 부분이 있는데, 그것은 세계관의 문제이다. 아무래도 보편적 대중을 그 교인으로 삼고, 마을 전체를 대상으로 하는 목회를 하는 교회형에서는 그 사회에 대해서 책임감을 갖는다. 교회는 마을에서뿐만 아니라 그 단일화된 조직에 따라, 지방 정부, 내지는 중앙 정부에서도 그 책임을 가지고 자신들의 목소리를 낸다. 종파형은 결단한 개인에 근거를 둔다. 여러 종파 중에서 자신들의 종파, 내지는 한 마을에서 자신들의 교회를 강조해야 하는 종파형은 아무래도 구별된 적은 그룹을 그 목회의 대상으로 생각한다. 그러다 보니 아무래도 세계에 대해서 소극적이다. 책임을 지기보다는 수세적으로 그 태도를 유지할 수밖에 없다.

한국교회는 이러한 구분에서 보면 확연하게 종파형이다. 더군다나 기독교 문화를 가지고 있는 사회도 아니고, 오히려 소수에 속하는 역사

---

7 이러한 경향에 따라서 교회형에서는 항상 개인적 결단에 의한 복음에 대한 고민을 함께 가지고 있다. 그 갈등의 모습이 바로 루터가 이야기하고 있는 불가시적 교회이다. 예를 들어서 마을주민 전체가 교인이라고 하지만, 그리스도인다운 모습과 결단은 부족하기에 불가시적 교회를 이야기하며 교회의 구별을 이야기하고 있다.

를 가지고 있다. 단일화된 교회조직을 가지고 있지도 않고, 교단도 수백 개로 나뉘어 있다. 거기에 교단을 넘어 개교회주의가 심하다. 교단의 영향보다는 오히려 대형 교회, 목회 프로그램에 의한 조직의 영향이 더 크다고 할 수 있다. 어느 면에서 보나 한국교회는 종파형을 넘어 더 심한 개교회주의라고 할 만하다. 그래서 공적인 면이 약하다. 한 동네, 심지어 한 건물에서도 교회가 몇 개씩 존재하는 경쟁 구도에서 공적 역할을 기대하는 것은 요원하다.

3) 조선에 들어온 복음

초기 한국에 들어온 선교사들은 영혼 구령의 열정을 가진 이들이었다. 특히 찰스 피니로 대표되는 2차 대각성 운동의 영향을 받은 이들이었다. 이덕주는 이들에 대한 신학과 신앙을 분석하는 논문에서 한국교회는 이들에게서 청교도적이고 경건주의적이며 복음주의적인 전통을 받았다고 설명한다. 그는 청교도 신앙은 금욕적 생활 실천으로 새로운 기독교적 윤리를 형성하였으나 지나치게 개인주의적이고 염세주의적인 신앙으로 흘렀다고 지적한다. 또 경건주의 신앙은 부흥 운동의 영향을 받아 반이성적인 감정 주의로 흘러 건전한 신학 형성에 저해 요인이 되기도 했다고 한다. 복음주의는 성경과 그리스도 중심의 고백 신앙을 견지했다고 한다. 여러 장점에도 불구하고 그의 지적에 의하면 조선 땅에 들어온 선교사들은 개인적인 회개와 중생의 체험을 강조하며 사회적 복음에 대해서는 좀 약한 면을 보였다.[8]

이덕주의 의견은 각론에서는 갈릴지 몰라도, 전체적으로 볼 때 많은

---

8 이덕주, "초기 내한 선교사들의 신앙과 신학"「한국 기독교역사」, 6(1997), 30-59. 59.

이들이 동의할 수 있는 내용이라고 할 수 있다. 초기에 들어왔던 선교사들이 선교적 열정을 가진 배경을 살펴보면, 사적 복음에 치중했을 것이라는 예상은 어렵지 않게 할 수 있다. 그리고 실제로 조선 그리스도인들이 위험을 무릅쓰고 독립운동에 나서는 것에 대해서 선교사들이 꺼려했다는 보고도 있다.

그러나 좀 더 생각해 보면, 선교사들이 주도권을 가지고 활동하던 때 한국교회는 공적 복음에 충실했었다. 장로교를 기준으로 볼 때 한국인 목사가 배출된 것은 1907년이었다. 1907년 예수교장로회 대한로회(독노회)가 설립되고, 그 자리에서 첫 목사가 배출된 것이다. 당시 독노회에는 목사가 43명, 장로가 36명이 참여했다. 목사 참여자는 당연히 모두 외국인 선교사였다. 이후 1912년 장로교가 총회를 설립하는데, 당시 총대 구성은 선교사 44명, 한인 목사 52명이었다.[9] 이러한 간접적인 증거를 보면 이 당시까지 한국교회에서 선교사들의 영향력은 절대적이었다고 볼 수 있다. 그 의미에서 볼 때는 더욱 그러했고, 무엇보다 수적인 것을 보아도 그러했다. 그런데 조선교회가 선교 초기부터 1920년대까지 공적 복음에 충실했던 것을 우리가 알고 있다. 19세기 후반의 상황에서 구습 타파나 애국애족 운동에 앞장선 것이나, 이후 교육 운동이나 직접적인 독립운동에 적극적으로 나선 것은 잘 알려진 바이다. 특히 3.1 만세운동으로 보여진 조선교회의 공적 활동은 복음이 공식적으로 전해진 지 34년 만에 나타난 것이라고는 믿을 수 없는 일이었다.

특히 영적 각성 운동인 1907년 대부흥 운동을 기점으로 하여 1911년

---

9 대한예수교장로회 총회 연혁.
http://new.pck.or.kr/bbs/board.php?bo_table=SM01_02&wr_id=2 2021.07.19.

105인사건, 1919년 3.1만세운동이 이어진 것은 우연이었다고 할 수 없다. 1907년의 대부흥 운동으로 신앙적 뜨거움을 경험한 이들이 기반이 되어 애국 운동이 이어진 결과가 105인 사건이었고, 이 모든 신자들의 열정이 1919년 만세운동으로 표출된 것이라고 할 수 있다. 즉 조선에서 예수를 믿고 신앙적 각성을 한 자들은 당연히 애국 운동을 해야 하는 것으로 알았고, 사적 복음의 경험은 바로 공적 복음으로 이어지는 것을 당연하게 알았다. 이런 모습의 대표적인 사례는 길선주 목사 가족이다. 길선주 목사는 부흥 운동을 대표하는 인물이었다. 후에는 종말론으로 내세의 신앙을 강조했던 사적 복음의 대표적 인물이라고 할 수 있다. 그러나 그는 애국 운동에서도 빠지지 않았다. 그의 큰 아들 길진형은 105인 사건 때 잡혀가서 3년 동안 옥살이하고, 후에 고문 후유증으로 죽었다. 길선주 목사 역시 이승훈 장로의 권유로 3.1만세운동의 민족대표 33인으로 참여했다. 그는 당시 다른 대표들처럼 종로경찰서에 자수했고, 미결수로 20개월의 옥살이를 했다. 또 다른 그의 아들 길진경은 3.1 만세운동에 적극 가담한 죄로 체포되어 18세의 어린 나이에 모진 고문을 받고 1년 반의 선고를 받았다. 즉 그와 그의 가족은 1907년 대부흥 운동과 1911년 105인 사건, 그리고 1919년의 3.1만세운동의 연결을 보여주는, 즉 개인적인 회심과 부흥 운동이 어떻게 민족과 나라를 그 장(praxis)으로 삼는 공적 복음으로 나아갈 수 있는지를 보여주는 아주 극적인, 그러나 아주 당연한 모범이라고 할 수 있다. 이 모든 결과는 선교사들이 한국교회에서 그 역할을 감당할 때였기에 어쩌면 다른 해석이 필요할 것으로 보인다.

조금은 목회사회학적인 관점에서 살펴보면 이렇게 해석해 볼 수 있다. 조선에 온 선교사들은 분명 그들의 사회에서 개인적 복음에 치중하는 영적 대각성 운동의 영향을 크게 받은 자들이다. 그들은 그 운동에서 직접적으로, 또는 간접적으로 선교적 동기를 얻고, 당시로써는 땅끝이라고 할 수 있는 조선 땅까지 복음을 들고 찾아왔다. 그런데 그들이 자랐던 땅에서는 기독교가 사적이라고 할 수 있는 상황이 아니었다. 그 문화나 사회 체계 자체가 기독교에 근거되어 있었다. 그들의 기준에서 그들은 사적 복음에 치중했다고 할 수 있지만, 조선 땅에서 그들의 사고와 행동은 모두 혁신적이었다. 그들은 신앙적 양심과 상식에 따라 그 신분의 고하를 막론하고 한글을 가르쳤고, 백정들에게도 복음을 전해 교회에서 형제로 받아들였다. 심지어 백정의 아들을 의과 대학에 받아들여 조선 최초의 서양 의사를 만들기도 했다. 여자학교를 세워서 여인들에게도 공부를 가르치고, 남자와 같이 사회생활이 가능하도록 해 주었다. 또 그들은 조선 왕조와 가까워서 당시 조선을 침공해 오던 외세에 맞서는 방패막이 역할을 해 주기도 했다. 서구 기독교 사회에서는 이러한 것들은 어쩌면 당연한 일이었는지 모른다. 그러나 조선 시대 말기에 이런 것들은 가히 혁명적인 일이었다. 선교사들은 기독교인으로서, 그리고 자신들이 살던 사회의 기준으로 아주 당연한 것들을 했을지 모른다. 그러나 조선에서 그들의 행보는 혁명적이었다.

　기울어 가는 조선 왕조는 유교에 터해 있었다. 조선 사회 역시 유교적 배경에서 구성되어 있었다. 500년 역사가 사그라드는 때에 새로운 대안이 필요했다. 그런데 조선의 선각자들이, 그리고 애국자들이 바라볼 때 기독교는 이 나라를 구할 수 있는 새로운 세력이었다. 당연히 기독교로 사람들이 모였다. 때론 하층에서 한글을 배우기 위해서, 또 의료 혜택을 보기 위해서 오기도 했고, 상류층에서는 이같이 나라를 구할 수 있는 새로운 가능성을 알아가기 위해서 왔다. 바로 이러한 이들에게 복음이 들어갔고, 이들에게 전해진 복음은 사적이지만 그 결과는 결국 공적일 수밖에 없었다. 이것이 선교사들의 배경에 비추어 보았을 때 반전이라고 할 수 있는 대목이다.

3. 현대 사회에서 공적 복음의 요청

1) 잃어버린 공적 복음

한국교회의 배경을 살펴보면 사적 복음을 이야기할 수 있는 부분들이 많이 있다. 한국교회는 칼뱅주의의 전통에 이어져 있다. 루터 교회에 비교해 볼 때 사회에 주류이기 보다는 비주류에 머물러 있었고, 주류를 차지할 수 있는 곳에서는 정교분리의 원칙을 내세웠던 이들이다. 특히 칼뱅주의는 개인주의에 기반한 신앙 양태를 가지고 있다. 또 교회와 종파라는 분류로 보아서는 종파에 속한다. 교회와 같이 대중을 상대로 한 목회라기보다는 자신들의 공동체의 정체성을 더 강조하는 종파이다. 지역 안에서 다른 종파나 교단들과 경쟁해야 하고, 그러기에 더욱 다른 이들과 다른 점을 강조하는 경향을 가지고 있다. 그러다 보니 공적이라기보다는 사적인 부분, 구분되는 공동체성을 강조한다. 그리고 마지막으로 우리나라에 복음을 전해준 선교사들의 배경을 볼 때 개인적인 회심과 부흥을 강조하던 대각성 운동이 있다. 이런 전통들을 살펴보면 한국교회는 사적 복음에 근거한 신앙 형태를 가질 수밖에 없고, 그것이 아주 당연하다고 할 수 있다.

그런데 놀라운 것은 이러한 환경 속에서도 조선 시대 말기와 일제 강점기로 이어지는 시기에 한국교회는 그 공적인 역할을 잘 감당했다. 민족 계몽 운동을 활발하게 펼치고, 일제에 맞서서 독립운동을 하고, 교육을 통하여 민족의 인재를 길러냈다. 어쩌면 한국교회 역사에 있어서 초기 60년 정도는 사적 복음과 공적 복음의 균형과 시너지 효과가 컸다고 할 수 있다. 그들은 믿음으로 모든 박해를 이겨냈고, 나라를 위해 고난받기를 마다하지 않았다. 그들은 믿음으로 그 어려운 시기에 소망을 잃지 않았고, 내일을 기대하며 학교를 세우고 아이들을 교육시켰다. 앞선 교육을 받아 자기 혼자 잘 먹고 잘살 수 있었지만, 믿음으로 그들은 기꺼이 독립운동에 앞장서고 만주에서, 연해주에서, 조선 땅에서 독립투사가 되었다. 이렇게 기독교는 나라가 가장 어렵고 힘들었을 때 이 민족에 소망이었고, 기대였다.

그런데 해방 이후 기독교는 허물어졌다. 내 나라가 섰는데, 장로가 대통령이 되었는데 기독교는 정치적 이유로 인해서 무너졌다. 그리고 70년대, 80년대에 기독교는 폭발적인 성장을 이어갔다. 대형 교회들이 우후죽순처럼 솟아났다. 많은 교회들이 전도의 능력을 발휘했다. 많은 사람이 교회로 몰려들었다. 특히 고향을 떠나 도시로 온 사람들에게 교회는 복음이었다. 고향과 가족을 떠난 이들에게 교회는 또 다른 가족이었다. 대체가족으로 이들은 서로 기도해 주며 서로를 챙겼다. 그리고 이곳에서 산업 사회의, 자본주의의 새로운 가치관을 배웠다. 긍정적인 마음을 가지고 부지런히 일하고 노력하면 부자가 될 수 있다는 믿음을 얻게 되었다. 이들은 열심으로 기도했다. 기도의 열이 올라가는 동안 이 기도는 응답 되었다. 이들은 돈을 벌었고, 먹고 살 수 있게 되었고, 집을 사고, 심지어 부자가 되었다. 기도할 때마다 이렇게 응답되니 기도의 열은 더욱 뜨거워졌다. 이렇게 사람들이 모여서 열심을 내니 교회는 매일 부흥했다. 교회에서 간증이 넘쳐났고 새로운 이야기들이 가득했다. 이 모든 복이 교회에 다니면서 시작되었으니 교회에 가는 것이 행복했다. 그래서 교회에 모든 걸 걸었다. 매일 밤낮을 교회로 갔다. 사람들이 이렇게 모이니 교회당을 더 넓게 짓고, 그 자리를 채우려니 더욱 열정적으로 전도했다. 이런 부흥의 사이클이 돌아가니 세상을 돌아볼 새가 없었다. 더군다나 암울했던 권위주의 정권 아래에서 굳이 세상으로 눈을 돌릴 필요가 없었다. 그게 아니어도 교회가 할 일은 너무나도 넘쳐났다. 이렇게 비대해진 한국교회는 다시 두 번의 장로 대통령을 배출했다. 교회가 대단해졌다고 생각했는데 이제 교회가 무너진다. 1990년대 중반부터 교회는 마이너스 성장을 시작했다. 그리고 2000년대 중반부터는 반기독교 정서라고 일컬어지는 현상이 일어났다. 한 때 민족의 소망이었고 기대였던 한국교회가 어떻게 이렇게 변했는가? 어떻게 이렇게 될 수가 있는가? 수많은 변명과 질문이 오가지만 이제 돌이킬 수 없는 지경까지 이른 것은 아닌지 불안한 마음만 껴안고 있게 된다.

2) 잃어버린 신뢰

기독교 윤리실천운동에서는 정기적으로 '한국교회 사회적 신뢰도 조사'를 실시해 오고 있다.[10] 2008년 이후 첫 3년간은 매해 실시했고, 이후 3년 간격으로 2013, 2017, 2020년에 진행했다. 처음 신뢰도 조사를 하고서는 많은 사람에게 충격을 주었다. 한국교회를 신뢰하느냐를 물은 질

---

10 기독교 윤리실천운동, '2020년 한국교회의 사회적 신뢰도 여론 조사 결과 발표 세미나 자료집' 2020년 2월 7일.

문에 18.4%가 긍정 응답을 했다. 당시 인구주택총조사에 의하면 개신교인의 비율은 인구 대비 18.3%였다. 표면적으로 보면 개신교인들이 모두 한국교회를 신뢰한다고 대답했다고 가정한다면, 그외 0.1%가 한국교회를 신뢰한다고 대답한 것이다. 신뢰도가 높지 않을 것이라고 예상은 했지만 정말 이렇게까지 나쁜 줄은 몰랐다. 그런데 이 조사를 잘 보면 또 다른 면을 보게 되는데, 그것은 신뢰하지 않는다고 대답한 사람이 48.3%였다는 점이다. 일반적으로 이런 조사를 하면 보통이라고 대답하는 사람들이 절반 정도 되고, 대개 50% 정도가 긍정과 부정으로 나누인다. 이게 어떤 질문이던 간에 그런 문제에 대해 사람들은 평소에 생각해 놓은 것이 없으면 보통이라고 대답하기 때문이다. 그런데 교회를 신뢰하느냐는 질문에 대해서 한국인들은 아주 명확하게 절반 가량이 신뢰하지 못한다고 대답했다. 이후 조사에서도 약간의 차이는 있지만, 오차 범위 내의 변동이 있었을 뿐이다. 즉 국민의 절반 가량은 항상 기독교에 대해서 부정적인 입장을 고수하고 있었다.

2020년 이 조사는 질문을 바꾸었다. 5점 척도, 즉 '매우 신뢰한다, 약간 신뢰한다, 보통이다, 별로 신뢰하지 않는다, 전혀 신뢰하지 않는다'의 선택지에서 '보통이다'를 빼고 4점 척도로 물어보았다. 결과는 긍정 응답이 31.8%이고 부정 응답이 63.9%가 나왔다. 이전과 비교하면 그렇게 나빠졌다고 할 수는 없다. 그런데 놀라운 것은 '전혀 신뢰하지 않는다'는 응답이 너무 높게 나왔다는 점이다. 무려 32.4%가 전혀 신뢰하지 않는다고 대답을 했다. 이전 5점 척도에서 '전혀 신뢰하지 않는다'고 대답한 사람은 20.1%였다. 그런데 이 부분이 32.4%로 갑자기 늘어난 것이다. 즉 3년 사이에 기독교에 대해서 아주 확신을 가지고 불신과 불만을 가진 사람들이 상당히 많이 늘어났음을 알 수 있다. 그만큼 한국 사회에서

기독교는 아주 뜨거운 이슈이고, 그 중에서도 부정적인 의미에서 확실함을 보여주고 있다.[11]

기독교 윤리실천운동의 조사와 비슷한 조사가 코로나 상황 한 가운데인 2021년 1월에 진행됐다. 조사 기관은 목회데이터연구소로 같았고, 2021년 조사는 목회데이터연구소의 자체적인 조사였다. 여기서는 신뢰한다는 응답이 21%로 전년도, 즉 코로나 상황 이전인 2020년 1월 조사 31.8%에 비교해 보았을 때 약 11% 정도 감소했다. 그런데 더 놀라운 것은 한국교회를 신뢰하지 않는다고 대답한 사람들이 76%에 달했다는 것이다. 그런데 더 충격적인 것은 '전혀 신뢰하지 않는다'고 대답한 사람이 32%에서 무려 48%로 급격하게 늘어났다는 점이다.[12] 코로나 상황에서 한국교회의 사회적 신뢰도는 완전히 무너졌다고 보아야 한다. 인구의 절반 정도가 적극적으로 한국교회를 신뢰하지 않겠다고 선언한 것과 다르지 않기 때문이다. 이들은 교회에 대해서 부정적 의견 수준이 아니라 적극적으로 부정적 액션을 할 수도 있다고 봐야 한다. 그렇기에 현재 한국교회가 처한 상황이 어떠한가는 이 부분에서 읽을 수 있다.

3) 공적 복음의 필요

2015년 인구주택총조사에서 기독교(개신교)인의 비율은 19.7%로 인구 대비 거의 20% 정도였다. 이로써 기독교(개신교)는 처음으로 한국에서 가장 많은 인구를 가진 종교가 되었다.[13] 이것은 70년대와 80년대 부

---

11 위의 책. 89.
12 목회데이터연구소 '코로나19 정부방역조치에 대한 일반 국민 조사' 2021.01.
13 통계청 보도자료 '2015년 인구주택총조사 표본 집계 결과 인구. 가구. 주택 기본특성항목'

홍의 역사 덕분이다. 이로써 한국교회는 이 사회에서 가장 인구가 많은, 그리고 가장 영향력이 있는 종교가 되었다. 그리고 그 결과로 민주화 이후 장로가 대통령이 되는 일이 2번이나 있었다. 그들은 대통령 선거 과정에서 본인이 기독 교회의 장로임을 앞세워서 홍보를 했고, 그 결과라고 단언할 수는 없지만 대통령으로 당선되었다. 이것은 그만큼 한국교회가 이 사회에서 영향력이 상당함을 보여주는 상징이라고 본다.

이렇게 기독교가 이 사회에서 주류에 속하고, 물질적으로나 영향력 면에서도 힘이 있다면 그에 따르는 책임을 져야 한다. 그런데 우리에게는 '심정적 소수 의식'이 있다. 실질적으로는 이 사회에서 다수인데, 아직도 우리 심정에서는 소수라는 생각을 가지고 있다. 소수 의식의 특징은 생존에 급급해서 다른 이들을 돌아보지 않는데 있다. 즉 우리는 덩치가 커졌는데, 아직도 소수 의식을 못 버리고 있기 때문에 이 사회에서 책임을 지려 하지 않는다. 아직도 종파형에 머무르고 있고, 개인 구원에 근거된 이기적 신앙에 머무르고 있다. 그래서 이 사회에 대한 책임 의식이 부족하다. 물론 한국교회가 이 사회를 향해서 나누고 있는 봉사는 대단하다. 그런데 문제는 그걸 이 사회가 공동체 안에서 바라보지 못하고, 그들의 행사로 보고 있다는 점이다. 그것은 우리 마음속에 이기적 동기가 있음을 그들이 보고 있기 때문이다.

우리가 한국교회의 역사를 돌아보면 여러 한계들, 즉 칼뱅주의, 종파형, 대각성 운동 등으로 규정되어지는 그러한 한계들을 가지고 있었다. 그러나 우리 믿음의 선배들은 기독교인이 인구에 1.5%밖에 안 될 때 3.1 만세운동을 이끌었고, 민족의 역사를 생각하며 선각자의 역할을 감

2016.12.

당했다. 만약 우리가 이러한 전통에 있었다면 지금 기독교인이 인구의 20%가 되었는데 정말 더 놀라운 일들을 감당할 수 있었을 것이다.

그런데 지금 우리를 돌아보자. 신뢰도 21%의 부끄러운 모습에, '전혀 신뢰하지 않는다'는 적극 부정층 48%의 사면초가에 쌓여 있다. 코로나19라는 전대미문의 위기 앞에서 한국교회는 위로와 신뢰를 주지 못하고 오히려 공공의 적이 되고 말았다. 교회당에 모이지를 못하고 비대면 예배라는 초유의 사태를 감당하는 희생에도 불구하고, 사회는 한국교회를 향해서 손가락질을 하고 있다.

지금이라도 한국교회는 돌이켜야 한다. 어떻게 이 사회에서 신뢰를 회복하고, 이들에게 참된 복음을 전할 수 있는지를 고민해야 한다. 그 실마리의 처음은 우리가 공적 복음으로 회심하는 일이다. 우리의 진심을 이 공동체, 하나님 나라의 비전으로 교회를 넘어 이 세상을 향하는 공동체로 회심(回心)해야 한다. 이것이 지금 우리에게 주어진 가장 큰 사명이다.

4. 나가는 말

사적 복음과 공적 복음을 나누는 것은 의미가 없다. 이 둘은 항상 서로에게 에너지를 주었다. 개인적인 구원의 감격과 하나님을 만나는 감동이 없다면 신앙은 항상 메마를 수밖에 없다. 그러나 그 믿음이 그 곳에 머물러 있다면 항상 부족한 상태에 있는 것이다. 창조주가 되시는 여호와 하나님은 이 세상의 구원을 위해 일하시고 계시는데, 주의 몸된 교회인 우리가 그 일에 함께하고 있지 않다면 문제가 있다. 구원의 감격과 하나님의 역사에 동참하는 감격은 항상 서로에게 큰 힘이 된다.

더군다나 새로운 피조물로서의 믿는 이들은 그 존재 자체가 공적 복음의 씨앗이다. 한 알의 밀알이 썩어 없어지는데, 거기서 많은 열매가 나타나듯이 사랑과 정의와 평화의 하나님 나라의 가치로 거듭난 인간의 존재는 모든 사회의 변화와 변혁을 이끌어 왔다. 이것이 우리가 이 땅에서 눈으로 본 바요, 손으로 만진 바이다. 우리 믿음의 선배들은 구원의 감격과 신앙의 열정을 나라를 구하고 역사를 바꾸는 에너지로 승화시켰다. 즉 사적 복음의 결과로 공적 복음을 이끌었다.

오늘날 한국교회가 많은 어려움 가운데 있다. 우리는 이 당연한 복음의 역사를 잃어버리고 있다. 그리고 이 창조적 시너지를 무너뜨리고 있다. 한국교회가 다시 살 길은 공적 복음을 회복하고, 바로 거기에 우리의 진심을 싣는 회심을 경험하는 것이다. 바로 여기에 우리의 온전한 믿음을 바칠 수 있기를 바란다.

복음 전도와 교회의 공적 책임

한국일 교수(장로회신학대학교)

1. 들어가는 말

전도는 교회 탄생부터 지금까지 끊이지 않고 지속해 온 교회와 그리스도인의 활동이다. 교회도 복음 전도를 통해서 탄생하였으며, 그 교회는 다시 온 세상에 그리스도의 복음을 전하기 위해 세워졌고 확산되었다. 사도행전에 기록된 초대 교회는 전도하는 교회였다. 사도행전 2장 42절에 그리스도인들이 사람들에게 칭송을 받으니 그리스도인이 되는 수가 날마다 더하였다고 기록한다. 이러한 사도행전의 전도 역사는 한국교회 역사에서 나타난다. 사도행전과 거의 똑같은 현상들을 경험하면서 한국 땅에 교회가 세워지고 그리스도인의 수가 증가하고 사람들에게 칭찬을 받으며 교회가 성장한 사실을 기록한다.

한국교회의 복음의 놀라운 수용성과 전도에 대한 열정은 초기 한국교회의 성격을 전도하는 교회로 확고하게 형성해 놓았다. 물론 이러한 배경에는 국가의 주권을 상실한 민족적 슬픔, 민족의 정체성에 대한 혼란, 경제적 가난, 서구의 근대화를 향한 동경 등과 같은 역사적, 정치적, 문화적 요인 등 사회적 요건들이 선교의 수용적 배경으로 작용한 것을 부인할 수 없다. 그러나 이러한 사회적 요인들만을 가지고 한국교회의 성장과 부흥, 전도와 선교를 향한 열정을 충분히 설명할 수 없다. 한국교회의 복음의 수용성과 교회를 향한 뜨거운 사랑과 헌신, 자발적 열심에서 나온 전도는 마펫 선교사가 예언자적 선언을 한 것처럼 연약한 한국을 세계를 향한 하나님의 증인으로 삼으신 섭리가 있음을 깨닫게 된다.[1]

2. 교회사를 통해서 본 한국교회의 전도 역사[2]

한 세기 동안의 짧은 교회 역사를 가진 한국교회이지만 그동안의 전도 역사를 통해서 확인할 수 있는 것은 한국교회는 초기부터 전도하는 교회로 시작하였고 복음 전도 활동을 열심히 실천한 교회라는 사실이다. 복음을 받아들인 초기부터 하나님의 구속의 은혜에 진심으로 감사하여 동족에게 복음을 전하는 것에 정성을 다하였다. 전도는 의무나 어떤 프로그램에 의해서가 아니라 온전히 자발적인 마음에서 우러나온 전도였다. 복음을 통해 예수 그리스도의 구속의 은혜를 경험하고 죄사함

---

1 사무엘 마펫, "복음화 사역에서 현지 교회가 차지하는 위치", 『선교와 신학』 제25집(2010), 323-324.
2 본장은 필자의 논문, "한국교회 전도 활동의 역사이해와 평가". 『교회와 신학』 제78집(2014), 349-384 내용의 한 부분을 요약하였다.

받은 감격과 그 은혜에 감사하는 응답으로서 자발적인 활동으로 시작하였다.[3] 이와 같은 전도를 향한 열심은 사경회와 부흥회 같은 모임을 통해 더욱 촉진되었으며, 일제의 탄압 속에서도 굴하지 않고 지속할 수 있었다. 일제 강점기의 고난의 시간과 6.25 동족상쟁의 비극을 겪으면서도 한국교회는 전도를 한반도 쉬지 않았다. 당시 전도 방법이나 전략에 대하여 아는 바가 없었지만, 자신이 체험한 신앙과 깨달은 성경 말씀을 전하는 일에는 주저함이 없었다. 한 마디로 한국교회는 "전도하는 교회", "전도로 성장한 교회", "전도로 민족 복음화를 이루었고 세계 선교를 수행하는 교회"라 불리는 것이 지나치지 않으며, 이것이 한국교회의 136년의 역사 속에 그 중심을 이루어 왔다.

선교 초기에 선교사들이 실행한 네비우스의 자립 선교 정책이 한국인의 전도 활동을 촉진하고 강화하는 계기를 제공하였다. 한국인에 의한 전도, 스스로 자급자족하며 전도하도록 안내하였다. 무엇보다 사경회의 경험이 전도를 활성화하였다. 선교사들이 지적한 바와 같이 사경회가 한국교회와 그리스도인에게 가장 적합한 전도 방식으로 정착하였다. 사경회에서 은혜를 받고 전도 활동으로 연결되었다. 개인 전도를 통해 복음을 전하는 것도 효과적이지만 사람들을 성경으로 인도하는 것이 가장 바람직한 방식인 것을 역사적 연구를 통해 확인할 수 있었다. 이것은 한국 사회가 유교 문화에 영향을 받아 경전을 중요시하고 읽기를 즐

---

[3] 전남 완도 성광교회에서 목회하는 정우겸 목사는 지방의 한계 속에서도 온 교회와 성도가 꾸준한 전도 활동을 전개하며 지역 사회를 섬기는 교회로 세우고 있다. 한 때 전도훈련이나 세미나를 모두 참석하여 거의 30여 개의 전도 세미나에서 훈련받은 정 목사가 전도에 관해 내린 결론은 "전도는 성도들이 예수 그리스도의 십자가의 구속의 은혜와 감격을 지속적으로 회복할 때 가능하다."라는 사실이다. 이것은 단순하지만, 핵심적인 사항이다. 왜냐하면 한국 초기 교회에 활발하게 전도할 수 있었던 것은 우리를 구원하신 예수 그리스도의 사랑과 은혜에 감사하고 보답하기 위한 행동으로 이해하였기 때문이다.

거한 "경전 문화"의 배경의 영향도 크게 작용하였다. 또한 함께 모여 기도하고 말씀을 듣던 부흥회도 전도에 매우 효과적인 방식으로 평가된다. 성경을 개인적으로도 열심히 읽었지만, 사경회에서 함께 공부하는 것을 즐겨하였다. 마찬가지로 교회에 모이는 것을 처음부터 중요하게 여긴 한국교회는 일정 기간 교회에 모여 진행하는 부흥회가 신앙 성장과 전도 활동에 중요한 계기를 제공한 것으로 평가된다. 부흥회는 처음에 교회에 모인 신자들의 영적 각성 운동이었지만 거기에 그치지 않고 주변의 불신자들을 교회로 인도하는 전도 활동의 중요한 수단으로 발전하였다.

70년대는 또한 한국교회가 교회 성장의 급격한 성장 시기를 맞으면서 전도를 교회 성장의 측면에서 수용하고 발전시킨다. 이전에는 복음을 체험한 성도들이 자발적으로 전도하여 결과로 교회가 성장하였다면, 70년대에 와서 한국교회는 민족 복음화의 필요성을 자각하고 교파를 초월하여 민족을 그리스도에게 인도하려는 열망을 가지고 대형 전도 집회를 개최하였다. 세계적인 전도자 빌리 그래함도 다른 나라에서 볼 수 없는 열정과 적극성을 가지고 모인 한국교회와 그리스도인을 바라보면서 감탄을 금치 못하였다. 처음에는 외국 강사를 초청하여, 나중에는 한국인에 의한 전도 집회를 개최하며, 대학생들과 청년들이 이 대회들을 위한 봉사를 하면서 전도 요원으로 훈련받아 캠퍼스와 지역 교회에 들어가 전도를 일상화하며 활성화하는 데 큰 기여를 하였다.

또한 70년대부터는 전도 활동은 교회 성장 운동으로 연결하여 진행되었다. 70년대 중반 이후로 넘어오면서 이전에 순수한 복음 전도에서 교회 성장을 위한 수단과 도구로 전락하는 현상이 생긴다. 교회 성장이 선이라는 인식은 그러한 상황에서 발생한 역기능의 결과이다. 전도의 결과로 교회가 성장하는 것이 아니라 성장을 전제로 하고 목표로 설정한 후에 전도를 통해서 그 목표에 도달하려는 의도는 전도의 전략과 방법을 추구하였다. 미국 풀러신학교에서 발전시킨 교회 성장학 이론이 이런 현상에 큰 영향을 미쳤으며 성장을 위한 전도를 더욱 촉진하였다. 본래 교회 성장 이론은 선교 현장의 경험으로부터 도출된 것으로 선교에 투자하는 노력에 비하여 적은 결과에 대한 반성에서 출발하였다. 효율적 선교 전략과 방법을 모색하려는 것에서 정립된 교회 성장 이론이 이제 한국 상황에서 성장을 갈망하는 교회에 적합하게 맞았다. 이 과정에서 전도를 위한 복음의 내용보다 전도의 효과적인 방법, 교회가 성장하고, 급성장하는 성장 원리를 가르치는 세미나가 전도 훈련을 대체하기 시작한다. 초기 교회 성장 이론이 양적 성장을 목표로 설정하였기 때문에 전도 역시 양적 성장을 목표로 세우는 운동으로 변형되어갔다.

80년대 이후에 전도 활동은 대형 집회를 통해 한 번에 수많은 결신자를 얻거나 지역 교회에서 부흥회를 개최하여 불신자를 초청하던 행사들이 소그룹 조직을 통해 전도와 함께 양육에 비중을 두게 되었고 이와 더불어 제자 훈련이 한국교회에 확산하게 된다. 제자 훈련은 성도들의 신앙의 삶의 깊이와 질의 성숙을 목표로 하여 운영하였지만, 전도는 상대적으로 약화되었다는 지적도 있다.[4]

90년대에 들어와 개인 전도는 더 이상 활발하게 진행되지 않았다. 그 대신 몇 교회들이 전도에 전념하는 전문적인 전도 왕들이 탄생하면서 그들의 경험과 사례를 교회에 전하는 전도 세미나가 개최되며 그들로부터 개인 전도를 배우려고 했지만, 전도는 기술이 아니라 마음으로부터

---

4 이태웅, "한국교회는 초대 교회 전도를 회복시킬 수 있을까?", 『목회와 신학』, 1991. 1월, 45-51.

우러나오는 동기가 부여되어야 하는데 한국교회는 점차적으로 이러한 전도의 동기가 약해지고 있었다. 또한 사회적으로도 세대가 바뀌어 가면서 개인주의가 지배하면서 다른 사람들에게 전도하고 결단을 촉구하는 일이 개인의 사생활을 침해하는 것으로 인식되면서 전반적으로 개인 전도 활동이 어렵게 되었다. 캠퍼스 전도 역시 같은 현상을 겪는다.[5]

우리 사회에 가장 민감한 변화를 캠퍼스 선교 활동에서 경험하게 된다. 학원 선교가 벽에 부딪히는 감정을 겪으며 돌파구를 마련하려고 온갖 노력을 하고 있다. 군 선교 역시 종교가 군인 정신 무장에 큰 역할을 한다는 과거의 생각은 쇠퇴하며 또한 "일인 일 종교" 제도가 사라지고, 종교를 갖는 것보다 군부대의 평화를 더 우선시하면서 정책으로 바뀌면서 군목의 활동도 이전같이 자유롭게 진행되지 않았다.

교회 학교가 약화되고 주일이면 언제나 생기가 돌던 주일 학교 분위기가 썰렁해지기 시작한다. 입시 경쟁이 학교 분위기를 지배하면서 성도조차 자신의 자녀들에게 신앙생활보다 공부에 더 전념하는 것을 원하였다. 70-80년대의 헌신적인 전도 결과로 현재 교회들이 성장하였지만, 현재 젊은이들이 교회에서 멀어지는 현상은 한국교회의 다음 세대를 염려하고 걱정하는 선교의 중요한 과제로 등장하였다. 전도 활동이 약화되며, 교회가 더 이상 성장하지 않을 뿐 아니라 감소하며, 그렇기 때문에 지역 교회 간, 교파 간 경쟁적인 성장정책을 추구하게 되었고, 전도가 일상생활 속에서 실천되지 않자 교회들은 전도를 특별 프로그램으로 접근하기 시작했다. 다양한 형태의 전도 프로그램과 방법들이 제시되

---

[5] 최근 우리 사회는 종교정책이 강화되면서 기독교 학교에서 예배나 성경 공부에 본인 의사에 반하는 참석을 강요하는 것이 불법으로 판결되었다. 국가인권위원회는 기독교 대학교에서 학생들에게 예배 참석을 필수 의무 과목으로 개설할 수 없다는 판결을 내렸다.

었고 총동원 전도 주일을 정하여 일 년의 몇 차례 집중적으로 전도하는 방법들을 선호하기 시작하였다. 몇 개의 대형 교회들이 이런 방법을 통해 전도에 효과를 얻으면서 다른 교회들에도 이런 전도 방법이 확산되었다. 그러나 이런 전도는 복음 전도 자체에 목적을 두기보다 교회 성장에 목적을 두면서 교회 간 경쟁을 더욱 심화시키는 결과를 가져왔으며, 이런 현상을 바라보는 지역 주민들에게 교회에 대한 부정적 인식을 하게 하였다. 이러한 과정을 거치면서 복음 전도는 교회가 존재하는 한 지속적으로 감당해야 하는 본질적인 과제이지만 시대와 상황 속에서 여러 가지 요인들과 긴밀하게 연결되어 있다는 사실을 주지해야 한다.

3. 복음 전도와 사회적 신뢰도의 상관성

한국교회는 복음 전도를 통해서 형성되었다. 이 말은 서구 교회와 비교할 때 한국교회는 교회 역사가 짧은 신생교회에 속한 교회로써 복음 전도의 필요성과 그 영향력을 생생하게 경험하고 기억하고 있다는 것이다. 70-80년대만 해도 한국교회는 전도 활동을 활발하게 수행하였다. 교회마다 개인 전도가 활발했고 정기적으로 개최되는 부흥회를 통해서 새로운 신자들이 증가하였고, 다양한 선교 단체들이 대학 캠퍼스에서 활발하게 전도 활동을 한 결과로 교회 안에 많은 청년을 인도하였다. 현재 교계 지도자 중에 캠퍼스 전도 활동에 참여하거나 신앙을 얻은 사람들이 적지 않을 것이다. 복음 전도는 선교 초기부터 진행된 한국교회의 매우 특징적인 전통이었으며 이것이 오늘의 한국교회를 형성하는데 큰 기여를 하였다. 그러나 90년대 이후 한국교회는 피부적으로 느낄 만큼 전도 활동이 약화되고 있다. 캠퍼스에서의 선교 활동 역시 이전과 비교할 때 현저하게 축소되었다. 이것은 교회의 복음 전도를 향한 노력이 전에 비해 줄어들었지만, 선교 환경 역시 크게 변화되었다는 사실을 인식해야 한다.

70-80년대를 돌이켜보면 당시에 교회가 전도할 때 사회로부터 저항이나 비판을 받지 않았던 것으로 기억한다. 여러 종교들이 공존하는 다종교 사회지만 개신교의 적극적인 전도 활동에 대하여 다른 종교인들이 반대하거나 비판하는 일들이 거의 없었다. 이러한 현상으로부터 당시에 교회가 사회로부터 신뢰를 받고 있거나 적어도 호감을 얻었던 것으로 추정할 수 있다. 이것을 좀 더 분명하게 말하자면 복음 전도는 교회나 그리스도인들에 대한 사회적 신뢰가 뒷받침될 때 좋은 결과를 얻게 된다는 사실을 알게 된다.

더 거슬러 올라가 한국 초기 선교 역사를 보면 사회적 신뢰와 복음 전도가 서로 긴밀한 상관성을 갖고 있다는 사실을 알게 된다. 이만열 교수에 따르면 기독교인이 한국 인구의 1%가 되지 않은 소수자 종교 시대에 교회가 어떤 사회적 공신력을 얻었는가를 사례를 통해서 확인된다.[6] 한국교회는 초기부터 복음 전도에 열심이었으며 동시에 그리스도인 개인이나 교회가 한국 사회의 바람직한 변혁을 선도하였으며 신앙을 갖지 않은 사람들에게도 신뢰를 받았다. 다시 말하면 한국교회 초기 역사는 복음 전도에 열심이었을 뿐만 아니라 사회적 차원에서 그리스도인의 투철한 책임 의식과 실천이 함께 있었다. 이것은 복음 전도와 교회의 공적 책임은 언제나 함께 가야 하며 두 활동은 서로 긴밀한 영향을 주고받

---

6 이만열, 『한국 기독교수용사』 (서울: 두레시대, 1998), 404-435.

는 관계라는 사실을 입증하고 있다. 이 두 관계를 어떻게 설명하고 역사적으로 상호 영향을 미쳤는가에 대하여는 논문 후반부에서 언급할 것이다.

복음 전도는 반대나 박해 상황에서도 실천되어야 한다. 2000년 전 초대 교회는 로마 정부와 유대교의 온갖 핍박과 박해 속에서 복음 전도에 힘썼으며 한국교회 역시 선교 초기에 생명의 위협을 각오하면서 전도 활동을 전개하였다. 그러나 주목할 점은 소수자의 종교로서 기독교는 당시 사회로부터 신뢰를 받고 있었다는 점이다. 사도행전의 저자인 누가는 초대 교회가 활발한 전도와 그 결과 많은 사람이 그리스도에게 인도된 사실을 기록하고 있다. 그 과정을 보면, "성도들이 온 백성에게 칭송을 받으니 주께서 구원받는 사람을 날마다 더하게 하시니라"(행 2:47)고 기록되어 있다. 복음 전도는 사회적으로 칭찬받는 행위와 함께 진행할 때 많은 열매를 맺는다는 사실을 성경과 역사적 경험을 통해 확인하게 된다.

복음이 나에게 예수 그리스도를 통한 하나님의 사랑을 깨닫게 한 기쁜 소식이라면 당연히 다른 사람들에게도 전해져야 한다. 그러나 복음 전도의 열심과 함께 그 열매에 합당한 삶을 실천하는 노력이 있어야 한다. 하나님의 나라의 복음은 더 이상 말로만 증거해서는 안된다. 성경은 예수님이 제자들에게 땅끝까지 이르러 증거하라고 하지 않고 "증인"이 되리라고 언급한 점을 기록한다(행 1:8). 증인은 교회와 그리스도인 자신을 가리킨다. 전도자는 전하는 말씀과 함께 그의 삶 자체가 증거가 되는 것이다. 교회가 사회로부터 신뢰를 받을 때 전도가 열매를 맺는다.

4. 복음 전도와 공적 책임을 위한 신학적 근거[7]

교회는 복음 전도와 함께 세상 속에서 복음에 대한 책임적 실천의 과제를 가지고 있다. 복음은 단지 말로만 세상에 전파되는 것이 아니다. 예수님의 공생애를 통해서 보여주신 바와 같이 복음은 곧 그의 삶과 사역을 통해서 실천되었다. 예수님은 하나님 나라의 복음을 말씀으로 전하고 동시의 그의 삶과 사역으로 하나님 나라를 보여주었다. 예수님은 공생애 기간에 어떤 사회적 조직을 구성하거나 제도를 만들려고 하지 않았다. 하지만 예수님이 전한 복음은 세상의 모든 삶의 영역에서 실천해야 할 내용이었으며 모든 인류가 지향해야 할 삶의 방향을 제시하는 것이었다. 하나님 나라의 복음은 결코 이 세상을 무시한 내세만을 위한 것이거나 현실을 무시한 영적 영역에 속한 것이 아니었다. 또한 사회적 차원을 상실한 개인적 차원에 제한된 내용이 아니다. 복음은 예수님을 따르는 제자들, 즉 제한된 공동체들에게만 전파된 것이 아니었다. 예수님은 하나님 나라의 복음을 언제나 공개된 자리에서 모든 사람에게 전파하였다. 다시 말하면 하나님 나라의 복음은 언제나 공공성을 띠고 있다. 이 사실에서 하나님 나라는 이 세상 또는 역사와의 연관성 속에서 증거되었으며, 그렇기 때문에 이 세상 안에서 실천되어야 할 내용이다.

복음 전도가 세상에서의 실천력을 상실하거나 약화 되면 전도의 신뢰성이 의심된다. 한국교회는 여전히 전도에 열심히 노력하고 있으나 세상이 이전과 다르게 응답하지 않는다. 그것은 현재 한국교회의 사회

---

[7] 본 장은 필자의 다음의 논문 내용을 요약하고 수정하였다. 한국일, "복음 전도와 교회의 공적 책임", 『공적 신학과 공적 교회』(경기: 킹덤북스, 2010), 167-222.

적 공신력이 많이 약화된 것에서 원인을 찾을 수 있다. 복음 전도와 사회적 실천력이 함께 가지 못한 결과이다. 심하게 말하면 전도의 열심과 교회의 공적 책임은 서로 깊은 상관성을 갖는다.

세상에 세워진 교회는 단지 교회 안에 모인 개인이나 교회 자체를 위해 존재하는 것을 목적으로 삼지 않는다. 교회는 구약에서의 하나님의 공의와 사랑의 행위, 그리고 신약에 기록된 바와 같이 예수님이 행하신 하나님 나라의 실천을 그의 다시 오실 때까지 이 땅에서 행하도록 부름받은 공동체이다. 사람들은 직접 하나님을 보지 못한다. 그러나 세상에서 교회가 행하는 사랑과 공의의 실천을 통해서 하나님의 존재와 성품을 알게 된다. 그러므로 교회는 세상을 향한 하나님의 증인이다.

예수님은 제자 공동체를 향하여 세상의 빛과 소금이라고 말씀하셨다. 이 비유는 교회의 선교적 사명을 더욱 분명하게 이해하게 한다. 교회는 율법주의자들과 같이 자신의 경건에만 집중하는 것이 아니며, 영지주의자와 같이 세상과 접촉하는 어떤 지점도 갖지 않고 하늘만 바라보는 자들의 모임도 아니다. 교회의 선교적 책임은 언제나 구체적인 시간과 장소인 역사와 세상을 현장으로 갖고 있다. 교회는 세상에서 하나님의 공의를 위하여 약자의 편에 서야 한다. 하나님이 세상을 사랑하신다는 사실은 세상에서 약자에 대한 사랑을 통해서 나타난다.

1970년 한국교회는 우리 사회의 경제 성장을 단지 축복으로만 여기며 그 이면에 처한 노동자들의 비인간적 현실을 보지 못하는 잘못을 범하였다. 그때 분신을 통해 현실을 고발한 전태일은 교회와 신학자들을 부끄럽게 만들었고 신학자들은 이 사건을 통해 성경을 새롭게 보게 되었다. 세상은 부자와 힘 있는 자들을 향해 높은 곳으로 나아가려고 할 때 교회는 가난하고 힘없어 세상으로부터 관심의 대상이 되지 못하고 있는 낮은 곳을 향해 주목해야 한다. 영원한 하나님 나라에 관한 복음은 지금 이곳에서 실현되어야 한다. 그것은 불꽃 같은 눈동자로 세상을 지켜보는 하나님의 사랑과 공의가 이 세상을 이끌어가도록 세상을 마지막까지 지키는 파수꾼이 되는 것, 그것이 교회가 세상에서 존재하는 이유이다.

앞으로 한국교회는 복음 전도를 사회 속에서 공적 책임수행과 함께 해야 한다.[8] 그것은 교회의 공적 책임을 효과적인 복음 전도를 위한 전략이나 수단으로 이해하기 때문이 아니다. 진정한 복음 전도는 복음의 내용이 지향하는 것을 당연히 실천하여야 하기 때문이다. 또한 복음 전도가 목표로 하는 하나님 나라는 내세가 아니라 이미 역사 속에서 삼위일체 하나님의 선교 활동을 통해서 실현되고 있으며 교회의 선교는 이러한 하나님의 선교에 참여하는 것을 자신의 활동으로 인식해야 한다. 근대주의로부터 시작된 세속주의는 종교를 사회의 주변으로 몰아가고 있다. 그렇기 때문에 직접적인 전도 활동 역시 점점 어려워지게 될 것이다. 이러한 사회적 전환에 직면하여 한국교회는 하나님 나라의 복음을 더 이상 말로만 전하거나 개인적, 교회적 차원에만 머물게 하지 말고 사회 속에서 실천으로 통해 공적 책임을 수행하는 모습을 보여야 할 것이다. 우리가 믿는 하나님은 전 피조 세계를 주관하는 분이시며, 개인의 내면이나 교회 안에 제한되는 분이 아니라 세상과 역사 안에서 친히 활동하는 분이시다. 복음의 내용과 예수님의 공생애, 그리고 하나님 나라

---

[8] 복음주의 신학 관점에서 전도와 교회의 공적 책임의 대한 자료로 다음의 논문을 참고하라. 박보경, "로잔운동에 나타난 전도와 사회적 책임의 관계", in: 『로잔운동과 선교』, 한국로잔연구교수회편 (서울:한국로잔위원회, 2014), 75-101, 장남혁, "로잔운동과 지역 사회개발선교", 『로잔운동과 선교』, 293-320.

의 특성에서 확인하는 바와 같이 교회는 하나님 나라의 복음을 전하여 사람들을 그리스도에게 인도하는 일에 여전히 열심을 가져야 할 뿐 아니라 삶의 모든 영역에서 복음이 실천되며 하나님 나라가 이루어지도록 공적 영역에서의 실천에도 힘을 다해야 할 것이다.

5. 전도와 공적 책임을 실현하는 선교 패러다임

한국교회의 구원론과 신앙관은 영혼 구원을 목적으로 하고 있어서 개인적, 영적, 교회적, 내세적인 특성으로 형성되어 종교적으로는 열심을 갖고 있으나 사회적, 역사적 차원에서 매우 소극적 태도를 보인다. 올바른 복음 전도는 사회적 공적 영역에서 책임적 실천력을 갖추어야 세상이 응답할 것이다.[9] 복음 전도와 공적 책임이 함께 균형을 갖는 선교 패러다임의 유형들을 찾아보자.

1) 전도와 공적 책임: 선포와 현존으로서의 선교

에큐메니칼 선교에서는 선교를 선포(mission as proclamation)와 현존(mission as presence)의 두 차원으로 설명한다. 선포는 복음을 말이나 글로 전하는 것이라면 현존은 교회나 그리스도인의 존재 자체가 메시지 역할을 하는 것이다. 복음은 전하는 자와 분리되어 증거되지 않는다. 영

---

9   김선일 교수는 '전도는 영혼 구원 이상의 의미'를 담고 있음을 강조하면서 전도와 관련하여 영혼 구원의 주제와 한계를 집중적으로 다루고 있다. 김선일, 『전도의 유산. 오래된 복음의 미래』 (서울:SFC, 2014), 19-54.

어 표현의 증거(witness)는 증거 행위와 동시에 증거하는 사람, 증인을 가리킨다. 여기에서 선교는 두 측면, "선포(proclamation)로서의 선교"와 "현존(presence)으로서의 선교"를 모두 선교의 중요한 본질적 차원에 속하고 있음을 주목할 필요가 있다.

선교적 현존은 현재의 역사적 상황 속에서 선교적 과제를 새롭게 제시하는 교회의 선교적 활동이다. 현대 사회가 직면한 사회적 위기와 불안 속에서 복음의 보이는 측면인 현존으로서의 선교가 강조되어야 한다. 특히 어려운 상황에 부닥쳐있는 곳이나 사회적 봉사에 대한 필요성을 자각하고 있는 곳에서 교회의 선교적 현존은 선포와 함께 선교의 영향력을 드러내게 된다. 여기에서 선교적 현존이란 "행동하는 말씀"으로 세상에 빛과 소금이 되는 것이다(마 5:13-16).

홍천 도심리 교회 홍동완 목사의 이야기는 선포와 현존의 두 유형의 관계가 어떻게 서로 긴밀한 작용을 하고 있는가를 잘 보여준다. 홍 목사 가족이 도심리로 이사할 때 동네 주민들의 강력한 반대에 부딪혔다. 목사 가족이 와서 기도원을 세우거나 집마다 전도할 것을 우려하였기 때문이다. 홍 목사는 반대하는 주민들과 대화를 통해 주민들의 요구대로 집마다 다니면서 전도하지 않겠다는 서약을 하고 이사할 수 있었다. 몇 년의 시간이 흐르면서 주민들은 홍 목사의 가족을 지켜보았고, 지역 사회와 주민들을 위해 순수한 마음으로 섬기며 봉사하는 그들의 삶을 볼 수 있었다. 주민들은 홍 목사의 삶과 행동에 큰 감동을 받았다. 그리고 홍 목사 가족의 이사를 강력하게 반대하였던 사람이 교회를 시작하자는 요청에 따라 교회가 시작되었으며 현재는 주민들 절반이 그리스도인이 되고 마을이 복음화되는 놀라운 결과를 가져왔다. 홍 목사는 전도하지 않겠다는 서약을 하면서 속으로 "나는 말로는 전도하지 않겠다."라는 다

짐을 하였다. 그러나 그의 삶과 행동이 말보다 더 강력한 복음의 능력을 지역 주민들에게 보여준 것이다.[10]

빛과 소금이 되라는 예수님의 명령(마 5:13-16)은 복음으로 세상의 어두움을 밝힐 뿐 아니라 소금으로 맛을 내야 할 것을 말씀하신다. 빛이 복음 전도에 속한 것이라면 소금은 증거 하는 복음의 실천력을 의미한다. 예수님의 말씀에 비추어 볼 때 빛이 없는 소금이 없으며, 소금 없는 빛도 생각할 수 없다. 선교적 선포는 선교적 현존은 분리할 수 없는 선교의 양면이다. 선교적 현존이란 단지 교회가 세상 속에 존재하는 것만을 의미하는 것이 아니라 역사적, 사회적 상황에서 복음이 명한 삶을 실천하는 것이다. 그것은 동방 정교회가 제시한 "예배 후의 예배"(Liturgy after Liturgy)라는 표어처럼 하나님께 드리는 참된 예배는 교회 안에서 예전만이 아니라 세상 안에서 말씀을 좇아 실천하는 삶 자체까지 포함하고 있다(롬 12:1-2).

성경은 행함 없는 믿음은 죽은 믿음이며(약 2:26), 요한일서는 보이는 형제를 사랑하지 않는 자가 보이지 않는 하나님을 사랑할 수 없다(요일 4:20)고 분명하게 증거 함으로 믿음과 행위, 선포와 현존을 양분하려는 사탄의 유혹에 빗장을 지르고 있다. 이 같은 성경의 말씀은 복음 전도와 복음의 정신에 따른 사회봉사의 실천력이 함께 있어야 하는 것을 가르치며 이 두 차원이 모두 선교의 본질에 속하는 것으로 증거 한다. 현존으로서의 선교는 항상 선포의 차원과 함께 있어야 한다. 현존은 어떤 효과적인 전략이나 선포의 효율성을 높이기 위한 수단이 아니다. 선교의 현존 차원은 때에 따라 복음 선포에 앞서가기도 하며 때로는 선포를 뒤

---

10 유투브, 홍동완, "나의 미천한 선교 이론"(2014)을 참고하라.

에서 보증하면서 이 땅에서 선교적 사명을 실현하고 있다.

2) 전도와 선교의 다차원적 접근의 필요성

복음 전도와 선교에 대한 열정과 함께 바른 선교관을 정립하는 것이 필요하다. 전도가 복음을 전하는 행위라면, 선교는 그것을 포함하여 세상에서 일하는 하나님의 선교에 참여하는 교회의 포괄적인 활동을 의미한다.[11] 선교 활동의 방향과 내용은 어떤 선교관에 기초하고 있는가에 따라 현저한 차이가 있다. 기존의 한국교회 선교는 주로 전도 활동으로 이해하고 있으며 개인 구원이나 전도를 강조하는 개인적 차원과 교회 개척과 교회 성장을 추구하는 교회적 중심의 선교를 강조한다. 그러나 선교는 크게 개인적 차원과 신앙 공동체적 차원, 그리고 공공 영역인 사회적 차원에서 이해하고 접근해야 한다.

신앙은 개인적 차원과 교회적 차원과 사회적 차원 중 어느 것 하나도 소홀하거나 간과할 수 없다. 전통적 개인 중심적 선교관은 하나님과의 일대일 관계와 회심을 강조하지만, 선교 현장을 개인 영역으로 축소하는 문제가 있으며, 교회 중심적 선교는 한국교회의 선교관을 대표하는 것으로서 교회 개척과 성장을 통해서 교회를 강화하는 장점이 있으나 역시 선교의 영역을 교회 안으로, 하나님 나라 운동을 교회 내부지향적 사건으로 이해하는 약점이 있다. 여기에 비하여 하나님의 선교는 세

---

[11] 존 스토트는 그의 책, 『현대의 기독교 선교』에서 선교를 "하나님이 그의 백성을 세상에 보내어 행하게 하는 모든 것을 포함한다"고 선교를 교회의 폭넓은 활동으로 이해한다. J.R.W. Stott, Christian Mission in the Modern World, 서정운 역, 『현대의 기독교 선교』 (서울: 대한기독교서회, 1982), 48.

상에서 하나님이 선교의 주체가 되어 개인과 교회의 선교 활동을 이끌어가는 것으로 이해하고 있으나 때로는 지나친 사회 참여는 개인적 신앙생활이나 교회의 중요성을 간과하는 문제를 보여준다.

현대 선교는 개인의 인격적 참여와 교회의 선교 당위성과 책임성을 토대로 하여 세상적 차원으로 하나님 나라 운동을 확장하는 방향으로 나아가야 한다. 그리스도인의 선교적 소명이 위의 두 차원-개인적, 교회적-을 기본으로 하여 세상 속에서 하나님이 행하시는 선교 활동에 참여하도록 부름을 받은 것이라면, 보다 넓고, 유연하고, 시대적 과제에 적합하게 창의적 접근방식을 취할 수 있다. 선교 개념의 확장(복음 전파와 사회봉사의 책임 의식), 선교 현장의 다양성, 종교 문화에 대한 열린 접근, 지역 사회 전체를 품는 포괄적 선교, 지역 사회 복음화를 위해 보다 다양한 패턴의 협력 선교 등 하나님의 선교가 제시하는 관점으로 오늘의 다양하고 복합적인 선교 현장을 바라본다면 독특한 상황에 유연하고 창의적 선교 전략을 모색할 수 있지 않을까?

하나님의 선교는 역사적 경험에 대한 반성과 시대와 상황의 변화에 따라 성경에서 선교에 대한 새로운 이해를 통하여 형성되었다. 하나님 나라의 복음 전파와 인간과 세계의 구원과 회복, 하나님 나라의 실현을 추구하는 선교의 본질에는 변함이 없으며 선교의 개인적, 교회적, 세상적 차원의 균형을 이루며 성경이 제시한 세상 속에서 하나님의 포괄적 활동을 따라간다는 점에서 기존의 선교 내용을 확대시킨 것이라고 할 수 있다.

선교의 세 차원-개인, 교회, 사회-이 통전적으로 결합 되어 실천되고 있는 선교 활동을 이미 실천하는 있는 교회들이 적지 않다. 필자가 지난 18년 동안 전국의 산재한 많은 교회 사례들을 연구하면서 이러한 사실을 확인할 수 있었다. 예를 들면 농어촌의 교회들, 또는 도시에서 지역 사회와 함께하며 전도와 사회적 활동들을 통하여 지역에 선한 영향을 나타내며, 그러한 활동이 교회의 신뢰도를 높여 전도로 연결된 사례를 많이 보았다. 이러한 교회들은 교회의 정체성을 자기 안에서가 아니라 존재론적으로, 무의식적으로 지역 사회와의 관계 속에서 찾는다. 그들은 지역의 주민들을 신자와 불신자들로 구분하여 접근하지 않는다. 물론 교회 안에 신자들의 정체성은 지역 주민들과 사회 안에서 만나는 일상성의 관계 속에서 확인된다. 지역 주민들과 함께 어울려 친교를 나누며 지역의 필요성을 교회의 선교 활동의 내용으로 삼고 섬기며 봉사하다 보면 어느새 지역 주민들에게 신뢰를 얻고 교회도 성장하게 되는 모습을 보게 된다. 이러한 교회들은 현대 선교가 지향해야 할 전도와 교회의 공적 책임이 함께 실천되는 통전적 선교의 모델이다. 전도와 공적 책임의 균형을 실천한 교회의 유형을 필자는 "선교적 교회"(mssional church) 관점에서 설명하고 체계화하고자 한다.

3) 선교적 교회 운동: 전도와 공적 책임의 포괄적인 실천 모형

최근에 이런 관심을 일깨우고 지지하는 전도 패러다임으로서 기존의 지역 사회로부터 교회로 인도하는 교회 중심적 전도 방식으로부터 교회가 지역 사회로 들어가는 '선교적 교회' 모델이 제시되고 있다.[12] 선교적 교회론은 여러 가지 관점에서 그 특징을 설명할 수 있겠으나 간단하게

---

12 한국일, "한국적 상황에서 본 선교적 교회: 지역 교회를 중심으로", 『선교와 신학』 30집(2012 가을호), 75-116.

언급한다면, "교회의 본질이 선교라는 신학적 관점에서 출발하여, 기존의 교회와 선교의 분리된 관계를 통합하여 선교적 관점에서 교회의 역할과 관점을 이해하려는 교회 이해이다. 선교적 교회는 교회 성장 운동이 야기한 교회 중심주의를 넘어서 교회의 모든 활동이 교회 자신을 위한 것이 아니라 세상을 구원하고 회복하는 하나님의 선교와 궁극적 목적인 하나님 나라에 있다고 이해한다. 선교는 본질적으로 자신이 속한 지역에서부터 출발하여 세계의 모든 지역과 상황을 지향한다. 선교는 더 이상 지리적, 공간적 차원을 기준으로 설명하지 않고 이 세상 전체가 선교 현장이며 교회는 먼 해외 지역만이 아니라 자신이 속한 지역을 선교 현장으로 인식하고 접근해야 한다. 이런 관점에서 교회는 세계의 다른 지역에서도 지속적으로 선교 활동을 해야 하지만 그것을 위해 자신이 속한 지역에서 선교적 교회로 존재하며 활동하는 것이 전제되어야 한다는 사실을 강조한다.

한국교회의 지역 교회 모습을 자가 진단할 때 '지역 사회에 전도는 하지만 지역 사회에 관심은 없다.'라는 말로 압축하여 표현되다 사회에 비추어진 개신교는 이기적이며 자기중심적이고, 지역 사회에 무관심하면서도 주민들을 단지 전도의 대상으로만 여긴다는 평가를 받는다. 교회가 평상시에는 지역 주민과 무관하게 지내면서 전도의 대상으로만 여겨왔다. 즉 "친교 없는 선교와 전도"에 만 몰두해 온 것이다. 이제 한국교회는 지역 주민을 전도의 대상으로 여기기 전에 먼저 더불어 함께 살아가는 이웃으로 인식해야 한다. 한국교회는 사회로부터 신뢰를 회복하는 운동은 전개해야 하며, 그것을 위해 지역 사회와 소통하면서 지역

주민의 하나로 더불어 사는 법을 배워야 한다.[13]

선교적 교회는 사실상 새로운 목회 패러다임이기보다 60년대까지 모든 교회가 수행하였던 동네 교회와 지역 사회 전체를 아우르는 마을 목회를 회복하는 면이 있다. 선교적 교회는 지역 사회와 함께하는 목회이며 학문적으로 선교적 교회를 지향하는 목회 운동이다. 지역 사회와 함께하는 선교적 교회는 기존의 스스로 교회 안에 목회 활동을 고립시켰던 방주형의 교회를 벗어나 세상과 지역을 품는 선교적 목회를 추구하는 것이다. 이런 운동은 단기간의 목표를 통해서 실현되는 것이 아니라 성경에 제시된 교회와 목회의 본질을 회복하는 운동이기 때문에 꾸준히 지속해야 할 선교적 교회 운동이다. 오늘날은 70-80년대와 같이 교회가 급격히 성장하는 현상을 기대할 수 없지만 교회가 살아 움직이는 생명력 있는 교회와 지역 사회와 세상에 영향을 나타내는 교회들을 찾는 것은 어렵지 않다.

선교적 교회는 기능적으로 교회가 지역 사회에 플랫폼 역할을 수행한다.[14] 지역 사회와 신뢰 관계가 구축되면 교회는 지역과의 관계에서 매우 다양한 활동들을 하나님의 선교 차원에서 실천할 수 있다. 선교적 교회 사례를 보면, 교육, 문화, 복지, 사회적 경제, 협동조합 등 다양한 공적 영역에서 지역 교회들이 주민들, 지역기관들과 협력하여 매우 활

---

13 선교적 교회의 대표적 사례로 알려진 서울 은평구 성암교회(조주희 목사)는 지역 사회와 함께하며 신뢰 관계를 형성하여 다양한 활동을 하면서도, 다른 면에서 지역 전도 활동을 병행하여 실천한다. 선교적 교회 관점에서 전도원칙을 잘 세워놓고 있다. 1. 성장이 아닌 생명 구원의 관점의 전도 운동 2. 전도와 지역 사회 섬김 사역의 강력한 연대가 아닌 자연스러운 연결성 유지(목적과 수단의 관계가 아니다) 3. 교인과 비교인으로 구분하지 않는 관점으로 이웃과 만나기 4. 비교인에게 그들의 실제적 필요를 채워주는 관점으로 운영 5. 친구, 이웃 만들기 운동 (증인이 되는 것).

14 한국일, 『선교적 교회의 이론과 실제』 (서울: 장로회신학 대학교, 2019), 62-65.

발한 활동을 하고 있다. 공교회성에 기반하여 공동체와 공동성을 추구하는 교회들로부터 우리 시대에 추구해야 할 교회와 목회의 방향을 찾을 수 있다.[15] 사회적 신뢰를 회복하고 지역 주민들과 함께하는 지역 사회의 교회가 되는 것이 오늘날 한국교회가 추구해야 할 선교와 목회의 방향이다.

전통적인 전도 중심의 교회에서는 전도-봉사-친교의 순서로 지역 사회로 접근하였다면, 선교적 교회에서는 친교-봉사-전도의 순서로 실행하는 경향이 있다. 주민을 전도의 대상이 아니라 더불어 사는 이웃으로 생각하고 친교관계를 맺는다. 친교와 봉사를 전도를 위한 도구로 사용하지 않고, 그 자체를 선교의 본질적인 활동으로 간주한다. 전통적인 전도는 영혼 구원을 목적으로 삼고 전도하지만, 선교적 교회에서는 구원을 시작점으로 보고 그 이후 그리스도인의 삶을 소명의 관점에서 이해한다.[16] 그러므로 전도와 사회적 책임을 수행하는 공적 역할은 모두 선교의 본질에 해당한다.

선교적 교회를 실천하기 위해서 우선적으로 지역 사회에 대한 인식이 새로워지며 확장되어야 한다. 교회와 세상을 성(聖)과 속(俗)으로 분리하는 이원론적 도식을 넘어서 세상과 지역 사회를 하나님이 사랑하시는 곳(요 3:16), 하나님의 선교 현장으로 받아들인다. 교회가 전도와 함께 공적 영역에서 봉사와 섬김의 실천을 하는 이유는 하나님이 먼저 일하고 계신 현장으로 보냄을 받았기 때문이다.

---

15 이도영 지음, 『페러처치』, 공교회성. 공동체서. 공공성을 회복하는 선교적 교회(서울: 새물결플러스, 2020).
16 김선일 교수는, 그의 저서 전도의 유산 제1장에서 전도의 본질적인 내용을 탐구하면서 영혼 구원과 전도에 대한 오해를 지적하며 전도의 올바른 이해를 제시한다. 김선일, 『전도의 유산. 오래된 복음의 미래』 (서울: SFC, 2014), 19-38.

선교적 교회는 지역 사회의 발전에 적극적으로 참여한다. 그러므로 교회의 공적 책임은 지역 교회의 당연한 선교 활동이다. 한국교회가 전체 한국 사회로부터 신뢰를 회복하는 것은 어려울지 모른다. 그러나 지역 교회가 지역 사회로부터 신뢰를 회복하는 것은 어려운 일은 아니라는 사실을 지역 교회들의 사례를 연구하면서 확인할 수 있었다. 지역 교회가 지역 사회를 어떻게 인식하고 활동하는가에 따라 관계 회복의 희망을 품을 수 있다. 앞으로 한국교회는 지역 사회와 한국 사회 속에서 복음의 진정성을 가지고 지역 사회와 코이노니아를 회복하며, 디아코니아를 통한 섬김과 봉사 활동이 사회로부터 신뢰를 회복하며, 결과적으로 전도의 문을 열어 줄 것이다.

6. 나가는 말

복음 전도는 교회가 존재하는 한 지속적으로 감당해야 하는 본질적인 과제이지만 역사 속에서 여러 가지 요인들과 긴밀하게 연결되어 전도 방식에 변화가 필요하다. 전도는 복음을 전하는 지역 교회와 그리스도인의 열심과 헌신적 태도가 요청되지만, 그것을 받아들이는 사회와 사람들에게 수용적 조건이 형성되어야 한다는 사실이다. 이것은 교회와 그리스도인에 대한 신뢰인데 전도에 응답하는 인프라로 불리 울 수 있다. 전도는 당사자에게 하나님의 은혜에 대한 감격과 감사가 있어야 하며, 전하는 자에게 신뢰가 있어야 한다. 물론 시대가 변하여 사람들에게 다른 요건들이 채워져 있어 복음의 갈망이 약해진 것도 한 이유이겠으나 교회와 그리스도인이 사회적 신망과 신뢰를 잃어버린 것도 전도가 힘든 이유 중 하나이다. 전도와 주변 사회의 신뢰도의 상관관계는 지금도 지역 사회에서 신뢰를 받는 교회들은 전도 활동이 활발하게 전개되며 교회가 성장하고 있는 것을 사례로 확인할 수 있다.[17] 전도를 회복하고 활성화하기 위해 다양한 전도 전략과 방법을 개발하는 것도 중요하지만 교회가 지역 사회로부터, 그리스도인 개인이 주변인으로부터 신뢰를 받는 관계를 회복하는 것이 중요하다. 현장 연구를 복음 전도는 지역 사회 안에서 교회의 신뢰를 회복하는 일과 분리될 수 없다는 사실을 확인한다. 그러므로 복음 전도는 교회의 공적 책임과 함께 실천되어야 한다는 점을 다시 확인한다.[18] 이 두 가지 내용이 모두 병행해야 하는 교회에 속한 본질적 사역이다.

---

17 계간지로 발행하는 『농촌과 목회』 잡지에 소개하는 교회들을 통해 이런 사실을 확인할 수 있다.
18 한국일, "복음 전도와 교회의 공적 책임: 교회의 실천 사례와 경향성", 『공적 신학과 공적 교회』, 이형기외 7인 공저 (서울: 킹덤북스, 2010), 169-221, 특히 203-205.

공공신학과 공적 영성

류준영 대표(공적신학실천센터)

1. 들어가는 말

현재 한국교회는 내적으로 침체와 외적으로는 신뢰도 하락은 물론이고, 교회가 정의와 평화 또 사랑과 화해라는 기독교적 기본 가치관을 지니고 있는지조차 의심받고 있다. 이런 가운데 코로나19 바이러스로 팬데믹 상황을 맞으면서 교회의 역할과 책임에 관해 더 깊게 숙고하게 된다. 힘들어하는 교회를 바라보며, 지금은 바이러스가 큰 위협이 되고 있지만, 오히려 한국교회의 패러다임을 바꾸고 실추된 사회적 신뢰 지수 회복의 기회가 될 수도 있다고 생각해 본다. 이를 위해서 교회는 위기를 변화의 기회로 삼아야 한다. 무엇보다도 이제는 교회가 건물이 아니라, 신자이고 그들의 모임(성도들의 공동체) 이란 점을 실감하게 된다. 동시에 교회는 세상을 향하여 열린 교회가 되기를 요구받고 있다는 사실을 받아들여야 한다. 이제 한국교회는 겹겹의 위기 속에서, 현재 교회의 회복을 넘어 미래 교회의 진정한 부흥의 꿈을 향해 나가야 한다. 이런 관점에서, 우리 시대의 공공신학과 목회적 적용으로서의 공적[1] 영성을 통해 전진하려 한다.

2. 우리 시대의 공공신학

현대 사회의 교회는 교인의 급속한 감소와 함께 공공 영역(common space, common platform)에서 교회의 영향력을 상실해 가고 있다. 이제부터 교회는 더 이상 교회의 사이즈와 숫자에 집착하지 말아야 한다. 대신에 바른 신학적 정립을 통해 교회의 본질 회복과 함께 대사회적인 공적 정체성과 책임에 다가서야 한다.

그리스도의 복음은 이미 신자 된 사람들만을 위한 것은 아니다. 오히려 온 세상을 위한 것임을 보여 줄 수 있어야 한다. 교회가 벽을 치고 복음을 개 교회 안에만 머물도록 함을 넘어서, 교회 담장 밖을 향해, 더 낮은 곳을 향해서 계속 흐르도록 하는 것이다(겔 47:1-12). 우리 기독교 신학은 본질적으로 공적(openness)이고, 또 주님의 교회도 본질적으로 공적(public body)이기 때문이다. 따라서 이 세상의 모든 교회는 사적이 아닌, 공적인 공동체로서 공적 사명과 책임에 소홀할 수 없다. 그래서 교회에 관한 신학은 하나님 나라의 신학이며, 바로 이 하나님 나라의 지평

---

[1] "공적(public)이란 사적(private)·이기적(selfish)인 것과 반대되는 개념으로 한 개인이 공동체의 일원으로서(그리스도인들에게는 하나님의 창조 세계와 그 나라의 시민으로서) 감당해야 할 사회적 참여와 책임을 말한다." 이학준, 『한국교회, 패러다임을 바꿔야 산다』(서울: 새물결플러스, 2011), 62. 따라서 공인(Public Person)으로 산다는 것은 하나님과의 인격적 관계성(Personal Relationship)이 끊어지는 것을 의미하는 것이 아니다.

속에서의 공공신학[2]이다. 즉, 교회와 신자들에게는 실재적으로 그리스도를 바라보고 닮아가는 공적인 삶으로의 부르심이 있기 때문이다. 동시에 공공신학은 이 땅을 살아가는 그리스도의 사람들이 개인적인 신앙의 영역이 중요한 만큼, 지금 현재 우리 모두가 맞고 있는 다양한 상황과 공공의 문제들도 중요하게 다룬다. 이러한 이슈들에 실천적으로 반응하고 행동함으로써 교회의 공공성과 사회적 책임을 소홀히 하지 않는다.

그동안 기독교 역사에서 수많은 교회와 신자들이 가난하고 소외된 이웃들을 위해 헌신한 반면 신학 작업은 주로 교회 내에 집중했던 측면이 있다. 그러나 하나님 나라의 신학은 교회 안뿐만 아니라 세상 모두를 그 주제와 관심 영역으로 삼아야 한다. 예수님도 산상 수훈의 말씀을 통해 우리 그리스도의 사람들은 세상의 소금과 빛이라고 하시면서, 바로 이 소금과 빛으로 삶의 현장에서 살아내면서, 소금의 맛과 빛의 사명을 세상 속에서 감당할 것을 말씀하셨다(마 5:13-16). 교회는 울타리 안에 앉아서 교회 밖에 세상을 방관하거나 비난하는 자세에서 벗어나, 교회가 위치한 그 지역 사회에서 기독교적 가치가 누룩과 같이 촉매제가 되도록 해야 한다.

이 지점에서, 영국을 대표하는 기독교 윤리학자, 올리버 오도노반(Oliver O'donovan)은 신학이 복음적(evangelical) 이어야 한다고 말한다. 이것은 그리스도의 복음에 대한 강조와 함께 복음이 갖는 역동성으로 인해 세상을 향한 복음적 사명을 감당하는 방향으로 나가는 것을 포함

---

[2] 공공신학은 우리 사회의 다양한 공적 영역의 주체들과 인격적으로 소통하고, 더 넓고 깊게 세상에 헌신하려는 우리 개신교회의 책임과 사명을 돕는 신학이다.

한다.³ 오도노반이 말하는 교회의 교회됨은 공동체성의 의미에 대한 깊은 통찰인 동시에 단순한 교제(fellowship)의 개념을 넘어 실천적인 나눔(sharing) 또는 적극적 소통(communication)의 역동성까지를 포함하고 있다.⁴ 이제 교회는 공적 영역을 대하는 자세를 재점검하고, 지역 주민과의 공감과 소통을 위해 헌신하는 모습을 보여줄 수 있어야 한다. 이렇게 교회가 공적 교회로서 그 책임을 실천하고자 할 때, 자꾸 희미해져만 가는 우리 개신교회의 정체성은 분명해질 것이다.

현대 사회에 몰려든 거대한 세속화의 물결로 인해 교회가 맞고 있는 무기력감에 공공신학이 이미 어느 정도는 활력을 되찾게 해주고 있는 것으로 보인다. 과거 교회가 로마 제국의 붕괴를 다루었고, 근대 유럽의 출현에 대처했으며, 산업 사회의 도래에 대응했듯이, 오늘의 교회 지도자들도 공공 영역에서의 책임을 확신하게 되었다.⁵ 만일 개신교가 맞고 있는 내부의 문제와 외부의 비판에 부딪혀 이에 대한 참회와 대안 마련을 위한 공공신학과 공적 영성에 대한 논의라 할지라도 환영할 일이다. 그러나 이 과정에서 과제도 있다. 첫째, 교회가 공공 영역 속에 다양한 문제들을 신학적 주제로 삼아 공동선(common good)을 위해 참여할 때, 교회의 본질은 무엇이고 또 그 본질은 확보될 수 있을까에 관한 염려이다. 둘째, 현재 위축된 교회의 공적 역할의 회복 즉 공공 영역에서 빼앗

---

3 김동환, "올리버 오도노반의 정치 신학", 「기독교 사회 윤리」 제32집 (2015), 199.
4 Oliver O'Donovan, *Common Objects of Love: Moral Reflection and the Shaping of Community* (Grand Rapids, Michigan: Wm. B. Eerdmans, 2002), 26.
5 Max L. Stackhouse, "공공신학이란 무엇인가? -미국 기독교의 관점에서", 새세대교회 윤리 연구소 편, 『공공신학, 어떻게 실천할 것인가?』 (서울: 북코리아, 2008), 22. 스택하우스는 좀 늦은 감이 있지만, 미국 내에서 최근 많은 교회 지도자들이 낙태, 복지개혁, 혼인법과 이혼법, 도박, 공립 학교의 종교 교육, 저소득층을 위한 주택건축, 소수인들과 실직자들을 위한 직업 교육, 전과자 갱생 등을 위한 공적 활동들에 나서고 있다고 평가한다.

긴 교회의 주도권을 되찾아 오는 것이 목적이라면, 오히려 신학의 사적 측면만을 더욱 강화하게 될 것이란 우려이다.[6] 이에 대해 성석환은 공공신학의 추구는 "'개인(private)-공공(public)', '교회(church)-사회(society)'를 이원화하는 근대적 '주-객관 도식'의 틀에서 벗어나 신학의 본질적 공공성을 공적 영역에서 구체화하는 작업이 되어야 한다."[7]고 본다. 또 공공신학이 특정 종교 집단의 근본주의적 집단 이기주의의 발로여서도 안 된다며, "시민 사회의 공공선을 지향하는 신학의 본질적 실천임을 해명하기 위해서는 공공신학이 결코 승리주의나 정복 주의와 같은 기독교 국가(Christendom)의 이념을 지향하지 않는다는 점을 분명히 해야 한다."[8]고 지적한다.

하나님은 창조자, 구원자 또 역사의 주관자로서 장차 이 땅 위에 하나님의 나라를 완성하실 분이다. 그래서 성경적으로 "공공"이란 용어는 하나님 나라와 사역에 가장 넓고 보편적인 개념으로 개인 차원의 구원뿐만 아니라 역사와 창조 세계의 변화를 목적으로 한다. 따라서 "공공" 혹은 "공공성"이란 말의 의미는 소통(communication)이란 말과 밀접한 관계가 있으며, 기독교의 "계시"란 용어는 넓은 의미에서 하나님의 소통을 뜻한다. 이 때문에 "'구원되었다'하는 것은 이제 그리스도 안에서 하나님과 우리의 소통 관계가 완전히 회복된 것을 말한다."[9] 결과적으로, 신자로서 개인의 신앙생활에서도 이 같은 신앙이 갖는 공적 차원 또는 소통

---

6 Lenell E. Cady, "H. Richard Niebuhr and the task of a public theology," *Anglican Theological Review*, Vol. 72, no. 4, 1990, 379. 성석환, "한국 공공신학의 실천 과제로서의 문화변혁,"「기독교 사회 윤리」, 제17집, (2009), 113에서 재인용.
7 성석환, "한국 공공신학의 실천 과제로서의 문화변혁", 119.
8 위의 책, 119.
9 이학준,『한국교회, 패러다임을 바꿔야 산다』, 63.

의 개념이 소홀해지거나 무시되어서는 안 된다. 이런 관점에서 이학준은 공적 영성을 다음과 같이 정의한다.

> 공적 영성이란 신앙의 신비적(mystical) 또는 하나님과의 개인적 친밀함(personal intimacy)과 반대되는 것이 아닙니다. 행동을 강조하는 좁은 의미의 '사회 복음'이라는 말로 대체될 수 없습니다. 공적 영성을 갖는 것은 성도의 신앙의 비밀스러움과 그리스도인의 종교적 경험의 독특성을 양보하는 것이 아닙니다. 오히려 신앙의 진정한 신비하고 비밀스러운 경험들은 우리의 신앙을 공적이며 보편적으로 발전할 수 있도록 이끌어 줍니다. 따라서 기독교의 공적 영성은 하나님과의 친밀성과 반드시 균형과 조화를 이룹니다.[10]

3. 목회적 적용으로서의 공적 영성

지금 우리 개신교회는 말씀과 함께 그 말씀대로 살아가는 신앙의 모습으로 체질적 개선을 요구받고 있다(사 1:11-17). 이를 위해 신앙과 삶을 분리해서 신앙이 삶의 현장과 공공 영역에서 작동하지 못하는 모순을 극복해야 한다. 이 같은 노력을 통해 교회가 대사회적 신뢰를 회복하지 못한다면, 미래 교회의 복음 전파(전도)는 어렵게 되기 때문이다. 지금과 같은 팬데믹 상황에서 교회 때문에 세상이 살았다는 말을 들을 수

---

[10] 이학준, 『ST 747 한국교회를 위한 영성과 윤리』 (파사데나: 풀러신학교, 2016), 9. 이어, '공적 영성'의 핵심은 신앙의 본질인 하나님을 섬기고, 이웃을 사랑하는 것이란 점을 강조한다. 이학준, 『한국교회, 패러다임을 바꿔야 산다』, 63.

있어야 한다. 성경은 우리에게 "무슨 일을 하든지 사람에게 하듯이 하지 말고, 주님께 하듯이 진심으로 하십시오(골 3:23)"라고 한다. 이는 곧 교회가 사회적 책임을 소홀히 하지 않고, 모든 일을 오직 주님께 하듯 한다면, 오히려 세상으로부터 더욱 신뢰받는 공동체가 된다는 말씀이다. 이제부터 교회 공동체와 신자는 공적인 영성의 회복을 통해 한국 사회가 맞고 있는 다양한 이슈들과 그 변화, 흐름 또 문화적 동력까지를 이해하고 작금의 위기를 돌파해가야 한다.

1) 이웃과 사회적 약자에 대한 배려

낮은 곳에서 살아가는 이웃과 사회적 약자를 향한 배려는 하나님의 중요한 성경적 속성이며, 나사렛 예수가 이 땅에서 실천하신 삶의 방식이다. 본회퍼는 약한 자에 대한 공격은 그리스도에 대한 공격과 같다고 생각했기 때문에 사회적 약자들에 대한 특별한 관심을 촉구한다.

우리가 세계사의 거대한 사건들을 한번 밑으로부터, 즉, 사회로부터 배제당한 자들, 혐의받는 자들, 학대받는 자들, 권력이 없는 자들, 억압당한 자들, 멸시당하는 자들, 간단히 말해서 고난 겪는 자들의 관점에서 보는 것을 배운다는 것은 비교할 수 없이 고귀한 경험이다.[11]

사실, 오랜 세월 동안 우리 기독교 성화의 교리가 구원의 제2단계로서 주로 개인 경건에 초점이 맞춰진 상황에서 공적 영성은 이 같은 개인

---

11 Dietrich Bonhoeffer, *Widerstand und Ergebung*, hg. v. C. Gremmels / E. Bethge / R. Bethge in Zusammenarbeit mit I. Toedt, DBW 8, Gütersloh 1998, 38, 고재길, "디트리히 본회퍼의 정치 윤리", 공적 신학과 교회 연구소 편, 『하나님의 정치』, (경기도: 킹덤북스, 2015), 120(각주 55번)에서 재인용.

성화를 넘어 사회적 약자와 이웃, 그리고 하나님의 창조 세계 모두를 포괄하는 개념이다. 따라서 하나님과의 친밀성과 공적 영성의 조화가 필수적이며, 이 친밀성이 공적 성격, 그리고 이웃과 창조물과의 관계를 잃어버린다면 내세적, 신비적으로 흐르게 될 가능성이 커진다. 월리스는 그리스도인의 '회심'이란 용어를 사용해서 이기적인 개인 성화와 구원만을 지향하는 삶으로부터의 회심해야 한다고 강조한다. 그는 "우리는 회심-자신만을 살피는 삶에서 서로를 보살피는 삶으로 방향을 전환-할 필요가 있다"[12]고 한다. 이어 그리스도인의 진정한 회심은 그저 우리 한 개인의 영혼 구원에 문제에만 관심을 두는 것이 아니라, 우리가 이 세상 속에 살아가는 삶의 방식과 관계된 것이며, 이 삶의 방식은 하나님과의 관계뿐만 아니라, 우리의 이웃 특히 힘없는 사람들 더 나아가 원수들까지를 포함하는 모든 관계를 변화시켜 새로운 관계로 진입해 들어가는 의미라고 말한다.[13] 이런 주장은 진정한 의미에 칭의와 성화 곧 회심을 통해서 변화된 삶의 모습으로 살아간다는 것은 바로, 이웃과 사회적 약자에 대해 배려하는 새로운 관계로까지 진입해 들어가는 것을 담보한다는 중요한 통찰이다. 이 같은 논의에 관해 유경동은 "타자 예수 그리스도의 만남은 이제 진정한 의미로서 타자 이웃과의 만남을 전제하기 때문이다"[14]고 설명한다. 또한 고먼은 이웃과 사회적 약자에 대한 배려는 곧 '십자가를 본받는 삶'과도 일치한다며, 다음과 같이 말한다.

---

12 Jim Wallis, 『하나님 편에 서라』 (On God's Side), 박세혁 역 (서울: IVP, 2014), 27.
13 위의 책, 28-29.
14 유경동, 『영성과 기독교 윤리』 (서울: 프리칭아카데미, 2009), 128.

> 십자가를 본받는 믿음은 다른 사람들을 향하여 십자가를 본받는 사랑으로 표현될 때에 비로소 완전해진다. 십자가를 본받는 사랑과 십자가를 본받는 삶의 능력은 다른 사람들을 위하여 존재하는 방식들이요, 약한 자들, 더 큰 몸(공동체), 그리고 원수들에게도 헌신함을 표현하는 것들이다.[15]

따라서 하나님과 공동선을 위하는 길은, 사회 경제적 약자와 고통받는 이웃을 향한 '우선 배려'에 있다. 즉, 사회적 강자 집단과 약자 집단이 충돌할 때, 단지 어느 한 편이 아닌, 대등한 위치에서 함께 공공선을 추구하되 항상 약한 자의 권익을 우선하는 원리를 실천하는 것이다. 여기서 우리 교회는 이 시대의 이웃과 사회를 향한 공적 책임이 있다는 사실과 마주하게 된다. 이 같은 책임은 쉽게 사라지지 않는 지금과 같은 팬데믹 상황에서 더욱 사회적 약자들을 돌보는 일이다. 얼마 전까지만 해도, 교회가 거의 모이지 못해서 많이 힘들었지만, 혹시라도 모이는 교회의 현장이 감염 확산의 진원지가 된다면, 우리의 신앙이 지니는 공적 증언은 더욱 약화 될 수 있었다. 이 때문에 신자들은 각각의 삶의 자리에서 인류 공동체의 안전과 구원을 위해 어떻게 영과 진리로 하나님을 예배하고 이웃과 사회를 섬길 것인가를 생각해야 했었다(요 4:23-24; 롬 12:1). 그동안의 기독교 전통과 관행보다는 신앙의 본질에 충실해서 하나님 사랑과 이웃 사랑을 실천하는 교회가 팬데믹 상황에서 모범적인 교회로 이 세상의 소금과 빛이 될 수 있기 때문이다. 오늘의 교회가 좁

---

15 Michael J. Gorman, 『삶으로 담아내는 십자가: 십자가 신학과 영성』 (*Cruciformity: Paul's Narrative Spirituality of the Cross*), 박규태 역 (서울: 새물결플러스, 2010), 550-551.

은 의미의 신앙생활에 더 매진하기보다는 팬데믹 때문에 고통당하고, 기본 생계를 유지하기조차 어려운 이웃과 사회적 약자를 향한 기독교적 선행과 가르침을 실천하는 '그 현장'에서 조심스럽게 교회 본질의 회복 가능성을 보게 된다.[16]

그 이유는 바로 이것이, 세상을 변화시키는 윤리임과 함께 그리스도인 자신과 교회 공동체를 다시 한번 예수님께로 더 가까워지도록 이끄는 선택이기 때문이다. 동시에 이것은 회심의 구체화요, 예수님과 연결된 중요한 증거란 통찰과 마주하게 된다.[17]

2) 사회 구조적 모순에 대한 해결의 요구

2020년 초, 갑작스레 신종 코로나바이러스 감염증(코로나19) 대유행으로 전 세계가 어려움을 겪고 있는 가운데, 미국에서는 같은 해 5월 25일 미네소타의 George Floyd 사건이 발생하였다. 이로 인해 벌어진 "BLACK LIVES MATTER" 시위는 미 전역에서 처음으로 동시다발로 대규모의 다양한 인종과 연령층이 참여하는 시위로 확산하였다. 당시 초유의 시위/방화/약탈(looting)은 외형적으로는 인종 차별에 대한 분노와 저항처럼 보였지만, 좀 더 깊게 내면을 들여다보면 흑백 이슈와 함께 오랜 세월 지속된 사회/경제적(socio-economic) 부정의에 그 뿌리

---

16 이 글은 본 연구자가 2020년 10월 8일, "팬데믹과 교회의 공공성 : 기고 : 미주 종교신문 1위: 기독일보 (christianitydaily.com)" 기고문 중의 일부다.

17 고먼(Gorman)은 믿음과 사랑의 관계에 관해, "믿음(곧 하나님께 순종하는 것이라 했다)이 표현되지 않으면, 아무리 선한 행위도 진정 사랑의 행위가 아니며, 또 아무리 믿음을 주장한다 해도 그리스도를 따라 다른 사람을 사랑하는 행위와 동떨어진 것이면, 그 믿음은 믿을 수도 없고 증명할 수도 없는 것이다"한다. Gorman, 『삶으로 담아내는 십자가』, 609.

를 두고 있다. 미국에서 발표된 통계에 따르면, 코로나19로 가장 큰 피해를 보는 그룹이 흑인과 히스패닉이라고 한다. 바로 이들이 미국 경제의 중하위 직장 일선에서 땀 흘리고 있다. 사실, 많은 한인이 운영하는 작업장에서도 흔하게 그들의 모습을 볼 수 있다. 이 때문에 이번 Floyd 사건이 지속되는 인종 차별과 함께 코로나19로 인해 더욱 표면으로 드러난 사회 구조적 모순에 기반하고 있다고 보는 것이 타당하다. 즉, 미국 사회 저변에 깔린 차별과 부정의로 인해 확대 재생산되는 빈곤의 문제가 거대한 저항으로 표출된 것이다.[18]

사회 체계는 인종 차별은 물론이고, '지극히 작은 자 하나'(마 25:40, 45)에 문제를 외면해서는 안 된다. 이것은 단지 좀 더 부유한 자들이 베푸는 일시적인 호의나 동정의 차원을 넘어서 각 사회가 필요로 하는 제도적 장치까지를 제공해야 한다. 마틴 루터 킹은 강연에서 사마리아인이 베푼 호의와 자비에 대해서 말한 적이 있다. 그는 여기서, 궁극적으로는 여리고로 가는 길이 안전하여서 강도를 당하는 사람이 없는 마을이 되어야 한다고 하였다.[19] 이 의미는, 교회의 각 지역에 관한 관심이 단지 구제/봉사/선교 사업을 펼치는 선에 머물지 않고, 그 지역 사회가 가진 구조적인 문제/모순까지를 해결하기 위해 나서야 한다는 지적이다.

그리스도가 선포한 하나님 나라는 인간이 존재하고 살아가는 모든 체제와 영역 내에서 하나님의 주권이 드러날 때 이루어진다. 이것은 복

---

18 이 글은 본 연구자가 2020년 6월 10일, "코로나19, 그리고 BLACK LIVES MATTER : 오피니언 : 미주 종교신문1위 : 기독일보 (christianitydaily.com)" 기고문 중의 일부다.

19 Marshall, *Compassionate Justice*, 16-17; Martin Luther King, Jr., https://kinginstitute.stanford.edu/king-papers/documents/ive-been-mountaintop-address-delivered-bishop-charles-mason-temple

음이 너무 교회 안의 구조 틀에서만 머물도록 해서는 안 된다는 주장과 상통한다. 하나님으로부터 임한 이 복음의 사랑과 생명력을 교회 밖으로, 그리고 사회의 모든 구조 속으로 적극적으로 흘려보내야만 한다. 이 점에 관해 마우(Mouw)는 각각의 사회 구조/체제를 올바르게 들여다보기 위해서는 가난과 정의에 대한 올바른 신학의 정립을 강조하며, 이를 위해서는 일반 은총과 필연적으로 마주하게 된다는 중요한 통찰을 밝힌다.[20]

결국, 교회와 그리스도인들의 역할과 책임은 클 수밖에 없다. 이러한 원리 때문에 우선 "교회의 존재 그 자체는 제도의 공고한 역기능을 제한하고 개혁하는 데 필요하다."[21]고 한다. 이어서, 생명과 증거능력을 가진 교회의 사회/정치적인 역할은 '악한 체제'(kosmos)와 '악한 이 시대'(aion)를 향하여 진리를 드러내는 것이라고 본다.[22] 여기 두 가지 증거의 역할 중에 강조되는 것이 '악한 체제(구조/사회 질서)[23]로부터의 자유케함이다. 이와 관련해 민종기는 신앙은 교회 안뿐만 아니라 정치와 사회의 모든 영역에도 관련된다며, "하나님 나라를 위한 우리의 참여는 그의 통치가 정치, 경제, 사회, 문화, 예술, 학교와 직장, 그리고 가정과 시장에 임하도록 해야 한다."라고 강조한다.[24]

---

20 Richard J. Mouw, 『문화와 일반 은총』 (*HE SHINES IN ALL THAT'S FAIR*: *Culture and Common Grace*), 권혁민 역 (서울: 새물결플러스, 2012), 127. 이어, 마우는 "하나님이 선택받지 않은 자들에게도 구원의 은혜는 아닐지라도 적극적인 사랑을 베풀고 계시고, 우리에게는 우리의 영혼 속에서 그러한 사랑을 양성하기를 원하신다는 것이다"고 말한다.
21 민종기, 『한국 정치 신학과 정치 윤리』 (서울: KIATS, 2012), 37.
22 Walter Wink, *Engaging the Powers*: *Discernment and Resistance in a World of Domination* (Minneapolis: Fortress Press, 1992), 61-62. 민종기, 『한국 정치 신학과 정치 윤리』, 37에서 재인용.
23 헬라어 *kosmos*는 '세상'으로 해석되지만, 동시에 '구조', '사회 질서', '체제'라는 의미를 갖는다. 민종기, 『한국 정치 신학과 정치 윤리』, 38.
24 위의 책, 106.

이런 측면에서 교회의 사명은 교인 개인과 개인을 구원하기 위하는 데 초점을 맞추는 역할뿐 아니라, 세상을 변화시키기 위해, 그리고 동시에 세상에 기본이 되는 각 사회의 구조까지 변화시켜야 한다는 더 큰 책임과 연결되도록 이끈다. 그래서 "교회의 선포는 반역적인 구조, 체제, 그리고 제도가 치료되고 회복되어 하나님을 봉사하기 위하여 바른 위치에 이르게 한다"[25]는 사실과 마주하게 된다. 그러나 요즘 많은 신자 중에는 신앙생활을 자기 자신과 하나님과의 관계에 한정해서 여기에만 집중하려는 경향이 있다. 이런 신앙은 지나치게 작고 이분법적이고 사적이다.[26] 월리스는 바로 이와 같은 신앙은 성경적이지 않다고 단정하며, "세상을 바꾸기 위해 노력하지 않고 개인에게만 초점을 맞추는 복음의 메시지는 세상이 바뀔 필요가 없는 사람들에게만 유효하다."[27]고 단언한다.

그래서 여기서 중요한 점은 복음이 계시하는 하나님의 성품과 정반대의 직무를 갖는 잘못된 사회적 구조들을 분별해 내는 일이다. 그리고 잘못된 사회 구조로 인해 가난하고 소외된 사람들이 오히려 억압당하는 체제를 바꾸고자 하는 실천이다. 그 이유가 "교회는 십자가에 못 박힌 사람들이 사는 세상 속으로 자비와 사랑의 도구로서 보내심을 받았다. 이것은 곧 교회가 정의를 위하여 일해야 한다는 의미"[28]이기 때문이다. 월리스는 정의를 포함하는 복음의 발견과 하나님 나라의 발견을 연결하

---

25 Wink, *Engaging the Powers*, 83. 민종기, 『한국 정치 신학과 정치 윤리』, 38에서 재인용.
26 관련해 Gorman, 『삶으로 담아내는 십자가』, 603에서, "이런 영성은 자연스럽게 교회는 선택사항이며 구원은 개인의 사사로운 '영적' 문제로 여기는 확신들을 낳는다"고 지적한다.
27 Wallis, 『하나님 편에 서라』, 115.
28 Gorman, 『삶으로 담아내는 십자가』, 617.

며, "'나와 주님'에 관한 복음이 아니라 세상과 우리를 함께 변화시키시기 위해 침투해 들어오는 새로운 질서에 관한 하나님 나라의 복음-정의를 아우르는 통전적인 복음-을 발견한 후에 비로소 나의 신앙으로 되돌아왔다."[29]고 고백한다.

그리스도의 복음이 제시하는 사회는 하나님의 정의와 평화를 기반으로 서로 화합된 사회다. 그런데 사회가 화합을 이루려면, 사회적 구조의 문제와 그 속에서 발생하는 약자에 대한 관심에 있다. 따라서 오늘날 사회 체제가 약한 자의 편에 서서 그들을 적극적으로 배려할 수 있는 구조를 만들어야 한다. 이것은 단순한 동정과 자비 혹은 과격한 대립과 투쟁을 통해서가 아니라, 합리적인 제도를 만드는 과정에 함께 참여를 통해서 이루어진다. 그러기 위해서 교회가 다양한 사회 단체, NGO, 언론, SNS, 기업, 그리고 다른 종교 등과도 함께 연대해서 사회의 구조적 불의와 악을 비판하고 개혁하기 위해 협력하는 자세는 너무도 당연하다.

3) 정치와 경제에 대한 개혁의 요구

많은 기독교인은 정치라는 말에 일단 거부감이 있고, 이 때문에 아예 관여하지 말아야 할 영역이란 생각을 한다. 이것은 정교분리 논리 때문으로, 세속의 정치를 공중 권세 잡은 사탄 마귀의 영역으로 보거나, 혹은 공권력은 하나님이 허락한 것이니 무조건 복종해야 한다는 논리에 지배를 받는다. 그 결과, 교회는 영적 혹은 사적인 일에 관여하는 집단으로 자신의 영역을 스스로 후퇴시켰다. 이에 민중기는 기독교인들의

29　Wallis, 『하나님 편에 서라』, 114.

정치에 관한 바른 이해를 촉구한다.

> 정치는 에덴 동산에서 시작되었으나 죄에 의해 왜곡되었다. … 이에 대한 하나님의 응전으로 그리스도의 구속 사역은 국가의 권세를 상대화시킴으로 정치의 가능성을 열었다. 그의 교회는 공동생활의 증거와 정치적 변혁을 위한 참여라는 방법을 통해 제도들을 그리스도화 하는 중심적인 역할을 수행한다. …그리스도는 정치의 가장 중심적인 인물인데 이는 그가 이미 죄로 인한 정치의 왜곡을 극복하신 분일 뿐 아니라, 세상에서 교회를 통해 그 부작용을 치유해 나가시기 때문이다.[30]

이와 같은 인식을 바탕으로 교회는 개인 구원과 관련된 영적인 일에만 관여할 일이 아니라, 공동생활의 생생한 증거와 정치적 개혁을 위해 '참여'라는 방식을 사용해야 한다. 이런 차원에서 윌리엄 스토라(William Storrar)가 말하는 "다원주의적 공적 영역에서 자신의 의견을 많은 의견들 중에 하나로 생각하고, 능동적으로 참여할 수 있어야 하고 또 다양한 시민 사회들의 한 동반자로서 책임을 다하고자 하는 준비가 필요하다"[31]는 지적은 귀담아들을 만하다. 그런데 여기서 구체적 참여 형태는 교회의 이름으로가 아닌, 시민 사회 단체의 이름이라는 '간접 참여'의 방식으로 그 운동의 주체를 바꾸는 변화를 택해야 한다.[32] 그 이유는 "직접적

---

30 민종기, 『한국 정치 신학과 정치 윤리』, 40.

31 William Storrar, "2007: A kairos moment for public theology," *International Journal of Public Theology*, 1, 2007, 16. 스토라는 Duncan Forrester의 신학을 계승했고, 프린스턴신학대학원의 Stackhouse와 함께 현재 미국 내에 공공신학을 주도하고 있다.

32 민종기, 『한국 정치 신학과 정치 윤리』, 172. 이렇게 하는 것은 "교회의 비정치화를 위한 논거가 아니고, 오히려 신자들이 기독교적 정치 매체, 이익 단체 및 협의체를 통해 정치 선교를 상설화하려는 것이다"고 한다. 172-173.

참여는 의도적으로 '계산된 과실'을 인정하는 현실정치에 의해 교회의 오염으로 끝날 수 있다"[33]는 우려 때문이다. 그래서 교회가 이런 간접 참여의 방식으로 나서서 우리 삶의 모든 영역을 변화시키고, 또 현실 속에 존재하는 정치 사회적 질서까지를 함께 개혁하고자 하는 것이다.

따라서 "그리스도인이 사회적, 정치적 책임을 수행하는 것은 하나님 나라 운동의 일환이다."[34] 라고 보는 것이 타당하다. 이와 같은 논증의 배경에는, 어차피 교회와 교인들의 그 어떤 행위 자체는 원하든 원하지 않든 간에 공공 영역에서 바라볼 때, 항상 일정 정도의 정치적 영향력을 가질 수밖에 없다는 데 있다. 여기서 강조해야 할 점이 정치 개혁의 주요 내용과 목적이다. 정치 개혁은 잘못된 정치 풍토와 정치 구조적 모순을 바로 잡는 것이다. 이를 위해서는 유럽과 미국뿐만 아니라 한국에서도 흔히 볼 수 있는 좌파/우파 혹은 보수/진보하며, 양극단으로 치닫지 말아야 한다. 이것은 자신들의 정치적 이념을 신성화시켜서 민생과 경제 심지어는 코로나 방역에까지 큰 혼란을 초래하고 있다. 특히 기독인으로서 우리는 진영논리에 휩쓸리기보다는 진리/정의/화해하는 지혜를 실천하며, 공공선에 대한 추구가 강하게 요구되는 시대에 살고 있다. 이를 위해서 성경의 지혜 전통과 하나님 나라의 관점에서 제공되는 지혜는 과거뿐 아니라 현재에도 세상의 모든 영역 전반에 다양하게 적용되고 또 그 세상을 변화시키는 원천이 된다. 이에, 김창환은 "교회는 이를 증거하며, 또한 적극적인 적용을 통해서 하나님 나라의 완성을 위해 공적 영역을 향한 교회(public-facing church)가 되어야 할 것"[35] 이라고 강조

---

33 위의 책, 172.
34 위의 책, 106.
35 김창환, 『공공신학과 교회』 (서울: 대한기독교서회, 2021), 272.

한다.

　이런 틀에서 교회는 사회 저변에 평등과 화해, 그리고 평화와 정의의 가치를 실현하도록 해야 한다. 여기서 핵심적 관심사는 예수께서 하셨던 것처럼 '사람'이다. 그중에서도 낮고 천하고 소외되고 가난한 사람들이 하나님 나라의 관점으로 더욱 주목받아야 한다. 이를 위한 교회의 정치적 책임은 우선 국가 사회가 가진 제도와 법령을 개정 혹은 제정하기 위한 법적 구조적 차원의 노력이다. 스택하우스는 교회 내의 전문가 그룹이 정치적인 사안들을 감시하고 그것을 교인에게 알리는 방법과 또 이 과정에서 정치에 은사를 가진 사람들이 정계에 진출해서 그 책임을 다하도록 하는 방안을 제시한다.[36] 이어 그는 그리스도의 삼중직의 대리자로서 신자들이 시민 사회의 모든 영역에서 그리스도의 대사, 통치자, 그리고 대리인의 역할을 맡도록 돕는 것이 교회의 임무 중 하나라는 사실도 강조한다.[37] 결국, 진정한 정치 개혁을 위해서는 이미 그 사회 속에서 노력하고 있는 성숙한 시민 사회 운동 단체들의 역할이 중요하다. 따라서 교회는 "시민 단체를 통해 정보를 나누고, 경제적으로 지원하며, 그들의 행사에 참여하고 봉사함으로 사회적 책임을 감당할 수 있다."[38] 이렇게 해서 사회 곳곳에 하나님의 통치가 좀 더 폭넓게 실현될 수 있도록 교회가 앞장서야 한다.

　다음으로, 경제 개혁을 요구하는 주장을 살펴본다. 이 요구는 신자유

36　Max L. Stackhouse, "공공신학이란 무엇인가? -미국 기독교의 관점에서," 새세대 교회 윤리 연구소 편, 『공공신학, 어떻게 실천할 것인가?』(서울: 북코리아, 2008), 39.
37　위의 책, 40.
38　민종기, 『한국 정치 신학과 정치 윤리』, 107. 여기서, 정치인들을 향해 지지, 요구, 감시, 비판 기능을 통한 지지와 견제를 강조한다. 또, 개혁을 위한 정치적 제자도의 구현 지침은 공적 정의의 시행, 분배 정의의 구현, 국민복지의 달성, 다원적 영역의 유지 등을 제시한다. 124-127.

주의의 글로벌화를 맞아 더욱 심각해진 경제 부정의를 배경으로 한다. 즉, 오로지 경제 성장을 주된 목표로 삼아 작동하는 가운데, 시장에 정의로운 평화와 인간 존엄의 가치가 상실되고 있다는 위기감 때문이다. 여기서 경제 성장과 이윤 창출에 중심에 서 있는 기업의 성격을 명확히 할 필요가 있다. 스택하우스는 기업의 목적이 이윤 창출이란 측면보다, 하나님이 주신 기관이란 의미를 갖는다고 보았다. 그래서 그는 기업을 공동체의 물질적 복리에 기여함과 동시에 인류를 위한 은혜의 대리인 혹은 은혜의 표시요, '세속에 봉사하는 공회'(worldly ecclesia)로 부른다.[39] 이것은 기업이 모든 이윤을 포기하라는 뜻이 아니며, 다만 기업이 도덕적 방식으로 이윤 창출을 해서 그 소명을 잘 감당할 수 있도록 이끌어 주어야 한다는 점을 강조하는 것이다. 더 나아가 그는 경제 개혁을 위해서는 기업문화, 자원의 효율적 사용, 노동의 윤리, 시간 사용의 중요성 등도 함께 고려해야 할 중요 사항으로 보고 있다.[40]

또한 경제 개혁의 실현을 위해서는 그 사회 속에서 긍휼과 정의의 가치를 실천해서 부의 재분배를 통한 경제 정의를 실현할 수 있어야 한다. 이것은 먼저 교회 내에서부터 실천되어야 한다. 곧 교인들 간의, 그리고 교회 간에 부의 일부를 스스로 재분배하고 그들이 누리는 복을 함께 나눌 수 있는 창조적 방법들이 강구되어야 한다.[41] 이를 통해 신자들 간에 또 교회들 간에 경제적 균형을 이루고자 하는 성경적 목표를 향해 조금이라도 더 가까이 전진해 갈 수 있다. 그럴 뿐만 아니라, 국가 사회 속에

---

39 문시영, "교회 안에서 시작하는 공공성", 이형기 외, 『공적 신학과 공적 교회』 (경기: 킹덤북스, 2010), 146.
40 위의 책, 145.
41 Gorman, 『삶으로 담아내는 십자가』, 613.

서 분배 정의(distributive justice)를 실현할 수 있어야 한다: "분배 정의는 사회의 이익 배분을 위한 공평한 기준을 논한다. 성경이 정의라는 관념을 분배적 기능에까지 확장 시킬 때, 정의의 관념은 사랑의 개념과의 연장 선상에서 분명하게 보인다."[42] 결국, 성숙한 교인과 시민이 함께 경제 정의를 위해 힘을 합칠 때, 그 국가 사회는 성숙한 정치뿐만 아니라, 성숙한 경제도 보게 된다. 이런 측면에서 지난 1989년 창립된 경제정의실천시민연합(약칭: 경실련)[43]은 한국의 시민 사회 단체들과 YMCA를 중심으로 범 기독교계가 함께 설립했던 경제 개혁 운동체의 좋은 모델이 된다.

결론적으로, 이렇게 우리 교회는 정치 경제적 차별과 모순을 거부하며, 불완전하지만 이 땅에 하나님의 나라가 편만하게 실현될 수 있도록 사회의 균형과 정의에도 신실하게 다가서야 한다. 특히 가난하고 소외된 자들을 배려하고, 이들을 위한 노동과 사회적 안전망을 만드는 일에 관심을 두어야 한다. 참된 기독교 복음은 사회 공동체에 대한 성실한 봉사로서의 대사회적 책임을 겸비하는 것이다. 개신교회가 함께 실천하는 공적 영성으로 자꾸 침침해져만 가는 우리 사회의 긍정적인 변화를 이끌 수 있을 것으로 기대한다.

4) 환경 문제에 관한 관심

현대 사회 속의 세상 사람들은 성경을 읽지 않는다. 대신에 우리 신자

---

42 민종기, 『한국 정치 신학과 정치 윤리』, 125-126.
43 본 연구자는 1989년 가을, 서울 종로 5가 경실련 창립 당시 발기인으로 참여하였다.

들의 삶은 읽는다. 이것은 그리스도의 사람들이 어떤 모습으로 비신자들 앞에 살아야 하는지 조심스럽게 마주하게 해준다. 그 때문에, 신자는 교회 밖에서 진정한 삶을 통해 복음을 주석해 내고 예수님을 보여줄 수 있어야 한다. 이를 위해서 타자 예수님과의 만남을 경험한 사람이면, 이후부턴 또 다른 타자와의 관계를 중요시하지 않을 수 없도록 이끈다. 더 나아가 시민 사회 속에 공공의 삶과 직접적으로 연관된 정치와 경제적 이슈들뿐만 아니라, 자연환경의 문제에 관해서도 관심을 기울이게 된다.

그 이유는 인간의 무관심과 또 이기심에 의한 자연과 생태계의 파괴가 날로 심각해져 가고 있기 때문이다. 이것은 하나님께서 창조하신 생명체에 대한 존중과 자연환경의 온전성을 지켜내고자 하는 의식의 결핍이 원인이다. 근본적으로, 타락한 피조물로서 자연 세계는 인간의 범죄 아래 놓이게 됐으며, 이를 오로지 인간적인 관점으로 보면 '말이 없는 상태'로 남겨져 있는 것이다.[44] 이 같은 이유로 인해, 자연환경의 보존과 함께 복구는 우리 교회가 앞장서서 풀어야 할 과제다. 따라서 2005년 아테네 CWME(the Conference on World Mission and Evangelism)는 '생태계 차원에서의 화해와 치유'를 다음과 같이 요청한다.

> 하나의 생태학적인 치유 혹은 화해는 기독교인들이 구상하고 있는 것이다. 땅에 있는 것이든 하늘에 있는 것이든 만유의 화해(골 1:20)가 요청되기 때문이다. 니케아-콘스탄티노플 신조에서 우리는 성경을 주님과 생명의 부여자로 고백한다. 성령 안에서의 선교는 이 땅을 번성하게

---

44 Dietrich Bonhoeffer, *Christ The Center* (New York: Harper and Row, 1960), 64-65.

하고 인간 공동체들을 지탱시키게 할 하나의 새로운 전망 혹은 하나의 생명 중심의 접근 방법을 보장한다. 따라서 이와 같은 우주적 화해와 치유는 인류 사이의 화해를 위한 하나의 힘 있는 초석을 마련해 준다.[45]

이어 2006년 기후 변화를 위해 복음주의 지도자들은 "기후 변화: 행동으로의 복음주의적 요청"이란 성명을 발표한다. 여기서는 빈곤층과 취약 계층, 미래 세대에 미치는 기후 변화의 영향을 주목하면서 네 가지 의견을 제시하였다: 인간에 의한 기후 변화 현실, 이것이 가난한 자들에게 주는 피해, 윤리적 관점에서 기독인의 책임, 즉시로 실천해야 할 사항 등이다.[46] 또한 2013년 부산 WCC 총회의 '정의로운 평화의 길을 향한 성명'에서도 기후 변화에 관한 관심에 주목한다. 여기서는 화석 연료를 지나치게 사용하는 일은 사람과 지구 모두에게 큰 고통이 된다며, "… 인간의 삶의 스타일과 국가 정책들의 한 결과에 불과한 기후 변화는 정의와 평화에 대한 글로벌 위협을 가한다."[47]는 사실을 지적한다. 이렇게 우선 기독교계가 기후 변화의 위험에 대해 함께 인식하고, 그 해결책을 찾기 위해 나서줄 것을 촉구하였다. 교회가 기후 문제에 주목해야 하는 이유는, 기후 재난으로 해마다 수많은 사람이 목숨을 잃고 있기 때문이다. 이 같은 피해자 중에는 여성, 아이, 노인과 같은 사회적 약자들에게 더 취약한 것이 현실이다.

온 우주가 하나님의 창조 세계이고, 지구 내 자연들이 하나님의 선물

---

45 Preparatory Paper 10, 83쪽; 63항. 공적신학과교회연구소 편, 『하나님 나라와 지역 교회』 (경기: 킹덤북스, 2015), 82에서 재인용.
46 "The Evangelical Climate Initiative," http://christiansandclimate.org/
47 공적신학과교회연구소 편, 『하나님 나라와 지역 교회』, 102.

이란 사실을 알게 된 후에는, 이 땅의 오염과 파괴에 대해서 단호하게 대처하게 된다. 그래서 더 이상의 자연 생태계의 손상을 막고, 이미 손상된 환경에 대해서는 치유와 회복의 생명체로 바꾸어 나갈 책임에 공감하게 된다. 성전의 상업주의적 오염에 대해 분노하셨고 또 언약의 땅에 수탈과 착취를 가했던 식민 세력을 달갑게 여기지 않으셨던 예수께서 지금은 "이 땅의 문명 개발을 앞세운 무차별적인 파괴를 용인하지 않았을 것"[48]이란 말에 귀를 기울이는 것이다. 이 때문에, 요즘 생태계 위기에 대한 교회의 관심은 날로 증가하고 있다. 생태학은 신학의 한 중요한 의제가 되었고, 생태 신학(eco-theology)은 전통적 교회 사역에 새로운 도전과 함께 창조자 하나님과 인간, 그리고 대자연과의 관계를 재검토하도록 통찰을 제공하였다. 이제 교회는 하나님께서 창조하신 지구와 대기권의 파괴적인 변화를 가져오는 그 주요 원인을 찾아 개선하는 일에 나서게 된다.

4. 나가는 말

우리 개신교회가 위기를 맞고 있다. 그 원인을 여러 가지로 볼 수 있겠지만, 그리스도인이 공적 영성을 상실 한데서 찾을 수 있다. 그리스도의 사람은 사회적 책임 혹은 공동선(Common good)을 이루기 위하여 기도하고 실천하는 것이 성숙과 성화의 과정에서 필수다. 신자가 믿음으로 구원을 받았으면, 그 믿음이 진정 산 믿음인지 혹은 죽은 믿음인지

---

48 차정식, 『예수, 한국 사회에 답하다』 (서울: 새물결플러스, 2012), 255.

그 실천(열매)을 통해 입증할 수 있어야 한다. 또한 교회가 공적 공동체로서 그 책임이 있다는 사실을 인식하고 실천하는 일은 교회의 본질적 사명이 된다. 교회는 이제까지의 믿음의 철저함과 동시에 그 믿음의 실천을 통해 교회가 진정으로 교회 되게 하는 변화의 길을 찾아 나서야 한다.

지금은 코로나바이러스 감염증(코로나19) 대유행으로 모두에게 어려운 시기다. 바이러스로 인해 서로에 대한 의심과 거리 두기가 장기화하고 있는 시점에 우리 그리스도의 사람들이 긍휼, 자비, 배려의 마음을 갖는 것이 절실하다. 동시에 교회는 서로 돌아보고 연대하며 회복하는 목회에 초점을 두면서, 각 교회가 위치한 지역 사회의 필요에 다가가는 공동선에도 관심을 가져야 한다. 이 같은 공적 영성으로 우리가 사는 세상 속에서 빛과 소금이 되어 따듯하게 나아가야 한다. 진정한 기독교 신앙은 나만을 위하는 개인적인 구원을 넘어, 함께 더불어 살아가는 공동체 구성원들을 향한 사랑과 봉사로서의 대사회적 책임을 겸비하는 것이다. 이 같은 공적 영성이 우리 사회의 무궁한 자원이 되고, 원동력이 될 것으로 확신한다.

2부

공공신학이란?

02

마틴 루터의 신학과 공공신학

김진혁 교수(햇불트리니티신학대학원대학교)

1. 들어가는 말: 공적 복음을 위한 루터 다시 읽기

독일의 신학자 파울 알트하우스에 따르면 종교개혁자 마르틴 루터 (Martin Luther, 1483-1546)의 윤리 사상의 핵심에는 '은혜에 의한 죄인의 칭의 사건'이 있다.[1] 그런데 인간의 선행이 구원에 전혀 이바지하지 못한다는 루터의 가르침을 피상적으로 이해했다가는, 그가 그리스도인의 삶의 중요성을 약화했거나 윤리를 구원 이후에 따라오는 부가물처럼 여기도록 만들었다는 오해로 이어지기 쉽다.[2] 이런 이유로 루터 신학의 윤

---

* 본문의 2~4장은 다음 논문의 II 장을 수정·보완하였고, 서론과 결론에서도 다음 논문과 겹치는 일부 표현이 있을 수 있다. 김진혁, "다시 두 왕국론?: 공공신학의 관점에서 본 마르틴 루터의 신학", 「복음과 윤리」 12(2015), 48-79. 논문의 재사용을 승인해 준 한국복음주의윤리학회에 감사를 표한다.

1 파울 알트하우스, 이희숙 역, 『마틴 루터의 윤리』 (서울: 컨콜디아사, 1989), 27.
2 루터의 동시대인 에크, 뮌처 등도 루터의 칭의론이 그리스도인의 도덕적 열심을 약화한다고 비판했다. 루터가 1520년에 쓴 "선행에 관한 논문"은 이에 대한 반론이다. 루터에 대한 16

리적 혹은 공공신학적 함의를 논하는 대중적 관심은 주로 이신칭의론에 집중되곤 했다. 하지만 사실 근대인의 윤리적 상상력이나 정치 사상에 더 큰 영향을 끼친 루터의 가르침은 '두 왕국론'이라고도 할 수 있다.[3] 학계에서는 근대 여명기에 루터가 제안한 '하나님의 왕국'과 '세상의 왕국'의 구분이 이후 근대화 과정에서 급격하게 진행될 개인적 신앙과 공적 영역의 분리를 촉발했다고 평가하곤 한다.[4] 이러한 이유로 공적 복음과 공공신학의 한 모델로서 루터를 살펴보는 것은 현대인에게 그다지 매력적이거나 설득력 있는 제안으로 들리지 않을 수도 있다.

하지만 과거는 '살아있는 전통'으로서 현재의 모습을 형성하고 지금도 우리에게 계속해서 영향을 끼친다. 개인이자 공동체로서 인간이 생각하고, 언어를 사용하고, 삶을 살아가는 방식은 알게 모르게 과거에 의해 상당 부분 규정된다. 이런 맥락에서 보자면 루터라는 인물은 복음의 참 의미를 찾고자 하는 사람들에게 지난 오백여 년 동안 계속해서 말을 건네고 있는 영향력 있는 과거임이 틀림없다. 그렇기에 루터의 한계를 극복하려고 하든, 루터를 통해 현재를 해석하고 미래를 준비하는 지혜

세기의 대표적 비판으로 다음을 보라. John Eck, *Enchridion of Commonplaces: Against Luther and Other Enemies of the Church*, trans. F. L. Battles, 2nd ed. (Grand Rapids: Backer Book House, 1978), 50. 루터의 칭의론이 개인 윤리만이 아니라 사회 구조적 문제에 무감각함을 불러온다는 현대적 비판은 다음을 참고하라. Reinhold Niebuhr, *The Nature and Destiny of Man*, vol 2 (New York: Charles Scribner's Sons, 1943), 192-195.

3 사실 루터 본인은 '두 왕국론'이란 표현을 사용하지 않았다. 하지만 이 용어는 국가와 교회의 관계, 하나님의 두 통치의 형태, 문화와 복음의 관계 등을 표현하기에 효율적이기에 널리 사용되고 있다. 다음을 참고하라. 베른하르트 로제, 박일영 역, 『루터입문』 (서울: 복있는사람, 2019), 367-378.

4 대표적으로 다음을 보라. Ernst Troeltsch, *Protestantism and Progress: A Historical Study of the Relation of Protestantism to the Modern World*, trans. W. Montgomery (Boston: Beacon Press, 1958), 470-471; Karl Barth, "Gospel and Law," in *Community, State, and Church*, ed. and trans. Will Herberg (Garden City, NY: Doubleday and Company, 1960), 71-72; Sheldon S. Wolin, *Politics and Vision*. Expanded Edition (Princeton: Princeton University Press, 2004), 129, 147.

를 얻기 위해서든, 그의 신학은 진지하면서도 현대적 감각을 가지고서 살펴볼 필요가 있다.

공공신학이 현대 사회의 문제를 기독교의 자원을 활용하여 다루는 실천적 성격을 가지지만, 공공신학적 관점에서 루터에 접근할 때는 공과 사를 나누고 신앙을 개인의 문제로 치부하는 근대적 정신을 과거에 역투사한 것을 조심해야 한다.[5] '공공성'이라는 근현대적 개념에 잘 어울릴 법한 무언가를 루터에게서 찾겠다는 조급함 내지 강박을 내려놓고, 먼저 그의 저작 곳곳에 있는 신앙의 윤리적이고 정치적인 요소부터 과장이나 왜곡 없이 모으고 서로 연결해 볼 필요가 있다.[6] 그러다 보면 루터가 하나님을 향한 신앙과 이웃을 향한 사랑 '사이'뿐만 아니라 하나님의 왕국과 세상의 왕국 '사이'의 대립과 긴장을 매개하고자 했던 여러 방법을 발견하게 될 것이다. 그리고 그 속에서 공공신학을 위해 루터만이 줄 수 있는 실천적 지혜도 발견할 수 있을 것이다.[7] 본 논문은 이러한 기대를 안고 루터가 제시한 이신칭의론과 두 왕국론, 이성과 자연법 개념, 성찬 신학이 어떻게 현대 그리스도인을 위한 공적 신앙을 형성하는 데

---

[5] 예를 들면 카질톰슨은 많은 학자가 현대 자유주의의 시각에서 루터를 해석하는 경향을 비판한다. 또한 윌리엄 라이트는 루터의 두 왕국론이 루터 신학 전체 구도를 결정하는 세계관 역할을 하지만, 19세기 신학자들이 이 교리를 정치 신학 개념으로만 환원되면서 왜곡이 일어났다고 비판한다. W. D. J. 카질톰슨, 김주환 역, 『마르틴 루터의 정치 사상』 (성남: 민들레 책방, 2003), 237; William J. Wright, *Martin Luther's Understanding of God's Two Kingdoms: A Response to the Challenge of Skepticism* (Grand Rapids: Baker Academic, 2010), 15-16.

[6] 공공철학자 김태창은 '공공'(Public)을 명사로 보는 서구와 달리 동아시아 문명은 공공(公共)을 동사, 즉 공(公)과 사(私) 사이를 매개하는 활동으로 볼 수 있다고 주장한다. 김태창, 조성환 역, 『상생과 화해의 공공철학』 (서울: 동방의 빛, 2010). 다음 논문은 '공공성'을 중시하는 서구의 현대 정치철학적 관점이 아니라 '공공하다'라는 활동의 관점에서 접근할 때 16세기 인물인 루터 신학의 공공신학적 함의가 더 잘 드러날 수 있음을 보여준다. 김진혁, "다시 두 왕국론?" (2015), 48-79.

[7] 에벨링은 루터를 이해하는 핵심 틀로 양극 사이의 대립을 제시한다. 신학과 철학, 문자와 영, 율법과 복음, 율법의 이중용도, 신앙과 사랑, 그리스도 왕국과 세상 왕국, 그리스도인과 세상 속 인간, 자유와 속박, 은폐된 하나님과 계시된 하나님 등이다. Gerhard Ebeling, *Luther: An Introduction to His Thought*, trans. R. A. Wilson (Minneapolis: Fortress Press, 1983), 25.

이바지할 수 있을지를 차례차례 살펴볼 예정이다.[8]

2. 이신칭의 교리가 빚어낸 타자 윤리

일반적으로 학자들은 루터의 두 왕국론이 1522년에 행한 설교에서 등장했고, 1523년 『세상 권력: 어느 정도까지 복종해야 하나』에서 구체적 형태를 가지게 되었다고 본다. 하지만 두 왕국론을 형성하는 이중적 구조는 그 이전부터, 특별히 『그리스도인의 자유』의 서문에서 밝힌 그리스도인의 이중적 실존의 긴장에서 발견된다. "그리스도인은 더할 수 없이 '자유로운 만물의 주'이며 아무에게도 예속되지 않는다. 그리스도인은 더할 수 없이 '충직한 만물의 종'이며 모든 사람에게 예속된다."[9] 이 두 문장은 사람의 영적이며 육체적인 본성, 혹은 내적 사람과 외적 사람, 새 사람과 옛 사람의 역설적 공존을 표현해준다. 루터에 따르면, 선행이 옛 사람을 새 사람으로 만드는 것이 아니고, 그리스도의 '복음'인 하나님의 거룩한 말씀이 사람을 의롭게 만들며, '신앙'만이 하나님 말씀을 유효케 하고 인간을 구원한다.[10] 자아는 "타자(他者) 곧 그리스도만의 공로"[11]에 의해 개인의 선행과 신념으로 구축된 사(私)적 세계에서 벗어나 그리스도와 믿음으로 연합한다. 오직 이러한 방식으로 죄인은 새 사

---

8 본 논문에서 사용하는 루터 인용문은 미국판 루터전집에서 번역한 것이다. 각주에 사용되는 LW는 *Luther's Works* (American Edition), 55 vols, ed. Helmut Lehmann and Jaroslav Pelikan (St. Louis: Concordia Publishing House & Minneapolis: Fortress Press, 1955-1986)의 약어이다.

9 Martin Luther, "The Freedom of Christian" (1520), *LW* 31, 344(강조는 필자의 것).

10 Luther, "The Freedom of Christian" (1520), 344-346.

11 Luther, "The Freedom of Christian" (1520), 347.

람, 즉 관계적 주체로 거듭날 수 있다.

하지만 사멸할 수밖에 없고 여러 현실적 제약에 갇혀 있는 몸을 가진 존재이기에, 인간의 영적인 삶은 부활의 미래에 완성할 것이다. 그런 의미에서 루터는 "인간은 영에 있어서… 필요로 하는 모든 것을 가지나, 이 신앙과 부유함은 미래의 삶에 이를 때까지 날마다 자라지 않으면 안 된다."[12]라고 말한다. 그렇다면 부활 때까지 '날마다 자람'은 어떻게 가능한가?

첫째, 그리스도인의 사회적이고 관계적인 삶은 몸의 훈련, 즉 수신(修身)과 불가분의 관계에 있다. 복음의 말씀이 영적으로 새로운 사람됨을 형성했지만, 그는 구원을 위해서는 불필요했던 금식과 절제와 노동 등으로 이제는 계속해서 몸을 훈련하고 단련해야 한다.[13] 과거에는 몸과 영혼이 갈등 관계에 있었다지만, 성령 안에서 영혼과 조화를 찾아가는 몸은 주체가 타자와 만나는 구체적이고 역사적인 매체가 된다. 새 사람의 몸은 선이 드러나고 현실화하는 장소이기에, 만남의 매체로써 몸을 얼마나 잘 훈련하느냐가 타자와 관계의 질에도 영향을 준다.

둘째, 인간이 몸의 매개를 통해 타자를 만날 때 직업이나 사회적 활동에 참여함으로써 관계를 구체화한다. 그리스도인도 몸을 매개로 사회적 활동을 통해 타자와 관계를 맺지만, 그 관계는 이전과는 다른 지향성을 가진다. "각자가 자기 직업과 위치에 따라 일해야 하는 것은 의를 얻고자 노력하는 것이 아니다. 오히려 그러한 활동으로 자신의 몸을 제어하고, 또한 몸을 제어해야 하는 다른 사람에게 본이 된다. 그렇게 행하

12　Luther, "The Freedom of Christian" (1520), 358.
13　Luther, "The Freedom of Christian" (1520), 358-359, 369-370.

는 것은 궁극적으로는 사랑의 자유 가운데서 자기의 뜻을 다른 사람들의 뜻에 복종하기 위한 것이다."[14] 은혜를 받은 사람의 삶은 사적 영역에서 개인의 수신으로 그치지 않고, 사회 속에서 타자의 삶의 고유성을 존중하며 자신의 욕망을 제어하는 데까지 나아간다. 또한 타자인 그리스도가 그를 살리고 섬기러 다가왔듯, 그는 타자인 이웃에게 모범이 되고 그들의 욕망의 경계가 되어줘야 한다.

바로 이 지점에서 우리는 루터 신학에서 공적인 신앙의 윤곽이 잡혀가는 것을 볼 수 있다. "그리스도인은 자신 안에서가 아니라 그리스도 안에서, 그리고 이웃 안에서 산다…. 그는 믿음을 통해 그리스도 안에 살고, 사랑을 통해 이웃 안에서 산다. 믿음으로 그는 자신을 넘어 하나님 안으로 잡혀 올라간다. 사랑으로 그는 자기 아래로 이웃에게로 내려간다."[15] 그리스도인은 믿음과 사랑으로 하나님과 이웃과 새로운 관계를 형성하는 존재이다. 자아에 대한 사랑과 자신의 공로에 기반한 사적인 삶에 함몰되었던 죄인이 이제 하나님과 이웃 앞에서 자신의 몸을 단련하고, 사회 속에서 그리스도의 대리자로서 사랑을 실천한다. 물론 인간이 선을 행할 자유를 온전히 발휘하는 것은 종말 이전에는 불가능하지만, 하나님 앞에 선(*coram deo*) 존재이자 타자 앞에 선(*coram hominibus*) 존재로서 인간의 윤리적 삶을 위한 구조는 칭의와 함께 이미 형성되었다. 이러한 이중적 구조가 트뢸치를 비롯한 여러 학자의 비판적 지적대로 두 개의 윤리적 가르침, 혹은 윤리적 이원론을 만드는 것은 아니다. 오히려 루터는 그리스도인의 실존의 이중 구조 사이를 작용하는 '매개의

---

14 Luther, "The Freedom of Christian" (1520), 369(강조는 필자의 것).
15 Luther, "The Freedom of Christian" (1520), 371(강조는 필자의 것).

동력'을 보여주는 데 심혈을 기울였는데, 이를 충분히 인식하지 못하면 그의 본 의도를 파악하는 데 어려움이 따르게 된다. 이 문제를 본격적으로 다루기 위해 역사 속에서 많은 오해를 받았던 루터의 두 왕국 교리를 살펴보기로 하자.

3. 두 왕국의 긴장 속에 형성된 공공적 실존

이신칭의 교리가 보여주는 인간 실존의 두 범주는 통치권을 두 부류로 나누는 중요한 기초가 된다.[16] 인류는 "첫째 하나님의 왕국에 속하고, 두 번째로 세상의 왕국에 속한다."[17] 은혜로 의로워진 자들로 구성된 하나님의 왕국이 있다면, 신자가 아닌 자들로 구성된 세상의 왕국이 있다. 의로운 이들과 그렇지 못한 이들로 두 왕국이 구분되었듯, "하나님은 두 개의 정부, 즉 영적 정부와 세상의 정부를 제정하셨다."[18] 이 두 정부의 구분된 역할에 대한 루터의 생각 속에서 우리는 그가 오늘날 공공신학 논의에 던져줄 수 있는 독특한 통찰을 찾을 수 있다.[19]

---

16 이 장의 논지는 루터가 1523년에 발표한 『세속 권위: 어느 정도까지 복종할 것인가?』에 크게 의존한다. 자기가 번역한 독일어 성경이 작센의 선제후인 요하네스 1세에 의해 판매가 금지되자, 루터는 이 글을 통해 세속 권위의 한계를 논하고자 하였다. 이후 이 글은 영적 정부와 세속 정부 사이에서 그리스도인이 어떻게 공적 삶을 형성할 것인가를 파악하는 데 큰 통찰을 주는 중요 본문이 되었다.

17 Martin Luther, "Temporal Authority: To What Extent It Should be Obeyed" (1523), *LW* 45, 88. Luther, "Whether Soldiers, Too, Can Be Saved" (1526), *LW* 46, 99도 참고.

18 Luther, "Temporal Authority" (1523), 91(강조는 필자의 것).

19 루터의 통일되지 못한 용어의 사용은 그의 작품을 해석할 때 큰 어려움을 일으킨다. 특히 그는 '왕국'과 '정부'를 구분하기도 하고 상호 교환적으로 사용하기도 한다. 또한 세상적(weltlich, worldly 혹은 secular)과 세상(Weld, world) 등의 개념도 문맥에 따라 의미가 달라진다. 루터의 용어 사용에 대해서는 다음 대가들의 연구를 참조하라. 알트하우스, 『마틴 루터의 윤리』(1989), 84-86; 카질톰슨, 『마르틴 루터의 정치 사상』(2003), 69-72, 86-87. 로제, 『루

루터에 의하면 영적 정부와 세상의 정부 모두 하나님에게서 왔다. 특별히, 세속의 통치권은 가인이 아벨을 살해한 후 하나님께서 살인을 막기 위한 금령을 내릴 때부터 존재했다.[20] 세속 정부의 권위와 통치는 인간의 사악성이 행동으로 옮겨지는 것을 막고, 질서를 유지하는 칼을 통해 하나님을 섬기고 봉사하는 역할을 한다.[21] 가인의 생명을 지키기 원하셨던 하나님의 뜻에서 볼 수 있듯 세상의 권력과 법은 이중의 목적, 즉 사악한 자를 처벌하고 올바른 자를 보호하기 위해 사용되어야 한다. 전자를 위해서 정부는 체포하고 심문하고 파괴하는 자를 필요로 하고, 후자를 위해서는 보호 방면 구해내는 존재를 필요로 한다.

그런데 세속 정부는 두 가지 위험을 내재적으로 가진다. 첫째는 통치자들이 세상의 왕국에 한정된 그들의 한계를 넘어서서 "영혼을 위한 법을 규정"[22]하면 하나님의 정부가 침해되고 영혼들이 오도된다. 이러한 오류는 세속 정치의 논리에 신자의 삶을 맞추려는 유혹이 통치자나 (가톨릭) 교회 지도자 모두에게 발견될 수 있다. 둘째는 세상의 왕국에는 "하나님의 분명한 음성이 존재하지 않기에,"[23] 현실적으로 통치자가 하나님의 뜻인 정의, 성실함, 진리를 거부하고 악해지고 부패할 위험이 매우 크다. 이러한 위험에도 불구하고 세상이 파탄되도록 놔두어서는 안 되기 때문에, 하나님께서는 세속 권위를 세우셨고 거기에 복종하라고 명하셨다.

터입문』 (2019), 370-374.
20 Luther, "Temporal Authority" (1523), 86.
21 Luther, "Temporal Authority" (1523), 90.
22 Luther, "Temporal Authority" (1523), 105.
23 Luther, "Temporal Authority" (1523), 105.

반면 하나님의 왕국에 속한 자들은 그리스도 안에 있는 참 신자들이기에, 그들은 사실 세속 정부의 통치가 원칙적으로는 불필요하다. 그곳에서는 그리스도가 왕이시며, 그분은 법이 아닌 성령을 통해서만 통치하시기 때문이다. 그리스도의 통치는 성령과 믿음으로 그리스도인의 본성에 영향을 미치게 되고, 그 결과 그리스도인은 "누구에게도 불의를 행치 않고 모든 사람을 사랑하며 불의를 견디고 죽음까지도 기꺼이 감수"[24]하고, "지상에서 자신을 위해서가 아니라 이웃을 위해서 살고 일하게"[25] 된다. 의롭게 된 인간은 일상의 직무와 소명을 통해 세속의 삶에 위치한다. 이때 하나님 앞에서(coram deo) 책임감 있게 사는 것은 다름 아니라 일상에서 만나는 하나님의 가면이라 할 수 있는 타자 앞에서(coram hominibus) 책임감 있게 사는 것이다.[26] 하나님의 왕국에 속해 있는 신자가 부름을 받아 타자와 함께하는 세속의 삶을 살아갈 때,[27] 그는 현실의 여러 사회적 관계에 하나님의 사랑을 흐르게 하는 매개가 된다.

하지만 문제는 세상이 악해지지 않게 하나님께서 허락한 세속 정부가 오히려 악을 행하고 피해자를 만든다는 데 있다. 루터는 세속 정부의 법과 공권력은 하나님께서 허락하신 것이기에, 그 오용의 위험에도 불구하고 그 정당성 자체는 거부해서는 안 된다고 본다. 여기서 루터는 '무정부는 악한 정부보다 더 악하다'라는 주장을 펼치는 듯하다. 하지만,

---

24 Luther, "Temporal Authority" (1523), 89.
25 Luther, "Temporal Authority" (1523), 94.
26 모든 피조물이 하나님의 가면이라는 사상에 대해서는 다음을 참조하라. Martin Luther, "Exposition of Psalm 147" (1531) *LW* 14, 115.
27 소명론이 루터의 사상에서 공공성을 파악하는 데 중요하다는 해석은 이전부터 있었다. 루터는 세상 모든 종류의 삶에 적극적 가치를 부여했고, 그리스도인의 삶의 장을 교회뿐만 아니라 세상에 두었기에 근대적 정신의 형성에도 큰 영향을 끼쳤다. 김주한, "마르틴 루터 신학에서 공공(公共)성의 가치- 그의 사회 복지정책의 이론적인 토대 탐구," 「한국 기독교사학회지」 19(2006), 81-87.

그의 초점은 그리스도인은 은혜로 자유롭게 된 자들이기에 세속의 법을 따르면서도 그 법에 의존하지 않는 급진성을 가져야 한다는 데 있다. 그리스도인은 하나님께서 세속의 왕국을 인간을 위해 세우셨지만, 이 질서는 하나님의 왕국과 달리 '한시적이고 잠정적인 목적' 때문에 고귀한 권위를 가졌다는 것을 알고 있다.[28] 그리스도께서 칼을 승인하면서도 그것을 사용하지 않으셨듯, 그리스도인 역시 세속 정부를 인정하면서도 그 폭력과 부패에는 편승하지 않아야 한다.

이러한 세속 정부에 대한 그리스도인의 독특한 태도는 폭력에 대한 반응 방식에서 가시적으로 드러난다. 그리스도인은 "폭력에 저항하지 말고 참아야 한다. 그러나 우리는 폭력을 승인해서도, 타협하려고 해서도, 복종하려 해서도 안 된다. 그런 폭군들은 세상의 군주가 행해야 할 바를 할 뿐이기 때문이다…. 그러므로 그들이 복음에 분노하고 복음을 모욕하더라도 놀라지 말라."[29] 이 짧은 인용문은 폭력적 정부에 대한 순응주의 혹은 현대 평화주의자를 연상케 하는 비폭력 저항의 원리 어느 것도 지지하지 않는다. 오히려 루터가 볼 때 그리스도인은 자신의 문제에서는 자발적으로 고통을 받고 인내해야 하지만, 폭력의 희생자인 억울하고 무력한 "타자를 위해서는 복수, 정의, 보호, 도움 등"[30]의 제한적이면서도 정의로운 폭력을 사용할 가능성은 열어둘 수 있어야 한다.

이처럼 루터의 두 왕국론은 사적 영역과 공적 영역을 나누는 두 윤리

---

28 데이비드 반드루넨, 윤석인 역, 『하나님의 두 나라 국민으로 살아가기』 (서울: 부흥과개혁사, 2012), 15.

29 Luther, "Temporal Authority" (1523), 13.

30 Luther, "Temporal Authority" (1523), 101. 루터는 세속 정부가 위기 상황에서 "모든 전쟁 수단을 동원해서라도 적을 주저하지 말고 죽이고, 강탈하고, 불태우고 해하는 것 모두가 기독교적이며 사랑의 행위"라고 본다. Luther, "Temporal Authority" (1523), 125.

이론을 만드는 것이 아니라, 하나님 앞에 선 존재와 타자 앞에 선 존재라는 규정이 사랑의 실천으로 결합하는, 즉 긴장 속에서 통일성을 가지는 윤리를 지향한다.[31] 이때 하나님의 사랑을 이웃 사랑으로 현실화하는 매개로 루터는 특별한 종교적 실천이 아니라, 일상에서 사회적·공적 삶을 구성하는 노동과 봉사를 제시한다.[32] 또한 역사에 만연한 폭력의 문제에 대한 해결책으로 (조건적이기는 해도) 비폭력을 제안하고 있기도 하다. 이 같은 급진적인 비전은 세속 정부의 권위 혹은 일반적 시민의 도덕적 책임만으로는 설명이 불가능한 사랑에 기초한 공공적 실존을 꿈꾸게 한다.

4. 자연법과 이성을 완성하는 사랑과 고난

루터에 의하면 하나님의 왕국과 세상의 왕국 모두가 사탄으로부터 인간을 보호하시고자 하나님께서 세우신 질서이다.[33] 그러나 악에 대항해야 할 세상의 왕국이 쉽게 악해질 수 있다는 데 문제의 복잡함이 있

---

31 다음의 연구들은 루터가 상반되는 윤리의 두 범주를 이웃 사랑 안에서 결합하였음을 보여준다. 김주한, "마르틴 루터 신학에서 공공(公共)성의 가치" (2006), 86; 이양호,『루터의 생애와 사상』(서울: 대한기독교서회, 2002), 220; 알트하우스,『마틴 루터의 윤리』(1989), 109-120.

32 이전부터 많은 학자가 소명이 일상 속에서 하나님을 기쁘게 해드릴 수 있다는 측면을 강조해 왔다. 소명이 어떻게 하나님 사랑과 이웃 사랑을 결합하는가에 대해서는 다음의 연구서가 잘 정리하고 있다. Gustaf Wingren, *Luther on Vocation* (Evansville, IN: Ballast Press, 1994), 27-28.

33 루터가 하나님의 왕국, 세속의 왕국, 악마의 왕국의 세 왕국론을 전개했는지를 놓고 학자들은 의견을 달리한다. 그는 하나님의 왕국과 세속의 왕국 혹은 사탄의 왕국을 대조하지만, 다른 두 왕국에 비해 사탄의 왕국은 그의 사상에서 상대적으로 비중을 크게 차지하지는 않는다. 사탄의 왕국에 대해서는 다음을 참조하라. Martin Luther, "The Bondage of the Will" (1525), *LW* 33, 227.

다. 루터가 냉소적으로 말했듯 "어쩌다 만일 군주가 현명하거나 올바르거나 그리스도인이라면 그것은 커다란 기적들 가운데 하나"[34]이기에, 현실에 만연한 정치적 부패와 부정의, 폭력에 어떻게 반응할지는 그리스도인의 삶에서 중요한 문제이다. 이는 하나님 나라에 속한 그리스도인이 일반 권력과 법률로 통치되는 세속 사회에서 어떻게 비판적이면서도 책임감 있는 시민이 되는가의 문제이기도 하다. 여기서는 루터가 그리스도인의 공적 신앙의 형성에 있어 자연법과 이성의 중요성과 한계를 어떻게 이해했는지를 살펴보기로 하자.

현실 사회에는 복음으로 통치되는 신앙인만 있는 것이 아니라, 타 종교인과 비신앙인이 공존한다. 따라서 두 왕국 사이에는 보편적이고 합리적이며 구조적 형태의 매개가 필요하다. 이러한 현실적 필요를 앞두고 루터는 두 왕국 '사이'를 연결하는 이성의 역할에 주목한다.[35] 세상의 왕국은 그리스도의 법이 아니라, 세속의 실정법이 지배한다. 실정법은 어쩔 수 없이 시공간적인 한계에 묶여 있기에, 설령 이상적인 법이 있다고 할지라도 지역과 시대를 뛰어넘어 보편적으로 적용될 수 없다. 루터는 세속의 권위를 올바로 사용하려면 실정법의 조문 자체가 아니라 법률의 근원인 이성을 주목할 것을 주문한다. "[올바른 법률적 판단] 모든 책 속에 기록된 법을 넘어선 속박 받지 않는 이성으로부터 솟아났다. 이성은 매우 훌륭한 것이어서 모든 사람이 그것을 승인해야 하고, 마음

---

34 Luther, "Temporal Authority" (1523), 113.
35 루터가 두 왕국을 구분했지만, 세상 통치자들이 하나님에 대한 공적 범죄를 심판하게 했고, 목사에게 잘못된 세상 정부를 훈육할 것을 권고하기도 했다. 이러한 제안이 루터의 비일관적 태도와 독특한 역사적 상황에서 기인했다고도 볼 수 있다. 하지만, 톰슨이 잘 지적했듯 자연법에 대한 옹호가 논리적으로는 이러한 이중적 결론을 끌어냈다. 카질톰슨, 『마르틴 루터의 정치 사상』(2003), 189-190.

속에 기록된 이성의 정의를 발견해야 한다… 우리는 이성에 종속된 성문법을 지켜야 한다… 우리는 이성이 문자의 포로가 되게 해서는 안 된다."[36]

루터는 때론 "이성을 악마의 창녀"[37]라고 비아냥거릴 정도로 이성이 신앙의 영역을 침범할까 경계하곤 했다. 하지만 사실 루터 신학 속에는 그 자체로 선한 자연적 이성, 신앙을 오도하는 교만한 이성, 하나님 말씀에 조명된 이성 이 세 가지 차원이 공존한다.[38] 이성에 대한 미묘하고 다차원적 입장은 자연법과 성서의 관계를 이해하는 데 중요한 틀을 제공한다. 세상의 왕국의 질서를 잡는 이성은 하나님께서 주신 소중한 선물이다. 그러나 문제는 자연법에 대한 인간의 지식과 바른 이성적 판단력이 타락으로 인해 어두워졌다는 데 있다. 따라서 하나님께서는 성서로, 특별히 십계명과 그리스도의 두 계명으로 자연법을 반복하며 드러내시면서 인간의 이성을 바르게 인도하신다. 달리 말하면 십계명과 그리스도의 계명은 새로운 율법을 더하는 것이 아니라, 바른 이성의 사용으로 드러내야 할 법을 확인하고 기억하게 한다.[39]

이처럼 하나님 말씀인 성서의 가르침과 이성의 합리성에 기반한 자연법의 내용이 루터에게서 거의 동등한 것처럼 다뤄지기도 한다. 실제 동서고금을 막론하고 양심적 사람은 기독교 신앙이 있는지와 무관히 실

---

36 Luther, "Temporal Authority" (1523), 129(강조는 필자의 것).
37 Martin Luther, "Against the Heavenly Prophets in the Matter of Images and Sacraments" (1525), *LW* 40,175.
38 Martin Luther, "Table Talk" (1566), LW 54, 71, 183. 루터의 세 종류의 이성에 대해서는 다음을 참조하라. Denis R. Janz, "Reason," in *The Westminster Handbook to Martin Luther* (Louisville: Westminster John Knox Press, 2010), 116; B. A. Gerrish, *Grace and Reason: A Study in the Theology of Luther* (Oxford: The Clarendon Press, 1962), 26.
39 Martin Luther, "Treatise on Good Works" (1520), *LW* 44, 27.

천이성을 사용하여 자연법을 지킬 수 있다.[40] 하지만, 그리스도가 보여주신 사랑의 법은 자연법보다 더 깊은 차원을 가지기에, 그리스도인은 사랑을 통해 자연법의 한계를 보완하고 넘어선다. 그리스도를 통해 우리에게 알려진 사랑의 계명 혹은 자기희생적 고난이 없다면 이성과 자연법마저 인간의 자기 중심성을 정당화하고 제도화하는 도구가 될 위험이 있다. 루터는 다음과 같이 외친다. "**고난! 고난! 십자가! 십자가!** 이 외에 다른 그리스도인의 법은 없다!"[41] 그리스도가 이 세상의 죄를 대신 지셨듯, 그리스도인은 이 세계에서 고통을 짊어지도록 부름을 받았다. 그리스도의 십자가의 고난을 통해 숨어계셨던 하나님이 드러나셨다면, 이 세계 속에서 신자의 고난은 그리스도의 사랑을 성육화하는 매개가 된다.

공공성에 대한 담론이나 공공성 확보를 위한 활동은 예나 지금이나 인간 이성의 기능에 크게 의존한다. 루터는 그러한 이성의 합리적이며 소통적 기능을 강조할 뿐만 아니라, 이성의 요구를 넘어서는 고통과 인내가 궁극적으로 필요함을 보여준다. 인간의 법률과 법철학만으로는 하나님을 기쁘게 하고 공동체에 평화와 풍요를 선사할 실천적 결론을 못 내리기에, "이성을 충만하게 하는 사랑과 자연법"[42]도 함께 요구된다.

40　Martin Luther, "Admonition to Peace, A Reply to the Twelve Articles of the Peasants in Swabia" (1525), *LW* 46, 25-27.

41　Luther, "Admonition to Peace" (1525), 29(강조는 필자의 것). 그리스도인의 법을 십자가를 통해 설명하는 루터의 『평화를 위한 충고』(Admonition to Peace)는 농민 반란이라는 특수한 역사적 상황을 배경으로 한다. 루터는 농민들이 과격화되자 처음에는 설교로 회유를 시도하다, 결국 통치자들에게 폭력을 사용해서라도 반란을 진압할 것을 요청한다. 그러나 『평화를 위한 충고』에서 루터가 변심했다고 보는 것은 그의 논의 이면의 십자가 신학을 간과할 위험이 있다. 루터에게 있어 이성과 경험에는 숨겨진 그리스도의 왕권, 즉 하나님 나라는 '고난의 십자가'를 통해서만 이 땅에 들어오게 된다.

42　Luther, "Temporal Authority" (1523), 128.

이처럼 이성을 통해 그리스도인의 실존과 세상의 왕국에서의 삶을 매개하려던 루터의 시도는 십자가 앞에서 이성과 자연법의 한계를 드러내며 그 정점에 오른다. 그리스도인은 자신이 아니라 세상의 왕국에 여전히 속한 이웃을 위해서도 고통을 받기에, 그리스도를 따르는 그들의 고통은 '대리적'이며 '자발적'이다. 고통의 인내는 그리스도인의 의무가 아니라, "인간으로서 권리와 자연적 권리"를 넘어서는 "그리스도인으로서 권리"[43]에 속한다. 영적 정부에 속한 그리스도인이 현실 세계를 살면서 현실이 요구하는 것보다 "더 나은 의"(마 5:20)를 보여줄 수 있는 것은 오직 은혜로 의로워진 신자만이 그리스도의 사랑의 법을 (타율적이 아니라) 자유롭게 성취할 수 있기 때문이다.

5. 정치적 예배로서 성찬과 그리스도인의 정치적 삶

지금까지 루터의 이신칭의, 두 왕국, 이성과 자연법 등의 개념에 내포된 공공신학적 함의를 중점적으로 살펴보았다. 그렇다면 그리스도인의 삶을 이루는 다양한 활동이 실제 이루어지는 교회는 공적 신앙을 형성하고 자라게 하는 데 어떤 역할을 할까? 루터에게 있어 교회는 무엇보다 '성도의 교제'(communio sanctorum)이고, 그의 교회론의 핵심에는 성찬론이 있다고 해도 과언이 아니다.[44] 하지만 지금까지 루터의 성찬 신학에 관한 연구가 빵이 실제 그리스도의 몸인지에 관한 논쟁에 주로 집중되다

---

43 Luther, "Admonition to Peace" (1525). 40.
44 롤런드 H. 베인턴, 이종태 역, 『마르틴 루터』 개정판 (서울: 생명의말씀사, 2016), 193.

보니, 어떻게 빵을 함께 떼고 먹는 것이 윤리적이고 정치적인 함의까지 가질 수 있는지에 관한 질문은 그다지 주목받지 못했다.[45]

루터는 성찬에서 화체설을 주장하는 로마 가톨릭과 그리스도의 부재설을 내세우는 급진주의와 각각 논쟁을 벌이면서 독특한 "성찬의 정치신학"[46]을 펼쳤다. 성찬에서 빵의 본질에 관한 '교리적' 문제에 집중하면서도, 그는 성찬에서 그리스도의 몸과 피를 받은 사람들의 교제가 일상에서 사람들이 누리는 친교와 차별화된 '정치적' 함의를 내포한다는 것을 인식했다. 성찬의 식탁이 가진 풍성한 의미를 풀어내고자, 그는 한편으로 '은혜로운 교환'(gnädiger Wechsel) 개념을 그리스도와 수직적 관계뿐만 아니라 성찬 참여자들 사이의 수평적 관계에도 적용했다. 다른 한편으로 그는 성도 간의 교제가 가진 급진적 의미를 설명하고자 정치적 시민 개념을 활용하며 근대 여명기에 정치적 예배의 새로운 형태를 제시하였다.

첫째, 그리스도와 '연합'한 사람은 그리스도와 자신의 소유를 서로 주고받는 '은혜로운 교환'을 하게 된다. 결혼한 신부가 신랑의 것을 자기 것으로 가지듯, 그리스도인은 그리스도로부터 생명과 의로움, 복락뿐만 아니라 그분의 고통과 죽음을 받게 된다. 물론 이것들은 세례 때 그리스

---

45 다음 연구는 가톨릭의 성찬 신학에 대한 루터의 비판에는 단지 교리적 이유가 아니라 정치 신학적 이유가 있었음을 잘 보여준다. Kyle A. Pasewark, "The Body in Ecstasy: Love, Difference, and the Social Organism in Luther's Theory of the Lord's Supper," *Journal of Religion*, 77(1997/10), 511-540; Michael Richard Laffin, *The Promise of Martin Luther's Political Theology: Freeing Luther from the Modern Political Narrative* (London: T & T Clark, 2018), 83-85. 특히 전자는 루터의 성찬 신학에서 그리스도의 임재의 문제에, 후자는 루터가 가톨릭의 개인 미사를 비판했던 이유에 집중한다. 물론 여기서 정치(politics)는 도시(polis)에서 개인과 공동체의 평화와 풍요를 위한 실천적 지혜라는 전근대적인 혹은 고전적 의미에서 이해될 필요가 있다.

46 Bernd Wannenwetsch, "Liturgy," in *The Blackwell Companion to Political Theology*, ed. Peter Scott, William T. Cavanaugh (Oxford: Blackwell, 2004), 85.

도에게 접붙여지며 주어졌지만, 성찬에 반복적으로 참여함으로 삶의 과정 중에 구체화하고 현실화한다. "마치 이것은 그리스도가 다음과 같이 말하는 것과 같다. '나는 머리이고, 너를 위해 자신을 주는 첫 사람이 될 것이다. 나는 너의 고통과 불행을 내 것으로 삼고 너를 위해 그것을 견디겠다. 이는 모든 것을 너와 공유하는 재산이 되게 함으로써 내 안에서, 그리고 나와 함께 너 역시도 똑같은 일을 나를 위해서 뿐만 아니라 서로를 위해서도 하게 하기 위함이다.'"[47] '그리스도와 나' 사이에 일어난 수직적 교환은 죄인이 구원의 은혜를 받는 것을 넘어 '나와 이웃' 사이의 수평적 교환을 성립하는 것을 목표로 한다. 그런데 은혜로운 교환을 통해 그리스도인이 자기 것이 아니던 그리스도의 의로움, 죽음, 생명, 복락을 받는다고 할지라도, 수평적으로 성도들끼리 교제할 때 무엇을 교환하느냐는 질문이 자연스럽게 생기게 된다.

둘째, 루터는 성찬을 매개로 일어나는 성도 사이의 교환을 설명하고자 '시민'이라는 정치적 개념을 활용한다. 성찬이란 관점에서 보자면 기독교 신앙은 단지 '그리스도와 나' 둘 사이의 배타적인 사적 관계에 함몰되지 않고, 타자를 포함한 '그리스도와 이웃과 나'의 삼각 구도로 이루어진다.[48] 루터는 셋 사이의 관계를 풀어내고자 시민들의 '공유 재산' 개념을 가져온다.

> 그리스도와 모든 성도는 하나의 거룩한 몸이다. 이것은 마치 어떤 도시의 거주자들이 하나의 공동체이고 몸인 것과 마찬가지다. 각 시민은 타

47　Martin Luther, "The Blessed Sacrament of the Holy and True Bod of Christ, and the Brotherhood" (1519), *LW* 35, 54(강조는 필자의 것).
48　Pasewark, "The Body in Ecstasy," (1997/10), 528.

> 인의 지체이고 전 도시의 구성원이다. 따라서 모든 성도는 그리스도의 지체이고 하나님의 영적이고 영원한 도시인 교회의 구성원이다. … 이러한 교제는 본성상 그리스도와 그의 성도들의 영적 소유물은 성례를 받는 사람에게 나누게 되고 그와의 공유 재산이 된다. … 그것은 마치 시민이라면 누구나 다른 모든 사람과 한편으로 도시의 이름과 명예, 자유, 무역, 관습, 관례, 원조, 지원, 방어 등을 나누고, 다른 한편으로는 화재와 홍수, 외적, 죽음, 상실, 관세 등을 함께 나누는 것과 같다.[49]

여기서 흥미롭게도 루터는 도시라는 이미지를 활용하면서 세속적 권력으로 통치되는 일반적인 사회와 차별화되는 정치적 예배 공동체가 '성찬'을 통해 형성됨을 보여준다. 수평적 교환으로서 성도의 교제가 가능한 근거는 그리스도와의 수직적 '교환'이지만, 교환이 일어나는 원리를 설명하는 논리는 도시의 여러 상징적·물질적 재화를 공유하고 교환함으로써 형성되는 '시민적 삶'이다. 교회는 단지 함께 말씀을 나누고 기도하고 찬양하며 친교하는 곳만이 아니라, (시민들이 도시를 이루듯) 성도가 모여 공동체의 정체성과 가치를 나누고 여러 실제적 문제를 함께 겪기로 한 그리스도의 몸이다. 이러한 교회의 이미지는 단지 신학적 공상으로 만들어낸 공동체의 이상형이 아니라 서로 교제하고, 재산과 재화를 공유하고, 고통을 함께 짊어지던 고대 교회 모습을 통해 형상화한 것이다.[50]

---

49 Luther, "The Blessed Sacrament of the Holy and True Bod of Christ, and the Brotherhood" (1519), 50-52(강조는 필자의 것).
50 루터가 중세 교회를 비판하는 중요한 이유 중 하나가 바로 이러한 초대 교회의 상호 '교환'을 상실했기 때문이다. Luther, "The Blessed Sacrament of the Holy and True Bod of Christ, and the Brotherhood" (1519), 52. 특별히 루터는 고린도전서 12장 25-26절에 집중한다.

물론 성도의 교제로서 교회와 일반적인 사회적 삶 사이에는 근본적 차이가 있기에 둘을 무차별적으로 동일시할 수는 없다. 도시에서 공동의 삶이 상호 교환의 활동 속에서 이루어지기는 하지만, 이는 자기 사랑과 탐욕에 얽혀있기에 현실에서 정치적 삶은 불의와 갈등과 폭력과 언제나 결부되어 있다. 반면 그리스도인은 지상의 도시에 속했지만, 세례를 통해 지상 도시와 구별되는 하나님의 도시의 시민이자 교회의 구성원이 이미 되었다. 그리스도인은 말씀과 성례로 삶 속에서 하나님의 영원한 도시를 기억할 뿐만 아니라, 옛 사람의 자기중심적 사랑이 아니라 새 사람의 자기희생적 사랑을 가지고 수평적 교환에 참여하면서 영원한 도시의 삶을 지금 여기서 맛보고 현실화한다. 그렇기에 성례는 현실정치와 구분되면서도 하나님의 정의와 평화, 나눔, 회복을 지향하는 교회의 정치적 자기 이해를 형성하고 새롭게 하는 계기가 된다.

결론적으로 정리하자면, 그리스도인은 그리스도와의 수직적 교환을 통해 그분의 정의와 이타적 사랑을 자기 것으로 삼는다. 동시에 주님을 뒤따라 수평적 교제 속에서는 이웃을 자기희생적 사랑으로 대하고, 주님께서 자신의 것을 우리에게 주셨듯이 소유를 서로 나눠 쓴다. 그런 의미에서 사도행전 2장과 4장에 나오듯 교회를 필요한 것들을 공유하는 경제적 공동체처럼 묘사하는 것은 교회의 공적 역할의 중요한 측면을 보여준다고 할 수는 있다. 하지만 명심할 것은 루터가 성도가 공유하게 되는 재산을 물질적 재화만이 아니라 죄와 고통까지 포함하는 '영적 소유물'로 정의함으로써 교회의 정치적 정체성을 급진화하려 한다는 사실이다. 성찬에 관한 루터의 관점을 철저하게 관철하자면, 교회는 시민들이 모든 것을 서로 교환하는 도시이기에 한 사람에게 가한 폭력이 결국 구성원 모두에게 가한 폭력이 되고, 가장 작은 한 사람에게 베풀어진 혜택으로 사실상 모든 시민이 혜택을 누리는 공동체라 할 수 있다. 교회는 인간 삶을 오래 잠식한 두려움과 경쟁이 아니라, 원래는 그리스도의 것이었다가 우리에게 은혜로 주어진 이타적 사랑과 신실한 연대로 이 땅에 모습을 드러낸 새 창조의 도시이다. 유대인에게는 거리끼고 헬라인에게 어리석은 십자가에 달린 분을 머리로 삼는 만큼 교회는 공동체의 평화와 번영을 몹시 기이한 모습으로 꿈꾸는 성도의 교제인 셈이다.

6. 나가는 말: 루터를 통해 루터 넘어서기

본 논문은 공적 복음과 공공신학을 오늘날 구현하기 위한 모델을 찾고자 종교개혁자 루터의 신학을 재해석했다. 이러한 시도를 통해 루터가 윤리의 중요성을 약화하고, 세속 정부의 자율성을 인정하는 대신 신앙을 개인 내면의 영역으로 축소하고, 믿음을 앞세우다 이성의 공적 역할을 무시하고, 전근대적인 성찬론을 전개했다는 섣부른 비판을 넘어섰기를 바란다. 또한 교회의 공공성 회복을 위한 실천적 지혜도 그에게서 발견할 수 있기를 기대한다.

사상사적으로 평가하자면, 루터가 중세 말기에 만연한 정치와 종교의 부당한 결탁에 저항하면서 철저하게 '정치적이지 않은 진리'를 내세웠고, 진리와 자유의 자리를 국가나 교회의 권위에 침범당하지 않을 개인의 내면에 두었다는 점에서, 그의 사상은 근대적 개인의 탄생에 큰 영향을 주었다고 할 수 있다.[51] 하지만 루터의 자유 개념을 근현대의 정치

---

51 루터의 종교개혁이 근대 사회 형성에 끼친 영향은 다음을 참고하라. 양명수, 『아무도 내게

적 권리로서 자유 개념과 혼동하거나 인간 삶의 구체적 자리인 두 왕국이라는 맥락에서 떼어놓고 이해한다면, 그의 제안은 그리스도인의 공적 상상력을 살찌우는 것이 아니라 오히려 개인주의를 조장해 교회의 공공성을 약화하는 '독'이 될 수도 있다. 루터에 대한 편협한 독해에 반대하며, 본 논문은 먼저 루터의 이신칭의론에서 자유 개념이 타자를 향한 사랑의 책임을 필연적으로 내포한다는 것을 분석했고, 이후 두 왕국론을 통해서는 그리스도인은 두 다른 통치 질서 사이를 매개하는 특별한 공적 사명을 지녔다는 것을 보여주었다. 그리고 루터의 자연법과 이성 개념을 소개함으로써 공적 신앙은 근본적으로 합리성을 전제하지만 동시에 이성을 초월하는 사랑과 고난을 요구한다는 것을 강조했고, 끝으로 성찬 신학을 통해서는 세속적 공공 생활과 대조되는 참다운 정치적 공동체가 성찬의 교제를 통해 이 땅에 현실화한다는 것을 살펴보았다.

    루터는 참 신앙인이 현실에서 다수의 위치를 차지할 수 없고, 그렇기에 자신의 윤리적 가르침이 신앙 공동체를 넘어서서 세상의 왕국 전체로 확대되어 일반 도덕이 되는 것을 경계했다.[52] 마찬가지로 루터의 사상이 시대를 뛰어넘는 보편적 가치를 지닐지라도 그것을 모든 시대가 당면한 문제를 풀어내는 추상적 원리처럼 여겨서는 안 된다. 게다가 루터는 다양한 논쟁적 상황에 파묻혀 있다 보니 공적인 신앙에 대한 자신의 비전을 체계화하지도 못했다. 하지만 이러한 상황성과 비체계성 덕분에 루터의 신학은 다원화된 현대 사회에서 시민이자 신앙인으로서 우

명령할 수 없다: 마르틴 루터의 정치 사상과 근대』 (서울: 이화여자대학교출판문화원, 2019), 446-449; 알래스데어 매킨타이어, 김민철 역, 『윤리의 역사, 도덕의 이론』 (서울: 철학과 현실사, 2004), 2295.

52 Luther, *Temporal Authority* (1523), 92.

리가 공적인 복음을 찾고 살아갈 때 오히려 유연하면서도 실천적인 지혜를 줄 수 있을지도 모른다. 비록 루터에게서 공공신학에 대한 정답 혹은 실용적 프로그램은 발견할 수 없을지라도, 하늘에서 이뤄진 뜻이 땅에서도 이루어지기를 희망하는 성도들의 교제에 참여하자고 초청하는 그의 목소리는 오늘날에도 여전히 화끈하고 우렁차게 우리 귀를 때리고 있다.

공공신학으로서의 존 칼뱅의 신학

김민석 소장(한국공공신학연구소)

1. 들어가는 말

한 여론 조사 단체가 실시한 종교인에 대한 대국민 인식 조사의 결과는 매우 충격적이다. 이 조사는 기독교와 기독교인을 향한 국민의 시선이 어떠한지를 적나라하게 보여준다. 답변자들은 불교도로부터 '온화한', '절제하는', '따뜻한', 천주교인으로부터는 '온화한', '따뜻한', '윤리적인' 느낌을 받는다고 답변했다. 반면에 개신교인에 대하여서는 '거리를 두고 싶은', '이중적인', '사기꾼 같은' 이미지를 갖고 있다고 대답하였다. 불교도와 천주교인에 대하여 긍정적인 이미지를 갖는 것과 달리 개신

---

* 이 글은 다음의 논문을 수정, 보완하였음. 김민석, "공공신학의 관점에서 본 존 칼뱅의 신학," 「한국개혁신학」, 69(2021), 24-60.

교인에 대하여서는 부정적인 답변이 주를 이루고 있다.[1] 이 조사가 아직 코로나-19 방역 수칙과 관련하여 정부와 교회 간의 갈등이 불거지기 전인 2020년 6월경에 이루어진 것을 고려하면 지금은 기독교에 대한 사회의 인식이 이보다 더 부정적일 가능성이 크다.

사실 한국 사회에서 기독교에 대한 사회의 인식이 부정적으로 돌아서기 시작한 것은 꽤 오래전 일이다. 수년간의 통계청 조사를 보면 기독교인의 숫자는 지속적으로 줄어들었으며, 각 교단의 조사에서도 소속 교인 수의 감소 현상을 확인할 수 있다. 이 문제는 대부분의 신학교의 지원자 미달 사태로 이어지기도 했다. 이러한 현상에 대해 우려의 목소리를 낸 이도 적지 않지만, 더 많은 사람은 지역의 각 교회, 그중에서 특히 작은 교회만의 문제로 치부하는 경향이 있었다. 따라서 지역의 작은 교회들은 교인 감소 문제 해결을 위해 '각자도생'을 해야만 했다. 하지만 2020년 전 세계를 강타한 코로나-19 팬데믹에 대응하기 위한 한국 정부의 정책과 한국교회 사이에서 불거진 갈등은 '각자도생'마저도 불가능하게 만들어 버렸다. 이 기간에 각종 미디어를 통해 보인 한국교회의 모습이 '기독교 혐오'라는 현상을 불러왔고, 이는 각 교회들의 자구 노력들을 덮어버리기에 충분했다.

이번에 기독교가 특별히 비난받았던 부분들은 '소통의 부재', '비합리적 사고', '이기적 결정' 등으로 볼 수 있다. 이에 많은 기독교인이 '교회의 공공성'에 관심을 두게 되었고, 더불어 '복음의 공적 능력', '공적 영역에서의 교회의 역할'과 같은 이슈들이 주목받고 있다. 사실 서구권

1　"종교(인) 및 종교인 과세 관련 인식 조사," 「엠브레인 트렌드모니터」, 2020, 2021년 4월 10일 접속, https://www.trendmonitor.co.kr/tmweb/trend/allTrend/detail.do?bIdx=1949&code=0404&trendType=CKOREA&prevMonth=&currentPage=3

에서는 이미 수십 년 전부터 '공공신학'이라는 패러다임 안에서 이런 문제들을 논의해왔다. 특히 2007년 GNPT(Global Network for Public Theology)가 결성된 이후 각 대륙에 많은 공공신학자가 논의에 참여해 왔고, 최근 세계의 손꼽히는 대학들이 공공신학센터를 설립하여 독자적인 연구도 병행하고 있다. 반면에 한국 신학계에서 공공신학은 상대적으로 관심을 받지 못하고 있다. 2000년대 초반 공공신학이 잠깐 소개되기는 했으나 크게 주목받지 못하고 시들하다가 최근 들어 다시 관심받는 추세이다. 그동안의 한국 신학계의 무관심은 공공신학을 전문적으로 연구하는 대학에서 공공신학자의 지도 아래 공공신학 논문으로 박사학위를 받은 전공자가 손가락으로 꼽을 정도라는 사실로 나타난다. 이로 인해 지역의 목회자들과 신학생들이 스스로 노회의 연구 모임과 각종 세미나를 통하여 공공신학자를 강사로 불러 공공신학을 연구하는 상황까지 이르렀다. 이런 상황 속에서 대한예수교장로회 제106회 총회의 의제를 "복음으로, 교회를 새롭게 세상을 이롭게"로 정하고 총회한국교회연구원을 통해 연구서를 출판하는 것은 작금의 문제를 각 교회에 떠맡기지 않고 총회가 직접 나서서 진지하게 논의하겠다는 의지를 보여주는 매우 고무적인 일이다. 이 연구서를 통해서 목회자들은 공공신학의 다양한 측면을 이해하여 각 교회에서의 목회에 적용할 수 있는 통찰을 얻을 수 있을 것이다.

이 글은 공공신학의 다양한 측면 중, 공공신학과 종교개혁, 특히 종교개혁자 존 칼뱅(John Calvin) 신학과의 관계를 밝혀 본다. 종교개혁에 뿌리를 둔 개신교 특히 장로교 전통에 있어서 종교개혁의 기초를 다졌던 칼뱅은 매우 중요한 인물로 평가되며, 그의 신학 사상과 그의 목회는 오늘날의 목회자들에게도 매우 중요한 통찰을 제공한다. 따라서 새로운 패러다임인 공공신학이 칼뱅의 신학과 공유하는 지점이 있다는 것을 확인하는 작업은 매우 중요하다. 이를 위해 독일 개신교협의회(EKD) 의 의장이자 저명한 공공신학자인 하인리히 베드포드-슈트롬(Heinrich Bedford-Strohm)이 그의 책『위치 선정』(Positon beziehen)에서 제시한 공공신학의 특징[2]을 해석학적 렌즈로 사용하여 칼뱅의 신학을 조명한다. 특히 베드포드-슈트롬이 제시한 특징들은 다른 공공신학자들의 주장을 대부분 포괄하며 좀 더 명확히 드러내기 때문에 매우 중요하다.

2. 세상의 언어로 번역된 복음

공공신학이 가진 가장 큰 특징은 바로 복음을 세상의 언어로 번역하는 것이다. 즉, 공공신학은 성경의 진리를 가지고 어떻게 공론장에 참여할 수 있는지를 다루기 때문에, 비기독교인들과 대화할 수 있도록 그들의 언어로 번역될 필요성, 그 번역이 합리적이고 타당하기 위한 간 학문적 연구의 필요성, 그리고 그 번역의 한계점에 대해 숙고한다. 이 특징들은 칼뱅의 신학 속에서, 그리고 그의 제네바 목회에서 발견할 수 있다.

---

[2] "Sechs Charakteristika können also für die inhaltliche Bestimmung des Begriffs der Öffentlichen Theologie festgehalten werden: ihr biblisch-theologisches Profil, ihre Zweisprachigkeit, ihre Interdisziplinarität, ihre Politikberatungskompetenz, ihre prophetische Qualität und ihre Interkontextualität." Heinrich Bedford-Strohm, "Engagement für die Demokratie," in Position beziehen: Perspektiven einer Öffentlichen Theologie (München: Claudius Verlag, 2012), 122. 베드포드-슈트롬이 제시한 공공신학의 여섯 가지 특징에 대한 더 깊은 연구를 위해 다음 논문을 참조하라. 김민석, "하인리히 베드포드-슈트롬이 제시한 공공신학의 특징," 「한국조직신학논총」 63(2021), 37-75.

1) 세상 언어로의 번역의 필요성과 정당성

공공신학은 이중 언어 능력(bilingual ability)을 기초로 하는데, 이것은 공공신학(public theology)에서 '공공'(public)을 강조하는 것으로서 공공신학이 다른 신학들과 구별되는 가장 눈에 띄는 점이다. 신학은 기본적으로 특정한 신앙 체계에 그 기초를 두고 그 신앙의 언어를 사용하기 때문에 신학적 논의를 통해 비기독교인들과 소통하기는 쉽지 않다. 그러나 반대로 신학이 공론장에서 번역된 세상의 언어를 사용할 때, 대화가 가능할 뿐만 아니라 비기독교인들이 가진 오해, 즉, 신학은 비합리적이고 따라서 그들과 대화할 필요가 없다는 오해를 해소하는 데 도움을 줄 수 있다.

공공신학자들이 복음을 세상의 언어로 번역할 필요성을 강조하는 이유는 예수님의 메시지가 오직 몇몇 특정한 장소와 시대의 특정한 소수에게만 주어진 것이 아니며 그의 통치가 미치는 온 세상을 향해 주어졌기 때문이다. 따라서 공공신학자들의 임무는 모든 사람이 이해할 수 있는 언어와 논리를 사용하여 어떻게 기독교 신앙이 공적 삶과 공공선에 기여할 수 있는지 증명하는 방법을 찾는 것이다. 이렇게 할 때 기독교인과 비기독교인 모두의 행동을 끌어낼 수 있다.[3] 이처럼 공공신학은 신앙을 날 것 그대로 표현하는 것이 아니기 때문에 교회 공동체 안에서 이루어지는 공적 증언인 설교와 다르다.[4]

---

3 Harold Breitenberg, "To Tell the Truth: Will the Real Public Theology Please Stand Up?," *Journal of the Society of Christian Ethics* 23/2 (2003): 66.

4 Wim A. Dreyer, "John Calvin as 'Public Theologian' in View of His 'Commentary on Seneca's de Clementia,'" *HTS Theological Studies* 74/4 (2018): 1.

베드포드-슈트롬은 공공신학이 세상으로부터 자신을 분리하지 않고, 반대로 세상의 언어를 어떻게 사용할지, 나아가 그들과의 대화에서 어떤 자세를 취해야 할지를 말해준다고 강조한다. 공공신학은 복음, 즉 예수 그리스도에 기초를 두고, 동시에 세상이 그들을 위한 하나님의 뜻을 드러내도록 도전하기 때문이다.[5] 기독교인이 이중 언어 능력을 갖추었을 때, 시민 사회의 대표들, 그리고 다른 그룹들과 협력할 수 있으며,[6] 신앙과 합리성이 대립의 관계가 아닌 상호 보완의 관계임을 보여줄 수 있다.[7] 이로 인해 기독교는 '대화 종결자'라는 오명에서 벗어날 수 있다.[8]

칼뱅의 시대는 오늘날과 같은 다원주의적 사회라기보다는 기독교 사회였다고 볼 수 있다. 일상의 언어가 기독교적 언어와 엄밀하게 구별되지 않았다. 교회는 굳이 신앙의 언어를 세상의 언어로 번역해야 할 필요성을 느끼지 못했다. 공론장에서 기독교 언어는 어쩌면 공용어로 사용되었을 것이다. 많은 개혁자가 사회 개혁의 정당성을 성경에서 도출하는 것이 어색하지 않았다. 그러나 칼뱅의 신학에서 중요한 개념 중의 하나인[9] '하나님의 적응'(*Accommodatio Dei*) 사상에 미루어 볼 때, 칼뱅도 역

---

5 Heinrich Bedford-Strohm, "Nurturing Reason: The Public Role of Religion in the Liberal State," in *Liberation Theology for a Democratic Society: Essays in Public Theology*, eds. Michael Mädler and Andrea Wagner-Pinggera (Zürich: LIT Verlag, 2018), 38.

6 Heinrich Bedford-Strohm, "Civil Society - Welfare State - Diaconia: International Perspectives for Development," in *Liberation Theology for a Democratic Society: Essays in Public Theology*, eds. Michael Mädler and Andrea Wagner-Pinggera (Zürich: LIT Verlag, 2018), 149.

7 Heinrich Bedford-Strohm, "Food Justice and Christian Ethics," in *Liberation Theology for a Democratic Society: Essays in Public Theology*, eds. Michael Mädler and Andrea Wagner-Pinggera (Zürich: LIT Verlag, 2018), 177.

8 Bedford-Strohm, "Nurturing Reason: The Public Role of Religion in the Liberal State," (2018), 17.

9 알리스터 맥그라스(Alister McGrath)는 "이 질문에 대한 칼뱅의 논고는 기독교 사상에 이바지한 그의 공로 중 가장 귀중한 공로로 손꼽힌다"고 평가했다. 알리스터 맥그라스, 이은진 역, 『장 칼뱅의 생애와 사상』(파주: 비아토르, 2019), 237.

시 다원주의 사회 속에서라면 신앙 언어의 번역을 지지했을 것으로 여겨진다. 그에 의하면 하나님은 인간에게 말씀하기 위해서 자신을 인간의 능력에 맞게 스스로 낮추신다.

> 우리는 연약하여 숭고하신 하나님에게까지 미칠 수 없으며, 따라서 우리가 그에 대한 묘사를 이해할 수 있기 위해서는 우리의 능력에 맞도록 그 묘사가 낮추어져야만 하기 때문이다. 그런데 하나님께서 그 묘사를 낮추시는 방법은 자신의 존재하는 그대로가 아니고 우리가 그를 지각할 수 있는 형식으로 자신을 표현하신다.[10]

하나님은 자신을 선지자의 역량에 맞추기도 하신다. 우리는 죽을 수밖에 없는 존재로서 하늘 저 너머의 진리를 정확히 이해할 수 없기 때문이다.[11] 특히 칼뱅이 창세기 1장 16절 주석에서, 모세가 모든 것을 평범한 일상의 언어로 썼으며 이는 말씀을 읽는 모든 평범한 사람들이 특별한 전문적 지식 없이도 상식으로 이해할 수 있도록 하기 위함이라고 강조한다. 또한 모세가 천문학자들이 가질 법한 전문적인 지식에 관해 쓰지 않았던 이유는 그가 교육받지 못한 평범한 사람들의 선생이었기 때문이다. 즉, 모세는 매우 간단한 방법으로 가르침의 임무를 완수하였다.[12]

---

10 존 칼뱅, 김종흡 외 공역, 『기독교강요』 (서울: 생명의 말씀사, 1988), 1.17.13. (이후부터는 Institutes 1.17.13.)

11 John Calvin, *Johannis Calvini Opera Quae Supersunt Omnia*, eds. Wilhelm Baum, Edward Cunitz, and Edward Reutz, 59 vols. (Brunswick and Berlin: C. A. Schwetschke, 1863-1900), 40, 40. (이후부터는 CO 40, 40)

12 CO 23, 22.

칼뱅이 이 개념을 생각할 때 속으로 연설가를 떠올렸다는 사실이 매우 중요하다. 훌륭한 연설가는 청중의 특성을 잘 파악하고 그 수준에 맞추어서 표현하려 노력한다. 연설가와 청중 사이의 틈이 매워질수록 소통이 잘 이루어지기 때문이다. 일부가 이것을 세련되지 못한 방식이라고 비난할 때, 칼뱅은 오히려 복음을 충분히 이해하지 못하도록 막는 지적 장벽을 모두 없애는 것이 하나님의 방법이라고 주장한다. 다시 말해, 이런 번역이 곧 모든 사람이 하나님을 알고 믿을 수 있도록 돕는다. 이와 같이 칼뱅은 매우 복잡하고 추상적인 기독교의 신학 개념을 대중화하려고 노력했다.[13]

하나님께서 복음을 인간이 이해할 수 있는 수준으로 맞추신 '하나님의 적응' 개념과 칼뱅이 이 개념을 설명할 때 연설가를 예로 들며 틈새를 없애는 것을 강조한 것은 공공신학이 주장하는 이중 언어 능력의 중요한 신학적 근거로 기능할 수 있다.[14]

2) 합리성 확보를 위한 간학문적 연구

공공신학이 강조하는 것은 단순히 신앙의 언어를 세상의 언어로 번역하는 것만은 아니다. 어휘도 비기독교인들이 이해할 수 있게 번역해야 하지만, 어떤 주장을 하면서 그 근거와 논리 체계도 비기독교인들이 인정할 수 있어야 한다. 이를 위해 공공신학은 세상의 학문이 제공한 결과물을 사용하는 간학문적 연구를 추구한다. 따라서 공공신학은 간 학

---

[13] 맥그라스, 『장 칼뱅의 생애와 사상』 (2019), 237-41.
[14] 칼뱅의 '일반 은총' 사상 속에서도 비슷한 논지가 발견된다. 지면의 제약으로 인해 이 부분의 논의는 생략한다.

문적 특징(inter-disciplinary character)을 보여준다. 신학이 다른 분과의 전문 지식을 인용하면 그만큼 비기독교인들의 신뢰를 얻을 수 있다. 마치 바울이 사람들을 설득하기 위해 성경의 가르침뿐만 아니라 에피메니데스(Epimenides)와 아라투스(Aratus)[15]와 같은 위대한 시인들과 철학자들도 인용한 것과 같다.[16] 오늘날과 같이 사회가 더욱 복잡하게 얽혀있는 시대에는 다양한 방면의 전문 지식과의 간 학문적 연구가 요구된다. 맥스 스택하우스(Max Stackhouse)는 우리가 누군가를 성경과 기독교 전통에 귀 기울이도록 하기 위해서는 그들이 왜 그래야만 하는지 그 이유를 그들이 받아들일 수 있는 타당한 논거와 함께 제공해야 한다고 강조한다. 따라서 우리는 신조들이 심리학, 경제학, 정치학, 그리고 사회학적으로 타당하며 나아가 도덕적으로도 그러하다는 것을 보여줘야 한다.[17] 이런 특성으로 인해 공공신학은 종종 다른 종류의 컨퍼런스와 다른 영역의 전문가들이 쓴 논문에서 다뤄지곤 한다.[18]

칼뱅에게서도 비슷한 모습이 발견된다. 그는 세상의 학문을 경시하지 않았다. 그에 의하면, 참된 학문은 하나님으로부터 유래하고, 모든 학문의 근원이 오직 삼위일체 하나님께 속한다. 따라서 모든 학문을 적절하게 취하고 배울 때 하나님의 지혜의 비밀을 더욱 깊이 이해할 수 있

---

15 바울은 사도행전 17장 28절의 "우리가 그를 힘입어 살며 기동한다"는 구절을 크레타의 에피메니데스에게서, "우리가 그의 소생이다"는 구절을 길리기아의 아라투스에게서 인용한 것으로 알려져 있다.

16 케빈 밴후저, 오언 스트래헌, 박세혁 역, 『목회자란 무엇인가』 (서울: 포이에마, 2016), 104.

17 Max L. Stackhouse, *Public Theology and Political Economy: Christian Stewardship in Modern Society* (Grand Rapids: W. B. Eerdmans, 1987), 13.

18 Dirkie Smit, "Does It Matter? On Whether There Is Method in the Madness," in *A Companion to Public Theology*, eds. Sebastian Kim and Katie Day (Boston: BRILL, 2017), 82.

다.[19] 그는 다음과 같이 강조한다.

> 우리가 자연 과학과 논리학과 수학과 그 밖의 학술의 도움을 받으며 불신자들의 활동과 봉사의 도움을 받는 것이 주님의 뜻이라면, 우리는 이 도움을 이용하는 것이 좋다. 이런 학술을 통해서 값없이 주시는 하나님의 선물을 무시한다면, 우리는 이 태만에 대한 당연한 벌을 받아야 한다.[20]

칼뱅은 특히 인문학을 중요하게 여겼다. '하나님의 적응' 개념도 인문주의 교육의 영향이 크고 교부들에 대한 친숙함에서 도출된 것이었다.[21] 윌리엄 보우스마(William Bouwsma)도 칼뱅에게 있어서 인문학은 그저 주변적이고 부수적인 것이 아니라 오히려 칼뱅 사상의 중심을 이루고 있다고 주장한다.[22] 실제로 그는 『기독교강요』 초판에서 인간 정신의 힘에 대한 문제를 다룰 때, 교부들뿐만 아니라 플라톤(Plato), 아리스토텔레스(Aristotle), 키케로(Cicero)와 같은 고대 철학자들도 광범위하게 인용했다.[23] 특히 그의 고전에 대한 존경과 인문학에 대한 긍정적 평가가 그의 회심 이전뿐만 아니라 회심 이후로도 유지되었다는 것은 매우 중요하다.[24] 오늘날 한국 보수 기독교인들이 인문학을 성경과 무조건 대립

---

19 정동곤, "칼뱅 신학과 학제간 통찰 신학," 「조직신학연구」 26 (2017): 62-63.
20 *Institutes* 2.2.16.
21 존 발세락, "하나님의 적응," 김귀탁 역, 『칼뱅 핸드북』 (서울: 부흥과개혁사, 2013), 743.
22 더 자세한 보우스마의 주장은 다음을 참조하라. William James Bouwsma, *John Calvin: A Sixteenth-Century Portrait* (New York: Oxford University Press, 1989).
23 François Wendel, *Calvin: Origins and Development of His Religious Thought* (Grand Rapids: Baker Books, 1997), 124.
24 Quirinus Breen, "John Calvin and the Rhetorical Tradition," *Church History* 26/1 (1957):

하는 관계로 이해하는 지나친 태도가 칼뱅을 통해 어느 정도 교정될 수 있을 것이다.

법학자이기도 했던 칼뱅은 그의 법학적 지식을 신학적 체계를 구성하는 데 십분 활용하였다. "증인"이신 성령, "칭의"의 본질, "율법의 제정자"이자 "재판관"이신 하나님, "영원한 변호자"이신 그리스도라는 표현들은 법학적 개념들을 포함하고 있다. 그는 또한 제네바에서 법학적 지식을 사용하여 각종 법률안을 입안하는 것에 기여했다. 그의 과학에 대한 우호적 태도도 발견할 수 있다. 그는 천문학은 절대 비난받아서는 안 되며, 오히려 즐거움이 될 뿐만 아니라 유용하다고 말한다. 천문학이 하나님의 놀라운 지혜를 드러낸다고 강조하고,[25] 천문학이 신학의 첫걸음이라고까지 말한다. 갈데아인과 애굽인은 하나님에 대한 경외심을 고무시키는 데 매우 큰 역할을 한 천문학을 배웠으며, 모세와 다니엘도 그리하였다.[26]

타 학문에 대한 칼뱅의 이런 태도로 미루어 봤을 때, 그는 타 학문과 성경의 관계를 대립적으로 본 것이 아니라 오히려 하나님의 진리를 더 선명하게 드러내는데, 도움을 준다고 여긴 것이 분명하다.

3) 번역의 한계 설정

복음의 세상 언어로의 번역, 그리고 그것을 위해 세상의 학문을 존중하고 그들과 대화하려는 시도들이 늘 환영을 받는 것은 아니다. 즉, 신

3-21.
[25] *CO* 23, 22.
[26] *CO* 38, 59.

학이 세상과 대화를 시도하다 보면, 기독교 고유의 특징들을 포기하게 되고 신학이 약해진다고 생각하면서, 교회는 세상과 섞이려고 시도할 필요가 없으며 교회 고유의 것을 추구하면서 그들과 구분돼야 한다고 주장하기도 한다. 이들의 염려는 어느 정도 타당하다. 따라서 공공신학이 이들의 주장을 통해 스스로를 반영해볼 필요가 있다.

그러나 많은 사람이 생각하듯이 공공신학은 신학이 아니라거나, 신학을 포기했다는 식의 오해는 수정되어야 한다. 베드포드-슈트롬이 공공신학의 여섯 가지 특징을 말할 때 제일 먼저 '성경적-신학적 특징'(biblical-theological profile)을 제시했는데, 이는 공공신학의 '신학'을 강조한 것이다. 그는 강의를 통하여 공공신학이 만일 성경적-신학적 근거를 갖지 못한다면 그것은 공공철학, 공공 정책학, 공공경제학은 될지언정 공공신학일 수는 없다고 여러 번 강조해왔다. 남아공의 공공신학자 존 드 그루치(John de Gruchy)가 말한바, 공공신학은 신학적 사상으로부터 도출되고, 기독교 전통에 기초한 신념과 헌신을 표현한다.[27] 공공신학은 교회의 신학을 전제로 하며, 교회의 신학은 공공신학을 통하여서 그 영역을 확장한다.[28] 이는 교회가 항상 공적 교회였으며 교회의 공적 발언이야말로 교회 임무의 가장 중요한 부분이기 때문에 가능하다.[29]

이처럼 다양한 공공신학자들의 주장을 고려할 때, 공공신학이 신학

---

27 John W. de Gruchy, "Public Theology as Christian Witness: Exploring the Genre," *International Journal of Public Theology* 1/1 (2007): 40.

28 Miroslav Volf, "Faith, Pluralism, and Public Engagement: A Response," *Political Theology* 14/6 (2013): 823.

29 Heinrich Bedford-Strohm, "Klar Und Verständich," in Position *Beziehen: Perspektiven Einer Öffentlichen Theologie* (München: Claudius Verlag, 2012), 47.

을 무시한다거나 중요하게 여기지 않는다는 주장은 과한 면이 있다. 결국 이러한 주장은 공공신학이 공론장에서의 합리적 대화를 위해 복음을 세상의 언어로 번역하자는 주장을 지나치게 부각해서 마치 공공신학이 대화를 위해서는 신학까지도 포기할 수 있다고 의심하는 것으로서 타당하지 않다. 다만, 공공신학이 번역의 필요성을 지나치게 강조하면서 기독교의 고유성과 기여를 잃을 수 있다는 것과 반대로 기독교의 가치를 지나치게 중요하게 여기면서 기독교가 사회의 중요한 문제를 주제로 논의하는 공론장에 진입하지 못하게 될 것 둘 다를 염두에 두어야 한다.[30]

결국 어느 정도까지 번역이 이루어질 것인가에 대한 한계점 설정이 중요한데, 여기에서 칼뱅의 신학이 중요한 가이드를 제시할 수 있다. 앞에서 살펴본 바와 같이, 그의 '하나님의 적응' 사상에 비추어 볼 때, 칼뱅은 복음이 모두에게 이해되도록 쉽게 전해져야 할 필요성에 동의하는 것으로 보이고, 이를 위한 간 학문적 연구의 필요성을 반대하지 않는 것으로 여겨진다. 하지만 그렇다고 해서 칼뱅이 제한 없는 수용을 지향한 것은 아니다. 칼뱅은 이 경우에도 다른 경우와 마찬가지로 항상 그 기준을 성경에 두었다. 그는 세상을 떠나기 전 유언을 남기면서 자신을 "제네바 교회에서 하나님 말씀의 종"으로 지칭했다.[31] 그는 자신의 모든 신학을 오직 말씀(*Sola Scriptura*)의 원리 위에 세우는 신실한 성경의 해석자이자 신학자였다.

칼뱅이 모든 기준을 성경에 둘 수 있었던 것은 맹종에 기인한 것이 아

---

30 Sebastian C. H. Kim, *Theology in the Public Sphere* (London: SCM, 2011), 19.
31 Wulfert de Greef, "Calvin's Understanding and Interpretation of the Bible," in *John Calvin's Impact on Church and Society*, 1509-2009, eds. Martin Ernst Hirzel and Martin Sallmann (Grand Rapids: W. B. Eerdmans, 2009), 67.

니라 인간의 이성이 허용하는 한도 내에서 성경의 신빙성은 충분히 증명되기 때문이었다. 즉, "성경에 대한 이러한 확실성이 인간의 판단보다 더 높고 더 강하지 않는 한, 논증으로 성경의 권위를 수호한다든가, 교회의 일반적인 동의로 그것을 확립한다든가, 혹은 어떤 다른 무엇의 지원을 받아 확증한다는 것은 아무런 소용이 없을 것이다."[32] 그는 성경이 모든 인간의 지혜보다 월등하다는 것을 강조하며 성경의 고전적 탁월함을 증명함으로써 성경의 권위를 튼튼하게 했다. "모세가 자기 교리의 전승을 그렇게 먼 근원에까지 더듬어 올라갔다고 하면 성경이 고전성에 있어서 다른 모든 책보다 얼마나 우수한 것인가를 우리는 생각해야만 할 것이다."[33]

칼뱅이 '오직 성경'에 집중하면서도 만약에 어떤 기독교 전통이 성경에 어긋나지 않는다면 그것을 주저함 없이 받아들였다. 맥그라스에 의하면, 종교개혁자들은 교회 교부들 특히 어거스틴(Augustinus)의 저작을 매우 중요하게 여겼는데 이는 그들이 교부를 성경 신학의 해석자들로 여겼기 때문이다. 그들은 16세기에 자신들이 하려고 했던 것과 정확히 맞아떨어지는 성경 중심적 신학을 교부들이 시도해 왔다고 생각했다.[34] 그러나 칼뱅은 만약 그 자신이 교부들을 인용한다면 그것은 교부들이 성경에 충실했기 때문이라는 것을 강조한다.[35] 따라서, 칼뱅은 교부들이 비성경적으로 말할 때는 비판하는 것을 주저하지 않았다. 이것은 칼

---

32 *Institutes* 1.8.1.
33 *Institutes* 1.8.3.
34 Alister E. McGrath, *Reformation Thought* (Oxford: Blackwell, 1993), 145.
35 *CO* 12, 18.

뱅이 가장 좋아했던 교부 어거스틴에 대해서도 예외가 아니었다.[36] 칼뱅은 아우구스티누스가 본문을 다룰 때 너무 알레고리적이고 구문론을 해석할 때 지나치게 관념적인 자세를 취한다고 비판했다.[37] 홀더의 다음과 같은 주장은 칼뱅의 태도가 공공신학이 직면한 이 문제에 어떻게 기여할 수 있는지 더욱 명확하게 드러내 준다.

> 존 칼뱅에 따르면, 신학의 임무는 무분별한 혁신도 아니고 과거의 전통에 대한 무조건적인 복종도 아니다. 오히려 칼뱅은 신실한 제네바 사람들을 만족시키고 유럽 전역의 학자들의 관심을 자극하는 방식으로 전통의 교훈들을 새롭게 할 수 있었다. 현재의 눈으로 신학을 새롭게 하는 한편 전통을 고수하면서, 칼뱅은 그와 같은 제시 방법을 통해 제네바에 휘몰아치는 흥망의 파도에 파산하지 않고, 당시까지 초심자와 전문가 모두에게 도전을 주는 신학을 정교하게 형성시키는 데 진력했다.[38]

3. 세상의 공공선을 위한 복음의 기여

앞에서 언급한 연구 방법론은 공공신학의 중요한 기초를 형성하지만, 이것만으로 공공신학을 규정할 수 없다. 공공신학은 그 내용적 측면에서도 매우 중요한 기준을 가지고 있다. 즉, 공공신학은 사회를 향하여

---

36 워드 홀더, "전통과 갱신," 『칼뱅 핸드북』 (2013), 759.
37 *CO* 9, 835.
38 홀더, "전통과 갱신," 『칼뱅 핸드북』 (2013), 774.

정치적 방향을 제시해 주는 내용을 포함하며, 나아가 그 내용이 선지자적 목소리를 담고 있어야 한다. 따라서 공공신학은 교회만을 위한 신학이 아니며, 불의에 침묵하는 어용 신학도 아니다.

1) 올바른 정치적 방향성 제시

정치적 방향 제시 기능(competency to provide political direction)은 복음의 핵심이자 교회의 사명이다.[39] 공공신학이 '공적'이라고 불릴 수 있는 이유는 공공신학이 공적 삶의 구조와 정책을 위한 가이드의 역할을 할 수 있기 때문이다.[40] 우리가 사는 이 다원주의 사회는 방향을 잃었고 따라서 늘 방향을 찾고 있다.[41] 우리는 사회가 어떤 길을 걸어야 하는지에 대한 시민 사회와 정치인들의 논의에 성경과 신학적 전통으로부터 얻은 지혜를 가지고 참여하고 기여할 수 있다.[42] 다만 주의해야 할 것은, 로완 윌리엄스(Rowan Williams)가 말했듯이, 공공신학의 목표는 공공 정책에 영향을 직접 주려 하거나 공적 영역에서 복음을 직접적으로 선포하려는 것이 아니라, 하나님 중심의 공동체의 삶 속에 있는 기독교 신앙의 비전을 간접적으로 보여주고 소통하려는 것이다.[43] 이 균형을 어

---

39 Smit, "Does It Matter? On Whether There Is Method in the Madness," (2017), 2.
40 Stackhouse, *Public Theology and Political Economy* (1987), xi.
41 Heinrich Bedford-Strohm, "Kompass Für Die Gesellschaft," in *Position Beziehen: Perspektiven Einer Öffentlichen Theologie* (München: Claudius Verlag, 2012), 91.
42 Heinrich Bedford-Strohm, "Reformation. Freeing the Church for Authentic Public Witness," in *Liberation Theology for a Democratic Society: Essays in Public Theology*, eds. Michael Mädler and Andrea Wagner-Pinggera (Zürich: LIT Verlag, 2018), 107.
43 더 자세한 논의를 위해 다음을 참조하라. Rowan Williams, *Faith in the Public Square* (London: Bloomsbury, 2012).

떻게 이룰 것인가의 문제는 칼뱅의 '이중 정부' 개념에서 통찰을 얻을 수 있다.

주지하다시피, 칼뱅은 종교만 개혁한 것이 아니라 사회, 문화, 정치도 함께 개혁하려고 노력했다. 이런 개혁이 가능했던 것은 칼뱅이 세상을 교회와 구별하되 분리하지 않았기 때문이다. 한성기는 칼뱅은 영적 정부와 시민 정부 사이의 관계는 마치 그리스도의 인성과 신성의 관계를 떠올리게 한다고 말한다.[44] 칼뱅은 기독교와 사회를 구별하여 사회는 시민의 법에 따라 통치되어야 한다고 주장했다. 칼뱅의 이런 사상은 『기독교강요』에서 '이중 정부'라는 개념으로 잘 나타난다. 그가 이것을 다루게 된 이유는, 한 편으로 하나님이 세우신 질서를 전복시키려는 시도들에 반대하기 위함이고, 다른 한 편으로 국가 절대주의를 비판하기 위함이었다. 그는 "한쪽에서는 미친 야만인들이 하나님께서 정하신 이 제도를 전복하려고 날뛰고 있는 동시에 또 한 편에서는 군주들에게 아첨하는 자들이 군주의 권력을 과장해서는 하나님 자신의 지배에 대립시키는 것을 주저하지 않기 때문"이라며 매우 강하게 비판하였다.[45]

칼뱅은 뮌스터에 새로운 예루살렘을 건립하겠다는 명목으로 폭동을 일으켜서 파괴를 일삼고 수많은 유혈사태를 불러일으킨 일부 재세례파를 강력하게 비판하면서, 프랑스의 동료 신자들에게 이러한 혁명적이고 반역적인 성향을 멀리하라고 호소했다. 특히 칼뱅은 그들의 '새 창조'(nova creatio)를 강력하게 비판한다. 그들은 세상이 악에 빠져있기 때문에 이 세상은 무가치한 곳이라고 보지만, 칼뱅은 모든 피조물에 대한 하

---

44 한성기, "종교개혁 정신 속에 나타난 정치적 질서에 대한 이해," 「신학지평」 20 (2007): 137.
45 *Institutes* 4.20.1.

나님의 신실하심을 강조한다. 즉, 죄가 작용하는 것과 상관없이 하나님은 그분의 교회를 이 세상 속에 두셨고, 이 세상을 성결하게 하도록 우리를 사용하신다.[46] 칼뱅의 이런 사상은 공공신학이 추구하는 바와 매우 닮았다. 공공신학은 권력과 시스템을 필요악 또는 완전히 잘못된 것으로 보면서 혁명적 방법을 사용하여 이 시스템을 바꾸려는 해방 신학과 차이가 있다.[47] 칼뱅은 기독교와 국가 또는 정부 사이의 대립보다는 조화를 강조했다. 그는 구약에서 그 정당성을 찾았는데, 구약 안에서 이스라엘 백성들의 시민 정부는 예수 그리스도의 영적 왕국의 예표일 뿐만 아니라 선한 정치적 질서다. 기독교인들은 시민 정부를 무시할 권한이 없는데 이는 옛 언약에서의 좋은 것은 새 언약에서도 여전히 좋은 것이기 때문이다.[48]

이러한 교회와 국가의 관계 속에서 칼뱅은 기독교가 시민 정부를 위해 할 일이 많다고 생각했다. 칼뱅은 교인들이 교회 안에서 예배를 통해 양육된 후에 세상으로 나가서 선한 영향력을 끼치도록 예배 후에 교회의 문을 걸어 잠갔다.[49] 그는 스스로도 시민 정부를 위해 헌신했는데, 그것은 제네바에서 그가 행한 사역들에서 풍부하게 나타난다. 그는 제네바 목사회의 의장으로서 목사회 전체의 의견을 시의회에 전달하는 역할을 했다.[50] 그는 목사와 정치가가 각각 12명씩 균등한 수로 이루어진 제네바의 컨시스토리움에 깊이 관여했다. "이 제도는 도시적이고, 정치적

46　빌렘 발커, "칼뱅과 재세례파," 『칼뱅 핸드북』 (2013), 303-06.
47　Kim, *Theology in the Public Sphere* (2011), 24.
48　발커, "칼뱅과 재세례파," 『칼뱅 핸드북』 (2013), 313.
49　Stephen J. Nichols, *The Reformation: How a Monk and a Mallet Changed the World* (Wheaton, Ill.: Crossway, 2007), 79.
50　로버트 킹던, "교회와 국가," 『칼뱅 핸드북』 (2013), 699.

인 반향을 불러일으켰으며, 기풍 면에서 공화주의적인 제도였다."[51] 그는 컨시스토리움의 거의 모든 모임에 참여했고, 그 진행 과정에서 매우 중요한 역할을 했으며 대부분의 사안에서 결론 도출이나 항의를 주재했다.[52]

2) 선지자적 목소리

오언 스트래헌(Owen Strachan)은 현대 목회자의 역할을 구약의 예언자 역할과 비교하면서, 이들은 하나님의 경고를 선포하는데 하나님의 경고는 "제멋대로인 사람들, 신실하게 하나님을 신뢰하고 거룩하게 살 것을 촉구하는 은혜의 언약으로부터 계속해서 벗어나는 사람들을 향해 선포된 진리"라고 말한다. 나아가 "예언자가 된다는 것은 변하지 않는 진리를 선언할 뿐만 아니라 하나님 중심의 관점에서 하나님의 백성이 경험하는 변하는 시대의 문제에 대해 말하는 것이다."[53] 이것을 케빈 밴후저(Kevin Vanhoozer)는 좀 더 강한 표현으로 "신실한 목회자는 언제나 반문화적인 인물"이라고 말한다.[54]

공공신학도 이와 같이 공적 삶 속에서 이미 일어난 일들에 대하여 선지자적이고, 비평적인 자세로 경고한다.[55] 따라서 공공신학은 선지자적 특징(prophetic quality)을 가진다. 그것은 "현혹시키고 부당하며 잘못 이

---

51 윌리엄 내피, "칼뱅의 제네바 이차 체류," 『칼뱅 핸드북』(2013), 99.
52 킹던, "교회와 국가," 『칼뱅 핸드북』 (2013), 700.
53 밴후저, 스트래헌, 『목회자란 무엇인가』 (2016), 83-84.
54 밴후저, 스트래헌, 『목회자란 무엇인가』 (2016), 19.
55 Smit, "Does It Matter? On Whether There Is Method in the Madness," (2017), 84.

끌어진 그러한 상황 전개를 윤리적으로 안내하고, 교정하거나 저항"하는 방식으로 이루어진다.[56] 그러나 공공신학은 이 선지자적 요소를 신조로까지 격상시키지는 않는다. 또한 공공신학은 모든 권력의 합법성을 부인하지는 않는다. 오히려 대화와 타협을 통해 권력을 올바르게 사용하도록 시스템을 점진적으로 변화시키려고 노력한다.[57]

종교개혁자 대부분이 그러하지만, 칼뱅은 특히 선지자적 목소리를 다른 누구보다 더 강하게 냈던 개혁자이다. 그는 로마 가톨릭의 타락을 향하여 항의했으며, 사회의 불경건함에 대하여 지적하고 그것을 하나님의 뜻에 맞도록 개혁하려는 노력을 기울였다. 특히 칼뱅은 가난한 자, 소외된 자, 망명자 등의 처지를 대변하여 주었고 그들의 필요를 채워주기 위한 제도 마련에 힘썼다.

먼저 칼뱅은 제네바 정부가 사회적, 그리고 경제적 삶을 위한 최소한의 것들을 제공할 의무가 있다고 주장했다. 그는 정부를 향하여 가난한 시민을 위해 무료 진료를 해 줄 것과 빵, 와인, 그리고 고기의 가격을 통제할 것과 노동 시간 규제와 임금 인상, 그리고 실직자의 재교육에 관한 조례를 제정할 것을 빈번하게 요청하였다.[58] 사실 스위스는 칼뱅이 제네바에 오기 전에는 매우 가난한 나라였다. 특히 제네바는 "유럽에서 제일 냄새나는 도시라고 불렸는데, 술주정뱅이와 매춘, 스파이, 그리고 뱃사람들로 넘쳐났기 때문이다."[59] 이런 환경에서 칼뱅의 다양한 정책들과

---

56 맥스 스택하우스, 이상훈 역, 『세계화와 은총』 (성남: 북코리아, 2013), 143.
57 Heinrich Bedford-Strohm, "Prophetic Witness and Public Discours in European Societies - a German Perspective," in *Liberation Theology for a Democratic Society: Essays in Public Theology*, eds. Michael Mädler and Andrea Wagner-Pinggera (Zürich: LIT Verlag, 2018), 51.
58 돌프 브리츠, "정치와 사회생활," 『칼뱅 핸드북』 (2013), 854.
59 Thomas A. Bloomer, "Calvin's Geneva: Small City, Big Impact," *HOPE Magazine* (Winter

노력은 도시를 정화하는데 한 부분을 감당했다.

칼뱅의 복지에 관한 아이디어들은 대부분 '자기 부인' 사상에서 출발한다. 이는 우리는 스스로 자신의 소유권을 주장할 수 없고 오직 하나님께 속한다는 확신이다. 우리가 하나님으로부터 받은 은혜는 모두 일정한 조건하에 위탁된 것으로서 그 조건은 받은 은혜를 교회의 공익을 위해서 사용하라는 것이다. 따라서 나의 것을 이웃과 나눠야 한다.[60] 나아가 그는 약자를 돕는 것이 기독교인의 자연스러운 덕이라고 여긴다. 우리의 도움이 필요한 사람은 그가 누구든지, 그의 도움을 뿌리칠 정당한 이유가 없다.[61]

사실 초대 교회는 가난한 자들을 위한 복지 사역을 예배 일부로 보았다. 기독교인들은 예배를 통해 옷과 음식과 헌금을 가난한 자들에게 제공했다. 즉, 가난한 자를 섬기는 것은 하나님을 예배하는 것의 표현이었다.[62] 칼뱅은 교회법이 교회 수입을 네 부분으로 나누었는데 그중 일부는 "성직자들과 빈민들과 교회 건물들의 수리"를 위한 것이고, 그리고 일부는 "타 지방과 본 지방의 불쌍한 사람들"을 위한 것이라고 강조한다.[63] 나아가 그는 선조들을 예로 들면서 교회 재산을 빈민을 위해 사용할 것을 주장했다. "처음에는 교회 성물을 장식하는 데 비용을 아주 적게 들였으며, 후에 교회가 점점 풍부하게 되었을 때에도 이 점에서는 여전히 절제했다. 교회에 기부가 들어오면 빈민을 위해서 그대로 고스란

2009): 5.
60 *Institutes* 3.7.5.
61 *Institutes* 3.7.6.
62 다음을 참조하라. Edward R Pirozzi, "Toward Locating the Separation of Charity from Eucharist in the Ancient Western Church," *Worship* 71/4 (1997): 335-49.
63 *Institutes* 4.4.7.

히 보관해 두고 만일의 경우에 대비했다." 따라서 "교회가 금을 가진 것은 보관하기 위해서가 아니라 값을 치르기 위해서, 곤란한 사람들을 구제하기 위해서다."[64]

교회가 선지자의 목소리를 내어야 한다고 했을 때, 그 범위가 굳이 복지나 구제에 한정될 필요는 없다. 선지자적 목소리가 필요한 곳은 그보다 훨씬 넓고 광범위하다. 그러나 우리가 살아가고 있는 이 시대에 가장 중요한 화두는 정의, 평등, 공평과 같은 것들이며, 특히 한국교회가 지금 복지 문제를 두고 첨예하게 갈등하고 있는 상황에서 칼뱅의 목소리를 참조하는 것은 매우 중요하다. 그뿐만 아니라 교회는 그 시대적 배경이나 요구와 무관할 수 없으므로 우리는 칼뱅의 이러한 사상들과 업적들을 연구하면서 현시대에 교회가 발할 선지자적 목소리가 무엇인지 고민해야 한다.

4. 나가는 말

500여 년이라는 시간의 간극과 서유럽이라는 장소적 한계에도 불구하고 우리가 칼뱅의 신학 사상과 그의 목회를 주목해야 할 필요성이 있을까? 시간적 공간적 차이 때문에 그의 신학을 오늘날 그대로 적용하려 시도하는 것은 매우 부적절하며, 오히려 혼란을 초래할 수 있다. 그러나 그 시대의 배경과 그의 상황을 충분히 연구하여 그의 진의를 파악하고 그것을 오늘날 현실과 지혜롭게 접목한다면 칼뱅은 오늘도 살아서 우리

---

64 *Institutes* 3.7.8.

에게 통찰을 제공할 수 있을 것이다. 이런 것을 기대하고 현대인은 고전을 읽고 인문학을 공부하는 것이다.

따라서 칼뱅의 신학 사상과 그의 목회를 통하여 최근 뜨겁게 논의되고 있는 '공공신학'의 필요성과 정당성을 가늠해 보는 것도 매우 중요하다. 이를 위해 이 글은 하인리히 베드포드-슈트롬이 제시한 공공신학의 특징들을 해석학적 렌즈로 삼아 칼뱅의 신학을 조명해 보았다. 그리고 둘 사이에는 매우 중요한 공통분모가 존재한다는 사실을 확인했다.

종교개혁 전통을 따르는 한국의 장로교는 앞으로 공공신학을 더욱 적극적으로 연구하여 한국교회가 직면한 문제들을 어떻게 해결할 수 있을지 통찰을 제공할 의무가 있다. 공공신학적 논의는 코로나 시대를 살아가는 이 시점에 임시방편적으로 필요한 논의가 아니다. 오히려 포스트-코로나(post-COVID19) 시대에서도 진정한 교회론에 대한 고민이 더욱 깊어질 것이기에 장기적인 논의를 계획해야 한다. 이를 위해, 먼저는 서구에서 활발하게 진행된 공공신학적 논의가 충분히 소개되어야 하고, 이 논의를 바탕으로 한국적 공공신학이 무엇인지 연구되어야 할 것이다. 총회의 이번 논의가 그 시작점이 되기를 바란다.

공공신학의 정의와 특징

김승환 박사(현대기독교연구원)

1. 들어가는 말

지난 1월, 목회데이터연구소에서 진행한 '코로나19 정부 방역 조치에 대한 일반 국민 평가 조사'의 결과에 따르면 한국교회를 '매우·약간 신뢰한다.'라는 응답은 21%이고 '별로·전혀 신뢰하지 않는다.'라는 응답은 76%로 나타났다. 지난해 기윤실에서 실시한 '한국교회의 사회적 신뢰도 조사' 당시 한국교회를 신뢰한다는 응답이 32%였던 것을 고려할 때 한국교회를 향한 사회적 신뢰도가 10% 정도 하락한 것을 알 수 있다.[1] 또한 5월에 발표된 한국갤럽의 종교별 호감도 조사에서 개신교는 6%로 나타났다. 이웃 종교들과 비교할 때 기독교를 향한 사회적 시선이 매우

---

[1] 조현, "'코로나 1년' 한국교회 신뢰도 급락 … 76% 신뢰하지 않아", 「한겨레신문」, 2021.1.30.

부정적임을 알 수 있다.[2] 이러한 인식은 기독교 내부에서도 마찬가지이다. 기독 청년 700명을 대상으로 조사한 '2021 기독 청년의 신앙과 교회 인식 조사'에서 응답자의 66.1%는 코로나에 대처하는 한국교회의 모습이 '미흡했다.'라고 평가했다.[3]

코로나19의 위기 상황을 한국교회는 왜 적절한 대처를 하지 못하고 있을까? 포스트 팬데믹 상황에서 교회는 어떻게 새롭게 변화되어야 할까? 바로 교회와 신앙의 공공성 회복이 급선무이다. 종교는 사적인 영역이 아니며 신앙은 개인의 영혼 문제에 국한되지 않는다. 자기만족과 집단 이기주의적인 종교는 사회로부터 손가락질의 대상이 될 수밖에 없다. 교회의 공적 역할과 책임을 다하기 위해 그 토대가 되는 신학의 공공성에 대한 논의가 필요한 시점이다.

현대 사회에서 종교는 공적으로 어떤 역할을 할 수 있을까? 사회는 종교를 통하여 무너진 이성의 공적인 토대를 복구하는 한편, 건강한 시민적 덕목의 훈련소로서 종교의 참여를 기대하고 있다. '공공선'(common good)을 지향하는 교회의 공적 참여는 교회 밖 구성원들과 대화하고 협력하면서 공통의 가치와 목표를 구현하게 한다. 사회로부터 격리된 폐쇄성을 극복하고 초월적 가치를 지닌 공동체로서 모든 사회적 구성원과 연대하며 공존할 수 있는 진정한/신실한(faithful) 대안 사회를 실천해야 한다. 한국교회는 포스트 팬데믹 사회에서 '대화적 공공성'과 '포용적 공동체성'을 재정립함으로 근본적이고 폐쇄적인 이기적인 집단주의 신앙에서 벗어나 공적 구성원으로서 시민들과 협력할 수는

---

[2] 최승현, "개신교 인구 17%, 호감도 6% … 무종교인 82% '종교, 사회에 도움 안 돼'", 뉴스앤조이, 2021.5.21.
[3] 황인호, "기독청년 90% '대면 예배 강행 부끄럽다'," 「국민일보」, 2021.1.15.

있는 토대를 회복해야 할 것이다.

2. 공공신학이란 무엇인가?

최근 한국교회를 비롯한 전 세계적으로 큰 관심을 받는 공공신학이 본격적으로 태동하였을 때는 2007년부터이다. 공공신학 국제 네트워크(Global Network for Public Theology)가 설립되고 『공공신학 국제 저널』(International Journal of Public Theology)가 발간되면서 공공신학이 하나의 학문으로 정립되기 시작한다. 물론 현재까지도 공공신학이 무엇인가에 대한 논의는 현재 진행 중이다. 공공신학은 각각의 지역적 상황과 이슈에 따라 접근하는 방식이 다양하기에 공공신학이 어떤 학문인지 정의하기는 쉽지 않은 실정이다.

'공공신학'(Public Theology)이란 단어가 처음으로 등장한 것은 1974년, 시카고 대학의 마틴 마티(Martin Marty)가 라인홀드 니버를 공공신학자라고 평가하면서부터이다. 마티는 공적 이슈들을 논의하면서 '기독교 현실주의'를 주창했던 라인홀드 니버의 신학이 미국 시민들의 종교적 신념과 행위에 상당한 영향을 미쳤음을 설명한다.[4] 니버의 사상이 교회를 위한 신학이 아니었다는 부분적인 비판에도 불구하고 그의 목회 현실과 시대적 상황, 그리고 국제정치적 현실에서 복음의 교리를 사회 과학적으로 적용한 훌륭한 시도인 것은 분명하다. 니버는 종교적 교

---

[4] Martin E. Marty, "Reinhold Niebuhr: Public Theology and the American Experience," *The Journal of Religion* Vol. 54, No. 4(Oct. 1974), 354-355.

리와 언어를 현실 세계에 적절하게 변환하여 활용하면서 성경의 가치와 기독교 전통이 종교의 영역에 한정된 것이 아니라 미국의 정치와 시민적 삶에 깊숙이 영향을 미치도록 했다.

마틴 마티 이후, 공공신학에 관한 관심이 지속적으로 높아지면서 다양한 입장에서 공공신학을 정의하려 하지만, 특정한 합의 지점에는 이르지는 못했다. 이것은 공공신학이 갖는 학문적 특징이 모호하여 무엇이라 정의될 수 없을 뿐 아니라, 동시에 각각의 지역과 시대적 상황과 이슈에 따라 다양하게 반응하기 때문이다. 그뿐 아니라 '공공성'(Publicity) 개념 자체가 다양한 의미와 담론들로 구성되었기에 그 바탕 위에서 '공공신학'을 정의하기 위한 통합적이고 기술적인 작업은 더욱 쉽지 않다.[5]

공공신학을 정의하려는 것 대신 그 신학이 지향하는 바가 무엇인지를 살피는 것도 필요하다. 데이비드 트레이시는 '공공신학의 세 가지 유형의 공공성'에서 공공성 논의에서 세 가지 방향이 필요하다고 언급한다. 첫째, 공공성은 합리적인 연구를 위해 대화와 토론을 할 수 있어야 하며, 토론을 위해서는 논리적인 설득이 필요하고 상대방을 존중하는 태도가 요구된다. 다시말해 공공신학적 관점을 취한다면 근본주의적인 태도보다는 포괄적인 이성과 통합적인 자세가 요구된다는 것이다. 둘째, 다원화된 사회에서 다양한 기관과 이웃 종교들과의 진중한 대화가 요구된다. 민주주의에서 종교는 자신들의 고유성을 표출할 때 저마다의 특수성을 보편적인 언어로 전환 시킬 필요가 있다. 하버마스가 의

---

5 Dirkie Smit, "Notions of the Public and Doing Theology," *International Journal of Public Theology* (2007), 431-454.

사소통의 방식과 중요성을 강조했던 것처럼 공적인 영역에서 공공신학은 소통 가능한 방식으로 전환되어야 한다. 셋째, 공공신학은 세속 사회의 영성과 공동의 선을 향한 관심을 가져야 한다. 사회의 공공선을 향한 예언자적인 선포와 함께 묵상적인 사고가 요청된다. 공공신학은 성서의 깊은 깨달음을 추구하는 동시에 사회와 개인이 변화될 수 있도록 도와야 한다.[6] 트레이시의 주장을 살펴볼 때 공공신학은 '상호 응답적'이며 '변증적'이고 '대화적'이어야 한다는 것을 알 수 있다.

그렇다면 공공신학은 어떤 주제를 다루어야 할까? 맥스 스택하우스(Max L. Stackhouse)는 공공 혹은 공적 개념을 설명하면서, 기독교 윤리는 '공적인 이슈(public issues)와 문제'을 다루어야 하고, 비기독교인들과 사회적 윤리에 관해 공개적으로 토론하면서 사회 변화에 영향을 미칠 수 있어야 한다고 주장한다.[7] 해롤드 브라이덴버그(Harold Breitenberg)도 기독교 전통에서 '공공신학'이 교회 안과 밖으로 접근 가능한 방식으로 전개하면서, 교회와 시민 사회의 상호 작용을 도와야 한다고 주장한다. 그는 공공신학자들이 소통 가능(communicatable)하고, 수용 가능한(acceptable) 방식들을 찾으면서 기독교의 신념과 실천이 공적 삶(public life)과 공공선(common good) 추구에 어떤 영향을 미칠 수 있는지를 고민해야 한다고 보았다.[8]

몰트만은 『세계 속에 있는 하나님』에서 세상과 공적인 관계를 형성하지 않는 기독교 정체성은 존재 할 수 없으며 하나님 나라 신학은 그리스

---

6 David Tracy, "Three Kinds of Publicness in Public Theology," *International Journal of Public Theology* 8(2014), 331-4.
7 새세대 교회 윤리연구소, 『공공신학이란 무엇인가』 (용인: 북코리아, 2007), 30-31.
8 E. Harold Breitenberg Jr., "To Tell the Truth: Will the Real Public Theology Please Stand UP," *Journal of the Society of Christian Ethics* (2003), 66.

도의 인격과 역사를 통해 세상과 연결된다고 말한다. 신학은 사회의 공적인 일에 관여하면서, 하나님 나라를 향한 희망의 눈으로 사회의 공공복리를 바라보며 깊이 유념하면서 가난한 자와 소외된 자들을 어떻게 정치적으로 대변하고 그들의 환경을 바꾸어야 할까를 고민해야 한다.[9] 몰트만이 이해한 공공신학은 다원화된 사회 안에서 사회의 안정과 평화 유지와 같은 교회의 사회적 기능의 차원이 아니라 그들의 삶 안에서 그리스도의 다스리심을 교회와 그리스도인들이 증언하는 것이며 인간의 가치와 존엄을 넘어서서 하나님의 통치를 인정하는 것이다. 그렇기에 몰트만의 신학은 공공의 영역과 상호 관계 안에서 하나님의 희망을 이 땅으로 가져오는 것이라 볼 수 있다.[10] 이런 흐름을 볼 때 공공신학은 종교와 관련된 이슈를 다루는 것이 아니라 세속 사회의 공적 이슈를 신학적으로 검토하는 것임을 알 수 있다. 그것을 신학자들과 교회 구성원들 안에서 대화하고 토론하는 것으로 끝나는 것이 아니라, 다른 공공의 기관이나 시민 단체, 종교들과 이해 가능한 방식으로 논의하면서 사회적 선을 증진하는 데 그 목적을 둔다. 공공신학이 목표하는 것은 교회의 성장이나 영향력 확대가 아니라, 사회를 더 나은 곳으로 발전시키는 것이며, 그것은 하나님 나라의 보편적 가치를 실현하는 것으로, 교회의 선교적 사명과도 연결된 것이다.

교회가 공적 이슈에 무관심할 때 어떤 일이 벌어질까? 던컨 포레스터는 '공적 논쟁을 중단하는 것은 신학의 심각한 빈곤화를 초래할 뿐 아니라, 신학은 중립적일 수 없기에 자신의 독특성으로 공적 토론에서 공헌

---

9 Jürgen Moltmann, *Gott im Projekt der modernen Welt*, 곽미숙 역, 『세계 속에 있는 하나님』 (서울: 동연, 2009), 10.
10 위의 책, 16.

을 할 수 있음을 주장한다.[11] 앤드류 몰턴(Andrew R. Morton)은 공공신학이 특별한 공공의 다원화된 상황 속에서 실천된다고 말한다. 그는 포레스터의 신학 사상이 시장과 같은 일상의 삶으로 이루어지는 공공의 영역이었고 다양한 사람들과 대화하고 연대하면서 경청과 설득을 통해 신학을 공공의 자리에서 발견하는 작업이었다고 서술한다.[12] 그렇기에 공공신학은 공공의 이슈를 신앙의 관점에서 '참여'(engagement)하는 것이고, 기독교인들의 사회적 삶을 지지하면서 '신실한 증인'(faithful witness)으로 살아가는 것이며, 정치와 사회적 영역에서 신앙을 가진 이들을 지지할 수 있는 자원(capital)을 지속적으로 제공해야 한다.

위의 논의를 통하여 공공신학의 큰 흐름을 살펴보았다. 공적인 현실에 교회와 신학이 참여함에 있어서 교회만의 방식과 논리가 아닌, 신앙의 정당성을 주장하고 종교적 언어로 표현하는 대신, 다양한 공중들(publics)과 합리적 대화가 가능한 형식을 취하는 것이 중요하다. 상대에 대한 관용과 배려는 공적 대화의 기본 자세로 민주 사회에서 하나의 구성원으로 자신을 이해하는 교회의 모습이 되어야 할 것이다. 복음의 전파와 증인된 삶은 신앙의 논리를 앞세우는 것이 아니며, 보다 넓은 하나님 나라의 틀안에서 세상을 바라보면서 더 나은 삶을 위한 모든 영역에 참여하는 것이어야 한다.

---

11 위의 책, 81-86.
12 Andrew R. Morton, "Duncan Forrester: A Public Theologian," in William F. Storrar & Andrew R. Morton eds., *Public Theology for the 21st Century* (London: T&T Clark LTD, 2004), 27-8.

3. 공공신학의 특징들

공공신학이 공공선을 지향하고 대화의 토론이란 방식을 취한다면, 공공신학이 추구하는 '공공성'(Publicity)이란 무엇일까? 공공성은 '한 개인이나 단체가 아닌 일반 사회 구성원 전체에 두루 관련되는 성질'로 정의하는데 어떤 구체화된 실체가 아니라 사적인 생활이나 사적인 영역과는 구분되는 공통의(common), 공동의(public), 개방적인(open) 성질을 의미한다.[13] 사이토 준이치는 『민주적 공공성』에서 하버마스와 아렌트를 비교 분석하면서 공공성을 4가지로 정리한다. '합의 형성을 위한 공공성', '복수성', '생명지향성', '친밀성'이다. 먼저 '합의 형성을 위한 공공성'은 인간이 자유를 가지고 주체적으로 사고할 수 있고, 의사소통을 나눌 자유가 있으며, 이를 통해 비판과 담론의 공간을 세워나갈 수 있어야 한다. 둘째는 '복수성'인데, 아렌트는 공공권이 사람들 사이, 관계 사이에 있는 것으로 보았기에 다양한 관점이 전제되는 다수가 절대적으로 필요하다. 악의 평범성 개념처럼 인간이 자유롭게 사고하지 못하는 전체주의적 상황은 인간 소외 현상을 초래할 뿐이다. 셋째는 '생명 지향성'인데, 인간의 욕구를 권리로 이해하고 각자가 자신의 능력을 발휘할 수 있는 공공적 가치를 세우고, 타자와 연대하며 경제와 정치로 환원할 수 없는 본래적 가치인 사람, 자연, 공동체의 생명력을 복원해가는 것이다. 넷째는 '친밀성'인데, 사랑의 공동체로서 관계 안에서 사랑을 나누고 타자를 수용하고 인격적 대우를 하는 것이다.[14]

---

13 하승우, 『공공성』 (서울: 책세상, 2014), 7.
14 사이토 준이치, 윤대석, 류수연 역, 『민주적 공공성』, 45-111.

공공성은 공개성과 공통성, 공익성을 위해 개인과 개인, 집단과 집단 사이에서 발생하는 여론의 공개적 토론과 참여적 의사 결정 과정으로 세워지는 그 무엇이다. 공공성은 어떤 동질성을 추구하는 것이 아니라 차이를 확인하는 것이기에 다원화된 사회에서 배제와 소외, 고립과 고독은 사라져야 할 요소이다.[15] 민주주의 사회는 다원성을 전제로 하는 사회이기에 다른 의견들과 정체성을 가진 사람들과의 논의를 배제하는 것은 민주주의의 위기를 초래할 수 있으며 종교도 예외는 아니다. 종교는 사회에서 논의되는 공공성의 특징을 가지고 참여해야 하며 이를 위해 공공신학은 교회가 공론장에 접근하려 할 때는 공공성에 대한 포괄적인 이해와 대화를 위한 관용적 태도를 갖춰야 한다.

현대 사회에서 공공성이 가장 잘 발현되는 곳은 바로 공론장이다. 공론장이란 사회 구성원들이 다양한 의사소통의 장치를 통해 서로 만나고 공통의 이해관계가 걸린 문제들을 논의하며 그에 관한 공동의 의견을 형성하는 하나의 공통 공간(a common space)이다. 이러한 공론장은 근대 사회의 핵심적인 특징으로 새로운 사회를 향한 열망을 형성하는 초월적인 공간이자 사회 구성원들의 공통 정신이 마주하는 곳이다.[16] 하버마스는 『공론장과 구조 변동』에서 18세기를 중심으로 국가 중심이 아닌 일반 시민 사회의 발전과 그들이 여론을 형성해 내는 공론장의 발전사를 설명한다. '국가 및 시장 경제가 일상생활을 지배하는 현대 서구 사회에서 대안으로 제기되는 공개 토론의 장'이 바로 공론장이다. 18세기에 이런 공간으로 카페, 살롱을 꼽았으며 다양한 인쇄 매체의 발달하면

---

15 사이토 준이치, 『민주적 공공성』, 28-40.
16 Charles Taylor, *Modern Social Imaginaries*, 이상길 역, 『근대의 사회적 상상』 (서울: 이음, 2011), 133-153.

서 사회의 각 이슈에 대한 시민들의 공적 논의를 가속화시켰다. 처음에는 민중이 배제되는 과시적 공공성이 형성되는 문예적 공론장으로 출발하였으나 점차 공론장의 구조가 바뀌어 새로운 독서층이 생겨나고, 정보가 생산-유통-소비되어 갔다.[17]

그렇다면 공론장에 소환된 신학은 어떤 태도와 소통의 방식을 가져야 할까? '공공신학은 종교 문제를 주로 다루는 것이 아니라 현실 사회가 안고 있는 다양한 문제와 이슈들에 대해서 종교적 관점, 신앙과 초월적인 관점으로 비판과 대안을 제시하는 것이다. 공공신학의 중요한 실천은 공적 대화(public conversation)이며, 교회와 그리스도인들이 각각의 현실 앞에 놓여 있는 정치, 경제, 사회, 종교의 영역에서 신앙에 근거한 비판적 성찰과 의사소통 및 합의에 영향을 미치는 것이다.[18] 공적 대화와 참여를 위해서 신학은 하나님 나라의 보편적 이해를 유지해야 한다. 공공성과 관련되지 않은 기독교 정체성 형성은 존립 자체가 어렵기에 어느 특정한 신앙적 관점과 주제에 함몰되지 않고 열린 자세가 필요하다.[19] 신학은 교회와 그리스도인들만을 위해서 존재하지 않으며 교회를 둘러싼 사회의 전 영역을 향한 성찰과 선포이고, 그것이 신학의 최종적인 목적임을 분명히 해야 한다. 그렇기에 공공신학은 교회와 종교적인 문제를 다루기보다 더 나은 사회를 위한 공공선의 증진을 목표로 하면서 기독교의 독특한 통찰과 실천을 제시해야 한다. 그렇다면 공공신

---

17 Jürgen Habermas, *Strukturwandel der Öffentlichkeit*, 한승완 역,『공론장의 구조 변동』(서울: 나남출판사, 2013), 35.

18 Jürgen Moltmann, *God for a Secular Society: The Public Relevance of Theology* (London: SCM press) 5-23, quoted in Sebastian C. H. Kim, *Theology in the Public Sphere: public Theology as a Catalyst for Open Debate*, (London: SCM Press, 2011), 3.

19 위의 책, 7.

학은 어떠한 신학적 자세와 태도를 지녀야 할까? 크게 네 가지로 구분하여 살펴볼 필요가 있다.

1) 공공신학은 파편적이고 상황적이다.

포레스터는『기독교 정의와 공공 정책』(*Christian Justice and Public Policy*)에서 '신학적 파편(theological fragment)'이라는 개념을 사용하면서 모든 것을 설명하려는 거대한 신학 이론의 반대 개념으로서 오늘날 필요한 신학적 논의의 방식이 바로 파편성/부분성이라 말했다. 또한『신학적 파편들』(*Theological Fragments*)에서도 신학의 파편성을 역설한 바 있다.[20] 공공신학은 파편적인 상황(fragmented context)안으로 들어가기를 요청받고 있으며, 자신의 전통과 실천이 더욱 넓은 청중들에게 어떻게 적절하게 수용될지를 고려하면서 무엇을 말하고 실천할지를 생각해야 한다.[21] 신학적 파편성은 지역의 필요성을 파악하고, 도덕적 정치적 상황과 시스템을 성찰하면서 파편성 안에 감추어진 하나님의 진리를 선포하는 것이다. 포레스터는 신학적 파편성의 예로서 바르트를 중심으로 작성된 독일의 바르멘 선언을 언급한다. 유럽의 특수한 상황에 대한 파편적 응답으로서의 신학은 단순히 지역 안에 함몰되지 않는다. 신학의 파편적인 관심을 작은 영역과 실천으로 끝나는 것이 아니라 부분을 통한 전체의 통합으로 궁극적인 하나님의 통치와 섭리를 드러내게 한다.[22]

---

20 Duncan B. Forrester, *Theological Fragment: Explorations in Unsystematic Theology*, (London: T&T Clark, 2005).

21 Elaine Graham, *Between a Rock and A Hard Place*, 211.

22 Duncan B. Forrster, "The Political Service of Theology in Scotland," William Storrar, Peter Donald eds., *God in Society*, (Edinburgh: St. Andrew Press, 2003), 116-120.

신학의 파편성은 근대 신학이 보여주었던 보편적이며 추상적이고 형이상학적인 이성의 한계 안에 갇힌 종교성을 벗겨내고, 신학이 위치하는 구체적인 현장성에 귀를 기울인다. 하나의 교리와 사고 체계로 모든 것을 설명하고 이해시키려 했던 서구 중심의 근대 기획을 무너뜨리고, 무엇으로 특정할 수 없는 다양한 틀과 포용 가능한 개방성으로 골자로 한다. 포레스터는 현장 중심의 신학적 파편성의 중요한 요소가 바로 '공적 대화'(Public Conversation)라고 보았다. '공적 대화'는 개별 사항들의 특수성을 강조하면서 성서와 교회의 전통을 토대로 각자가 속한 공론장 안에서 사회 이론과 일반 학문과 대화하면서 문제들에 접근한다. 이러한 대화는 탈교회적 관점이고 사회 참여적 방식으로서의 대화이다.

공적인 신학이 '전체성'(Totality)과 '보편성'(Universality)에 관심을 두기보다 '지역성'(Locality)과 '파편성/부분성'(Fragment)을 강조하는 것이 가장 큰 특징이라 할 수 있다. 기독교의 신학은 교리와 전통과 같은 보편성의 담론에 익숙하다. 각자의 신학 전통이 특정 역사와 상황 안에서 출발하여, 특정 시간과 공간을 지나왔음에도 그 신학이 모든 세계의 보편 적용 가능한 원리라 생각한다. 다원화되고 세계화된 전 지구적 상황에서 공공신학은 보편성보다는 특수성에 관심을 두면서 특정한 문화, 지리, 언어, 계층, 정치적 상황 등에서 발생한 지역적 이슈들과 일상생활의 삶의 영역까지 그 관심을 확대하고 있다.[23] 공공신학은 사회의 굵직한 이슈부터 일상의 소소한 문제들까지 다양한 문제들을 다룬다.

---

23 Elaine Graham, "Showing and Telling," 151.

2) 공공신학은 포스트-크리스텐덤(Post-christendom)적이다.

새로운 신학에는 새로운 패러다임의 접근이 필요하다. 기독교가 다시 세속의 영역 안으로 들어가려면 기존의 관계 방식과는 다른 시도가 있어야 할 것이다. 종교적인 진리와 구원을 담보하고 있다는 오만한 주류 기독교의 태도에서 벗어나 다른 사회 구성원들과 동등한 입장에서 대화하려는 태도가 요청된다. 기독교는 콘스탄틴 황제에 의해 로마로부터 공인된 이후 최근까지 기독교가 사회 전반에 지배적인 위치에 있었다. 이런 세계를 크리슨덤(Christendom)이라 부른다. 크리슨덤에 관한 정의가 명확하지 않은데, 기독교 세계, 기독교 왕국, 제국적 기독교로 번역이 된다. 이는 교회와 정치 권력이 하나가 된 상태로 교회가 세상의 권력을 취하면서 그 본디 성질을 잃어버린 것이다. 이것은 하나님 나라를 이루는 방식에서 예수의 사역과 완전히 반대되며, 세속적 권력과 군사적 폭력의 방식을 택한 것이다.[24]

스튜어트 머레이(Stuart Murray)는 크리슨덤을 크게 5가지로 정리한다. 첫째, 기독교의 '지리 영역'을 표현한 것으로 그 영역 안에 살아가는 대부분 사람은 최소한 형식적인 그리스도인들로 간주한다. 둘째, 역사의 특정 시대를 의미하는 것으로 로마의 콘스탄틴 1세가 기독교로 개종했던 4세기에서부터 최근 20세기 말까지이다. 셋째, 기독교적인 이야기와 언어, 상징과 절기별 리듬에 영향을 받은 문화를 총칭한다. 넷째, 교회와 세속 정치의 상호 협력과 연대를 합법화하여 정치적 타협을 이룬

---

[24] John H. Yoder, *The Original Revolution*, 김복기 역, 『근원적 혁명』 (대전: 대장간, 2012), 88-89.

것을 의미한다. 다섯째, 세속 사회에서 하나님의 주권적인 섭리 대한 인간의 신념과 태도, 그리고 사고방식을 뜻한다.[25] 크리슨덤은 종교개혁 이후에도 봉건 제후 세력들과 결탁하면서 세속 정부와 단절하지 못한 채 이어졌다. 최근 그러한 흐름이 대학이나 각 기관 등 세속 권력과의 관계에서 동일하게 반복되고 있다. 공공신학을 전개하려고 할 때 기독교가 그동안 취해왔던 권위적인 모습을 과감히 내려놓아야 한다. 지난날의 교회 감독들과 성직자들이 성서와 교회 전통의 권위로 교회 밖의 영역들을 해석하고 삶의 실천을 강요했던 모습이 아니라 다원화된 사회안에서 다양한 목소리를 공정하게 들을 수 있는 열린 자세가 요청된다.[26]

신학이 포스트-크리슨덤적 태도를 취하려 한다면 구체적으로 그것이 무엇일까? 스튜어트 머레이는 이들 특징을 상세하게 설명한다. 첫째, 중심에서 주변으로의 이동이다. 크리슨덤에서는 기독교 이야기와 교회들이 그 사회 중심에 있었지만, 포스트-크리슨덤에서는 주변으로 자리를 옮길 것이다. 둘째, 주류 속에서 소수 속으로 이동이다. 다수를 차지하던 그리스도인들은 소수자의 위치로 전환될 것이다. 셋째, 정착자에서 일시 체류자로 이동이다. 기독교의 동질화된 문화와 사회의 편안함에서 이방인, 유랑자, 순례자로서 살아갈 것이다. 넷째, 특권층에서 다원성 속으로 이동이다. 기독교는 사회의 특권층으로 지배 세력을 형성했으나 앞으로는 다원화된 사회에서 여러 공동체 가운데 그저 하나로

---

[25] Stuart Murray, 강현아 역, 『이것이 아나뱁티스트다: 기독교 신앙의 본질을 말하다』, (대전: 대장간, 2011), 109.

[26] Ted Peters, "Public Theology: Its Pastoral, Apologetic, Scientific, Political and Prophetic Tasks," 158.

자리할 것이다. 다섯째, 지배자의 삶에서 증인으로서의 삶이다. 사회를 통제하는 역할에서 예수를 따름으로 증인의 삶을 살아갈 것이다. 여섯째, 현상 유지에서 선교의 자리로 이동이다. 다수를 차지하던 시대에서 소수의 위치에 머물면서 그리스도인들의 선교적 삶이 강조될 것이다. 일곱째, 기관에서 운동으로 이동이다. 제도적 기관으로서 주된 역할을 하던 시대에서 하나의 운동으로서 분투하는 삶을 살 것이다.[27] 포스트 크리슨덤에 대한 머레이의 설명은 신학이 취해야 하는 관점들을 명확하게 설명하고 있다. 물론 생존을 위해서 취하는 전략은 아니며, 기독교의 영향력 감소로 인해 위축된 상황에서의 분전도 아니다. 이는 기독교가 사회를 자신들의 가치 체계와 진리로 정복하려는 시도를 중단해야 하는 것을 말하며, 그들과 더불어 공통의 사회에서 상호 존중과 대화를 통해 살아가기 위해 노력하는 것이다.

3) 공공신학은 개방적이고 참여적이다.

한국교회에 공공신학이 필요한 여러 이유가 있지만 가장 시급한 것은 바로 신앙의 사사화(privatization) 문제이다. 사사화는 특정 종교를 개인의 삶과 내면 안으로 가두어버림으로 종교 밖 영역에 대해 무감각해질 수 있다. 또한 신학과 신앙의 본래적 역할을 망각할 뿐 아니라 창조, 타락, 구속으로 이어지는 기독교의 통전적 복음 이해를 왜곡할 우려가 있다. 스톨라는 세계화 시대에 신학은 다양한 공적 이슈에 책임적으로 응답해야 하기에 탈영토화, 탈이데올리기화 되어야 한다고 주장

---

27 Stuart Murray, *Post-Christendom* (Carlisle: Paternoster, 2004), 19-20.

한다. 종교의 영역으로 자신의 울타리를 한계짓는 것이 아니라 세계 속의 보편적 시민으로 자각하는 동시에 선교적 차원에서 공공 영역에 대한 개방적인 인식이 필요하다.[28] 미로슬라브 볼프(Miroslav Volf)는 기독교 공동체의 예언자적 역할은 세상을 변화시키는 동시에 인간의 번영과 공공선 성취에 참여하는 것이라 주장한다. 그리고 그 방식은 기독교 정체성에서 나오는 말과 행동을 통해 세상 속으로 자신을 투사하는 것이다. 여기에는 두 가지 방식이 있는데, 첫째는 그리스도인들이 자신의 전 존재를 통해 세상에 참여하는 것으로, 단순히 지적인 감동과 비전의 대안적 제시가 아니라, 사회 제도를 변화시키는 것만이 아니라 개개인의 삶 전체가 인간의 번영을 위해 노력하고 공익을 위해 섬기는 것과 관련이 있다. 둘째는 문화적인 차원으로, 정치, 경제, 문화, 그리고 커뮤니케이션에 있어서 모든 영역에서 선을 추구하고 찾아내고 그것을 보존하고 강화하는 것이어야 한다.[29]

공공신학이 개방적인 이유는 종교적인 문제보다 넓은 차원의 이슈들에 관해 다른 시민들과 대화하며 민주주의 방식 안에서 대안적인 해결책들을 제시하기 때문이다.[30] 우리는 공공신학과 정치 신학, 해방 신학, 여성 신학 등과의 차이점을 이해할 필요가 있다. 먼저 해방 신학은 라틴 아메리카, 정치 신학은 전쟁 후 독일 등의 지리적인 한계를 가지지만 공공신학은 북미, 유럽, 남아프리카, 호주 등에서 전 세계적으로 등장하고 있다. 각각의 신학이 다루는 사안으로는 해방 신학은 가난, 부정의, 국가와 교회, 혁명의 문제를, 정치 신학은 고통받은 현실, 종교적 신앙과

28　William Storrar, "Public Theology in the South African Context." 40-42.
29　Miroslav Volf, *Public Faith*, 김명윤 역, 『광장에 선 기독교』 (서울: IVP, 2014), 142-143.
30　Sebastian Kim, *Theology in the Public Sphere*, (London: Scm Press, 2011), 3.

정치의 관계, 정치 참여를 다루지만, 공공신학은 불균등, 정책 결정, 종교의 사사화, 국가와 시장 미디어의 독점, 세계화, 시민 사회 등 오늘날 사회가 당면하고 있는 다양한 주제들을 포괄적으로 다룬다. 신학 방법론에 있어서 해방 신학은 의심의 해석학, 텍스트와 컨텍스트의 해석과 실천의 우선성을 강조하고, 정치 신학은 정치적 이론에 참여하면서 국가 권력과 정치 체계에 대한 비판적 입장을 제안하는 것이라면 공공신학은 다양한 학문에의 참여, 비평적 연구와 열린 토론, 사회 윤리와 합의를 통한 대화적 방법론을 사용한다. 공공신학이 교회 밖의 공통의 관심사인 다양한 이슈들과의 대화에 참여하는 것이기에 기독교와 종교적인 이슈에 집중하기보다 더 넓은 정치, 경제, 문화, 사회적 이슈에 있어서 다른 시민들과 대화하고 실제적으로 공적 영역 안에 참여하도록 그리스도인들에게 권고한다.[31]

스택하우스는 오늘날 신학의 자리가 세계화와 다원화되고 있음을 언급하면서 기독교의 공적인 참여는 하나님의 관심이 모든 것에 놓여 있는 것처럼 모든 이슈를 향해야 한다고 주장한다.[32] 공공신학의 관심은 교회 공동체 안의 이슈와 담론에 머물지 않는다. 하나님 나라의 신학적 관점을 가지고 피조 세계의 전 영역에 관여할 뿐 아니라 일상의 문제까지 적극적으로 참여한다. 따라서 윌리엄 스토라는 공공신학이 에큐메니칼적, 세계적, 지역적, 교회적일 뿐 아니라 세계 시민 사회에 뿌리를 내려보기 위한 집단적이고 다양한 국제 기관들 사이를 협력할 수 있게

---

31 위의 책, 23.
32 Max L. Stackhouse, "Public Theology and Political Economy in a Globalizing Era," *Public Theology for the 21st Century*, 179.

하는 초국가적인 면모를 갖추어야 한다고까지 말한다.[33] 작게는 지역 교회로부터 출발하겠지만 더 넓게는 온 지구를 포함하는 세계 시민의 의식과 공공 사역을 하면서 신학적 응답과 참여가 요청해야 한다.

4) 공공신학은 이중 언어적이다.

하버마스는 일반 이성과 종교적 신념이 서로 대칭적인 구도를 갖는 것이 아니라 공론장 안에서 얼마든지 이해 가능한 의사소통적 언어로 '번역'(translation)이 가능하다고 말한다. 종교적 확신과 일반적인 정책 혹은 제안된 법들 사이의 갈등은 시민들이 공적 이성을 활용하기 위해 세속 국가의 헌법만을 수용했다는 것이 전제될 때만 가능하다. 하지만 종교의 확실성, 즉 신념이 반국가적이고, 비이성적인 것은 절대로 아니다. 일반 이성의 형성 과정에서 종교적 이성이 함께했던 역사를 간과해서는 안 된다. 근대 사회의 분화된 구조에서 종교를 향한 이성적인 압력이 증가함에 따라 종교는 이성의 틀 안에서 재정립되기를 요구받고 있다. 그렇다고 민주주의 사회에서는 종교와 정치 사이의 제도적인 분리를 강요해서 안 된다. 더 나아가 종교 시민들에게 정서와 심리적인 차원의 비이성적인 영역의 수정을 요구해서도 안 된다. 종교 시민들은 공적인 담론에 참여할 때, 공과 사의 구별로 자신의 정체성을 나누지 않으면서도 제도적인 '번역'(translation)의 조건들을 인지할 수 있어야 하며 심지어 종교적인 언어가 오직 그들만 사용 가능하고, 그들의 종교적인 의견이 정치적 논쟁에서 공헌할 수 있다고 외부인들이 주장할지라도 종교

---

33 Elaine Graham, *Between a Rock and A Hard Place*, 75.

시민들 역시 시민 영역의 한 구성원으로 자리하고 있음을 이해해야 한다.[34]

종교의 언어가 세속의 언어로 번역할 수 있게 하려면, 다시 말해 종교와 세속, 신앙과 이성, 초월과 내재 사이의 두 세계를 연결하기를 시도하는 것이라면 이것은 20세기 중반 등장했던 중간 공리(middle axiom) 원리의 전제를 채택하는 것이다. 중간 공리는 20세기 중반에 조셉 올담(J. H. Oldham), 윌리엄 템플, 그리고 프레스톤 등이 시도했던 방식으로 학제 간 연구(interdisciplinary)를 기본으로 한다.[35] 중간 공리는 하나의 매개의 형식(a form of mediation)으로 기독교 신앙의 진리와 정치적, 그리고 행정적 결정에서 직면하는 복잡한 부분들 사이를 중재하는 것이다. 그 작업은 공론장에서 사회 과학자들과 참가자들을 존중하는 자세로 그들의 목소리를 경청하는 것이 필수적이다. 이러한 자세는 기독교 신앙으로 모두를 통합하려하기보다는 대화의 상대가 신앙이 있지 않음을 전제로 하면서 현실 사회가 당면하는 주제에 관해서 열린 자세로 기독교 윤리의 관점으로 접근하려는 것이다. 유럽은 전쟁 이후 평화, 교육, 인종, 국제 질서 안정 등의 다양한 이슈들에 관해 모든 국가와 기관들의 협력이 절대적으로 필요했고, 기독교 역시 이런 흐름에서 독립되지 않았기에 적극적으로 대화하고 참여하려는 움직임을 보였다.[36]

윌리엄 스톨라(William Storrar)는 중간 공리가 기독교의 윤리적 원리들과 일반 사회에서 공유된 가치들 사이의 중간 토대 안에서 중요한 기

---

34 Jürgen Habermas, *Between Naturalism and Religion* (Cambridge: Polity Press, 2008), 129-130.
35 Edward LeRoy Long, jr., *A Survey of Christian Ethics*, 박봉배 역, 『기독교 윤리의 종합적 연구』 (파주: 한국신학연구소, 1979), 142.
36 Duncan Forrester, *Christian and the Future of Welfare*, 87-88.

능을 담당하는 도덕적인 지시들(directives)을 매개하는 성격을 가진다고 보았다. 이것은 기독교가 가지는 매우 특별한 인식으로서 하나님의 선하심과 구원의 신비와 같은 더 깊은 의미의 논의로 나아가기 위한 중간의 규범과 일시적인 기능을 감당하는 신학적 원리라고 말한다.[37] 하지만 이러한 중간 공리도 약점이 있다. 던컨 포레스터는 크게 두 가지의 현실적 어려움을 제안하는데 하나는 적용과 실천에 있어서이다. 중간 공리가 어느 특정한 권위와 입장을 따르기보다 다양한 의견과 실천 방안들을 검토하기에 각각의 전문가들과 소통에서 문제가 발생할 수 있으며, 또한 적용과 실천에서도 그것이 기독교라는 틀 안에서 용인이 될 수 있는지를 늘 고민해야 한다는 점이다. 소통의 과정에서 기독교는 스스로를 하나의 입장과 의견으로 자신을 낮추려는 모습이 필요하며 실천에서도 기독교의 전통과 독특성만 주장하기보다 상호 협력적인 방식으로 접근해야 한다. 둘째는 중간 공리가 엘리트주의(elitist)적이라는 점이다. 사회 과학자들과 전문가들과 논의를 하더라도 현장의 목소리, 즉 일반적인 삶의 자리의 어려움을 알지 못한다면 그것은 학자들의 논의에서 끝날 우려가 있다. 즉 이론과 실천 사이의 문제가 발생하며, 실천에서도 개개인의 상황적 특징에 따라 다양한 입장이 가능하기에 논의의 과정에서부터 현장의 목소리를 듣는, 특히 소외된 사회적 약자들의 관점이 반영되어야 한다.[38]

하인리히 베드포드 슈튤홈(Heinrich Bedford-Struhm)은 독일 루터란

---

[37] Storrar, W. F, "Scottish Civil Society and its Devolution: The New Case for Ronald Preston's Defence of Middle Axioms," *Studies in Christian Ethics*, 37-46. *Between a Rock and a Hard Place*, 100에서 재인용.

[38] Duncan Forrester, *Christian and the Future of Welfare*, 90-91.

의 전통을 맞게 두 왕국/정부론을 지지하면서 공공신학의 특징으로 이중 언어성(bilinguality)을 언급한다. 루터의 두 왕국/정부 교리는 세상 안에서 그리스도인들이 어떤 정치적인 입장과 관점을 가지고 살아야 하는지를 잘 보여준다. 종교개혁 시절, 성경의 가르침을 그대로 정치적 현실에 접목하려 했던 과오를 피하면서도 하나님의 영적 통치를 인정하려는 양면적인 입장을 취했다. 공공신학의 이중 언어성은 신앙과 신학이 공적인 사회 현실로 들어갈 때 유사하고 이해 가능한 적절한 언어와 개념으로 전환 되어야 한다는 것이다. 그는 볼프강 후버의 신학과 가톨릭 교황의 사회 교서를 설명하면서 성경이 말하는 이웃 사랑의 계명이 어떻게 공적으로 사회적 약자를 돌보는 정책이 될 수 있는지, 그리고 미국 가톨릭 사제들이 발표한 사회 교서에서 이웃 사랑을 사회적 약자를 돌보는 것으로 어떻게 이해하고 있는지를 설명한다.[39] 그렇다고 이중 언어주의(bilingualism)가 기독교의 진정성 상실을 의미하는 것은 절대로 아니며, 성서와 신학의 메타포에 근거를 두면서도 모든 보편 사람들의 선한 의지(good will)를 세워나가는데 기여할 수 있음을 밝히는 것이다. 이를 통해 세속 사회는 인간의 가치와 존엄성을 다시 회복하게 하고, 풍성한 삶을 위한 주요 자원으로서 기독교 전통을 잘 전달할 수 있게 한다.[40]

---

[39] Heinrich Bedford-Strohm, "Public Theology and Political Ethics," *International journal of Public Theology* 6 (2012). 273-291.

[40] Jenny Anne Wright, "With Whose Voice and What Language?," *International Journal of Public Theology* 9 (2015), 165.

4. 나가는 말

공공신학이 한국교회와 신학계에 어떤 변화를 줄 수 있을까? 공공신학은 위기에 빠진 한국교회를 구원해줄 수 있는 마법과 같은 것은 아니다. 그동안 간과해온 신학적 사고를 확장하고 교회와 그리스도인의 공적 실천과 참여를 돕도록 하는 방법론이다. 공공신학은 기독교 신앙의 우위성을 강조하지 않아야 하며 오히려 공공선에 어떻게 이바지할까를 고민해야 한다. 그리고 이중 언어를 통해 교회 밖의 영역에 대화를 시도해야 하며, 공공 정책을 이해하고 중재하면서 방법론에 있어서 학제 간 연구를 지향해야 한다. 동시에 성경이 전하는 예언자적 메시지를 밝히고 약자에 우선적 태도를 보여야 한다. 생명에 대한 진정서 있는 성찰과 하나님의 신실하심을 경험할 수 있는 영적인 충만함으로 정의와 평화를 이루어야 한다.[41] 앞서 언급한 것처럼 공공신학은 교회의 울타리를 넘어 사회적 이슈들을 공론장 안에서 합리적인 언어로 의사소통이 가능하기 위해서 신학의 관심과 방법론을 확장하면서 열린 자세로 참여할 필요가 있다.

공공신학은 단지 공적인 것에 관심을 둘 뿐만이 아니라 공적인 것과 관련하여 특별한 종류의 신학적 방법에 관심을 둔다. 그것은 어떤 종교나 교파적인 관심을 초월하는 모두를 위한 공공선을 추구한다. 공공신학은 방법론적으로 다원화된 공공 영역 안에서 대화와 합의의 절차상의 기준을 갖기에 또한 공적이다. 공공신학은 세속의 철학과 비기독교

---

[41] John de Gruchy, "Public Theology and Christian Witness: Exploring the Genre," *International Journal of Public Theology*, 1(2007), 39-41.

인들의 세상에 대한 종교적 성향들과 마주하여 그들의 언어로 신학적 입장을 설명한다. 종교와 세속의 경계에서 전문가, 일반인, 비종교인 혹은 다른 종교인들과 소통하려는 번역의 활동을 담당한다. 더 나아가 공공신학은 신앙의 경계를 넘어서 더 많은 청중을 마주하면서 협력하기에 그 자체로 공적인 특징을 갖춘다고 할 수 있다. 코로나19로 위기의 수렁에 빠진 한국교회가 사회를 향한 새로운 시각을 갖춤으로 변화를 위한 출발점으로 삼았으면 한다.

3부

공공신학과 교회의 쇄신

공공신학과 케리그마:
초대 교회의 공적 사역 재고(再考)를 통한 케리그마 확증

변창욱 교수(장로회신학대학교)

1. 들어가는 말

초대 교회는 말씀 선포(kerygma), 교육(didache), 예배(leiturgia), 친교(koinonia), 봉사(diakonia)의 영역에 있어 균형 잡힌 교회였다. 이 5대 사역은 교회가 수행해야 할 본질적 사명이며, 교회의 공적인 책임과 과제를 보여주는 특징을 지닌다. 그런데 한국교회는 오랫동안 말씀 선포(케리그마)만을 지나치게 강조하는 편향성을 띠어왔다. 하지만 코로나-19 사태 속에서 한국교회는 케리그마, 즉 선포 사역 위주의 편협한 교회 역할의 재고를 강력히 요청받고 있다.

사회에서 교회가 공적 책임과 역할을 수행해야 한다는 주장이 근래에 힘을 받는 이유는 교회의 공적 참여가 교회의 본질적 사명일 뿐 아니라 세상에서 행동으로 보여주어야 할 실천적 과제이기 때문이다. 최근 코로나 정국을 거치면서 한국교회의 대(對)사회적 이미지는 이전보다 많이 악화하였는데, 이를 통해 사회 속에서 공적 역할을 감당하지 못한 책임을 통감하는 자성의 목소리가 교회 내에서 나오고 있다. 참고로, 2020년 6월 행한 한국인의 주요 종교에 대한 인식조사에서 한국 사회의 불교에 대한 이미지는 '온화한'(40.9%) → '절제하는'(32%) → '따뜻한'(27.6%) 순으로 나타났다. 천주교 이미지는 '온화한'(34.1%) → '따뜻한'(29.7%) → '윤리적인'(23%) 순이었다. 그런데 개신교 이미지는 '거리를 두고 싶은'(32.2%) → '이중적인'(30.3%) → '사기꾼 같은'(29.1%) → '이기적인'(27.3%) → '배타적인'(23%) → '부패한'(22.1%) 순으로 조사되었다.

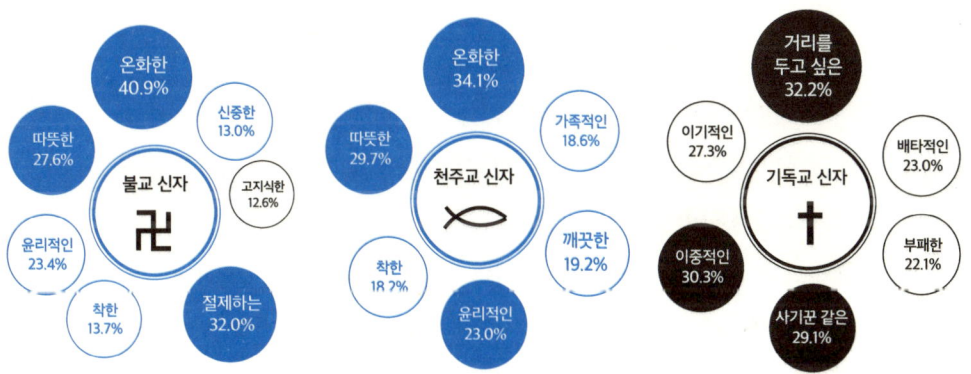

〈그림 1〉 종교인에 대한 이미지 조사[1]

위의 그림에서 보듯이, 한국 사회가 불교나 천주교에 대해서는 긍정적인 이미지를 보이고 있음에 비해, 개신교에 대해서는 부정적인 이미

---

1 엠브레인 트렌드모니터, "종교(인) 및 종교인 과세 관련 인식 조사," 2020.07.17. (전국 만20-59세 남녀 1,000명, 온라인 조사, 2020.06.23-26). 목회데이터연구소, 『2020 통계로 보는 한국 사회, 그리고 한국교회』 Vol. 2 (2021.2.17.)에서 재인용.

지가 매우 강한 것으로 나타났다. 코로나-19 확산 과정에서 신천지 이단과 사회의 공동선을 훼손하는 일부 개신교회의 비상식적이고 반사회적인 일탈 행위가 도를 넘으면서 생겨난 영향도 있겠지만, 한국 개신교회에 대한 부정적 인식이 급격하게 높아진 것은 무시할 수 없는 사실이다.[2] 한국의 종교 신뢰도 조사에서 천주교 1위, 불교가 2위를 차지했으며, 개신교는 최하위에 머물렀다. 한국교회에 대한 부정적 인식이 확산한 데에는 기독교를 교회 울타리 안의 신앙으로 한정하는 신앙의 사유화와 세상 속에서 어떻게 하나님 나라를 변혁시켜 나갈 것인가에 대한 관심 부족과 교회가 공적 책임을 제대로 감당하지 못했기 때문이라는 진단이 나오고 있다.

초대 교회의 중심 사역에 복음 선포(kerygma)가 자리 잡고 있지만, 이와 함께 다양한 봉사(diakonia) 사역이 동반되었기 때문에 교회는 세상으로부터 칭송받는 교회가 될 수 있었다. 본 글에서는 초대 교회의 디아코니아 사역을 공공신학적 관점에서 되돌아보고, 이러한 역사적 모습이 케리그마 만을 강조해 온 한국교회에 주는 교훈과 도전을 살펴본다. 특히 사회가 기대하는 케리그마가 어떤 공적 역할을 수행해야 할지를 되돌아보고, 초대 교회가 발휘한 사회적 영향력과 공공성을 회복하기 위한 개신교계 혁신을 위한 방안을 제안해 본다.

---

2 김상덕, "빈(空) 교회가 아닌, 모두(共)의 교회로," 「복음과 상황」 365호 (2021년 4월호), 26.

2. 공공신학과 초대 교회

1) 사도신경과 공(公)교회[3]

서방 교회(로마 가톨릭), 동방 교회(정교회), 그리고 개신교회 모두 교파를 초월하여 매 주일 예배 때에 고백하는 사도신경에서 우리는 "거룩한 공교회"(the Holy Catholic Church)를 믿는다고 천명한다. 유념할 점은 영어로 Catholic Church로 되어 있는데 이는 로마 가톨릭교회를 지칭하는 것이 아니라 하나의 보편적 우주적 교회를 뜻한다. 이런 혼란을 막기 위해 공교회를 Universal Church로 번역하기도 한다. 교회의 공공성을 강조하는 이유는 기독교 신앙에 공적 특성, 즉 공공성이 본래적으로 배태되어 있기 때문이라는 것이다.[4]

미국 프린스턴신학교의 윤리학 교수 맥스 스택하우스(Max L. Stackhouse)는 계몽주의 시대 이후 종교는 사회에서 공적 지위를 상실하고 사적 영역으로 밀려나게 되었으나, 기독교 신앙에는 공공신학(public theology)적 특성이 내재되어 있다고 말한다. 교회는 초기부터 공적 영역과 공공의 문제에 관해 관심을 두고 문제 해결에 활발하게 참여해왔다고 주장한다.[5] 신앙은 사회 윤리적인 특징을 필연적으로 지닐 수밖에 없으며, 기독교는 세상 도피적 종교가 아니며 교회가 공적 책임을 등한히 하는 것은 소종파주의 혹은 집단 자폐적 태도이며, 공교회는

---

3 정미현, "거룩한 공교회에 대한 믿음," 「복음과 상황」 365호 (2021년 4월호), 39-53.
4 문시영, "'공공신학'의 교회, '교회 윤리의 교회,'" 「한국 기독교 신학논총」 88집 (2013.07), 213.
5 Max L. Stackhouse, *Public Theology and Political Economy* (Lanham, MD: University Press of America, Inc., 1991), ix-xi.

이런 태도에서 벗어나 사회의 여러 문제와 도전에서 분리될 수 없다는 것이다.

스택하우스는 자신이 편집한 『하나님과 세계화』(*God and Globalization*) 시리즈에서 세계화 시대에 교회는 공적 영역에서 공동의 삶에 관해 관심을 가져야 하며, 공공의 영역에서 하나님 나라 건설의 전위부대 역할을 수행해야 하며, 교회의 섬김의 지평이 지역 사회를 넘어 글로벌 영역까지 확장되어 나가야 한다고 보았다.[6]

2) 초대 교회와 공적 책임: 사회 병리 현상 치유

초대 교회의 복음 선포(케리그마)에는 구두 선포와 함께 디아코니아를 통한 교회의 공적인 역할이 수반되었기 때문에 선포된 말씀의 진정성이 확증(verification)되었다는 사실을 기억할 필요가 있다.

(1) 구제(charity) 사역

"오른손이 하는 일을 왼손이 모르게 하라"는 가르침을 따라 초대 교회는 소리 없이 여러 사회 병리 현상을 치유하려고 노력하였다. 교회는 필요한 것 이외의 모든 자원을 가난한 자, 포로, 죄수들에게 나누어 주었다. 애찬(love feast)을 가질 때도 구제의 대상을 차별하지 않았으며, 교인들은 자신들의 사유 재산권을 행사하지 않았다. 교인들은 로마 시대 만연하던 버려진 영유아들을 구출하여 데려다가 직접 키웠으며, 가난한

---

[6] Max L. Stackhouse, "What is Public Theology?: An American Christian View," 문시영, "'공공신학'의 교회, '교회 윤리의 교회,'" 215-216에서 재인용.

사람들의 주검을 처리해 주었으며, 교회는 공동묘지를 사들여 최소한의 비용으로 제공하기도 했다. 교회는 핍박 상황에 있으면서도 복음을 전하기 위하여 도움이 필요한 자들을 위해 모든 방법을 동원하였다.[7] 이처럼 고통 중에 있는 이들에게 말로만 사랑하는 것이 아니라, 행동으로 누룩과 같이 소리도 없이 스며들어 사회를 변화시키며 복음의 진정성을 보여주었다.

바울은 기독교 신앙의 사회적 의미와 공적 책임을 분명하게 인식하고 있었으며 부자 교인들에게 가난한 성도들을 도우라고 가르쳤고(고후 8:14), 야고보 사도도 사랑과 믿음은 모두 자선 사업을 통해 나타나야 한다고 외쳤다. 요한은 하나님의 사랑은 교인들의 봉사와 인간의 동정심으로 반드시 표현되어야 한다며 다음과 같이 권면하고 있다.

> 누가 이 세상의 재물을 가지고 형제의 궁핍함을 보고도 도와줄 마음을 닫으면 하나님의 사랑이 어찌 그 속에 거하겠느냐, 자녀들아 우리가 말과 혀로만 사랑하지 말고 행함과 진실함으로 하자(요일 3:17-18).

교회 역사가 아돌프 하르낙(Adolf Harnack, 1851-1930)은 『초기 3세기의 기독교 선교와 확장』이라는 책에서 초대 교회 교인들이 베푼 10가지 자선 사업을 다음과 같이 자세히 기술한다.

① 일반적인 자선 사업 ② 가르치는 자와 교직원에 대한 재정 지원 ③

---

[7] 김영도, "고대 교회의 선교: 그 방법, 조직, 그리고 훈련," 「선교와 신학」 제2집 (1998), 46. [41-57]

고아와 과부 구제 ④ 병든 자와 장애인 후원 ⑤ 죄수와 광부 돌봄 ⑥ 가난한 자들을 위한 장례 ⑦ 노예 보살핌 ⑧ 재난 당한 자 구호 ⑨ 일자리 제공 ⑩ 여행자 대접[8]

초대 교회가 베풀었던 이 모든 자선 사업은 이방 철학자들의 모습과 현저하게 대조되는 특징을 지니는 것이었다. 예컨대, 그리스 철학자 플라톤(Platon)은 가난한 사람들을 죽게 내버려두는 것은 그들의 고통을 덜어주는 것이라고 했다. 로마 사회는 고아들을 전혀 돌보지 않았으며 그들은 자라서 몸을 파는 매춘부가 되기도 했다. 이처럼 초기 그리스도인들이 고통 가운데 처해있던 자들에게 보여준 자선 행위는 이방 종교나 이방 철학자들이 보여준 모습과 매우 달랐다.

로마 제국 내에서 그리스도인들이 보여준 자선과 구호 사업은 교회에 주어진 영광스러운 호칭 중에 최고의 찬사였다. 이방인들도 이러한 사실을 인식하고 있었다. 기독교를 조롱했던 그리스의 풍자 작가 루시안(Lucian, 125-180)은 "그리스도인들이 어려움에 부닥쳐있는 사람들을 열정적으로 돕는 모습을 보는 것은 놀라운 일이다. 그들은 아무것도 아끼지 않는다."라고 기록하고 있다.[9]

---

[8] Adolf Harnack, *The Mission and Expansion of Christianity in the First Three Centuries*, translated and edited by James Moffatt (New York: Harper Torchbooks, 1962), 5-9,13-21,25,147-153.

[9] Walter Ottering, *The Church of the Catacombs* (Saint Louis, MO: Concordia Publishing House, 1964), 80. J. 허버트 케인, 변창욱 편역, 『세계 선교 역사』 (서울: 기독교문서선교회, 2020), 67에서 재인용.

(2) 성적 순결과 구별된 삶

로마 사회에서 이혼은 빈번했으며, 교인의 이혼은 불신자 배우자가 요구할 때만 허용되었다. 고린도 교회처럼 윤리적 문제로 어려움을 겪었던 교회도 일부 있었지만, 초기 그리스도인들이 엄격한 도덕성을 유지하며 성적으로 윤리적으로 타락한 당대와 차별화된 삶을 살아가는 모습에 찬사를 보내는 이방인들이 존재했다는 점에 유의할 필요가 있다.[10] 트라야누스(Trajanus, 재위 98-117) 황제 시대의 비두니아(Bithynia) 총독 플리니(Pliny the Younger, 61-112)는 그리스도인들은 평화롭고 모범적인 삶을 살았다고 증언한다. 로마 시대의 그리스 철학자요 의사인 갈렌(Galen, 129-200)은 그리스도인들은 자기 훈련과 절제에 철저하고 도덕적으로 탁월한 삶을 살았으며 철학가 못지않게 참되게 살아가는 자들이라고 평가했다.[11]

핍박받는 시기에 교회는 영적으로 깨어있을 뿐 아니라, 윤리적으로 도덕적으로 세상과 차별화되는 거룩한 교회로 존재했으나, 박해가 없던 3세기 초(260년-300년)에 교회의 쇠퇴가 가속화되었다. 역설적이게도 핍박이 없던 평화 시기에 교회는 박해기에 가해진 해악보다 더 많은 해를 입었다. 교회가 새로운 재산을 취득하면서 위풍당당한 교회 건물들이 세워지고, 사람들이 대규모로 교회로 몰려들면서 교회는 부패하기 시작하였다. 미국의 역사학자 듀런트(Will Durant, 1885-1981)는 교회의 타락 과정을 다음과 같이 서술하고 있다.

---

10 라은성, 『이것이 교회사다: 진리의 보고(초대 교회사)』 (서울: 페텔출판사, 2012), 59-60.
11 J. 허버트 케인, 『세계 선교 역사』, 74.

데키우스(Decius) 황제의 박해(249-251)와 디오클레티아누스(Diocletianus) 황제의 박해(303-311) 사이에 교회는 로마 제국 내에서 가장 부유한 종교 집단이 되었다… 주교들은 국가의 공직에 앉아 많은 봉급을 받으며 돈을 대여해주고 고리대금 수준의 폭리를 취하고 있는데, 이는 위험한 징후이며 신앙을 저버리는 행위로서 비판받아 마땅하다. 유세비우스(Eusebius)는 성직자들이 성직 임명을 둘러싸고 서로 경쟁하며 격렬하게 싸우는 것을 개탄했다. 기독교가 세계를 변화시키는 동안에 세계는 교회를 변질시키고 있었다.[12]

(3) 노예 제도와 평등 사상

초대 교회는 노예 제도 폐지를 적극적으로 주장하지는 않았으나, 그리스도의 사랑으로 노예들이 처한 상황을 개선하기 위해 노력했다. 또한 교회 내에서 노예와 자유인 교인들 간에 신분상의 차별도 존재하지 않았다. 많은 교인이 자신의 노예를 자진해서 석방했으며, 상당수 기독교인은 노예들에게 복음을 전하기 위해 자신을 노예의 몸값으로 제공하고 스스로 노예가 되기도 했다. 이를 통해 교회는 노예 제도를 붕괴시킬 수 있는 씨앗을 뿌린 셈이었다.[13] 교회는 기독교로 회심하는 노예들을 해방하기 위한 기금을 만들기도 했다. 노예 제도 체제를 정면으로 공격하기보다 기독교적 가치와 교훈이 누룩처럼 이방 사회에 서서히 스며들도록 하여 사람들에게 드러나도록 했다.[14] 사도 바울도 주인을 탈출한

---

12 Will Durant, *Caesar and Christ*, *The Story of Civilization*, Vol. III (New York: Simon Schuster, 1944), 657.
13 김영도, "고대 교회의 선교," 46-47.
14 J. 허버트 케인, 『세계 선교 역사』, 62-63.

노예 오네시모를 감싸면서 전 주인인 빌레몬에게 그를 종이 아니라 종 이상으로, 즉 믿음 안에서 사랑하는 형제로 대해 줄 것을 정중하게 요청하였다(몬 1:16).

1세기 초대 교회 당시 로마는 제국의 질서에 도전하지 않는 한 다양한 종교 활동을 허락해 주었다. 로마 제국의 이러한 정책으로 인해 그리스도교는 유대교와 그 밖의 수많은 이방 종교나 신비 종교 등과 경쟁하며 그 가운데서 살아남아야 했다. 로마 제국은 인종적, 성적, 계급적인 면에서 불평등 사회였다. 그런데 초대 교회의 애찬과 주의 성찬은 유대인뿐 아니라, 헬라인, 여성, 어린이, 노약자, 그리고 노예들까지 참석하게 하여 사회 신분과 계층을 뛰어넘어 주의 사랑을 경험하는 장소가 되었다.[15]

"너희는 유대인이나 헬라인이나 종이나 자유인이나 남자나 여자나 다 그리스도 예수 안에서 하나이니라."(갈 3:28)는 바울의 선언은 초대 그리스도교 운동의 특성을 잘 보여주는 것이지만 이는 로마 제국의 사회 질서를 거스르는 것이었다. 초대 교회는 우정과 환대의 공동체였으며, 그리스도 안에서 모든 이들이 하나임을 보여주며 평등 공동체의 이상을 추구했다. 초대 그리스도교는 로마 제국 안에 있었지만, 로마 제국에 속하지는 않았다.[16] 요약하면, 기독교인들은 사회의 병리 현상들을 적극적으로 치유해 나갔으며, 이들의 구제와 선행은 기독교를 이방 종교들과 차별화되는 참된 종교임을 입증해 주었다.

---

15 박아청, 『초대 교회의 기원과 본질』 (서울: 기독교문서선교회, 2020), 102.
16 박경미, "세계화에 맞선 초대 교회의 평등 사상," 「신학전망」 167 (2009.12), 24-31.

(4) 초대 교회와 케리그마: 역병 중에 퍼져나간 복음

초대 교회 당시 로마 제국은 사회적 부조 시스템이 매우 취약했다. 물론 로마 사회에 공적 부조가 존재했지만, 로마 시민들을 대상으로 제한적으로 시행되었으며,[17] 특별히 사회의 가난한 자와 사회적 약자를 대상으로 하는 공공 부조는 없었다. 이에 비해 그리스도인들은 작은 규모였지만 탄탄한 상호 부조, 즉 복지 시스템을 시행하고 있었다.[18] 테르툴리아누스(155-222)는 초대 교회의 부조 시스템에 대해 다음과 같이 증언한다.

> 모든 기부금은 자발적으로 모은 것이다… 모아진 기금은 먹고 마시는 데 사용할 것이 아니라, 가난한 이들을 돕고, 장례를 치러주고, 극빈 아동과 노인들에게 필요한 물품을 공급하기 위한 것이며, 난파당한 선원들, 광산에 노예로 팔려 간 사람들, 섬으로 유배되거나 수감된 이들을 돕기 위한 것이다.[19]

로마 제국 통치하에 두 차례에 걸쳐 대규모 역병이 퍼졌을 때,[20] 이러한 부조 체제가 제대로 작동되었다. 전염병이 창궐했을 때 교회 집사들은 환자들을 돌보는 책임을 전적으로 맡아 수행하였다. 주목할 점은 역

17　서원모, "고대 후기 로마 제국의 가난과 부"(2008년 한국연구재단 선정 기초연구과제 지원사업), 6.
18　로드니 스타크, 허성식 옮김, 『기독교 승리의 발자취: 기독교는 어떻게 세계 최대의 종교가 되었는가?』 (서울: 새물결플러스, 2020), 171-172.
19　Tertullian, *Apology*, chap. 39. 로드니 스타크, 『기독교 승리의 발자취』, 172에서 재인용. 알렌 크라이더, 허현 옮김, 『초기 기독교의 예배와 복음 전도』 (서울: 도서출판 대장간, 2019), 85-86도 참고하라.
20　1차 역병은 주후 165년-180년까지 15년간, 2차 역병은 250년-162년까지 12년간 지속되었다.

병이 장기간 발생했을 때, 유명한 의사뿐 아니라 이방 종교의 사제와 이방 철학자들 모두 병자와의 접촉을 피해 아픈 사람들을 버려두고 도피해 버렸다는 것이다. 가족 중에 병자가 발생하면 그를 버려두고 피신하기도 하였다. 그 결과, 거리마다 죽은 사람의 시신들로 가득 찼으며, 그 시신들은 매장되지 않은 채 도처에 버려져 있었으며, 숨이 붙어있는 환자들도 도처에 방기되어 있었다.[21]

그러나 초대 교회 교인들은 이방 종교나 이방 철학자들과 다르게 처신하였다. 4세기의 교회 역사가 유세비우스(Eusebius)는 역병이 창궐하는 암울한 상황에서 그리스도인들이 보여준 빛나는 자선 행위를 다음과 같이 기록하고 있다.

> 그리스도인들은 이방인들에게 가장 밝은 빛을 분명하게 비추었다. 그토록 끔찍한 전염병이 창궐하는 중에도 그리스도인들은 형제애와 동정심을 행동으로 보여준 유일한 자들이었기 때문이다. 그들은 매일 죽어 나가는 자들을 매장해주느라 바빴을 뿐 아니라 굶주림으로 고통받는 모든 사람에게 먹을 빵을 나누어 주었다.[22]

기독교인들이 로마와 이방 세계에 가한 가장 큰 충격은 죽음을 대하는 교인들의 태도였다. 스데반 집사의 순교에서 보듯이, 부활 신앙을 소유한 초대 교회 교인들에게 '죽음은 자는 것'(행 7:60)이었다. 박해로 처형당하는 순간에도 기도하고 찬양하며 생애 마지막 순간을 당당하게 맞

---

21 알렌 크라이더, 『초기 기독교의 예배와 복음 전도』, 54-56.
22 Eusebius, *Ecclesiastical History*, IX, 8.

이했던 그들의 태도는 죽음을 두려워하던 많은 사람에게 경외심과 영적 호기심을 갖게 했다. 성도들의 '침묵의 순교'는 이방 세계를 향한 '웅변의 전도이자 설교'였다.[23]

3세기 중엽 아프리카 북부 카르타고(Carthage)의 감독 키프리아누스(Cyprianus, c.202-258)는 그리스도인들은 자신들이 믿는 바를 삶으로 보여주어야 하며, 기독교적 가치를 실천에 옮길 때에만 사람들은 그 가치를 알게 된다고 주장하였다.[24] 그리스도인들은 역병이 창궐해도 도망치지 않고 병자들을 돌보았고 그들을 유기하지도 않았다. 죽음을 두려워하지 않고 환자들을 치료하다가 전염병에 걸려 죽은 자도 있었지만, 전염병에 걸린 그리스도인 대부분이 생존했다는 사실이 알려지면서, 기독교는 "기적을 일으키는" 종교로 인식되고, 기독 교회에 엄청난 신뢰를 더 해주었다.[25] 그 결과, 두 차례 대규모 역병을 겪는 동안에 기독교로 회심하는 숫자가 증가하였다.[26] 그리스도인들의 매우 높은 생존율과 그들의 긍휼 사역과 돌봄을 통해 기독교는 다른 종교나 이방 종교의 사제들과 차별화되고 질적으로 다르다는 인식을 강하게 심어주었기 때문이다.

---

23 김영도, "고대 교회의 선교," 48.

24 Cyprian, *On the Good of Patience* 3. Alan Kreider, "Patience in the Missional Thought and Practice of the Early Church: The Case of Cyprian of Carthage," *International Bulletin of Missionary Research* 39 (October 2015), 220에서 재인용.

25 로드니 스타크, 『기독교 승리의 발자취』, 177-180. 종교사회학자 스타크(Rodney Stark)는 초대 교회의 차별화 선교 전략과 기독교가 주는 현실적이고 현세적인 유익으로 인해 기독교로의 개종을 촉발시켰다고 평가한다.

26 Rodney Stark, "Epidemics, Networks, and Rise of Christianity," *Semeia* 56 (January 1991), 159-160.

3. 교회의 공적 책임 회복: 케리그마 + 디아코니아

교회는 사회를 향해 눈을 돌려야 한다. 그 이유는 초대 교회 이후로 교회는 여러 가지 사회 문제와 병리 현상에 대해 관심을 갖고 적극적으로 참여하며 공적 역할을 수행해왔기 때문이다. 사회의 공공신학에 관심을 갖는 분들은 교회는 신앙의 실천을 "교회 안의 신앙 공동체로 한정 지으려는 '신앙의 사사화'(私事化, privitization)를 거부"한다.[27] 그러므로 교회 처지에서만 사회를 보지 말고 사회 관점에서 교회를 성찰해야 한다. 교회와 신앙의 정체성은 교회가 사회와 담을 쌓는다고 보호되지 않기 때문이다. 교회가 전통적 가치를 고수하되, 변화된 상황에 적응하려는 노력을 기울이지 않는다면 교회는 소통 불가한 불통 집단이 되고 말 것이다.

2017년 8월 한국복음주의실천신학회에서 발표한 글에서 지창현은 한국교회 설교의 성향을 개인주의, 신앙의 사유화, 성장주의, 그리고 사회 윤리를 상실한 설교의 네 가지로 분석하면서 이런 유형의 설교로는 교회 공동체를 온전히 세울 수 없다고 지적한다. 이러한 편협한 복음 이해와 선포는 신앙의 영역을 축소시켜 사회적으로 폐쇄적인 신앙 양태를 발전시켜 나갈 뿐 아니라, 부름을 받은 이 세상에 관한 관심을 상실하게 만들 위험이 있다. 또한 기독교 신앙을 교회 안의 신앙으로 한정 짓고, 개인적인 차원에만 만족하고 머물게 하여 초대 교회 이후 적극적으로 참여해 온 공적 영역에서의 교회의 역할과 공적 책임을 약화시켰다.[28]

---

27 문시영, "'공공신학'의 교회, '교회 윤리'의 교회," 214.
28 "한국교회 설교 4적: 개인주의/신앙 사유화/성장주의/윤리 상실," 「코람데오닷컴」 2017년 8월 23일, http://www.kscoramdeo.com/news/articleView.html?idxno=11810.

2013년부터 2021년까지 기독교 윤리실천운동(기윤실)과 목회데이터 연구소가 행한 한국교회의 사회적 신뢰도 조사 결과를 그래프로 표시하면 다음과 같다.

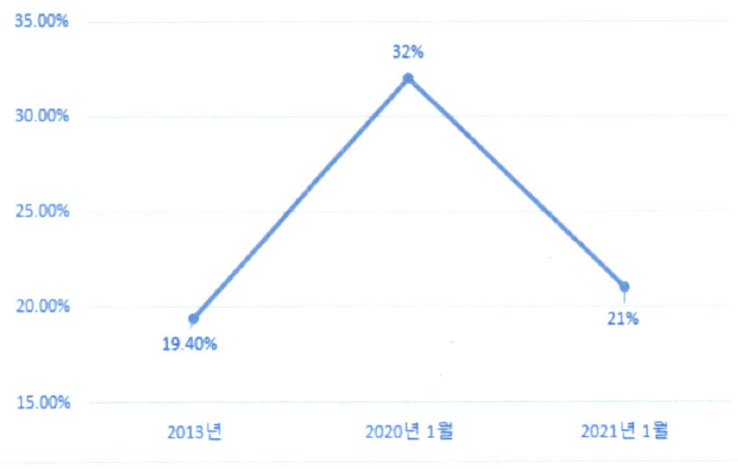

⟨그림 2⟩ 한국교회 신뢰도 변화 (2013-2021)[29]

위의 '한국교회의 신뢰도 조사'는 코로나19 사태를 겪으면서 한국교회의 신뢰도가 급격하게 하락했음을 보여준다. 코로나가 확진되기 이전인 2020년에 32%였던 신뢰도가 1년의 코로나 확진 정국을 거치면서 21%로 하락했는데, 이는 11%가 하락한 매우 충격적이다. 무엇보다 2013년 19.4%로 떨어진 교회 신뢰도가 2020년 32%로 상승했는데, 코로나 정국을 거치면서 다시 바닥으로 추락한 점이 안타깝다.

---

29 기윤실, "2020 한국교회의 사회적 신뢰도 조사," (2020.01); 목회데이터연구소, "코로나19 정부방역 조치에 대한 일반 국민 평가 조사"(2021.01).

2021년 목회데이터연구소가 발표한 조사 결과를 보면, 한국교회를 '매우-약간 신뢰한다' 응답은 21%, '별로-전혀 신뢰하지 않는다' 76%로 큰 격차를 보였다. 1년 전인 2020년 기윤실이 실시한 한국교회에 대한 신뢰도 조사에서 '매우-약간 신뢰' 응답 비율은 32%였다. 1년 만에 11%가 하락한 것이다. 즉, 코로나가 창궐하는 2020년과 2021년을 거치면서 개신교회 신뢰도는 32%→21%"로 무려 11% 급락하였다.

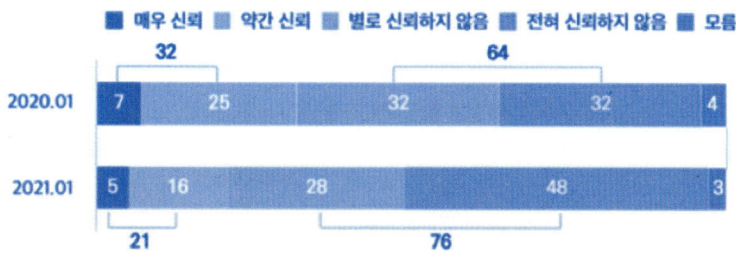

〈그림 3〉 한국교회 신뢰도 변화(2020.01 vs 2021.01)[30] (%)

주의 몸 된 교회는 지난 2천 년 동안 '공적' 역할과 사명을 수행하며 사회와 긴밀하게 소통해 왔다. 초대 교회 5대 사역 중에 케리그마(kerygma), 즉 복음 전파는 그 핵심적인 사역으로서, 타인을 향한 섬김, 돌봄, 나눔의 디아코니아 사역을 통해 케리그마의 진정성이 확증되어 왔다. 다시 말해, 교회로 교회 되게 하는 특징은 케리그마와 함께 기독교 신앙을 이방 종교와 구별되고 차별화시킬 수 있었던 요인은 행동으

---

[30] 기윤실, "2020 한국교회의 사회적 신뢰도 조사," (2020.01); 목회데이터연구소, "코로나19 정부방역 조치에 대한 일반 국민 평가 조사"(2021.01).

로 보여주는 교회의 공적 참여와 역할에 있었다.[31]

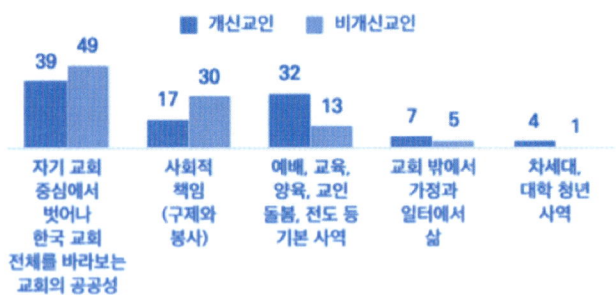

〈그림 4〉 향후 한국교회가 집중해야 할 분야[32]

2021년 1월 조사에 의하면, 코로나 사태를 거치면서 개신교회 신뢰도는 급락했으나, 세상은 교회가 구제, 봉사, 나눔을 더욱더 실천할 것과 교회 장벽을 벗어나 이웃과 사회를 위한 공적 역할과 사회적 책임을 감당해주기를 바란다고 응답한 비율이 가장 높았다(개신교인 39%, 비개신교인 49%). 주목할 점은 개신교인들은 향후 한국교회가 공교회적 역할을 감당해야 하는 일이 매우 중요하다고 응답한 비율이 92%에 달했다.[33]

2세기 헬라 철학자 켈수스(Celsus)가 증언하는 바처럼, 기독교의 전도

---

31 김창환, "로완 윌리엄스의 샤리아 법에 관한 강연: 공공신학의 관점에서," *Muslim-Christian Encounter* 11 (July 03), 42.
32 목회데이터연구소, "코로나19 정부방역 조치에 대한 일반 국민 평가 조사"(2021.01).
33 "코로나19 속 한국교회 신뢰도 급락: 목회데이터연구소, 일반 국민 평가 조사 결과 1년 전 대비 11% 하락,"「한국기독공보」2021년 2월 1일, http://www.pckworld.com/article.php?aid=8810255759

는 교회 의식이나 예배를 통해서 이루어진 것이 아니라, 일상적으로 만나는 삶의 현장인 부엌, 시장(장터), 그리고 상점에서 교인들의 대화를 통해서 이루어졌다.[34] 이처럼 초대 교회의 선교는 수도원에서 훈련받은 특정인(수도사)에 의해 추진된 것이 아니라, 이른바 순회 선교사라고 불렸던 평신도들에 의해 수행되었다. 즉, 복음 선포(kerygma)가 소수의 위대한 전도자나 특정인에 의해서가 아니라 일상의 평범한 사람들을 통해 이루어졌음에 유념할 필요가 있다.

선포된 복음(케리그마)과 함께 디아코니아가 초대 교회의 강력한 선교의 도구였던 것처럼, 지금 한국교회는 실추된 대(對) 사회적 이미지 개선을 위해 더 많은 섬김과 나눔과 봉사를 필요로 한다. 이런 점에서 오늘의 교회는 "자녀들아 우리가 말과 혀로만 사랑하지 말고 오직 행함과 진실함으로 하자"(요일 3:18)는 요한의 권면이 더욱더 절실한 때에 살고 있다.

4. 나가는 말

코로나19 정국을 거치면서 교회의 공적 책임에 대한 결여로 인해 한국교회는 편협하고 배타적인 태도와 세상과 소통하지 못하는 불통 집단이라는 인식이 더 강화되었다. 지난 몇 년간 교회 재정의 불투명성으로 생겨난 문제들과 코로나 사태를 지나면서 교회가 일반 사회 수준의 상식조차 갖추지 못했다는 비난이 가중되면서 한국교회의 사회적 신뢰도

---

34 김영도, "고대 교회의 선교," 49.

와 인식이 악화되었다. 한편 교회의 신뢰도 하락은 기독교가 사적 영역에 매몰되어, 개인주의적 신앙 양태에 사로잡혀 있지는 않은지 우리 교회의 모습을 되돌아보게 해주었다.

주목할 점은 한국 국민의 52%가 "힘들고 지친 현실에서 종교의 역할이 중요하다"고 응답하였고, 60%의 국민이 "사회가 불안할수록 종교를 믿는 사람이 늘어날 것이다"라고 응답하였다. 힘들고 고통스러운 시기에도 사람들이 종교의 역할이 그 어느 때보다 중요하다고 답한 것은 우리 교회가 정신을 차리면 이 위기를 기회로 삼을 수 있다는 희망과 과제를 동시에 던져준다.[35]

초대 교회의 선교와 확산 과정에서 디아코니아(봉사) 사역을 실천함으로써 복음 전파(케리그마)가 더 신속하게 이루어질 수 있었다. 갈릴리 주변부에서 시작된 소수의 기독교가 로마의 다종교의 치열한 경쟁과 핍박과 역병의 위기 속에서도 확장을 거듭할 수 있었던 이유는 이방 종교와의 차별화에 성공했기 때문이다. 이처럼 하나님 사랑을 세상에 보여줄 때 우리가 선포하는 복음의 진정성이 잘 드러나게 된다. 위르겐 몰트만(Jürgen Moltmann, 1926-)은 신학과 디아코니아의 관계를 다음과 같이 정리한다.

> 신학이 없는 디아코니아는 참여한 단체와 개인 전문가들의 임의적 사회사업으로 전락한다 … 디아코니아가 없는 신학은 하나님께 받은 사랑을, 교회를 통해 세상에 본보기로 전해주는 살아있는 증거를 상실한

---

35 목회데이터연구소, 『2020 통계로 보는 한국 사회, 그리고 한국교회』, 45.

다.[36]

교회 성장이 현저하게 둔화되고, 교회에 대한 부정적 이미지가 점증하고, 코로나 이후(post-Corona) 시대를 준비하는 이 때에 교회는 공적 신학과 공적 책임을 회복하기 위해 부단히 노력해야 한다. 구체적인 쇄신방안으로는 기독교 신앙의 사유화와 신앙의 게토(ghetto)화를 경계하고, 개인주의와 기복주의, 번영 주의, 성장주의 일변도의 신학에서 벗어나 교회의 공공성과 공적 책임을 회복하여야 한다. 목회자는 교인들에게 사회 의식이나 윤리 의식을 강화하는 메시지를 전해야 하며, 구원론에 있어서도 과거 시제의 구원만을 강조하는 태도(이신칭의)에 머물지 말고, 구원받은 하나님 자녀로서 삶의 현장에서 의의 열매를 맺는 성화론(생활 신앙)을 더 강조해야 한다.

교회가 이 세상 속으로 부름을 받은 이유는 세상 속에서 하나님 나라를 세워나가야 하는 일과 관련되어 있기 때문이다. 나 혼자 혹은 우리 교회만 예수 믿고 구원받았음에 만족하고 있으면 안 된다. 하나님이 이 세상을 사랑하사 독생자를 주신 것처럼, 우리 교회는 이 세상으로 나아가 우리 자신을 드리며 구원의 복된 소식을 전하며 하나님 나라 건설에 매진해야 한다.

---

36 Theodor Schober, "Geleitwort: Diakonie und Theologie bedingen einandner," in Jürgen Moltmann, *Diakonie im Horizont des Reiches Gottes. Schritte zum Diakonentum aller Gläubigen*, 2nd ed. (Neukirchen-Vluyn: Neukirchener Verlag, 1989), 7. 박성철, "'사회적 디아코니아'의 조직신학적 토대에 대한 연구,"「한국조직신학논총」제55집 (2019년 6월), 79에서 재인용.

하나님을 찬미하며 또 **온 백성에게 칭송을 받으니**, 주께서 **구원 받는 사람을 날마다 더하게** 하시니라(행 2:47).

위의 말씀은 초대 교회는 하나님을 찬양하는 교회였으며, 사회로부터 칭송받는 교회였음을 보여준다. 하나님을 예배하는 자리가 곧 사람들로부터 칭송받는 곳이 되었다. 오늘날 우리 교회의 모습은 어떠한가? 코로나 팬데믹 이후 기독교 신앙의 공적 역할과 책임이 부각될 뿐 아니라, 케리그마와 함께 디아코니아적 봉사와 섬김의 중요성이 (교회 성장을 위한 수단이 아니라) 더욱 강조될 것이다. 케리그마와 디아코니아는 선택의 문제가 아니라 생존의 문제다. 급변하는 시대를 살아가고 있는 우리는 말과 혀로만 복음을 선포하는데 그쳐서는 안 되며, 우리가 전하는 복음의 우월성과 진정성을 이 세상 속에서 증명해 보여야 한다. 교회의 복음 선포(케리그마)가 공허한 메아리로 끝나지 않게 하려면 교인 개개인이 그리스도의 복음에 합당한 삶을 살아내야 할 시대적 소명과 책임을 (그 어느 때보다 강하게) 요구받고 있기 때문이다.[37]

---

[37] 산상 수훈에 깊은 감동을 받았던 간디(Mahatma Gandhi, 1869-1948)가 영국 유학 시절 기독교에 관심을 가지고 교회에 출석했다가 백인 그리스도인들의 인종 차별에 환멸을 느끼고, 말뿐인 기독교에 대한 부정적 인식을 견고하게 가졌던 사건을 기억할 필요가 있다.

공공신학과 디다케

김도일 교수(장로회신학대학교)

1. 들어가는 말

디다케는 원래 의미는 주님의 가르침이다. 주님의 가르침은 예수 그리스도의 열두 사도들이 받아 주님을 따르는 이들에게 전해졌다.[1] 이 글은 원 『디다케』가 주어진 이천 이십일 년 이후를 살아가는 그리스도의 제자들을 위하여 공공신학적인 시각에서 기독교 교육을 논한다. 본래 주어진 주제는 '공공신학과 디다케'인데 원 편집자는 20세기 이후에 기

---

[1] 주후 110년경 "열두 사도들을 거쳐 백성들에게 베푸신 주님의 가르침"을 묶은 유대교의 글 중 저자미상, 정양모 역, 『디다케』(서울: 분도, 1993)이 우리나라에도 번역되어 출간되었다. 이는 본래 "두 가지 길"이라는 꿈란 수도원 규칙서를 유대교가 수용하였고, 훗날 그리스도교계에서 〈사도들의 가르침〉으로 개제했다고 알려져 내려온다고 정양모 번역자는 해제에서 밝혔다. 위의 책, 17을 참고하라. 110년경에는 아직 신약 성경이 공의회에서 채택되지 않았고 구전되어오던 시기였다. 이 『디다케』는 1부에서 생명의 길과 죽음의 길을 대조하여 다룬 두 가지 길을 다루고, 2부에서 세례, 주님의 기도, 감사 기도와 성찬, 코이노니아(접대), 주일 성수, 감독 및 봉사자 선거, 주님의 내림(재림) 등을 다루었다.

독교 교육에서 많이 회자되며 몇 가지의 종합적인 사역을 염두에 둔 듯하다. 일반적으로 기독교 교육을 교육 목회적인 시각으로 바라볼 때 마리아 해리스(Maria Harris)의 회중 형성을 위한 커리큘럼을 다룬 다섯 가지 공동체의 소명(vocation)에 대하여 논한다. 그 다섯 가지 소명은 교회 안팎의 주요 사역을 다섯 가지로 다룬 것이다. 1) 공동체가 추구해야 할 코이노니아 2) 기도와 예배를 활성화시키는 레이투르기아 3) 전반적인 교육과 가르침을 다루는 디다케 4) 말씀 선포에 능력을 불어넣는 케리그마 5) 봉사와 섬김의 디아코니아가 해리스의 다섯 가지 교육 목회적 요소이다.[2] 여기에 말씀 증거 즉, 전도와 증언 사역을 수행하는 마르투리아를 더하면 교육 목회의 여섯 가지를 포함한 모양이 된다고 말할 수 있다. 그러나 21세기를 살아가는 성도들에게 교회의 본질을 새롭게 조명하는 가운데 급변하는 세월의 흐름 속에서 하나님의 뜻을 이뤄드리며 살아갈 수 있도록 잘 가르치려면 "공공신학과 디다케"라는 시각을 새삼 강조할 필요가 있겠다. 그러한 의미에서 본 연구는 공공신학과 교회론의 시각을 다루고 기독교 교육적인 시각에서 공공신학 즉 교회의 본질적 사역에 대한 조명을 가함으로써 이 시대 속에 존재하는 교회의 사명을 새롭게 찾아보고자 한다.

---

2 Maria Harris, 고용수 역, 『회중 형성과 변형을 위한 교육 목회 커리큘럼』(서울: 한국장로교출판사, 1997), 2부의 핵심 내용.

2. 공공신학과 본질적 교회론

공공신학은 사사화로 치우친 기독 신앙의 공적인 면을 강조하는 신학이다. 미로슬라브 볼프(Miroslav Volf)의 주장처럼 기독교는 교회당 안에만 서 있는 것이 아니라, 광장에도 우뚝 서 있다는 것이다. 그의 책 원제목이 공적 신앙(A Public Faith)이라는 점이 그것을 극명하게 밝혀주고 있다.[3] 볼프는 그리스도께서 이 세상에 모든 피조물을 위해 오셨으며 세상을 고치고자 하는 신앙이 기독교 신앙이며 그러기에 그리스도의 몸에 속한 교회인 신자들은 자신의 모든 영역에서 적극적으로 예언자적 역할을 해야 한다고 하였고, 강제나 강요하지 않으면서 그리스도의 죽으심과 다시 사심의 은혜를 선포하는 삶을 살아야 하며, 그리스도를 따르는 사람은 미신앙인을 포함한 모든 이들을 포함한 인간 삶의 번영과 공공선을 위해 노력하되 때로는 거부하되, 때로는 배우고 변화시키는 등 삶의 전 영역에서 충성된 증인으로서 살되 황금률을 위배하지 않는 삶을 추구해야 한다고 주장하였다.[4] 이런 의미에서 공공신학은 교회론에 대한 재발견을 신학화 한 것이라고 볼 수 있다. 교회가 무엇인지에 대한 논의와 공공신학의 논의는 매우 유사하다고 말해도 과언이 아니라는 말이다. 본래 교회는 삼위일체 하나님의 피조 세계에 대한 사랑의 표현, 이른바 세상살이 개입으로 이루어진 것이다. 성부 하나님은 세상을 사랑하시어 독생자이신 성자 예수님을 세상에 보내시고 누구든지 예수님을 믿는 자마다 영생을 주신다 약속하셨다(요 3:16). 그리고 예수님이 부

---

3 Miroslav Volf, 김명윤 역, 『광장에 선 기독교』(서울: IVP, 2014)의 핵심 내용.
4 위의 책, 19-21.

활 승천하신 후 하나님을 믿는 이들이 세상 속에서 잘 살아갈 수 있도록 성령 하나님을 선물로 보내셨다(요 16:7). 이때 성자 예수님을 믿는 이들은 만물 위에 교회의 머리가 되시는 예수님의 몸에 속하게 하시고, 만물 안에서 충만하게 살아갈 수 있도록 하신다. 그러므로 교회는 기록된 대로 예수님의 "몸이니 만물 안에서 만물을 충만하게 하시는 이의 충만함"이다(엡 1:23). 교회론의 본질에 대한 고민은 아우구스티누스-토마스 아퀴나스-마틴 루터-존 칼뱅-존 웨슬리-프리드리히 슐라이어마허-칼 바르트-디트리히 본회퍼-폴 틸리히-한스 큉-위르겐 몰트만-볼프하르트 판넨베르크로 근대까지 이어져 왔으며 이를 시대적 도전으로 소화하여 과정신학-해방 신학-여성신학-민중 신학-생태 신학으로 발전시켜 다룬 바 있다.[5] 현대에 이르러 1970년대 말경에 요하네스 호켄다이크(Joannes C. Hoekendijk)가 이른바 모이는 교회, 흩어지는 교회에 대하여 논하면서 교회의 존재 이유에 대해 연구를 한 것이 선교적 교회론의 화두를 이끌어내기에 충분하였고 인도 선교사로 파송 받아 30여 년 동안 선교사로 섬기다가 본국이 영국으로 돌아와 기독교 신앙을 많이 잃어버린 파송국의 모습을 보고 충격을 받은 레슬리 뉴비긴(Leslie Newbigin)의 교회론이 선교 2세기를 향하여 나아가며 성장, 정체, 쇠퇴의 과정을 통과하고 있는 대한민국의 교회에 적지 않은 교훈을 던져주고 있다. 선교사들의 헌신적인 마르투리아(복음 증거)로 시작되어 교회, 학교, 병원의 세 축이 활발하게 세워져 한반도에 기독교의 선한 영향력을 펼쳐 오던 기독교는 80년대 이후 엄청난 성장을 이루어냈고 세계 교회사에 유래가 없던 이 정표를 세우게 되었다. 한국 사회와 경제의 발전과 성장의 결을 같이 하

---

5 한국조직신학회 편, 『교회론』(서울: 대한기독교서회, 2009)을 참고하라.

던 한국 기독교는 교회당마다 사람들로 가득 차게 되었다. 한동안 M세대(1980년 이후에 태어난 세대)가 성장할 동안에는 풀러신학교 도널드 맥가브런(Donald McGavran)의 교회 성장론이 많은 목회자들의 목회 철학을 붙잡고 있었으나, Z세대(2000년 이후에 태어난 세대)가 성장하면서는 한국교회의 정체 및 쇠퇴 현상을 목격하게 된 것도 부인할 수 없는 역사의 한 장이 되어가고 있다.

마르투리아 중심의 선교는 교회당 안에서 새벽 기도와 성수 주일과 예배를 강조하는 레이투르기아, 주일 학교의 다다케와 설교를 통한 케리그마(선포)와 교육, 교제와 사귐을 통해 하나님의 사랑을 배워가는 코이노니아, 그리고 교회 안팎의 어려운 이웃을 돕는 사역을 통해 실천하는 디아코니아를 통하여 한국교회는 더욱 단단해져 가고 많은 사람을 통해 헌금액도 많아지는 물질적 성장을 경험하였고, 제자 훈련 및 양육을 통하여 선교에 헌신하는 이들이 많아지는 경험하게 됨으로 세계에 많은 선교사를 파송하여 복음 전파에 앞장서는 일도 많이 일어났다. 그러나 한국교회는 레슬리 뉴비긴이 경험하였던 것처럼 "20세기 후반 복음의 진정성을 위협하는 모더니즘과 진리를 상대화하는 포스트모더니즘의 맹렬한 도전"[6], 그리고 대면 예배와 모임을 불가능하게 만드는 코로나-19의 위협 아래 놓이면서 가장 큰 위협을 받고 있는 중이다.[7] 오늘날 세계 특히 한국 사회는 전대미문의 환경 악화가 가져온 코로나 팬데믹 위기, 사회적 약자가 더 큰 위험에 노출되어있는 위기, 코로나 팬데

---

6 최형근, "레슬리 뉴비긴의 선교적 교회론 해설," Leslie Newbigin, 홍병룡 역, 『교회란 무엇인가?』(서울: IVP, 2010), 187.
7 김도일, "선교적교회론 교육과 기독교 교육적 함의: 현대 사회의 변화와 위기 상황 대응을 위한 선교적교회론," 『선교와 신학』 54 (2021): 139-174를 참고하라.

밈 전보다 56%나 위축된 삶에 깊은 우울감의 수렁에 빠진 위기를 경험하고 있다.[8]

공공신학을 세워주는 본질적 교회론은 온 우주 만물의 주인이시며 만물을 사랑하시고 품에 안으시는 하나님의 뜻을 따라 세상 속에서 하나님의 나라를 확장시켜 나가기 위해 부르심을 받은 하나님의 백성이며 그들의 머리는 예수 그리스도이시다. 그러므로 날마다 호흡하게 하시고 사랑하게 하시고 어우러져 살게 하시는 삼위일체 하나님의 뜻을 따라 사는 신앙 공동체가 바로 교회이다. 이때 하나님의 뜻은 교회 울타리 안과 밖인 마을을 아우르는 모든 영역에 적용되는 것이다. 그러기에 복음이 수직적인 영역과 수평적인 영역을 포함하는 것처럼, 복음은 사적이며 동시에 공적임을 기억해야 할 것이다. 바로 이러한 교회론을 수용하는 교회론이 바로 선교적 교회론이며, 공공신학은 본질적인 교회론의 회복을 위한 노력이라고 볼 수 있겠다.

3. 공공신학과 디다케

공공신학은 개인적 신학에 치우친 신학의 균형을 바로 잡기 위해 사회적 신학을 강조한 것이다. 그런데 공공신학 즉 Public Theology를 강조한다는 것이 생각보다 쉽지 않다. 왜냐하면 사람에게 존재하는 자기중심적으로 자기 유익을 추구하며 근시안적으로 자신의 구원만을 일단

---

[8] 목회데이터연구소, 『2020 통계로 보는 한국 사회, 그리고 한국교회』(서울: 목회데이터연구소, 2021), 6장.

추구하고 보자는 심정이 누구에게나 어느 정도 존재하기 때문이다. 그러기에 이러한 관점을 보완하기 위해 공공신학과 디다케를 같이 생각해 보고자 하는 것이다.

1) 디다케란 무엇인가?

디다케는 하나님이 주신 성경의 진리 말씀을 의도적으로 전달하는 가르침이다. 이는 일종의 소명(召命) 즉 불러주신 사명(使命)이다. 모든 믿는 사람에게는 하나님이 인류에게 허락하신 말씀을 가르칠 사명이 주어졌다는 말이다. 그러면 누구에게 이 말씀을 가르쳐야 한다는 말인가? 이와 연관된 교육 명령은 구약의 신명기 6장에 등장한다. 이른바 토라(Torah)로 일컫는 구절이 신명기 6:6-7에 등장한다. "오늘 내가 네게 명하는 이 말씀을 너는 마음에 새기고 네 자녀에게 부지런히 가르치며 집에 앉았을 때에든지 길을 갈 때에든지 누워 있을 때에든지 일어날 때에든지 이 말씀을 강론할 것이며"가 바로 그것이다. 토라를 가르칠 사명은 일차적으로 가정의 부모에게 있었으며, 그 대상은 부모의 자녀들이 된다. 해리스에 의하면 다다케란 진리(道)에 관한 지시, 교훈, 정보, 안내인 것이다.[9] 오늘날 신앙 교육과 연관된 다다케로 불리는 것들은 커리큘럼을 포함한다. 잘 알려진 대로 커리큘럼(curriculum)이라는 단어는 라틴어의 쿠레레(currere)에서 나온 것으로 경마장에서 말이 달리는 경주를 연상할 수 있는 표현이라고 할 수 있다. 역동적인 경주가 일어나는 연속적인 과정(course of process)이라고 보면 되겠다. 신명기의 토라에

---

9 Harris, 위의 책, 134.

서 디다케의 소명을 발견하며 주어진 자녀들에게 가정에서부터 자녀들을 교육할 소명을 수행하도록 부르심을 받았다면, 신약에서는 예수 그리스도의 삶과 죽으심과 부활하심에 관련된 전 과정과 그가 지상에서 제자들에게 주신 말씀 제반을 생각하며 모든 하나님의 자녀들과 앞으로 하나님의 자녀가 될 자녀들에게 일종의 마르투리아(증거) 사명을 이루기 위하여 예수의 제자 된 사람들은 디다케의 사명을 다해야 한다. 이것은 일종의 책무이다. 책무이나 영광스러운 책무이다. 하나님께서 당신의 종들이 그들의 자녀들을 위해 신앙의 전수와 생활 전반의 지혜를 가르치기 위해 부모와 교사로 부르시고 맡겨주신 임무이기 때문이다.

2) 교육 목회 속의 디다케를 보완해주는 몇 가지 첨가 요소

앞서 해리스의 다섯 가지 교육 목회 요소를 소개하면서 우리는 증거라는 요소를 첨가하였다. 그러면 이 여섯 가지 요소로 오늘날과 같은 급변하는 시대를 살아가는 다음 세대를 잘 도와줄 수 있을까? 그렇지 않다고 본다. 일찍이 수행한 『제4차 산업 혁명 시대와 교육 목회』라는 종합적 연구에서 다룬 좀 더 통전적인 교육 목회의 모델을 소개한다.

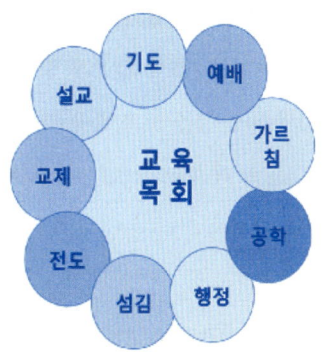

<그림 1: 교육 목회의 아홉 가지 영역>[10]

3일만 자고 일어나면 인류 지식의 총량이 2배로 늘어난다는 지식 폭발 시대에 사는 21세기에는 해리스의 모델만을 가지고 다다케를 비롯한 교육 목회를 수행하는 것이 너무도 버겁다. 무엇보다 1980년 이후에 태어나 디지털 기계를 만든 밀레니얼 세대와 X Y세대 이후에 태어난 Z세대는 디지털 기계를 입어 물고 태어나는(?) 디지털 네이티브들이다. 삶 자체가 디지털 내의 가상세계 속에서 펼쳐지며 헤엄치는 메타버스(Metaverse: Mata+Universe) 세대가 Z Generation이 살아가는 세상이다. 그러기 때문에 해리스의 다섯 가지 영역에 마르투리아를 더하고 거기에 공학(에듀카치오 데이), 행정(아드미니스라치오), 그리고 기도(프로슈케)의 영역이 더해져야 한다. 인공지능이 끝을 모르고 발전하고 있고, 빅데이터가 쉬지 않고 축적되고 있어 이를 활용하여 발전하게 될 때 인공지능은 이른바 특이점(인간의 지능을 뛰어넘는 시점: Singularity)에 도달하게 되어 최악의 경우 인간이 인공지능의 포로가 될지도 모른다. 오늘

---

10 김도일 편, 『제4차 산업 혁명 시대의 교육 목회』(서울: 기독한교, 2017), 28-36을 참고하라.

의 현실 속에서 과거지향적인 사고방식으로 일관하게 될 때 다음 세대를 신앙의 세계로 인도하는 것은 매우 힘들게 될 것이다. 그만큼 오늘날의 교육 목회는 다양성과 전문성을 필요로 하기 때문이다. 무엇보다 중요한 것은 이 아홉 가지 교육 목회의 요소는 상보적인 관계성 속에서 균형을 이루는 가운데 활용되어야 한다는 점이다.

3) 공공신학적 관점에서 디다케가 수행되는 교육의 장(Locus)과 교육의 주체

디다케 즉 말씀 또는 가르침이 수행되는 교육의 장은 세 가지 정도이다. 그 교육의 장은 가정, 교회, 마을학교로 나누어 생각해 볼 수 있다. 첫 번째 디다케가 발생하는 로커스는 가정이다. 가정은 일반적으로 모든 자녀들이 제일 처음 사회화와 가르침에 노출되는 장이다. 자녀들은 어머니로부터 젖을 먹으며 사랑도 함께 느낀다. 어머니가 불러주는 노랫소리와 사랑의 터치로 인하여 안정감을 느끼며 점점 자라나다가 어머니와 아버지, 그리고 형제들의 삶의 양식(way of life)에 영향을 받기도 하고 주기도 하면서 영향을 받는다. 이러한 상호 작용 속에서 배우는 학습과정을 우리는 사회화(Socialization)라고 부른다. 그러나 사회화만으로 사람이 학습하는 것은 아니다. 사회화는 무의식적으로 무의도적으로 발생하지만 때로 이를 의도적으로 활용하여 사람들을 조용히 만들어가기도 한다. 이를 일반적으로 의도적 사회화 혹은 문화화로 부른다. 기독교 교육에서는 C. 엘리스 넬슨(Carl Ellis Nelson), 존 웨스터호프(John Westerhoff)와 같은 학자가 예전을 통하여 신도들을 사회화하는 교육 방법을 택하기도 하였다. 그들은 디다케 보다는 예배 혹은 예전적인 사회화 과정을 더 선호했으며 궁극적으로 이를 통하여 신앙 공동체를 이루어가는 편이 주일 학교와 같은 의도적 가르침과 케리그마로 부르는 설교를 통하여 가르치는 것보다 훨씬 더 효과적이라고 보았다. 그러나 사회화만 가지고는 온전한 사람을 만들어내기 어렵다. 우선 사회화만으로는 너무나 오랜 세월이 소요된다. 그러기에 본 연구에서 집중하는 것처럼 디다케를 효과적으로 사용해야 하며, 그 디다케가 최초로 활용되는 곳은 당연히 가정이다. 쉐마에서 보듯이 부모는 한편으로는 문설주와 바깥문에 메주자(Mezuzah, מְזוּזָה)를 걸어두어 집을 드나들며 여호와 경외하기를 은근히 익히고 때로는 그 속에 넣어둔 쉐마의 말씀을 읽어봄으로써 마음과 뜻과 힘을 다해 하나님 섬기기를 배운다.[11] 메주자는 일종의 사회화를 통한 교육이며, 집에서나 길을 갈 때나 어느 곳에서나 가르칠 것을 쉐마를 통해 강조하는 히브리 교육은 디다케에 대한 단적 강조를 보여주는 예이다. 가정의 부모는 자녀에게 디다케를 통하여 야훼 하나님 섬기기를 가르칠 의무를 가지고 있으며, 이로써 가정이 디다케가 수행되는 기독교 교육적 로커스라는 점을 기억해야 한다. 그러므로 가정에서 디다케 즉 의도적 가르침(intentional teaching)의 주체는 부모가 된다. 여기서 부모는 삶의 양식을 은근히 전달하는 사회화의 주체로만이 아니라, 일정한 주제의 유용성, 진위성, 진실성을 비판적으로 수용할 수 있도록 자녀를 의도적으로 가르치는 디다케의 주체가 된다.[12] 이러한 논점을 토마스 그룸(Thomas Groome)도 강조한 바 있는데 그는

---

11 히브리 사람들은 화장실을 제외한 모든 문에 메주자를 다는데 이때 대개는 45도 각도로 문에 설치한다. 수직이나 수평으로 달지 않고 비스듬히 다는 이유가 흥미롭다. 수직학파와 수평학파가 논쟁을 벌인 결과 사선으로 달기로 합의를 보았다는 것이다. 이처럼 메주자 설치 이야기에서도 자녀들은 유연성을 배운다.

12 김도일, 『현대 기독교 교육의 흐름과 W』(서울: 동연, 2020), 46 이하. 사회화에 관한 논의는 36 이하를 참고하라.

"신앙 교육은 전적으로 가정에 달려 있다"라고 주장한 바 있으며 이를 통하여 자녀의 신앙이 형성된다고 본 것인데 이 글의 맥락과 일치하는 주장이라고 하겠다.[13]

두 번째 디다케의 로커스는 교회이다. 여기서 교회라 함은 마을 속에 존재하는 교회당을 중심으로 한 조직체 즉, 지역 교회이다. 이때 디다케는 주로 두 사역자를 통하여 이루어진다. 그중 하나는 교회의 목사, 주로 담임목사를 통하여 이루어진다. 물론 담임목사는 케리그마를 수행하는 설교 사역자이기도 하나 교리와 역사, 그리고 성도들의 삶을 구체적으로 지도하는 디다케의 사명을 갖고 수행하는 사람이다. 디다케의 직무를 수행하는 또 다른 사역자는 교사이다. 교사들은 주로 주일 학교 혹은 주중의 교회 학교에서 디다케와 돌봄 사역을 수행한다. 그러므로 교회의 강단과 교회 학교의 교단에서는 디다케가 이루어지며 그 로커스를 통하여 성도들과 다음 세대 자녀들은 하나님 섬기기와 이웃 사랑하기를 구체적으로 배운다.

세 번째 디다케의 로커스는 마을학교이다. 마을에서 사회화는 마을살이에서 이루어지며 의도적인 가르침의 디다케는 마을학교에서 이루어진다. 한 아이를 키우려면 마을 전체가 필요하다는 속담의 두 가지 겹치는 의미는 사회화와 의도적 가르침인 디다케 둘 다를 포함하는 것이다. 마을학교는 일반적으로 익숙한 진학을 위한 사립/공립 학교와는 그 결을 달리한다. 마을학교는 일종의 인생 학교이며 마을 주민들의 협치, 소통, 참여를 통한 공동체 학교라고 볼 수 있다. 현대인의 삶을 위협하

---

13 Thomas H. Groome, 조영관, 김경이, 임숙희 역, 『신앙은 지속될 수 있을까?』(서울: 가톨릭대학교출판부, 2014), 299 이하.

는 고립과 고독과 소외, 그리고 불통의 벽을 넘어서기 위한 의도적 공동체이며 코로나-19 팬데믹 시대에는 이런 마을학교가 더욱 주목을 받아야 하며 현대인들의 고질적인 사회적 문제 이를 테면 생태 환경의 파괴, 극심한 경제적 불균형, 저출산, 고령화와 같은 위기를 극복할 수 있는 대안이라고 본다. 마을에서 남녀노소를 총망라한 사람들이 의식주 문제에 대하여 함께 소통하고 상호 간 배우고 가르치며 이른바 상생과 자립, 자치의 스와라지(Swaraj)를 실천할 수 있다. 그러므로 21세기를 사람답게 살 수 있도록 모두가 함께 하는 협력과 상생을 도모하는 공존공생의 디다케는 마을에서 이루어질 수 있다고 확신한다.[14] 마을학교의 예를 서양에서도 찾아볼 수 있는데 그 중의 하나가 발도르프(Waldorf) 학교이다. 루돌프 슈타이너(Rudolf Steiner)가 주창하고 독일의 슈투트가르트에서 시작된 대안 교육의 일종인데 이 마을학교를 통하여 경쟁 없는 전인 교육, 성적표 없는 인간 교육, 자연 사랑을 실천하는 채식 교육, 자치 행정 교육, 에포크 수업(Epochen Unterricht: 언어 및 예술 집중 교육) 등을 자녀들에게 실시한 매우 성공적인 마을학교로서 디다케를 수행하기에 매우 적합한 형태이다. 우리나라에도 마을학교의 성공적인 모델이 적지 않은데 성미산 마을의 마을학교나 송악교회와 함께 하는 송남초등학교, 그리고 부천 새롬교회에서 약대동 주민들과 함께 하는 마을도서관과 지역아동 센터와 청소년 밥차, 그리고 밝은누리공동체와 같은 기관이 그러한 예라고 볼 수 있겠다.[15] 마을에 속한 모든 공동체원은 서

14　공석기, 임현진, 『마을에 해답이 있다』(서울: 진인진, 2020), 핵심 내용. Mahatma Gandhi, 김태언 역, 『마을이 세계를 구한다』(서울: 녹색평론사, 2006)의 핵심 내용. 특히 스와라지라는 자치의 개념은 간디의 사상 중 핵심을 이루고 있으며 식민 지배를 종식시키는 비폭력 투쟁 방식의 핵심을 이룬다.

15　더 자세한 논의는 다음의 글을 참고하라. 김도일, "마을목회, 마을학교에 관한 기독교 교육적

로를 존중하고 사랑하고 인정하는 상생 교육을 실천할 수 있으며 이를 신앙인들이 희생적 주체가 되어 수행할 때 가정-교회-마을을 연계하는 매우 이상적인 디다케의 실현을 성취할 수 있다고 본다.

4. 공공신학을 담보하며 수행하는 디다케의 내용

1) 마을교육 공동체

마을을 디다케의 장으로 삼아 온 마을 사람들이 함께 어우러져 살고 싶은 마을을 만들어 가는데 필수적인 디다케의 내용은 마을교육 공동체 형성을 위한 교육적 담론이 되어야 할 것이다. 마을교육 공동체론은 마을학교의 근간이 된다. 프로그램을 넘어선 마을 전체를 위한 삶의 형성에 관한 이론을 연구하려면 김용련의 마을교육 공동체에 관한 책을 참고하면 되겠다. 그는 지속가능한 마을교육 공동체를 위하여 지역 사회에 기반을 둔 마을교육 공동체의 실례를 많이 들었고 운영 원리와 구축을 위한 플랫폼, 그리고 법제화 방안까지를 다루었다.[16] 앞서 다룬 공석기, 임현진의 책에는 우리나라의 전 지역에서 활발하게 일어나고 있는 마을교육 공동체의 구체적인 실례가 잘 소개되어 있으며 실로 발로 뛰며 연구한 흔적을 통해 많은 모델을 발견할 수 있다. 마을 속의 모든 구성원들이 교육하는 공동체가 될 때 그 마을에 마을학교가 건강하게 세

고찰," 『기독교 교육논총』 제59집(2019.9): 159-194.
16 김용련, 『마을교육 공동체: 생태적 의미와 실천』(서울: 살림터, 2020).

워지고 그 학교를 통하여 지속적인 마을이 세워진다. 이런 모든 일을 가능케 하는 것이 바로 마을 속의 가정-교회-마을을 연계하는 디다케 사역이다.

2) 공교회를 형성하는 제자직과 시민직을 통합하는 디다케

공공신학은 마을 속에 존재하는 교회가 사회적, 생태적, 정치적 삶을 충실하게 살아갈 때 비로소 성립된다. 모든 신자가 교회로서 마을 속의 제반 사건에 구체적으로 참여하는 공적 책임을 다할 때 공적인 교회(Public Church)가 되는 것이다.[17] 그러한 삶을 추구할 때 반드시 고려해야 할 주제가 바로 제자직과 시민직의 조화로운 삶이다. 사라 P. 리틀(Sara P. Little)은 한 사람이 기독교인이 되기까지는 세상의 도를 좇을 것인가 아니면 예수의 도를 좇을 것인가에 대한 긴장(Tension)을 느낄 수밖에 없음을 언급하면서 제자직과 시민직에 대한 논의를 하다 보면 진리와 진실 되게 사는 것, 그리고 기독교인이 되는 삶에 대해 생각하게 되며 특히 기독교 교육자로서 교육이 맡은 책임과 역할에 대한 고민을 하게 된다고 털어놓았다.[18] 리틀은 월터 부르그만(Walter Brueggemann)의 성벽 앞과 뒤의 구약 해석학적 고찰에서 드러나는 기독교인의 이중 언어(신앙 공동체 언어와 교회 밖 언어) 구사의 필요성에 대하여 다뤘음을

---

[17] Gabriele Klappenecker, "The Development of Public Responsibility in James William Fowler's Theology and Psychology," Richard R. Osmer and Friedrich L. Schweitzer, eds., *Developing a Public Faith* (St. Louise: Chalice Press, 2003), 43-59.

[18] *Tension Between Citizenship and Discipleship: A Case Study*은 Mary C. Boys ed., 김도일 역, 『제자직과 시민직을 위한 교육』(서울: 한국장로교출판사, 1999), 263에서 리틀은 이 책의 자매서임을 밝혔다.

분석적으로 다루면서 기독교 교육은 디다케 사역을 하면서 해석학적 능력을 필수적으로 키워야 함을 강변하였고 제자직과 시민직에 대한 정확한 이해가 선행되지 않으면서 이분법적으로 분리하는 작업부터 하는 것의 위험도 경고하였다. 또한 보다 나은 세상을 위한 제자직과 시민직을 수행하는 신앙인의 이중직 이해와 책임적 삶도 강조한 바 있다. 결국 리틀은 이 두 개념의 조화로운 이해와 실천이 가능케 되려면 회중 교육이 매우 중요하다고 결론을 맺었다.[19] 리틀의 논리 전개는 건강한 디다케의 수행이 회중들 즉 걸어 다니는 교회(?)가 세상 속에서 아니 마을 속에서 자신의 사명을 다할 수 있게 하는 매우 중요한 전제 조건이 된다는 점을 강조한 것이다. 디다케의 내용은 신자들로 하여금 세상 속에서와 교회당 안에서 조화롭게 이중 언어를 구사하며 제자직과 시민직이 분리되지 않은 가운데 하나님의 나라를 이루어가야 함을 전달하는 내용이어야 한다.

3) 개인적 신앙 체험/확신과 공적 생활을 배양하고 실험하며 성장케 하는 가정과 교회의 디다케

부모가 신앙인일 경우 자녀는 어머니의 뱃속에서 자라날 때부터 신앙적 속삭임, 찬양, 그리고 기도 소리를 들으면서 성장하게 된다. 아버지와 어머니의 골방 기도 소리와 가정 예배의 참여를 통해 성경의 이야기, 기도 말의 내용과 대화 방법 등을 경험하며 개인적 신앙 체험의 기회를 갖게 되며 하나님의 부르심을 받을 기회를 많이 대하게 된다. 실로

---

19 Sara P. Little, "비과학적인 후기로 결론을 지으며," Mary C. Boys ed., 김도일 역, 『제자직과 시민직을 위한 교육』, 263-286.

가정은 신앙의 인큐베이터가 된다. 그러나 오늘날 많은 자녀가 부모가 신앙인이 아닌 경우가 있고 그럴 경우 어릴 때부터 신앙생활을 보고 배울 기회를 붙잡을 원천적인 기회가 없기도 하다. 이럴 때 그들의 신앙생활에 구체적인 도움을 줄 기관은 교회가 될 것이다. 가정과 교회는 개인적인 신앙 체험을 통해 신앙적 확신을 갖게 되는 소중한 기관이며 동시에 공적 생활을 배움으로 민주 시민으로 성장케 되는 배움을 획득하게 하는 중요한 디다케 수행 기관이다. 그러므로 가정에서부터 개인적이며 공적인 민주 시민 교육을 받게 되는 자녀들은 그런 특권을 자연스럽게 얻게 되겠으나 그렇지 못한 경우에라도 교회를 통해 민주 시민으로 성장할 수 있도록 성경 교육을 제대로 받는 것이 매우 중요하다.

교회는 교회 학교와 예배, 그리고 성경 공부를 통하여 자녀들이 민주 시민으로 성장할 수 있도록 디다케의 내용을 충실한 커리큘럼을 기반으로 하여 교육하는 것이 중요하다. 일찍이 조지 알버트 코우(George A. Coe)가 주장한 것처럼 기독교 교육의 목적은 개인적 신앙을 갖게 도와주는 것에서 한 걸음 나아가서 신자로 하여금 새로운 세계를 창조하는 동역자가 되게 하는 것이어야 한다. 코우는 그의 책에서 기독교 교육의 진정한 목적은 어린이로 하여금 내세의 구원을 얻는 것뿐만 아니라 현세에서도 구원의 받은 자로 살아갈 수 있도록 돕는 것에 있다고 주장하였다. 그리고 기독교 교육은 적절한 디다케를 통하여 "궁극적 목적의 결정자로서 하나님의 민주주의적 이상"을 실현할 수 있도록 하는 것이어야 한다고 말하였다. 그런 의미에서 기독교 복음이 영적이라는 의미는 사회적이라는 의미도 포함하는 것이어야 한다고 함의하였음을 알 수 있다.[20] 그러므로 코우에게 있어서 가정과 교회가 수행하는 디다케의 내

---

20 George A. Coe, 김도일 역, 『종교 교육 사회론』 (서울: 그루터기, 2006), 65 이후.

용은 신앙인이 교회 속의 거룩한 신자일 뿐만 아니라 세상 속에서도 타인을 세워주고 사회의 진보에 일조하며 일정한 질서와 번영을 함께 추구하는 민주 시민이어야 한다는 것이다. 장신근도 언급한 것처럼 가정과 교회는 개인적이고 인격적이고 실존적인 차원과 공적인 차원에서 시험되고, 수정되고 구체화되는 신앙을 가르치는 필수적인 양육 기관으로 존재하면서 균형 잡힌 민주 시민을 키워내야 한다.[21]

4) 미디어 리터러시와 비판적 사고를 통해 분별의 영을 강화하는 디다케

우리 사회에 사는 사람들은 공적 뉴스를 공신력 있는 미디어를 통해 얻기보다는 검증되지 않은 유튜브, 블로그, 소셜 미디어(SNS) 등을 통해 얻는 경우가 적지 않다. 목회데이터 연구소의 설문 조사 자료에 의하면 우리 국민의 대부분에 해당되는 89%가 가짜 뉴스가 심각하다고 인식하고 있으며, 그중 84%의 개신교인이 코로나-19 관련 뉴스가 심각하다고 인지하고 있으며, 85%의 한국인이 가짜 뉴스에 실제로 속은 적이 있다고 한다. 가짜 뉴스인가 양산되는 주요한 이유는 의도적으로 조작된 허위 정보 내지는 실수로 인한 잘못된 정보 수집에 있으며, 허위 정보가 가장 많이 유통되는 경보는 유튜브(22%), 주위 사람(15%), 페이스북/카카오스토리(12%), 카카오톡/페이스북 메신저(12%), TV 방송 뉴스(12%) 순으로 드러났다. 그리고 국민의 34%가 최근 유튜브 동영상의 가짜 뉴스를 접촉한 것으로 나타났다. 이로 인한 우리 사회의 분열이 더

---

21 장신근, 『공적 신앙을 양육하는 교회와 가정 교육』 (서울: 장로회신학대학교출판부, 2011), 147 이후를 참고하라.

심해지고 있다고 답한 사람이 무려 84%나 된다고 했고, 그중 45%의 응답자가 가짜 뉴스에서 진짜 뉴스를 구별할 수 있다고 확신했으며, 또 다른 45%는 30년 전과 비교할 때 정치와 언론의 거짓말이 더 많아졌다고 믿고 있는 것으로 나타났다. 그리고 89%에 해당하는 국민들이 가짜 뉴스를 규제하는 법안 제정에 찬성하는 것으로 드러났다.[22] 이제 미디어 리터러시 능력을 배양하는 일은 선택 사항이 아니라 필수 사항이 되었다. 황치성이 언급한 것처럼, 하루에 300만 쪽 이상에 이르는 정보에 노출된 현대 크리스천은 풍요와 편리함을 넘어서서 집중력과 의미의 빈곤 상태에 이르게 되었다고 해도 과언이 아니다. 공공신학적 시각을 더한 디다케는 이제 비판적 사고와 뉴미디어리터러시 능력을 함양하는 것이어야 한다.[23] 미디어 리터러시란 미디어를 읽고 쓰고 해석하고 분별하는 능력을 말하는데 이를 위한 건강하고 균형 잡힌 몸과 마음, 그리고 편협하지 않은 신학적 훈련이 필수적이다. 그러므로 미디어의 콘텐츠에 대하여(about), 미디어를 통해서(through), 미디어와 함께(with) 살아가는 방법을 배우되 비판적으로 해석하고 분별하는 정신을 가져야 할 것이다.[24] 테크놀로지를 습득하는 것을 넘어서서 주도적인 삶과 학습을 실현하는 디다케를 추구해야 할 것이다. "너희는 이 세대를 본받지 말고 오직 마음을 새롭게 함으로 변화를 받아 하나님의 선하시고 기뻐하시고 온전하신 뜻이 무엇인지 분별하도록 하라"(롬 12:2)는 말씀처럼 늘 마음을 새롭게 무장하고 성령의 변화시키시는 능력을 체험하는 가운데 이

---

22 목회데이터연구소, 『2020 통계로 보는 한국 사회, 그리고 한국교회 Vol. 2』 (서울: 목회데이터연구소, 2021), 134-137.
23 황치성, 『미디어 리터러시와 비판적 사고』 (서울: 교육과학사, 2020), 3-5.
24 위의 책, 56-57.

세상살이 가운데에 넘쳐나는 미디어 콘텐츠를 잘 필터링하여 하나님을 뜻을 구하며 분별하는 디다케 사역을 수행하여야 할 것이다.

5. 나가는 말

본래 복음은 영혼 구원과 사회 참여를 구분하지 않으며 이 둘을 다 포함한다. 만일 어떤 이가 이 둘 중의 하나만을 강조하고 다른 하나를 버린다면 그것은 복음을 변질시키는 것이다. 그러한 의미에서 본 연구에서 다루는 공공신학과 디다케는 그동안 덜 강조되었던 복음의 공적인 면을 적절하게 부각하여 복음의 전인성, 통전성을 강조하고자 함이다. 송민호의 말처럼, 축소되지 않은 복음은 사유화되지 않는 복음을 의미하고, 축소되지 않은 복음은 포괄주의나 다원주의에 빠지지 않고 유일성을 지키되 지나치게 배타적이지 않아야 할 것이다. 또한 축소되지 않은 복음은 분열되지 않는 복음이기에 영혼 구원과 사회 참여 즉, 기독교 가르침(디다케)의 사적인 면과 공적인 면을 둘 사이에서 균형을 잡는 것이어야 한다.[25] 이를 다른 말로 표현하면 기독 신앙을 가르치는 디다케 사역은 머리(지성), 가슴(열정), 손(행동)을 통합하는 것이어야 하며 예수 그리스도께서 보여 주셨듯이 "지혜와 키가 자라가며 하나님과 사람에게 더욱 사랑스러워"가는 하나님의 사람들이 되어 아직 예수님을 모르는 사회 속의 사람들마저 닮기를 흠모하고 신뢰하며 자랑스러워하게 되기를 간절히 소망하며 이 글을 마친다.

---

25 송민호, 『선교적 교회로 가는 길』(서울: 나눔사, 2020), 145-147.

공공신학과 건강한 교회의 코이노니아

박찬식 박사(국제이주자선교포럼)

1. 들어가는 말

우리나라는 19세기 후반 조선 시대 말부터 세계를 향하여 문을 열기 시작한 이래로 기독교 선교사가 들어오면서 교회가 설립되었고, 이와 함께 중국, 미국, 일본, 러시아 등 여러 국가의 사람들이 들어왔다.

일제 강점기와 해방 이후에도 여러 나라 국가들로부터, 적지 않은 사람들이 들어왔고, 이들 중 기독교인들이 자발적으로 교회를 세우고 그들의 신앙생활을 유지하여 왔다. 여기에 뿌리를 둔 화교 교회, 일본인 교회, 미국인 교회 등이 존재해왔다. 이들 교회는 나름대로 자립되어 있으나, 대부분 그 규모와 성장에는 한계를 가지고 있다.

그런데 1990년대 초반, 산업연수생이라는 이름으로 외국인 노동자들이 들어오면서 외국인 노동자 선교라는 이름으로 시작된 이주자 선교 사역이 본격적으로 시작되었고 코로나가 발생하기 전인 2019년 말로 국내 체류 외국인 약 250만 명, 귀화자가 약 20만 명 등 합계 270만 명으로 한국 인구의 5.4%에 이르는 심화된 다문화 다민족 사회로 진행되고 있다.

코로나가 발생하면서 국내 체류 외국인 수는 2021년 7월 현재 약 50만 명 정도 감소하였으나 이는 일시적 현상이고, 코로나 사태가 진정되면 다시금 빠른 속도로 국내 체류 외국인 수는 늘어날 것으로 예상된다. 또한 10% 전후 국제 결혼률로 다문화 가정의 수도 빠르게 증가하고 있다.

그동안 우리 교회와 이주자 사역자들은 열악한 여건에도 불구하고 국내 체류 이주민들에 대하여 타 종교에 비해 활발한 선교 사역을 펴왔다. 그들에 대한 구령 사업뿐만 아니라 열악한 노동 환경의 개선, 임금 체불 개선, 법률 문제 및 인권 보호, 의료 사업 등 그들의 외로움과 아픔을 같이 하는 귀한 활동을 하여 왔다. 이전에는 우리의 선교 방향이 이주 노동자 개개인의 초점이 맞추어 있었다면, 이제는 그들의 가족 문제를 포함한 전체적인 삶의 문제에 대해 이해하고 섬기는 방향으로 모색해야 된다. 그간에는 이주 노동자 한 사람, 한 사람이 한국에 와서 일자리를 얻고 살던 문제였다면, 이제는 이곳에 와서 장기적으로 체류하거나 가족 단위로 들어오거나 국제 결혼 등을 통하여 우리 사회에 정주하는 층이 크게 늘어나고 있는 추세이기 때문이다. 국내 이주자들의 정주화는 이들의 문화와 종교가 우리 사회에 영향을 주게 되고, 이들 이주민과 우리 한민족이 조화롭게 살아가야 하는 도전과 문제를 주게 된다.[1]

---

1 기독교산업 사회연구소, 『다문화 사회와 이주자 선교』 (서울: 기독교산업 사회연구원 출판사, 2009), 12-13. 이 책은 박찬식, 정노화가 편집하였다.

이를 위한 사회 통합 과정에서 다문화 사회가 심화 되면서, 정치·경제·문화·사회·종교 등 다방면에서 여러 문제들이 발생하게 되는데, 우리 기독교는 이들 문제들에 대하여 방관자적인 자세에서 탈피하여 적극적으로 관여하고, 이주민들의 아픔을 그리스도의 사랑의 정신으로 품어가야 한다고 본다. 이를 위하여 필요한 정책도 연구하고, 이들을 효과적으로 섬길 수 있는 방법을 강구하여 실천하여야 한다. 이럴 때에 새롭게 도래하는 다문화 시대, 이민 사회 시대에서 복음을 전파하고 하나님 나라를 이루어가는 중요한 접촉점을 얻게 되고, 선교를 위한 '네트워크'를 얻게 될 것이다.

2. 한국교회와 공공 부분 사역의 중요성

우리나라에 복음이 들어온 지 130년이 지나고 있다. 복음이 들어오기 시작한 구한말의 사회적 특징이 두 가지가 있다고 한다면, 근대화의 진행과 나라의 존립이 풍전등화 가운데 있었다는 사실이라 할 수 있을 것이다. 그때 한국 기독교가 태동하였고, 근대화 시기와 맞물려 한국에 훌륭한 선교사들이 입국하였는데, 자질적으로나 영적으로 건강한 이들이 들어와서 복음을 전함과 동시에 사회 여러 분야에 선한 영향력을 미쳤다고 본다.

교회 설립과 함께 사회의 근대화를 주도하는 학교 설립 및 의료, 문화 등에 큰 업적을 이루었다. 그리고 1919년 기미년에 독립선언문을 작성한 33인 중 16명이 기독교인이었다. 당시 기독교인의 비율이 전체인구 중 2%가 채 안 되던 때에 그 영향력은 거의 절반에 이르렀다고 평가해

볼 수도 있는 것이다.

사회는 늘 변하고 변화를 추구해 가고 있으며, 세월이 갈수록 사회는 더욱 복잡하게 되어간다는 사실이다. 근대에서 현대로 들어서면서 더욱 복잡한 사회로 변했고, 미래는 훨씬 더 복잡해질 것이다. 따라서 교회가 깊이 영향을 미치기가 어렵다. (이제는 교회가 사회를 선도하기보다는 사회를 따라간다는 말이 이를 증명하지 않는가?) 문제는 변화 자체가 교회의 부흥을 선도하거나 떨어뜨리는 것이 아니고, 그 사회에 대하여 교회가 얼마나 선한 영향력을 주느냐 하는 것이다.[2]

나라가 발전하기 위해서는 도로·철도·항만·발전소·통신 등의 산업 기반과 학교·병원·상수도 등의 생활 기반의 구축이 필요하다. 다른 말로 인프라 구축이라 한다.

초대 한국교회 선교사와 교회 지도자들은 순교를 각오하면서 믿음을 지키고 선교를 하였다. 동시에 복음 전도를 위한 인프라 구축을 동시에 진행하였던 것이다. 또한 사회봉사를 통해 교회의 사회적인 영향력을 확대하였다. 그래서 교육 기관과 병원을 짓고, 나라 사랑, 민족 사랑을 가르쳤다. 그래서 오늘날 한국교회의 성장이 가능하게 된 밑거름이 되었다.

그런데 정작 교회가 성장하던 70-80년대에는 교회의 사회에 대한 선교적 인프라 구축에 관한 노력이 급격히 줄어들어 버렸다. 90년대에 들어서는 교회 성장이 둔화되었고, 교회의 사회에 대한 영향력이 크게 줄어들었다

---

2 기독교산업 사회연구소, 『21C 신유목민 시대와 이주자 선교』 (서울: 기독교산업사회연구원 출판사, 2008), 18-19.

최근에는 저출산 고령화 사회가 깊어지면서, 교회의 미래인 주일 학교 학생 수가 급감하고 있고, 교회의 사회에 대한 영향력이 미미하게 되면서 젊은이들이 교회를 떠나고 교세는 가파른 하향세를 보여주고 있다. 지난 40-50년간 감소되어 온 기독교의 공공 부문에 대한 사역의 퇴보는 오늘날 한국교회의 쇠퇴에 중요한 원인의 하나가 된다고 본다.

3. 한국교회의 공공 부문에 대한 사역 쇠퇴의 원인

한국교회의 공공 부문에 대한 사역이 쇠퇴한 원인을 찾아보면, 첫째는 한국교회의 성장이 지나치게 개교회별 성장에 의존되었다는 점이다. 그래서 개별 교회들은 교회 출석과 참여에 대한 노력이 우선시 되면서, 국가나 사회 전반에 대한 다방면의 선교적 역량은 크게 줄어들게 외었다. 둘째는 국가 경제가 성장하면서, 국민들의 평균 생활이 크게 개선되었고, 그 결과로 사회의 어둡고, 열악한 곳에 대한 자원이나 돌봄에 있어서 국가나 기업의 역할이 커지게 되면서 교회의 공공 부문에 대한 헌신이나 섬김은 상대적으로 그 비율이 줄어들게 되었다. 셋째는 그동안 설립되었던 기독교 기관들, 대학, 중고등학교, 병원, 사회 복지 시설들도 국가의 지원에 크게 의존하는 곳이 늘어나고, 그 단체의 운영 주체들의 기독교 정신의 발휘가 줄어들면서 기독교적 영향력이 크게 떨어졌다. 마지막으로는 교회의 사회에 대한 참여 활동은 급변하는 사회의 요구에 능동적으로 대처하는 힘이 떨어지면서, 교회와 선교 대상인 사회와의 간격이 더 벌어지게 되었다는 점이다. 비록 교회의 사회적 대응이 많이 떨어졌지만, 여전히 우리 개신교의 사회에 대한 봉사 활동은 타 종교에 비해 크게 앞서 있다고 한다. 우리 사회가 요구하는 시대적 문제점들을 찾아내고 그를 위해 우리 교회가 실천할 수 있는 방법들을 강구해 나간다면, 한국교회가 공공 부문에 할 수 있는 역할을 늘릴 수 있고, 영향력도 커질 것이다.

4. 한국내 이주자 현황과 향후 전망

1) 최근 이주자 현황

[표1] 체류 외국인 연도별 증감현황 (단위:명)

구분	1998년	2001년	2007년	2010년	2015년	2019년
인원	386,972	566,835	1,066,291	1,261,415	1,899,519	2,524,656

출처 : 출입국 외국인 정책 통계월보

[표2] 2019년도 체류 외국인 국적별 현황 (단위:명)

구분	합계	중국	베트남	태국	미국	일본	기타
인원	2,524,656	1,101,782	224,518	209,909	156,982	86,196	745,269
비율 (%)	100%	43.6%	8.9%	8.3%	6.2%	3.4%	29.6%

출처 : 출입국 외국인 정책 통계월보. 2019년12월호

2019년 말 현재 국내 총 체류 외국인은 2,524,656명으로, 처음으로 250만 명을 돌파하였다. 2007년 8월에 100만 명, 2016년 200만 명을 넘어서고, 이어서 외국인 250만 시대가 열린 것이다. 게다가 약 19만 명의 귀화자수를 합치면 270만 명을 넘어서게 되어 이는 우리나라 전체 인구의 5.4%에 이르게 된다. 이는 본격적인 다문화 사회로 진입한 것이 된

다. 252만여 명 가운데 90일 이상 장기 체류할 목적으로 관련 당국에 등록하거나 거소 신고를 한 외국인은 1,731,803명(68.6%)이고 단기 체류자는 792,853명(31.4%)이다.

국적별로는 중국이 1,101,782명으로 43.6%를 차지한다. 이 가운데 701,098명(63.3%)은 조선족이라고 불리는 한국계이다. 베트남이 224,518명으로 두 번째이고, 태국 209,909명 미국 156,982명, 일본 86,196명, 우즈베키스탄 75,320명, 필리핀 62,398명, 러시아 61,427명, 인도네시아 48,854명, 몽골 48,185명, 캄보디아 47,565명 등 순이다.

등록 외국인의 거주지를 지역별로 살펴보면 경기도 414,318명으로 가장 많고 서울 281,187명, 충남 76,375명, 경남 76,123명, 인천 72,259명, 경북 58,119명, 부산 45,999명, 충북 40,714명, 전남 34,638명, 전북 33,074명, 대구 30,191명, 제주 25,668명, 광주 23,825명, 울산 20,450명, 대전 19,109명, 강원 19,069명 순이다.

유학생 국적은 중국 71,719명, 베트남 57,539명, 우즈베키스탄 10,499명, 몽골 8,739명, 일본 2,887명, 네팔 2,331명, 파키스탄 1,905명, 인도네시아 1,461명, 방글라데시 1,387명, 미국 1,385명 등이다.

2019년의 난민 신청자는 15,452명이었다. 한국에 들어오는 외국인들은 전 세계 200여 국가에서 들어오는데, 아시아 지역에서 들어오는 외국인이 70-80% 차지한다. 그런데 이들 국가들은 필리핀 등을 제외하고는 대부분이 기독교 신자 비율이 극히 낮은 국가들로부터 들어 온다. 이들은 우리에게 복음을 전해야 하는 선교의 대상임과 동시에 그리스도의 사랑으로 섬겨야 할 대상이다.

2) 향후 전망

고령화 저출산 현상이 심화되고 있다. 한국은 2020년 출생아 수는 272,400명으로 사망자 수 305,100명보다 적어 최초로 인구가 감소하였다. 가임 여성 1인당 출산율은 0.84명으로 세계에서 가장 낮다. 코로나가 발생한 후 재한 외국인 수는 2021년 7월 말 현재 53만 명이 감소하여 약 199만 명으로 줄어들었지만 이는 일시적인 현상으로, 코로나 사태 종결 후에는 원래 수준으로 빠르게 회복될 것이다. 그리고 그 수준을 넘어 더욱더 외국인들의 국내 유입은 증가 될 것이다.

이제 세계 각국은 세계 도시들을 중심으로 이주화 속도가 빨라질 것이고, 특히 젊은이들의 유입이 크게 늘 것으로 기대된다. 특히 우리나라는 수도권 전체가 세계 주요 글로벌 시티의 하나이기에 한국의 고령화, 초저출산 현상과 맞물려 이주민들이 크게 늘어날 것이고, 심화된 다문화 사회, 이민 사회로 변모될 것이다.

현재 20만 명인 귀화자는 2030년경에는 50만 명을 넘어설 것이다. 귀화자를 포함 재한외국인의 수는 한국 인구의 10% 선 500만 명에 이를 것으로 예상된다.

하지만 위에서 밝힌 바와 같이 한국에 들어오는 외국인들은 70-80%가 아시아 지역에서 들어오는데, 이들 나라 대부분은 비기독교 국가들로 기독교 신앙이 없거나 타 종교를 가진 자들로, 한국의 이민 사회로의 변화는 자연적으로 한국의 기독교 비율이 감소되는 결과를 초래할 것이다.[3]

---

3 기독교산업 사회연구소, 『코로나 이후 이주자 사역』 (서울: 기독교산업 사회연구소, 2021), 10.

2018년 말 출입국 통계를 따르면 귀화자 약 19만 명, 영주권자가 약 16만 명이며, F2-F5로 구성되는 장기 체류자 그룹이 약 66만 명으로, 전체 이주자 중 40% 정도가 장기 체류하거나, 정착하고 있다. 따라서 향후 비율은 더욱 증가될 것이다.

[표3] 연도별 장기 체류 비자 취득자 변화표 (단위:명)

구분	F2	F3	F4	F5
2018년	53,672	38,402	565,639	162,759
2016년	39,681	11,531	372,533	130,237
2014년	37,594	21,809	236,963	112,742
귀화자수	190,796(1945.8.15-2018년말)			

* 한국 정부의 비자 종류 : F2(거주5년이상) F3(동반, 배우자, 자녀) F4(재외동포복수비자) F5(영주권)
출처 : 출입국 외국인 정책 통계월보.

증가되는 이주민들과 이들의 장기 체류 혹은 정주화 현상은 그동안 이주자 사역이 이곳에 와서 돌아가는 노동자에 대한 선교적 관점에 무게를 두었던 것에서, 한국인들과 어떻게 더불어 살며, 교회적으로는 이들과 함께 신앙적 공동체를 이룰 것인가로 관점이 옮겨가게 될 것이다. 이주자 사역이 목회직 관점으로 보아야 하는 시점으로 들어섰고, 향후 이런 현상은 더욱 깊어질 것이다.[4]

5. 이주자 선교에 있어서 공공 부문의 사역

2030년경에는 국내 체류 외국인 수는 귀화자를 포함하여, 우리 인구

---

[4] 『제12회 국제 이주자포럼: 이민 사회의 심화와 이주자 목회』 (서울: 기독교산업 사회연구소, 2019), 8.

의 10%에 달하는 500만 명을 넘어서면서 심화된 이민 사회가 될 것이다.

변화하는 사회 문제를 깊숙이 다루지 않고서는 국내 이주민 선교에 대한 바른 이해를 할 수가 없고, 효과적 선교의 방향과 방법을 모색할 수가 없다고 생각된다. 오늘날 한국교회는 사회 변화에 관심을 가지고, 그 변화를 제대로 분석해 내어 공공 부문에 대한 사역을 통하여 선한 영향력을 회복함으로써 교회의 본질과 복음 전도의 능력을 회복시켜야 하는 도전 앞에 놓여 있다.

한국에 들어오는 외국인들은 한국 내에서 일하고, 정착하는 데는 한국 정부와 사회로부터 많은 도움을 받아야 하는 입장에 놓여 있다. 그동안 우리 이주자 선교 사역자들은 한국교회의 공공 영역에서 사역이 후퇴되는 것에 영향을 받아 주변 여건이 어려웠고, 한국교회의 관심과 지원이 극히 없는 가운데서도, 복음 전도와 함께 공공 부문에서 이주자들의 인권과 삶을 돕기 위해서 많은 사역들을 펼쳐왔다. 필자는 이들 사회적 참여를 통해 국가 정책에 영향을 미친 사례와 공공 부문에서 사회적 봉사를 통한 이주자 선교 사례로 나누어 소개하고자 한다. 많은 사역의 일부분이지만 이를 통해 그간 이주자 선교 공공 부문 사역을 살펴보고자 한다.

6. 사회적 참여를 통해 국가 정책에 영향을 미친 사례

1) 이주민 선교의 공공 부문 사례1: 고용허가제 전환에 대한 기독교의 역할

(1) 외국인력 도입

한국의 외국인 유입의 역사는 거의 1988년을 기점으로 하고 있다는 것에는 동의하고 있다. 올림픽을 냉전 체제를 종식한 이후 화합의 장으로 만들어내야 하는 과제를 안고 있었기에 한국은 국경의 문을 최대한 활짝 열었어야 했고, 이를 계기로 중국, 러시아 등 동포들을 비롯한 많은 이들이 자유롭게 한국에 입국하게 되었다.

그러나 출입국관리법이 정비되지 않았고, 국경 관리를 제대로 해본 적이 없는 한국으로서는 들어와서 체류하게 되리라고 상상해보지 않은 상황이었다. 이후 조선족이라 불리던 중국 동포들 중심으로 한국의 미등록 체류가 지속되었다. 인력 부족 현상은 가속화되었고, 광산업, 제조업 등에서 외국 인력의 충원을 요청하였다.

이에 제도 정비의 필요성을 느낀 정부는 1992년 6월10일부터 7월31일까지 사상 처음으로 미등록 노동자의 수와 취업 현황을 파악하기 위해 '불법 체류 자진신고'를 받았다. 이 기간 중 자진 신고한 미등록 노동자는 61,126명이었고, 사용자는 10,796명이었다.

이후 산업연수생 제도, 해외투자기업연수생 제도 등으로 외국인력 제도를 확립해 나갔다. 1993년 시행된 산업연수생 제도가 2004년 고용허가제로 전환되어 지금까지 실시되고 있는 흐름을 간략히 정리해 보자면 아래와 같다.

[표4] 한국내 이주민 사역 역사 개괄

단계	기간	특징
1단계	1988-1993	이민 정책 부재의 시기, 거의 대다수 불법 체류
2단계	1993-2004	시장의 요구에 따른 산업연수생 제도의 외국인력 도입, 노동·인권 문제 발생, 많은 이탈과 불법 체류, 국제 결혼 추진

3단계	2004-2008	고용허가제 실시와 재중동포인력에 도입, 국제 결혼의 상업화와 문제발생
4단계	2008-2012	정부의 인권과 통합에 대한 적극적인 개입 제1차 외국인 정책 기본 계획과 다문화 가족 지원 정책 기본 계획 수립과 집행
5단계	2013-현재	1차 기본 계획에 대한 평가와 보다 성숙한 제2차 기본 계획 수립과 집행

출처:정노화, 한국 이민 정책의 집행에 관한 연구, 2015, 성결대 박사 학위 논문

(2) 이주 운동의 발생

① 불법 체류 범칙금과 단체의 발생: 외선협

출입국관리법은 외국인의 불법 체류를 억제하기 위하여 범칙금("출입국사범에 대한 조사의 결과 범죄의 확증을 얻은 때에는 그 이유를 명시한 서면으로 벌금에 상당하는 금액")을 부과할 수 있는 근거를 마련해두고 있다. 범칙금 양정(量定) 기준은 '출입국관리법시행규칙'에 의하여 규정되는데, 1993년 3월까지는 5만 원 이상 100만 원 이하였으나, 1993년 4월부터는 50만 원 이상 1000만 원 이하로 그 금액을 10배 인상하였다. 불법 체류 외국인이 부담해야 하는 범칙금은 1993년 3월 이전에는 불법 체류 기간이 3개월 미만인 경우 5-15만원, 3-6개월 10-30만 원, 6-12개월 15만-50만원, 1년 이상 20-100만 원이었으나, 1993년 4월 이후에는 3개월 미만 50-100만 원, 3-6개월 100-300만 원, 6-12개월 200-500만 원, 1년 이상 300-1000만 원으로 인상되었다.

범칙금 인상 조치가 시행된 지 몇 달 지나지 않아, 한국에서 번 돈을 범칙금으로 지불하고 빈털터리가 된 것을 비관하여 자살한 사건이 발생하였다.

그의 자살은 정부가 외국인 미등록 노동자의 강제 출국 방침을 확정

한 이후 발생한 최초의 비극적 사건이었다. 이 사건은 국내 외국인 노동자 지원 단체들이 처음으로 연대하여 활동하는 계기를 제공하였다. 외국인 노동자 피난처, 희년 선교회, 재한외국인선교교회 등 외국인 노동자 지원 단체들이 연대하여 서울 목동 출입국관리사무소 앞에서 정부의 외국인 노동자 정책에 항의하는 최초의 시위를 벌였다. 이를 계기로 유해근 목사가 총무를 맡는 등 외선협(한국교회 외국인 노동자 선교협의회)의 시작되었다.

② 산재 피해와 외노협 발생

경실련에서의 산업 재해 피해 보상을 받지 못하는 노동자 항의 농성이었다. 손가락이 잘리는 산업 재해를 당하고도 치료와 피해 보상을 제대로 받지 못한 미등록 노동자들이 1994년 1월 10일부터 2월 7일까지 서울 종로구 종로5가 경제정의실천시민연합 강당에서 농성을 하였다. 방글라데시·네팔 출신 이주 노동자 11명과 국내 복음 진영이 앞장서고 에큐메니칼 진영의 교회 단체들도 이 농성에 적극 합류하였다. 이 사건을 계기로 국내 시민 사회·종교·노동 단체들이 '외국인 노동자를 위한 공동대책위원회'를 결성하는 기회가 되었다.

나아가 결정적으로 산업기술연수생의 부당노동대우와 송출 업체 비리 문제로 인한 농성이었다. 이때부터는 에큐메니칼 진영이 주축을 이루기 시작하였다. 열세 명의 네팔인 산업연수생들이 1995년 1월 9일부터 17일까지 명동성당 입구의 천막 농성을 벌였다. 이때의 구호는 "우리도 사람입니다." "때리지 마세요." "우리는 짐승이 아닙니다." "우리는 노예가 아닙니다." "월급 주세요." "여권 주세요." 등이었다. 이주 노동자들의 농성이 시작되자 이주 노동자 관련 단체뿐 아니라 시민 운동·노동 운동 단체 등 38개 단체가 명동성당에 모여 '외국인 산업기술연수생 인권 보장을 위한 공동대책위원회'를 조직하였다. 이 조직이 발전하여 1995년 7월 '외국인 노동자대책협의회'가 되었다. 이 조직에는 외국인 노동자 인권을 위한 모임·성남 외국인 노동자의 집·부천 외국인 노동자의 집·중국노동자센터·외국인 노동자 마을·시화 일꾼의 집·천주교 수원교구 외국인 노동자상담소·안산외국인노동자센터 등 10여 개 단체가 참여하였고, 국내 이주 노동자 운동이 본격적인 출발을 알리는 연대의 틀이 된 것이다. 이 단체는 이후 2003년에는 미등록 이주 노동자 강제 추방 반대를 위한 농성으로 이주 노동자의 노동 인권은 미등록 이주 노동자의 전면 합법화 문제로 발전되었다. 결국 '산업기술연수제도'는 폐지되고 2004년부터 '고용허가제'가 도입되면서 이주 노동자의 '근로자로서의 법적 권리'가 비로소 시작되었다. 2007년에는 다문화 가족지원법이 도입되면서 노동 문제와 국제 결혼 가족 문제와 관련된 법과 제도를 형성되게 함으로써 다문화 사회의 신호탄을 알리는데 기독교는 언제나 중심에 있었다. 한국의 다문화주의는 복음 진영이 먼저 이주 노동자 문제를 가지고 사회화시켜 나가면서 문을 열었고 에큐메니칼 진영이 합류하면서 한국 사회의 흐름을 바꾸게 되었고, 시민 단체의 결합으로 이주 노동 문제가 전국화 되었다고 볼 수 있다.

이러한 기독교의 활동으로

1994년 미등록 노동자에게 산업 재해보상보험 적용
1995년 산업연수생에게 산업 재해보상보험, 의료보험 적용, 최저임금 폭행 금지 등 근로기준법 8개 조항 적용

1995년 10월 외국인 노동자대책협의회는 '외국인 노동자 보호법' 시안을 마련해 1996년과 1997년에 '외국인 노동자 보호법' 제정을 촉구하며 농성과 아울러 입법청원. 노동허가와 고용허가 병행을 골자로 제시.

1997년 미등록 노동자에게 퇴직금 지급 적용

1998년 미등록 노동자에게 근로기준법 적용

1999년 해외투자법인 연수생에게 최저임금, 폭행 금지 등 적용

2000년 산업연수생에게 퇴직금 지급 판결, 미등록 노동자 가정의 어린이 초등학교 입학 허용

2000년 노동허가제 중심의 '외국인 노동자 고용 및 인권보장에 관한 법률' 제정 시도

2003년 미등록 노동자의 전면 합법화

2004년 고용허가제 전면 시행

2007년 재한외국인처우기본법 제정

2008년 다문화 가족지원법 제정

2) 산업연수 제도의 문제점

(1) 정부의 기만

산업연수 제도의 진정한 의미는 산업연수에 있어야 한다. 그러나 한국 정부는 자국의 이익이라는 명분만을 내세운 채 국제법적 위헌의 소지를 품고도 계속 강행하고 있는 것이다. 왜냐하면 산업연수생으로 온 그 어느 누구에게도 정부는 산업연수를 제공해주지 않고 있기 때문이다.

한국에서의 산업연수생은 그냥 단순 노동자일 뿐이다. 그들은 오면

서부터 곧바로 산업 현장으로 투입되고 끝없는 노동만을 강요당한다. 그런 그들에게 우리는 "산업연수생이라는 이름을 붙이고, 연수생이기에 적은 임금을 받을 것을 강요하고 있다. 이는 명백한 기만행위이며, 착취이며, 속이는 행위이다. 이를 정부의 묵인하에 기업이 자행하며, 중기협이 조장하고 있었다.

(2) 반복되는 불법 체류자 양산

산업연수 제도는 국가와 국가 간의 쌍무 협정으로 이루어진 것이 아니라 단순히 송출 업체로 말미암아 법무부의 승인하에 노동부의 관리를 받게 되어있다. 그러나 부처 간의 어떠한 의사소통도 존재하지 않으며, 각 부처 간의 논리에 따라 법이 집행될 뿐이었다.

송출 업체를 통한 송출 비리가 끊임없이 제기되고 있다. 국회에 보고된 자료에 의하면 송출 업체가 수수료를 포함해서 받는 것은 미화 1000달러(약 120만 원)에 불과하다고 한다. 그러나 중간 브로커를 통하여 그 좁은 통로를 통과하기 위해 이주 노동자들이 치러야 하는 비용은 미화 10,000불을 수준에 이르고 있었다.

그러다 보니 과다한 송출 비용을 갚아내고 소망했던 경제적 이윤을 얻어내기 위해서 그들이 택하는 길은 불법을 선택하는 길 외에는 없다는 것을 안다. 그러기에 그 당시의 한국의 불법 체류의 비율은 약 80%에 이르렀다. 같은 산업연수 제도를 시행하고 있는 지구상의 또 다른 나라 일본은 약 40%의 불법 체류자를 보유하고 있다. 이는 노동허가제를 실시하고 있는 선진국들의 10%선에 비교한다면 월등히 높은 비율임에 틀림이 없다.

그럼에도 추방과 단속만을 반복한 채 법을 수정하고 제대로 집행하려는 의지는 전무하였다.

(3) 중기협에 황금알을 낳아주는 제도일 뿐

종교, 시민 단체들은 적어도 현행 8만 명 수준의 산업연수생을 유지시키는 것만으로 중기협이 벌어들이는 돈이 5천억 정도일 것으로 추정한다. 그러므로 지난 94년, 97년, 그리고 얼마 전 외국인산업연수생 제도 폐지와 노동허가제를 요구하는 현장의 선두에서 막아서고 산업연수 제도를 강행하였던 이들이 바로 중소기업협동조합중앙회였던 것이다.

(4) 연수생의 질적 수준 저하

적어도 외국인 노동자들의 교육 수준이 떨어지고 있음을 피부로 느낄 수 있었다. 이는 연수 제도가 가지고 있는 맹점과 악용으로 인한 부작용이라 하지 않을 수 없다. 한국에 대한 대외 이미지의 저하, 한국인들의 차별과 무시, 그리고 인간답게 일할 수 있는 조건이 보장되지 않는 한 우리는 좋은 고급 인력을 도입할 가능성은 없어 보인다. 이는 법적, 구조적으로 이주 노동자들을 누르고(press) 있는 또 하나의 보이지 않는 끈이다. 고용허가제 전환을 위한 당시 활동한 단체들의 83%가 기독교 단체였음을 보여주고 있다.

당시의 통계 조사 자료는 다음과 같은 것이 있다. 한국 기독교 사회문제연구원(원장 성해용)이 전체 외국인 노동자 지원 단체 150여 개를 대상으로 조사한 '2000 외국인 이주 노동자 단체 조사보고서'에 따르면 설문 조사에 응한 90개 단체 중 기독교 단체가 79개로 87.8%를 차지했다. 이 중 대한예수교장로회가 48개, 한국 기독교장로회와 천주교가 각 11개, 기독교대한감리회가 6개, 침례교 성결교 성공회가 1개씩으로 나타났다. 나머지는 시민 운동, 의료 봉사 및 법률서비스 단체가 차지했다.

조사를 담당한 설동훈 박사(서울대 시국 발전연구소)는 "개신교인들이 외국인 노동자 관련 활동가의 최대 다수를 차지한다"라며 "외국인 노동자 지원 센터의 많은 곳이 순수한 교회로 존재하지만 교회에서 독립해 운영하고 있는 곳도 적지 않다."고 밝혔다.

지난 90년부터 활동을 시작한 외국인 노동자 지원 단체는 94~97년에 가장 많이 설립됐다. 이때는 중소기업협동조합중앙회를 통해 외국인 산업기술연수생을 수입하기 시작하면서 외국인 노동자의 수가 급증한 때였다. 당시 정부는 산업기술연수생으로 미등록 외국인 노동자를 대체하려 했으나 기대와 달리 미등록 노동자의 수는 오히려 더 증가해 이들의 인권 문제가 사회적 쟁점으로 부각됐다. 따라서 이런 사회적 분위기를 반영해 많은 외국인 노동자 지원 단체가 설립된 것이다.

지난 98년 IMF 때는 잠시 신규 설립이 현저히 감소하기도 했지만, 경기가 호전된 99년 이후 다시 활성화돼 올해에만 11개 단체가 출범했다. 특히 경기도 마석 '샬롬의 집'(성공회 이정호 신부) 등은 초창기부터 꾸준히 활동하는 단체이며 '안산외국인노동자센터'(예장 박천응 목사) '성남외국인노동자의집·중국동포의집'(기장 김해성 목사) 등은 현재 활발한 움직임을 보이고 있는 곳이다.

이들 외국인 노동자 지원 단체에서 활동하는 사람들 가운데 기독교 신자가 많으며 이러한 경향은 단체나 직책과 무관하게 뚜렷이 발견된다. 특히 이들은 향후 과제로 쉼터 건물 증축 또는 마련(12.9%), 나라별 외국인 노동자 모임 활성화 지원(7.6%) 외에도 선교 활동 강화(17.1%)를 강조하고 있는 것으로 나타났다. 보건복지부의 한 관계자는 "소외된 이웃을 돌보는 단체나 개인 가운데 기독교인이 차지하는 비율이 큰 것은 기독교 인구가 많은 데다가 가난한 자를 돌보라는 그리스도의 가르침을 성실히 실천하기 때문인 것 같다"고 분석했다.

7. 공공 부분에서 사회적 봉사를 통한 이주자 선교 사례

1) 이주민 선교의 공공 부문 사례2 : 부산외국인근로자선교회(대표 정노화 목사, 고신 이주민 국내 선교사) 소개

(1) 복음 전도와 이주자 인권도모 - 통전적 선교 지향

한 해 40억 이상의 인구가 국경을 넘는 이동을 하고 있으며, 코로나19의 위기 직전인 2019년 한 해 동안 한국의 공항만을 드나든 사람이 1억 명에 육박하는 수치를 보여줄 정도로 전 세계는 하루 생활권의 세계화를 경험하며 살아가고 있다.

이제는 국내의 이주민 선교에 대해 너무나 당연하고 익숙한 용어였지만 1997년 부산외국인근로자선교회가 설립될 당시에는 많은 이들이 그 필요성과 중요성을 충분히 인식하지 못한 가운데 특히나 보수적인 지역에서의 사역은 쉬운 일이 아니었다. 그럼에도 불구하고 현장은 철저히 기독교의 대사회적인 기여를 요구하고 있었고, 사람을 섬기고 생명을 존중하며, 인권을 지켜줄 이웃이 되어야 하는 수많은 일들이 주어지고 있었다.

① 사역 원칙

모두는 아니지만 한국의 기독교가 현대 역사 속에서 정부와의 관계 설정에 있어 교회 안, 그리고 신앙에 관해서만 활동하는 것으로 영역을 규정하게 된 것은 알고 있을 것이다. 이러저러한 이유들과 환경으로 인하여 기독교가 교회 내부라고 하는 공간적 제한성과 신앙이라고 하는 영역적 제한성으로 인해 확장된 하나님 나라에 대한 제 역할을 등한 시 한 것은 분명해 보였다. 그래서 부산외국인근로자선교회의 기본 사역 원칙은 정부의 지원을 받지 않는 것이었다. 즉, 교회의 재정을 사회로 흘러가게 하는 것으로 하자는 것이었다. 교회가 직접 공적 영역에서 제 역할을 감당하고 있는 것이 부족하니 교회의 재정, 인원 등을 동원하여 대사회적인 부분에 사용하겠다는 것이었다. 이를 위하여 정부의 공적 자금과 같은 공공재를 사용하지 않는다는 원칙을 가지고 사역하였다.

다른 이런저런 원칙들이 있지만 가장 중요한 방향이 교회라고 하는 공간적, 영역적 제한성을 넘어 사회로 흘러갈 수 있는 통로 역할을 하겠다는 것이 중요한 것이었다.

② 사역 분야

목회자로서 이주민 사역을 하는 것이라고 한다면 선교로 생각할 것이다. 당연히 목회자로서 최종의 목표를 선교하고 교회를 세우는 것으로 설정하였다. 그러나 일반 영역은 보편적 가치에 의하여 모든 것을 실행하였다.

그러다 보니 때로는 천주교나 불교, 이슬람교, 그리고 민주노총 등과 같은 범 영역에서 공통분모를 갖는 부분들이 있었고, 서로 협업하며 연대하기도 하였다.

각자의 목표와 방향이 있지만 그러나 인간의 보편 가치와 보다 나은 사회, 그리고 하나님 나라의 실현이라는 큰 그림 아래에서는 공통분모가 많이 있는 것을 발견할 수 있었다.

가. 이주민(외국인근로자, 결혼이주여성, 미등록체류자 등)의 인권
급여 관련 (임금 체불, 최저임금 불이행), 산업 재해, 강제 근로, 작업장에서의 폭언, 폭행, 성희롱과 성폭행, 모성보호, 임신, 단속, 불법 체류 발생 원인과 단속, 추방 과정에서의 인권적 절차

나. 사회권
사회보험의 확대 - 등록, 미등록에 대한 산재보험의 필수 적용,
의료보험이 없는 미등록체류자에 대한 긴급의료지원,
유엔아동협약에 따른 아동의 교육권 보장

다. 의료권
중국 동포, 미등록체류자 등을 비롯한 많은 근로자들이 의료보험을 가입하지 않았거나 가입할 수 없는 체류 자격. 그러다 아프거나 병들게 되면 병원비 감당하기 어려움. 예방과 진료, 치료의 과정에 대한 전반적 개입이 필요

라. 행복추구권
여가 활동이 필요. 외국인 근로자를 사람으로 보기보다는 인력, 노동력으로만 보려고 하는 시각의 문제로 그들도 인간임을 망각하기 십상. 체육 활동, 역사 문화 체험, 등산, 야외 활동 등 다양한 활동과 관계 형성 필요
주거 문제 - 심각한 기숙사 및 주거 시설의 열악함

가족권 문제 - 국제 이주와 관련한 협약처럼 가족 동반이 전제되어야 가족 파괴로 이어지지 않을 수 있음

마. 문화 다양성과 타 문화 존중
언어 소통 - 한국어 교육 및 상호 소통
문화교류 - 외국인 근로자들의 문화를 한국에 소개하고, 음식을 만들어 공유하며 음악을 함께 하는 등 그들의 문화를 나누며 보다 좋은 문화를 만들어가는 문화와 사람 존중의 활동

③ 사역 영역

가. 종교 영역
인도네시아 교회, 중국 교회, 영어 예배 등 교회 개척
복음 전도, 양육, 신학교 사역 및 파송

나. 교육 영역
한국어 교육, 노동법 교육
다문화 가정의 자녀 교육 지원 - 토요학교
자원봉사자 및 시민 교육 (다문화 이해 교육)

다. 문화 영역
문화 체험
스포츠 및 여가 활동

라. 연대 영역

선교 단체의 연합 및 연합 수련회

인권 단체 간의 지역 및 전국 연대

결론적으로 총체적 선교라 불리는 전인적 접근과 섬김, 즉 "빵과 복음"의 양면을 다 잘 하는 것은 무척 어려운 것임을 새삼 깨달았다. 어느 한편에 집중할 수 있다면 얼마나 좋을까 하는 생각을 종종 하면서 사역해왔다. 그러나 그것은 불완전하기에 끊임없이 두 영역 사이의 균형을 맞추며 사역하려고 하였다. 결과적으로는 공적 영역과 종교적 영역에서 시너지 효과와 좋은 결과를 가져올 수 있었다고 다소 자신 있게 평가하고 싶다. 이것은 교만이 아니라 방향성에 관한 것이기에 올바른 방향이라 말하고자 하는 것이다. 외국인들에게는 신뢰할 만하며, 자신들을 위해 일하는 곳이라는 평가와 함께 수많은 이들과 친구가 될 수 있었고, 이것이 선교적 열매로 이어졌고, 교회는 자부심을 갖고 세상을 섬기는 외국인 교회로 자라갈 수 있었다.

2) 이주민 선교의 공공 부문 사례3: 사단법인 경기 글로벌 센터 사례

법무부 사회통합 프로그램 교육 기관으로 정부 기관 협업하여, 이주민복지와 상담을 통한 선교 사역

(1) 선교를 위한 접촉점을 찾기 위해 시작한 경기 글로벌 센터

국내 이민자 500만 명 시대를 바라보면서 다양한 방안으로 선교 접촉점을 찾아보는 것은 매우 중요한 일이다. 뜻하지 않게 2019년 연말 코로

나 감염 확산으로 인하여 세계인들의 이동에 제한을 받으면서 국내에도 코로나 이전에는 252만여 명까지 빠르게 이민자 인구가 지속적으로 증가하다가 코로나 이후 2020년 8월 현재 200여만 명으로 감소하였다. 하지만 미등록자(불법 체류자)는 오히려 40여만 명으로 건국 이래 최고를 기록하고 있다. 이는 국내 체류 이민자 총인구의 약 20%를 차지하고 있는 셈이다.

정부와 우리 사회는 미등록자가 증가하게 되면 마치 범죄자가 늘어나고 사회적 혼란을 야기할 것 같이 호들갑을 떨고 있지만, 교회에서는 미등록자들을 대상으로 심신이 연약한 이들에게 선교적 접근이 더욱 수월하여 절호의 전도기회가 왔다고 인식해야 한다. 이로써 국내 선교는 때와 시기에 따라 다양한 방안으로 모색 되어 새로운 방향을 찾아야 할 것이다.

사단법인 경기 글로벌 센터는 국내 거주 이민자 단 한 사람이라도 마음에 상처받지 않고 안정된 생활과 정착을 지원한다는 모토로 시작하였다. 그리하여 2008년도 05월 사회 복지 사각 지대 이민자를 발굴하고 지원하는 사역을 전문으로 첫 발길을 내디뎠으나 생각보다 이민자들을 만나기조차 힘들었고 어쩌다가 어렵사리 만났지만 지속적으로 만날 수 있는 구심점을 찾을 수가 없어 1회 성 만남으로 끝나는 것이 전부였다.

(2) 법무부 사회통합 프로그램의 도입

그러던 중 2009년도에 법무부에서 이민자 사회통합 프로그램을 개발하여 시범 운영을 거쳐 2010년도부터 전국으로 확대하는 교육이 시작되었다. 법무부 사회통합 프로그램은 국내 거주 외국인 중 90일 이상 장기 체류자로서 외국인 등록자면 누구나 참여 가능하며 한국어 교육과 한국 사회 이해 교육으로 총 465 시간에 걸쳐 실시하는 교육이다. 물론 사전평가를 거쳐 참여자들의 한국어 기본 언어 능력에 따라 각 단계가 부여되고 따라서 부여된 과정을 모두 이수하게 되면 체류 자격 변경이나 영주권 신청 및 귀화 신청 시 많은 인센티브가 주어지고 있는 프로그램이다. 그리하여 자립형으로 위탁지정 운영되는 법무부 사회통합 프로그램교육 기관으로 신청하여 2010년도에는 일반운영기관으로 2011년도부터는 거점운영기관으로 지정받아 운영하고 있다. 이로써 사회복지 사각 지대 이민자 발굴과 지원으로 이민자들을 만나기 위하여 밤낮으로 이주 노동자들이 근무하는 공장 지역을 탐방하고 아울러 공장이나 공장 주변에서 숙식을 제공받고 있는 이주 노동자들 숙소를 찾는 일은 그만두게 되었다. 왜냐하면 법무부 사회통합 프로그램을 지정 위탁받아 운영하면서 한국어 교육을 받기 위하여 기관으로 찾아오는 이민자들을 만나기에도 부족한 일손이 되었기 때문이다.

사회통합 프로그램에 참여하는 이민자들은 짧게는 6개월 길게는 2년이 넘도록 한국어 교육을 받으면서 이민자들과 기관과의 관계는 단순 한국어 교육만 가르치고 배우는 관계를 넘어 이민자 고충 상담과 함께 이민자 무한 돌봄 기관으로 한 단계 업그레이드되고 말았다. 그리하여 법무부 사회통합 프로그램 교육을 통하여 선교적 접촉점을 찾기 위하여 이민자 고충 상담, 긴급의료비 및 긴급생계비 지원, 이주배경중도입국 아동청소년 방과 후 학습 센터 운영 등으로 선교 사역에 중심을 두고 모든 사역 영역에 있어서 광범위하게 확장할 수 있는 환경이 되었다. 하오나 결국 일손이 없어 일부분만 감당하고 있는 것이 안타까울 뿐이다.

그동안 법무부 사회통합 프로그램을 통하여 만남의 접촉점이 되어 결혼 이민자 요리 교실, 각국의 다름의 문화 이해 교실, 송년의 밤 행사,

추석과 설날 연휴 때 국제 친선 축구대회, 이민자 현장 문화 탐방 교육, 결혼 이민자 친정집 우물 파주기, 결혼 이민자 친정집 전기 시설 지원 등으로 다양한 고충과 일반적인 상담으로 찾아오는 수많은 이민자들을 대상으로 선교 영역을 다방면으로 무한대로 더 확장할 수 있으나 역시 일손 부족으로 저 혼자만의 생각과 고민으로 머물고 있는 것이다.

그동안 이러한 사역을 확대하고 확장하기 위하여 여러 교회들을 찾아다니며 협력과 협조를 구하였지만 단 한 곳도 적극적으로 나서서 동참하는 교회는 없었다. 지역 교회에서 법무부 사회통합 프로그램 일반 운영기관이든 거점운영기관이든 지정받아 운영한다면 첫째 최소 50-60개국의 이민자들을 앉아서 맞이할 수 있고 나눔과 섬김의 긍휼 사역으로 인하여 24시간 마음먹은 대로 이민자들을 만날 수 있다는 것이다. 둘째 교회 성도들 중에서 한국어 교육과 한국 사회 이해 교육 강사를 발굴하고 투입하여 선교적 사명감으로 이민자들과 밀접 접촉점을 할 수 있다는 것이다. 셋째 교회 성도들 중에 요리 강사 자격을 갖춘 분을 통하여 교회에서 결혼 이민자 요리 교실을 개설하여 이민자 30명에 교회 성도 15명이 참여함으로써 이민자 2명과 교회 성도 1명이 1개 조가 되어 약 12주 동안 각종 요리를 같이 만들어 같이 먹는 요리 교실은 한국의 밥상문화로 전도용 프로그램으로 가장 알맞은 것이다.

성도 한 분이 2명의 이민자들과 12회에 걸쳐 식사를 하고 아울러 집으로 한두 번 초대하거나 방문하면서 맛있는 음식을 나누는 만남은 최고의 전도 사역을 감당할 수 있으나 이를 제대로 효과적으로 이용하고 적용하는 교회가 없다는 것이 가슴 아픈 일이다. 다음은 수많은 이민자들을 만남에 있어서 이민자들이 가장 힘들어하고 두려워하는 것은 출입국 관련 민원 업무이다. 이에 출입국 업무 민원을 도와주고 하다 보면 자연스럽게 이민자들의 긴급의료비 및 긴급생계비 지원 문제들이 속속 접수가 된다.

이러한 이민자들의 고충 민원을 해결했을 때는 특별히 말을 하지 않아도 자연스럽게 전도가 되는 사례를 수없이 경험하고 있다. 하지만 문제는 전도된 이민자들을 제대로 양육하고 온전한 믿음 안에서 성장할 수 있도록 꾸준히 지도하고 이끌어 줄 교회가 없다는 것도 더 큰 문제이다. 특히 각 교회에서 매년 수차례에 걸쳐 아웃리치를 나갈 때 이왕이면 결혼 이민자 친정 동네로 간다면 그야말로 일석이조의 선교적 열매를 맺을 수 있을 것인데 이 또한 안타까운 일이 아닐 수 없다.

(3) 국내 이주 재정착 난민에 대한 사역 모색

최근에는 유엔난민기구가 권고하여 정부가 나서서 태국이나 말레이시아 유엔난민 캠프에서 생활하고 있는 난민들을 2015년도부터 재정착 난민으로 연간 30여 명 규모로 수용하고 있다. 이들은 한국에 도착 후 영종도난민센터에서 약 5-6개월 정도 한국 사회 적응 교육을 받고 대한민국 어느 한 도시로 재정착을 시키고 있는 것이다. 그리하여 재정착난민 1기-3기는 인천광역시 부평구 부평동에 정착을 하게 되었고 4기-7기는 김포시에 재정착을 하고 있다.

교회가 공공신학을 제대로 접목한다면 재정착 난민들을 데리고 오고 정착 교육을 시키고 각 지방 자치 단체로 최종 정착지를 찾아주는 법무부 관할 출입국과 난민 센터와 협력한다면 놀라운 선교적 영향력을 끼칠 수 있을 것인데 교회가 무관심으로 일관하면서 교회가 앞장서지 않으니 적십자나 아니면 이단 교회들이 앞장서서 이들을 섬기고 있다. 참으로 안타까운 일이 아닐 수가 없다. 재정착난민 이들은 도시형 난민 캠프에서 이주하거나 농촌지역 난민 캠프에서 이주한 재정착난민들은 재정착 생활에 큰 차이가 있다.

도시형 난민 캠프에서 이주한 재정착난민들은 그나마 직장생활이나 가정생활에 있어서 기본적인 질서와 규칙을 잘 따라가고 있다. 하오나 농촌지역에서 이주해온 재정착난민들은 직장생활에 있어 정시에 출퇴근하는 것부터 적응하지 못하고 있는 것은 물론 가정에 위생관리는 물론 자녀양육과 교육은 거의 전무하다시피 하다.

이로써 교회가 앞장서서 각 가정마다 1-2명의 생활 멘토가 투입되어 정착 생활에 도움이 되는 일거수일투족을 일정 기간 동안 지도해줘야 한다. 예를 들어 가정생활에 가장 기본적인 위생 청결 문제, 음식 조리 및 재료 구입 문제, 전기 및 가스 사용 및 안전 시설 점검 방법, 자녀들이 다니는 어린이집과 공교육 기관과의 소통 문제, 사회 기초법에 대한 숙지, 직장 문화와 사회생활에 대한 사회성 지도 등 섬길 일이 한 두 가지가 아닌데 이를 이해하고 선뜻 나서는 교회도 성도도 없다는 것이 더욱 마음이 아프다.

향후 재정착난민 수용 인원은 매년 조금씩 증가할 것으로 예상된다. 이미 지난해에는 2회에 걸쳐 60여 명이 입국했기 때문이며 아울러 고국을 떠나 재정착지를 찾고 있는 1억 명의 난민들이 있기 때문이다. 이에 교회에서 재정착난민 사역을 도맡아 지원한다면 정착지 지역 선택과 함께 생활 멘토자 지원으로 이것보다 더 확실한 선교가 어디 있겠나 하는 말이다.

이 밖에도 이루 헤아릴 수 없는 사례들이 많지만 일일이 다 소개할 수 없다. 현장에서 이민자들을 섬기면서 수많은 세계 선교의 비전을 접하고 있지만 협력자와 동역자가 없어 결국 필자 혼자서 극히 일부분만 감

당하고 있다는 것이 참으로 안타깝다.[5]

3) 이주민 선교의 공공 부문 사례4: 포천 다문화 국제 학교 소개

(1) 교육을 통한 이주민 자녀와 가정을 돌보는 선교의 접촉점

① 다문화 국제 학교의 시작

다문화 가정 자녀와 중도 입국 이주민 청소년들을 대상으로 하는 국내 교육부의 위탁교육 기관으로 2011년에 개교한 이래 11년째를 맞고 있다. 위 학교의 이사장 신상록 목사와 박영신 교장은 2007년 포천 지역 다문화 센터를 개소한 이래 다문화 가정 자녀들과 중도입국 이주민 청소년들을 주말이나 방과 후 등을 이용해 계속 지원을 해오고 있다가, 전일제 학교를 시작한다는 것은 어려운 일이었으나, 하나님의 은혜로 포천 다문화 국제 학교는 시작될 수 있었다. 중국 출신 남학생 2명과 몽골 학생 1명인 중도입국 청소년 3명을 시작된 학교는 이후 같은 해에 일본, 몽골, 베트남 등 여자 아이들이 들어왔다. 2012년 8월 고입검정고시에 4명의 아이들이 합격하여 인근의 고등학교에 진학하게 되었다. 2013년 7월 경기도 교육청 위탁형 다문화 대안 학교로 지정받아 학력 인정 대안 학교로 운영하게 되었다. 지금까지 학교를 거쳐 간 아이들은 70여 명이 된다. 졸업생은 고교 진학, 대학 진학, 취업, 본국 귀국 등으로 자신의 길을 가고 있는 중이다.

---

5 사단법인 경기 글로벌 센터 대표 송인선 안수 집사(www.1412.co.kr)

② 예산상의 어려움

다문화 국제 학교를 운영하면서 맞이하게 된 첫 번째 어려움은 예산 문제였다. 학교가 학생들에게 수업하려면, 선생님을 모셔야 하고, 수업에 대한 강사료를 드려야 했다. 처음에는 모든 교사들이 자원봉사로 수업을 해주었고 2013년부터는 경기도 교육청 위탁 대안 학교로 지정받아 최소한의 강사료를 드릴 수 있었다. 하지만 연간 2200만 원(2017년 기준)에 불과한 지원금으로는 늘 예산 부족에 시달릴 수밖에 없는 실정이다.

③ 포천 다문화 학교의 미래 - 성장하며 함께 크는 아이들

그동안 70여 명의 중도입국 청소년들이 다문화 국제 학교를 거쳐서 사회로 나갔거나 상급 학교로 진학하였다. 앞으로의 과제는 대학진학을 통한 전문 인력으로의 양성이 필요하다. 중도입국 청소년들은 비자의 한계로 국가에서 지원하는 직업 교육 혜택을 받을 수 없는 형편이다. 대학에 진학하지 않는 청소년들은 직업 교육을 받지 못한 채 현장으로 나가서 단순 인력을 제공하게 되고 전문 직업을 갖지 못하기 때문에 이들을 위한 비자 혜택과 직업 교육을 제공해야만 이들 중도입국 청소년의 미래가 밝다고 할 수 있다.

기회와 여건이 주어진다면 사회나 대학으로 진출하려는 아이들을 위해 숙려 기간을 마련할 계획이다. 대학을 준비하려는 아이들에게는 대학생 선배 멘토를 통해 학교 생활을 준비시키고, 사회 진출을 준비하는 아이들에겐 성공적인 사회생활을 하고 계신 분들을 모셔 라이프 코칭으로 사회에 나갈 준비를 시키려 한다.

이사장: 신상록 목사, 교장: 박영신 사모

8. 기독교적(성경적) 시각에서 이주민들을 위한 공공 부문 사역의 개발을 위한 방법론

[공공 부문 사역 개발 진행 구조]

다문화 사회. 국내 이주민 문제에 대한 일반적 문제 제기

경제, 사회, 문화, 법률, 교육 등 다방면의 분야에 대해
전문가들의 다양한 분석 작업을 통해 문제 해결 방안 모색

기독교적(성경적) 관점에서 메시지 개발

기독교 입장에서 사회 국가적 정책안 제시,
이주민에 대한 효과적인 선교 방법, 봉사 방법 개발

먼저 우리 기독교는 교단적으로나 연합된 사역자 그룹을 통해 다문화 사회와 이주민이 겪는 어려움에 대하여 이를 수집하고 정리하는 작업을 한 뒤에, 각 방면의 기독교인 전문가 그룹이 이들 문제들에 대하여 다양하면서 심층적인 분석 작업을 하여 문제 해결 방안을 모색한다.

또 한편 이주자 사역자, 목회자, 신학자, 그리고 각 방면의 기독교인 전문가들이 그룹이 되어, 다문화 사회와 다양한 이주자 문제에 대하여 기독교적(성경적) 관점에서 필요한 메시지를 개발하여 선포한다. 그런데 이 과정에서 일반 사회의 건전한 보편적 가치에 대해서는 수용하고

협력하는 유연성을 보여야 한다.

그 후에 사회와 국가에 이주민 정책에 있어서 바람직한 방향을 제시하고, 이주자들에 대하여 효과적으로 섬기는 방법을 개발하고 이를 보급 실천하여야 한다.

9. 나가는 말

한국교회의 이주자 선교 문제는 나가서 선교하는 곳으로부터 들어온 이에게 선교한다는 점이다. 변화하는 사회 문제를 깊숙이 다루지 않고서는 이주 노동자 문제의 본질을 파악할 수가 없고 효과적인 선교의 방향과 방법을 모색할 수 없다는 점 등을 감안하면 오늘날 한국교회가 한국 사회의 변화에 관심을 가져야 되며, 그 변화를 제대로 분석해 내어 교회 성장과 복음 전도의 능력을 회복시켜야 한다는 큰 도전을 주고 있다.

최근 한국교회는 성장을 멈추고 정체기를 거쳐, 침체기에 들어섰다고 본다. 우리가 잘 아는 물리학의 삼투압의 법칙에 따르면 농도가 짙은 곳에서 농도가 옅은 곳으로 흘러 들어간다. 우리 기독교가 이 사회에 가르침을 주지 못하고 바른 영향을 주지 못한다면, 오히려 사회의 부정적인 영향이 우리 교회와 성도들을 지배하게 될 것이다.

아무리 좋은 정책, 좋은 봉사가 있더라도 이주민에 대해서 그리스도의 가르침과 깊은 사랑으로 할 수 없다면, 이 모든 것은 큰 의미가 없을 수 있다. 한국교회는 이주민들을 돌보되 우리와 같은 형제와 자매로 여겨, 겸손한 자세로 대하여야 할 것이다.

이주자 선교 문제는 우리 기독교가 이들에게 복음을 증거하는 문제에만 그치지 않고 변화하는 21C의 우리 사회에 어떻게 선교하며 올바른 기독교의 영향을 회복할 수 있느냐 하는 중요한 시험대가 된다고 본다. 우리가 이주자들에 대한 선교를 성공적으로 할 수 있다면, 이는 선교적 성과뿐만 아니라 한국교회가 급변하는 사회에서 영향력을 회복하고 민족 복음화의 진전을 위한 재충전의 기회도 얻을 수 있을 것이다.[6]

---

6 기독교산업사회 편집부, 『하나님 나라와 이주 노동자 선교』 (서울: 기독교산업사회연구원 출판사, 2004), 193.

공공신학과 디아코니아

이승열 소장(한국기독교사회봉사연구소)

1. 들어가는 말

우리나라에 공공신학 내지는 공적신학[1]이라는 것이 등장하고 알려지게 된 것, 그리고 관심을 가지고 신학계에서 주목을 받으며 적극적인 연구를 시작하고 그 결과물이 나오기 시작한 것은 불과 10여 년 전부터라고 할 수 있다. 교회와 신앙, 그리고 신학의 대사회적인 책임이라고 하는 것은 오래 전부터 언급되었고 중요시 여겨졌었지만 독자적인 신학의 영역으로서, 그리고 대상으로서 또한 신학의 중심적인 주제로 자리잡지

---

[1] 한국의 신학자들 중에서 public theology를 '공공신학'(노영상, 임성빈) 혹은 '공적신학'(이형기, 장신근)으로 번역하여 사용하고 있는데, 임성빈 교수는 사회학이나 철학, 그리고 시민 사회 운동의 영역에서 public을 '공공'으로 번역하여 사용하고 있는 현실을 감안하여 사회와의 소통을 강조하는 신학적인 모색이 필요하다고 보아 '공공신학'이라고 번역하고 있다. 임성빈, "한국 사회의 사회 참여와 공공신학(Public Theology)", 기독교윤리실천운동 편, 『공공신학』 (서울: 예영 커뮤니케이션, 2009), 16.

는 못했다. 디아코니아는 아직까지도 신학계에서, 그리고 대부분의 신학 대학교에서 신학의 독립적이고 종합적인 학문 분야로 자리매김 되지 못한 상태에 있으며, 전공자도 강의 커리큘럼도 많지 않은 편이다. 그러나 디아코니아는 교회의 본질적인 사명 중의 하나이며, 신앙의 핵심이기 때문에 결코 무시되어서는 안 될 것이다. 교회의 본질로서의 디아코니아가 소홀하거나 무시된다면 교회와 신앙의 근본적인 정체성이 무너질 수 있기 때문에 한국교회의 건강한 갱신과 발전을 위해서는 조속히 디아코니아가 신학의 한 독립적인 분야일 뿐만 아니라 종합적인 신학의 분야로서 인정을 받아야 할 필요가 있다.[2] 왜냐하면 세상 혹은 사회에서의 빛과 소금으로서의 사명을 감당해야 하는 그리스도인들과 교회의 책임이 곧 공적인 책임이며 신앙의 본질에 속하는 것이기 때문이다.

한국교회는 역사 속에서 서양 선교사들의 의료 선교, 교육 선교, 문서 선교, 고아원이나 장애인 사역과 같은 것을 중심으로 하는 디아코니아적인 선교와 영향을 통해서 복음을 받아들이며 교회가 발전하고 부흥하게 된 역사를 가지고 있다. 그럼에도 불구하고 다른 한편으로는 선교사들의 네비우스 선교 정책의 영향, 선교공의회의 정치적 중립 내지는 탈정치화 정책, 일본 제국주의의 식민 통치라는 특별한 사회정치적 상황, 근본주의적 영향으로 인한 말세론적 신앙의 영향과 내세주의적 신앙 경향, 칼뱅주의 영향에 의한 사회에서의 삶보다도 말씀 중심의 신앙생활,

---

2 독일 신학계에서는 디아코니아가 실천신학의 필수분야로 오래전부터 자리매김이 되어 있으며 하이델베르그(Heidelberg) 대학 신학부에서는 디아코니아연구소(Diakoniewissenschaftliche Institut)가 중심이 되어 종합적이며 독립적인 신학의 분야로 석사 과정과 다양한 커리큘럼이 운영되고 있다. 한국의 기독교학회에는 실천신학 영역 안에 디아코니아 분과로 분류되어 있으며, 매년마다의 학회에서 연구논문이 발표되고 있다. 또한 한국디아코니아신학회는 2010년에 만들어져서 학회가 운영되어 오고 있다. 그러나 예장(통합) 총회 내의 신학 대학에서는 기독교와 문화(기독교 윤리) 분야에 속해 있는 과목으로 부분적으로 다루어지고 있는 현실이다.

샤머니즘의 영향과 기타 재래 종교의 영향에 의한 기복주의적인 신앙 등의 영향으로 인하여 사회봉사적인 신앙과 사회 참여적인 혹은 사회책임적인 신앙이 발전되기에 어려웠다. 그러나 한국교회의 역사 발전 과정 속에서도 간간히 흘러내려온 사회봉사적, 사회 참여적, 사회개혁적인 신앙을 가지고 교회를 이끌어 온 선교사들과 한국교회 지도자들이 있었기 때문에 사회적 책임을 감당해 온 의미와 가치를 발견할 수 있는 여러 흔적들을 찾아 볼 수 있다.

이제 공공신학이라는 영역이 자리잡아 가고 있는 단계에서 디아코니아신학이 실천신학이라고 하는 영역에서 공공신학으로서의 가치와 의미를 가지고 조명하고 분석하고 의미를 찾게 되는 일은 매우 보람된 일이 아닐 수 없다. 그동안 한국 개신교회 내에서는 세상에서의 빛과 소금의 역할을 감당해야 할 그리스도인들은 좋은 믿음을 가지게 되면 세상에서 개인적인 사회생활에서 감당해야 하는 개인적 신앙의 윤리적 책임으로 돌려버리고 말았던 경향을 가지고 있다. 그러나 대부분의 한국교회의 성도들은 공교회적으로나 개교회적 차원에서도 그리스도인의 공적 책임과 참여와 봉사를 위한 체계적인 교육과 훈련을 받지 못하고 있으며, 결과적으로 조직적으로 공적 책임을 감당하는 일은 항상 소극적이며 소홀한 경향을 보여온 것이다. 어떤 보수적인 진영에서는 도리어 반사회적인 행동도 마다하지 않으며, 그래서 사회적으로 지탄을 받기도 하고 사회적 신뢰를 받지 못하는 한국교회로 오늘날 큰 위기의식을 갖게 되었다. 특별히 사회적 이슈가 되는 시국 문제나 오늘날과 같은 코로나 19 펜데믹 상황 속에서 그러한 예들을 쉽게 발견할 수 있게 되었다.[3]

---

3 최근에 출판된 책 가운데 코로나 19시대에 교회가 회복해야 할 종교성이란 인간의 사랑과 연

다행히도 우리 교단은 총회 사회봉사부를 통하여 오래전부터 사회 문제 대책 사업 분야의 사회 정의, 사회 평화, 인권 운동, 환경 운동, 사회적 이슈와 시국 문제 등, 그리고 사회봉사와 복지 분야, 국내외 재해 구호, 대북구호사업 등을 균형 있게 감당해 왔다. 또한 관련한 중요한 정책 문서들을 개발하여 총회의 공식적인 정책 문서로 채택하여 전국 교회와 노회에 보급하여 왔으며 중요하고 혼란스러운 사회 문제에 대한 총회장 명의의 성명서, 담화문, 목회 서신을 통한 총회의 입장을 표명해 왔다. 특별히 사회문제대책지침서(2015년, 제100회 총회 채택), 자살에 대한 목회지침서(2014년, 제99회 총회 채택)과 같은 전문적인 지침서들이 교회의 사회적 책임과 참여, 그리고 봉사적 의미에서 매우 중요한 문서로 인정되고 있다고 볼 수 있다. 이러한 정책 문서 안에는 시국 발전과 문제들에 대하여 어떻게 응답하며 관계를 가지고 책임적으로 사명을 감당할 수 있는지를 자세히 안내하는 지침서들이다. 특별히 사회봉사와 사회 복지 분야에서는 구체적인 분야별 복지선교지침서 등의 형식으로 개발되어 있다. 그러나 아쉬운 점은 이러한 중요한 문서들이[4] 개발되었음에도 불구하고 일선의 목회자들에게 전달되지 못하고 목회에 실질적인 도움을 주지 못하고 있다는 점이다.

한국교회는 복음을 전파하는 전도 혹은 선교에 큰 의미를 부여하고

대 협력을 극대화하는 공존성과 사회성을 살리는 것에 맞추어져야 한다는 주장을 하면서 교회는 방주에 탄 구원받은 우리만이 아니라 이 세계의 다른 존재들, 고통받는 생명과 보이지 않는 것들, 이름 없는 이들의 고통을 찾아야 한다는 등 사회적 책임과 섬김을 강조하면서 근본주의 신학의 오류에 빠져서 신뢰를 잃어버린 한국교회를 뼈아프게 진단하고 있는 책이 있다. 참조: 권지성, 김진호, 오제홍, 조민아 엮음, 『바이러스에 걸린 교회』, (서울: 삼인, 2021.)

4 참조: 대한예수교장로회 총회사회봉사부 편, 『총회사회 선교 정책 문서집』, (서울: 한국장로교출판사, 2005.), 대한예수교장로회총회 사회봉사부 편, 『디아코니아·사회 선교 정책 문서 자료집』, (서울: 동연, 2016.)

전 세계에 선교사를 많이 파송하고 있지만 극단적인 영성주의로 치우치는 경향이 있고, 사회적 책임을 감당하는 사회봉사와 사회 선교적 사역을 홀대하는 경향이나 좌파적 사회 운동으로 왜곡하며 폄하하는 현상까지도 있는 점은 지양되어야 할 과제일 것이다.

공공신학이란 무엇이며, 공공신학과 실천신학의 관계를 정리해 보고, 실천신학으로서의 디아코니아, 그리고 사회 선교와 전통 선교와의 비교, 디아코니아 역사와 신학, 그리고 실제에서의 공공책임과 연관한 의미들, 그리고 예장 총회 사회봉사부의 사역 중에서 주요한 사회적 책임으로서 감당하고 있는 사역을 소개하면서 한국 개신교회에서의 디아코니아를 통한 건강하고 바람직한 교회 갱신을 꾀하고자 하는 것이다.

2. 공공신학과 실천신학

1) 교회와 공공성

공공성(öffentlichkeit)이라는 단어의 의미를 찾아보면, 먼저 그리스어 faneroj 단어가 '공공연한', '공공의', '공적인', '공개적인', 의 뜻을 나타내고 있고, 라틴어 'publicus'는 17세기 이후부터 '공공의' 의 뜻을 '국가적인'의 의미에서 번역되었고, 18세기에는 계몽의 요구에 대하여 '세상에 공개되는 일'의 의미로 사용되었다. 기독교적인 복음 전파와 교회는 그들의 본질상 공공성에 관계되어 있다. 이미 신약 시대 이후부터 마태복음 10:27("내가 너희에게 어두운데서 이르는 것을 광명한 데서 말하며 너희가 귓속말로 듣는 것을 집 위에서 전파하라") 이 말씀하고 있는 요청 안에서 여기서 공공성은 '공개적인'의 의미를 뜻한다. 루터는 설교자 직분의 공공성을 마태복음 5-7장에 있는 산상 보훈에서 근거를 삼고 있다. 그래서 신앙이라고 하는 항목은 공공의 것 혹은 공적이다. 왜냐하면 개신교적인 교회 이해가 변함없는 공공성이기 때문이다. 그리고 교회는 그들의 활동 안에서 공적이며(ecclesia manifesta), 신앙 공동체로서 다른 한편으로 흩어지는 교회로서 ecclesia abscondita 이다.[5]

기독교 공동체의 선교는 세상을 향하여 있다(마 28:20). 그것을 위하여 교회는 공적인 사명을 필요로 한다. 예수의 말씀은 모든 세상 앞에 자유롭고 공개적으로 전하여졌고(요 18:20 "내가 드러내놓고 세상에 말하였노라"), 예수의 제자들은 모든 각 사람에게 책임을 빚지고 있다.(벧전 3:15 "너희 마음에 그리스도를 주로 삼아 거룩하게 하고 너희 속에 있는 소망에 관한 이유를 묻는 자에게는 대답할 것을 항상 준비하되 온유와 두려움으로 하고") 교회 공동체는 산 위에 있는 도시이며, 세상의 빛(마 5:14)이다. '공공적'이 되는 것은 기독교적인 공동체를 위하여 본질을 규정하는 것이다. 예배, 설교, 교육이 공적으로 이루어진다. 사람들이 교회의 공적 위탁에 대하여 공적인 책임에 대하여 말할 때 그것은 그것을 통하여 의미 있고 신학적인 근거를 가지게 되는 것이다. 그리고 교회의 공적인 입장은 공적인 존재와 구별되어야 하는 것이 교회의 공적-법적인 입장이다. 이 공적-법적인 입장은 '국가적인'의 의미인데 공적 권리의 단체로서의 교회의 인정이다. 즉 교회세[6], 종교 교육, 국립기관(교도소, 경찰, 병원, 군

---

5 Gerhard Müller(Hrsg), TRE(Theologische Realenzyklopädie, Bd. XXV. Walter de Gruyter, Berlin, New York, 1995. 18.
6 필자주: 독일 교회에 속한 모든 성도들은 개신교회와 카톨릭교회 모두 법적 근거를 가지고 교회세(Kirchensteuer)를 낸다. 주교회(Landeskirche)가 성도들의 직장에서 교회세를 원천징수를 하는데 전체 세금의 8-9% 정도이고, 주교회 내의 각 노회와 지교회의 교역자 생활비뿐

대 목회 등)에서의 목회 규정, 주일의 국가적인 보호 등이다.[7]

2) 공공신학이란 무엇인가?

한국 신학계에서 공공신학을 주도적으로 이끌어 온 이형기 교수는 "18세기 계몽주의 이래의 모더니즘 전통이 결혼, 노동과 경제, 교회 생활, 그리고 국가로부터 점차 신학적인 의미와 가치를 제거시켰고, 그것들을 마구 세속화시켰으며, 프란시스 베이컨과 뉴턴에 의한 과학 혁명, 데카르트와 칸트에 의한 철학 혁명, 미국 혁명과 프랑스 혁명, 산업 혁명과 자본주의 및 제국주의는 교회를 공적인 영역으로부터 몰아내었고, 기독교인들의 예수 그리스도에 대한 신앙과 이웃에 대한 사랑과 하나님 나라에 대한 희망을 개인주의화시켰다. 바야흐로 인간의 사고와 삶을 결정하는 것이 더 이상 교회가 아니라 국가와 사회와 경제와 문화와 같은 세속적인 영역이 된 것이다. 그러므로 국가와 사회와 경제와 문화는 공적인 영역이 되어 버렸고, 교회와 신앙생활은 사적인 영역으로 전락하여 교회와 기독교인들은 국가와 사회와 경제와 문화에 대한 공적 책임 수행을 도외시하게 되었다. 이 때문에 영미 계통을 비롯하여 서양의 기독교 신학은 공적 영역에서 교회가 수행해야 할 공적 책임을 화두에 올리기 시작하였다."[8] 라고 가장 근원적인 공적신학의 원인과 개념을 밝히고 있다. 그러나 비록 공적신학 혹은 공공신학이라는 용어는 사

만 아니라 교회의 중요한 프로젝트 예산, 그리고 전체의 절반 이상이 각종 기독교 사회 복지 시설인 디아코니아 기관과 시설운영비로 지원된다.
7 Gerhard Müller, 위의 책, 21-23.
8 이형기, 『하나님 나라와 공적신학』(서울: 한국학술정보(주), 2009), 18.

용하지 않았지만 중요한 신학자들과 교회가 그 시대에 있어서 세상적인 책임 윤리를 감당해야 하는 차원에서 강조하고 주장되었던 의미들을 공적신학의 의미에서 긍정적인 가치로 인정해 온 과정을 루터의 직업 윤리, 도시 국가인 제네바시에서의 칼뱅의 종교개혁, 18세기 계몽주의, 19세기 자유주의 신학자들과 복음주의자들의 노예 해방 운동, 20세기 라가츠, 헤르만 쿠티, 모리스와 킹슬리, 라우셴부시 등의 사회민주주의에 기여한 것 등이 공적신학의 영향으로 의미를 부여하고 있으며, 독일의 본훼퍼와 칼 바르트는 현대 공적신학의 창시자로서 인정을 받고 있고, 미국의 라인홀드 니버는 공적신학을 전개한 사람으로, 1948년 암스테르담에서 창립된 WCC는 공적신학에 크게 기여한 것으로 의미를 부여하고 있다. 그리하여 1960년대에 하나님의 선교가 꽃피어 나면서 공적신학이 더욱 발전하게 되었고 시카고 대학의 교회사가인 마틴 마티(Martin Marty)가 공적인 신학(a public theology)라는 용어를 처음 사용하면서 공적신학이 등장한 것으로 보고 있다.[9]

그러면 공적신학이란 무엇인가? 대표적인 정의를 이형기가 소개하고 있는 스택하우스(Stackhause)에 의하면, "공적인 신학이란 공적인 논쟁들이나 문화, 사회, 과학 기술, 경제, 정치에 관한 문제들을 다루고자 하는 신학의 한 종류이며, 또한 비기독교 정통들이나 사회 과학, 역사 과학자들과 더불어 비판적인 대화를 하고자 하는 신학의 한 종류"이다.[10]

노영상은 피어슨(Clive Pearson)의 공공신학에 대한 명제들을 간추리면서 "먼저 공공신학은 교회만을 위한 신학이 아니며, 교회 밖의 사람들

---

9 위의 책, 18-19.
10 위의 책, 28; 스택하우스; 심미경 옮김, 『지구화·시민 사회·기독교 윤리』, (서울: 도서출판 패스터하우스, 2005), 15.

에게 기독교의 신앙을 설명하며 그들을 설득하고 사회적 변혁을 위해 영향력을 갖는 신학이며, 이를 위해 공공신학은 기독교인이나 비기독교인이 공유하는 보편적인 실천적 도덕적 사유와 자연법 및 공유된 도덕에 호소하려 한다. 이런 각도에서 공공신학은 기독교인과 비기독교인이 공유하는 바의 공동 도덕을 강조한다."[11]고 강조하였다.

임성빈은 '공공신학'에 대해 "신앙의 공공적 책임성을 구체적으로 모색하려는 신학적 노력이 곧 공공신학이다."라고 하면서 공공신학을 위한 공동적 지침으로서 첫째로 공공신학은 성경적인 토대를 가진 신학적 전통에 근거해야 하고, 둘째로 그러나 동시에 공공신학은 이중 언어를 구사할 줄 알아야 하고, 셋째로 공공신학은 학제간의 연구여야 하며, 넷째로 기본적으로 공공신학은 비판적이어야 하며, 다섯째로 궁극적으로 공공신학은 보편성을 지향해야 한다. 궁극적으로 공공신학은 지구적 시민 사회를 위한 신학이어야 할 것이다"[12] 등을 제시하였다.

장신근은 공적신학이라는 용어를 쓰는데, 공적신학의 정의를 다음과 같이 내리고 있다. "공적신학이란 기독교 신앙과 실천의 사사화 현상에 직면하여 그리스도인 개인들의 공적 신앙 양육과, 공적 공동체로서의 공교회 형성을 통하여 여러 차원의 공적 삶을 변형시켜 나가는 것을 목표로 이들이 확고한 기독교적 정체성을 가지면서도 자기 자신을 넘어서서 여러 차원의 공적 삶에 기독교적 관점에서의 윤리적 가치관을 다룬 전통이나 학문과의 대화를 통하여 제시하고 이를 변형시켜나가는데 기

---

11 노영상, "교회와 신학의 공공성에 대한 논구: 공공신학(Public Theology)의 이해와 수용에 대하여," 새세대교회 윤리연구소 편, 『공공신학이란 무엇인가?』 (서울: 북코리아, 2008), 70.
12 임성빈, 30-32.

여하는 신학이다"[13] 라고 하였다.

김철영은 "그리스도 교회와 그리스도인은 복음의 증언과 정의의 실천이 서로 긴밀한 관계를 맺고 있어서 이 둘 중의 어느 하나를 선행시킬 것도 아니고, 그리고 어느 하나가 다른 하나의 가치를 경시하게 해서는 안 된다는 사실을 성서를 통해서 알 수 있다."[14]고 공공신학의 중요한 관점을 나타내주고 있다.

공공신학의 개념을 독일의 몰트만이 잘 정리해주고 있다.

> "세상과 공적인 관계성을 맺지 않는 기독교의 정체성은 존재하지 않으며, 신학의 기독교적인 정체성 없이 세상과의 공적인 관계성은 존재하지 않는다. 기독교 신학은 그가 다루는 대상 때문에 공적인 신학 (theologia publica)이다. 신학은 사회의 공적인 일(res publica)에 관여해야 한다. 신학은 예수 그리스도의 하나님 나라에 대한 희망 속에서 사회의 '공공복리'에 대해 깊이 유념해야 한다. 신학은 사회의 가난한 자와 소외된 자들을 정치적으로 대변해야 한다. 십자가에 달리신 예수 그리스도에 대한 상고는 신학으로 하여금 정치적 종교와 우상 숭배에 대해 비판적으로 대항하도록 만든다. 신학은 자신이 몸담고 있는 사회의 종교적이고 도덕적인 가치들에 대해 비판적으로 성찰하고 변증해야 하는데, 왜냐하면 이 함정 안에서 신학은 소수자로 축소되며 자신의 종교 공동체인 교회 안으로 제한당하기 때문이다."[15]

---

13 장신근, 『공적실천신학과 세계화 시대의 기독교 교육』(서울: 장로회신학 대학교 출판부, 2007), 57.
14 김철영, 『기독교 관점에서 본 정의와 공동체 생활』(서울: 장로회신학 대학교 출판부, 2000), 6.
15 Jürgen Moltmann, 『Gott im Project der modernen Welt』, 곽미숙 역, 『세계 속에 있는 하나님-하나님 나라를 위한 공적인 신학의 정립을 지향하며』(서울: 동연, 2009), 9-10.

3) 공공신학과 실천신학

그러면 공공신학과 실천신학과의 관계는 어떤 것인가? 이형기의 글에 의하면, "트레이시(David Tracy)는 그의 저서(The Analogical Imagination)에서 '신학의 공적인 청중들'이라는 용어를 사용하면서 신학이 겨냥하고 있는 공적인 청중을 셋으로 보았는데, 하나는 교회요, 둘째는 대학이요, 셋째는 정치적, 사회적, 문화적, 경제적인 영역들을 포함하는 전체로서의 한 나라나 한 사회의 전 구성원들(the public)인데, 교회에 대하여는 조직신학이, 대학에 대하여는 기초 신학이, 그리고 사회에 대하여는 실천신학이 적절하다"[16]고 하였다.

파울러의 신학과 심리학에 나타난 공적 책임의 발달 이론에 의하면, '공적 교회'라는 개념은 다원주의 시대의 사명을 달성하기 위하여 상담하고, 교육하고, 능력을 부여하는 사람들의 임무를 수행하는데, 공적 교회는 사회적 생태적 정치적 그물망으로 연결되어 있고, 공적 영역을 형성하는 것이 민주주의의 목표라고 하였다. 공적 참여의 특징이 공적인 참여인데 파울러가 제시하고 있는 단계 모형이 실천신학의 한 차원이고 교회론적 토대를 확보하고 있는 신학의 한 분과라는 것이다. 파울러는 이를 '돌봄과 소명의 생태 환경'이라고 부른다.[17] 파울러에 따르면, 미국의 교육에 있어서의 어려움은 종교 교육을 책임진 교회와 종교적 편견이 없는 공교육을 책임진 정치적/공적 영역에 속한 기관을 구분하는 일

---

16 이형기, 『하나님 나라와 공적신학』(서울, 한국학술정보(주), 2009), 28.
17 리처드 아스머/ 프리드리히 슈바이쳐 엮음/연세대학교 교육학 포럼 옮김, 『공적 신앙과 실천신학』(서울: 대한기독교서회, 2005), 88.

이라고 한다.[18] 한편 영국 교회에서의 공교육은 어떤가? 공적 사회는 사회의 결속력을 약화시키거나 유지시키는 잠재 가능성을 가지고 있기 때문에 종교와 관계가 있는데, 영국의 교회는 공적 교회로서 기여할 기회에 더 이상 기독교 신학을 토대로 삼지 않고 있으며, 세계 종교를 포괄하며, 종교 교육을 기피하려는 학생들 사이에서 신앙 고백적 믿음이 증진할 것을 더 이상 기대하지 않는다. 결과적으로 영국 국교회, 로마 가톨릭 또는 비국교파 교회(Free Church) 전통들과 연계는 단념하게 되었다. 따라서 공적 교회의 연구 계획은 이러한 상황에서 적절히 실행될 수 없다.[19]

그러나 독일에서는 교회에게 공적인 삶에 독자적 방식의 참여, 즉 국내의 신학적 입장을 토대로 하는 참여를 발달시키는 새로운 역사적 기회를 제공해 주었다. 공교육 체제에 대한 독일 교회의 참여도 특히 20세기 후반에 서서히 변화되었는데, 기독교의 책임성이라는 종교 교육의 패러다임으로 새롭게 변화되었다. 독일연방공화국의 기본법(1949. 7. 3 조항)은 종교의 원리들을 따르는 교회뿐만 아니라 교파의 교리에 관한 종교 교육을 기술하고 있다. 그러나 개신교 종교 교육에 관한 한 독일의 개신교 교회들은 가톨릭의 교리주의와 같은 신학적 원리들을 중시하지 않는다. 독일의(또는 오스트리아와 스위스에서는 수정된 형태로) 교회는 파울러가 사용한 용어인 공적 교회로서의 역할을 수행한다. 교회는 공립학교 체제 밖의 지역 회중들에게 뿐만 아니라 초등학교 수준(유치원)에서 시작하여, 대학교 수준을 거쳐 그 이상의 공립 학교 교육 제도의 공

---

18 위의 책, 88-89.
19 위의 책, 205-206.

적 체제 범위 내에서도 공적 교회로서 기능한다.[20]

오늘날 다원주의 사회에 있어서 종교의 자유가 있고 또한 교회는 공적 교회로서 기능과 역할을 감당해야 하는데 많은 어려움이 있고 장애물들이 존재하고 있다. 요한네스 반더 벤은 공적 교회로서 실제로 교회가 어떤 기여를 할 수 있는지를 말하고 있는데, 그 기여가 바로 교회의 사회봉사적인 기여와 활동이라는 것이다. 즉 디아코니아 사역이다. "순수한 봉사의 사역은 교회가 가난한 사람에게 행하는 구제 활동이 아닌 가난한 사람들과 함께하는 교회에 의한 활동이 되어야 하며, 보다 좋은 것은 가난한 자들의 교회에 의해서 이루어진다. 가난한 자들을 위한(for) 교회는 가난한 자와 압제 받는 자가 동정과 교회 구성원들의 자선을 바라며 교회에 애원자로서 다가온다. 이것은 가난한 자들 모두의 품위를 낮추는 행동이다. 어느 정도까지 서구 교회는 교회가 되려고 하고 있다고 주장할 수 있는가? 가난한 자와 함께하는(with) 교회는 가난한 자와 압제 받는 자와 자신을 동일시함으로써 이런 질문 때문에 발생하는 곤란을 해결한다. 동일시하기(identifying)는 "만일 네가 이것을 가난한 자와 압제당한 자에게 행하면 너는 그것을 나(교회)에게 행한 것이라, 우리 교회 구성원에게 한 것이라"는 의미이다. 가난한 자들에게 대한 교회의 봉사적(diaconal)/사회적 임무는 무엇인가? 봉사의 일은 항상 두 가지 차원을 지녀왔다. 하나는 영적이고 물질적인 것이고, 다른 하나는 개인적/집합적인 것이다.[21]

---

20 위의 책, 208-209.
21 요한네스 반 더 벤(Johannes A. van der Ven), "종교의 자유와 공적 교회", 같은 책, 304-305.

3. 실천신학으로서의 디아코니아학(기독교 사회봉사/복지 신학)

1) 한국 개신교회에 있어서의 디아코니아 이해와 과제

한국 개신교회는 세계 교회의 선교 역사 가운데서도 독특한 역사와 전통을 가지고 있을 뿐만 아니라, 현재적 상황에서도 세계 선교를 위하여 가장 열정적으로 힘쓰고 있으며, 강력한 선교적 비전을 구체적으로 펼쳐 나가고 있다. 그럼에도 불구하고 한국교회의 선교 현장에는 아직도 보수적인 복음주의적 신학과 신앙 혹은 근본주의적 입장에서 타 문화권의 역사와 사회에 대한 문화적 이해와 지식이 부족한 채 대립적인 관계에서 배타적인 입장을 취하고 있는 선교사들이 많이 있으며, 피선교지의 현장이 가장 필요로 하는 현실적인 상황과 환경의 이해도 없이 무조건적 복음의 전파만을 고집하며 사탄과의 대적적 관계로 선교를 이해하고 있는 경향도 많이 있는 것이 사실이다. 더욱이 피선교지 교회와 타 교단과의 에큐메니칼적인 협력 선교는 어디에서나 문제시되고 있어서 21세기 새로운 문화 선교 시대에 있어서 새로운 선교의 발전에 장애 요소로 지적되고 있다.

오늘날 21세기 초의 한국 개신교회는 보수적인 신앙의 전통을 지키면서도 좀 더 공적인 책임을 감당하는 사회 참여적이며 사회책임적인 신학 사상과 신앙의 갱신과 발전에 많은 관심을 가지고 있고 노력하고 있으며, 또한 교회 연합적 내지 일치적인 관심과 노력을 기우리고 있는 모습을 볼 수 있게 되어서 부분적으로나마 긍정적인 시각으로 미래의 한국교회를 전망할 수 있게 되었다. 그러나 여전히 한국 개신교회는 한국교회의 근저에 흐르고 있는 보수적인 근본주의적 신학의 영향으로 말미암아 사회참여적이며 사회책임적인 신학과 신앙을 받아들이고 열린 교회와 섬기는 교회로서의 공적 교회의 선교적 사명을 감당하기에는 많은 어려움이 있다고 볼 수 있다. 이런 사회선교적 신학의 기초 위에 사회 참여적 사회책임적인 신앙을 바탕으로 한 사회봉사에 충실한 목회자, 교회, 교단은 소수에 머물러 있다.

더욱이 선교와 디아코니아는 뗄래야 뗄 수 없는 밀접한 불가분리의 관계에 있으면서 선교적 디아코니아와 디아코니아적 선교를 할 수 있는데, 한국 개신교회는 이 두 분야를 따로 분리시켜서 이해해 왔으며, 다분히 디아코니아 사역을 신학적 이해의 부족으로 구제 사업이나 자선 사업의 일부로 이해해 왔다고 할 수 있다. 그럼에도 본질적으로 교회는 구호 단체가 아니라는 부정적 이해에 치우쳐서 디아코니아를 통한 선교나 선교를 통한 디아코니아 사역의 의미를 추구해 오지 못한 경향이 있는 것이다. 특별히 개혁주의, 경건주의, 칼빈주의는 한국의 모든 개신교회에 있어서 그 사상적 기초를 형성하고 있다. 그러나 막상 개혁주의적, 경건주의적, 칼빈주의적 신학에 있어서 매우 중요한 자리를 차지하고 있는 디아코니아에 관하여는 좋은 영향을 받지 못했으며 그 역사에 대해서도 잘 소개되어 있지 않았다. 그러므로 속히 디아코니아에 관한 신학적 조명과 연구, 그리고 강의가 모든 교단을 막론하고 강의실에서 필수 과목으로 강의가 이루어져야 하는 것이 시급한 한국 개신교회의 발전과 갱신에 중요한 과제라 할 수 있을 것이다.

포스트모던 시대의 한국 개신교회는 다양성의 시대이며, 개인주의화, 세계화, 정보화 시대에 열린 문화적 가치관과 사회 참여적 의식을 가지고 교회의 문을 사회를 향하여 활짝 열고 좀 더 사회적 관심을 많이 가지며 사회 속에서 하나님의 나라를 아름답게 건설해 가고자 노력하고 있다고 할 수 있다. 이러한 노력은 기존의 전통적인 선교관에서 사회 선교적인 의식을 가지고 접근하게 되는 것이며, 섬기는 공동체로서의 교회의 본질에 새롭게 갱신하는 노력의 일환으로 보여지는 것이다. 여기에는 교회와 사회의 관계성, 교회의 사회적 책임과 과제, 선교적 사명 등에 관한 신학적인 정립과 조명이 절실히 요청되고 있으며 신앙 고백적인 정립이 보충되어야 할 필요성이 남아 있으며, 신학 교육 과정에 있어서 커리큘럼의 조정이 필요한 과제로 남아 있는 것이다. 특별히 후기 산업화 시대인 오늘날에는 사회의 변동이 다양하게 이루어져서 사람들의 삶의 형태와 사회적 문제들이 너무나도 다양하게 나타나고 있는 것이다. 그래서 목회의 형태나 목회적 과제들도 다양하게 변화되고 구별되어지며 특별한 전문적 지식이나 경험이나 기술적인 면이 요청되고 있는 것이다. 이러한 점에서 교회의 실천적인 목회와 선교의 과제와 방법 또한 시대의 변화에 따라서 다양화 되고 전문성을 요구하게 되었다. 이러한 변화의 한 중요한 과제로서 우리는 오늘날 공적인 교회의 사회 책임적인 과제로서의 기독교 사회봉사 혹은 교회의 사회봉사 혹은 사회 선교의 문제를 접하게 되었다. 그리고 우리는 이 기독교 사회봉사를 하나의 실천신학의 필수적인 과제로서 의미와 가치를 확인하고자 하는 것이다. 기독교 윤리학의 한 부분으로서 다루어지기도 하나 아직도 신학의 종합적인 차원에서 디아코니아(기독교 사회봉사/복지)가 학문적으로 조명되고 다루어지고 있지 않다는 점이 한국 개신교회의 사회봉사에 관한 현주소를 말해 주고 있다고 할 수 있는 것이다.

2) 초기 한국 개신교회의 디아코니아에 관한 역사적 이해

한국 개신교회의 전 역사를 이 짧은 지면에서 다룰 수는 없다. 그러나 분명히 한국 개신교회는 서구에서 온 공식 선교사들이 입국하여 선교 활동을 시작한 19세기 말 이전 50년 전에 이미 비공식 선교사로 구한말 한국 땅에 발을 디뎠던 스코틀랜드의 토마스(R. J. Thomas, 1839-1866) 선교사, 독일의 귀츨라프(K. F. Gützlaff, 1803-1851) 선교사, 그리고 스코틀랜드의 존 로스(J. Ross, 1842-1915) 선교사 등과 이후의 공식 선교사들 즉 알렌(H. N. Allen, 1858-1932), 언더우드(H. G. Underwood, 1859-1916), 아펜젤러(H. G. Appenzeller, 1858-1902), 스크랜튼(W. B. Scranton, 1856-1922), 헤론(Heron, 1856-1890) 등 대부분이 의료 선교사와 교육 선교사들로서 복음을 직접 전하기 이전에 사회봉사적인 활동을 중심으로 복음을 전하게 되었고, 그 이후에도 한국의 개화기에 있어서 근대적 서양의 병원 제도와 교육 제도의 도입에, 그리고 시국 발전에 있어서 필수적인 많은 분야의 개선과 계몽에 지대한 영향을 미쳤던 것을 부정할 수 없을 것이다.[22]

한국 개신교회의 역사에 있어서 한국교회가 교회의 중요한 기본적 과제와 책임으로서의 사회봉사를 어떻게 소홀히 취급하였으며 등한히 하게 되었는지에 관한 역사적 근거 자료는 여러 가지 면에서 찾아 볼 수 있으나 구체적으로 선교사들의 입장에서 구체적으로 그 문제점을 분명

---

[22] 한국 개신교회의 디아코니아의 역사에 관한 자료는 필자의 학위 논문이며 독일어로 출판된 졸저, Seung-Youl Lee, 『Die Geschichte der Diakonie in den protestantischen Kirchen Koreas und Perspektiven für die Erneuerung ihrer diakonischen Arbeit - Eine Fallstudie innerhalb der Presbyterian Church of Korea』 Peter Lang, Frankfurt am Main, Berlin, Bern, Bruxelles, New Zork, Wien, 1999.

하게 언급하고 있는 자료는 1932년에 조선예수교서회에서 발행한 곽안련(Charls Allen Clark: 1878-1961) 선교사의 『교회사회사업』[23]이라는 책에서 잘 표현되고 있음을 발견할 수 있다. 이 책은 1930년대의 한국 개신교회의 당시의 다양한 교회의 사회적 책임으로서의 사회봉사적 과제들을 자세히 소개하고 있다. 그는 서문에서 하나님께 대한 예배와 말씀 중심의 영적인 과제가 우선시 되고 중심이 되어 있었던 한국교회의 정체성을 나타내고 있으며, 사회적 약자인 도움을 필요로 하고 있는 불우한 이웃들에 대한 교회적 책임도 간과될 수 없는 분명한 새 계명의 하나로서 확인하고 있는 것이다. 그러나 항상 한국교회는 경우에 따라서는 사회봉사적 과제와 책임도 무시될 수 있고, 복음 전파와 예배의 의미에 비하여 그 중요성이나 가치가 낮게 평가되고 있음을 잘 나타내고 있는 것이라 할 수 있다. 그런 영향은 지금까지도 계속되고 있다고 해도 과언이 아닌 것이다. 즉 한국 개신교회의 목회자 양성 과정인 신학 교육에 있어서 초기 선교사들의 의식과 복음주의적 영향이 절대적인 영향이었음을 증명하는 것이며, 특별히 일제의 식민지 통치하의 특별한 사회 상황, 정치 상황 속에서 한국교회는 사회 참여적 사회책임적인 신학과 교회적 사명을 바르게 감당하기가 어려운 실정이었음을 알 수 있는 것이다.[24] 이 책에는 공적인 교회의 공적 책임으로 그 당시 한국 개신교회가 얼마나 사회적인 책임과 과제와 사명으로서의 책무를 잘 강조하고 있는지를

---

23 곽안련, 『교회사회사업』 (서울: 조선예수교서회, 1932).
24 이 문제는 한국교회의 선교와 지도를 위한 원칙으로서 중요한 역할을 감당했던 초기 선교사들이 채택한 네비우스 선교 정책의 정신을 참고해야 한다. 특별히 한국인 목회자들의 신학 교육에 관하여 1896년에 제안한 레이놀드 선교사의 구체적인 네비우스 선교 정책의 원칙이 결정적인 장애 요소가 된 것으로 보인다. (W. D. Reynolds, The native ministry, in: The Korean Repository, 1896년 5월호, 200-201.)

90여 년 전의 시대 상황과 비교하여 볼 수 있는 매우 중요한 자료라 할 수 있을 것이다. 1930년대 한국교회의 사회봉사적 책임으로서는 민중의 경제 생활에 대한 교회의 책임, 자선 사업에 대하여, 빈민, 고아와 양로, 난치병자에 대한 교회의 책임, 죄수와 교회의 책임, 폐창과 교회의 책임, 금주와 교회 의무, 담배와 독약에 대한 교회의 책임, 동물 대우에 대한 교회의 책임, 평민의 오락 문제 등이 다루어져 있다.[25]

3) 독일 개신교회의 실천신학과 디아코니(Diakonie)

(1) 독일 개신교회의 실천신학적 과제

① 독일 개신교회 실천신학의 역사적 발전 과정

실천신학은 독일에서 학문으로서 생겨났지만 다른 신학의 분야들과는 달리 세계적인 신학으로서 그 위치를 확보하지 못하였다. 그러나 20세기 말에 와서 독일의 실천신학이 새로운 전환점을 맞이하여 놀라운 학문적인 발전을 이루어 가고 있었는데 이것은 실천신학의 창시자인 프리드리히 다니엘 에른스트 슐라이어마허(Friedrich Daniel Ernst Schleiermacher:1768-1834)에 대한 해석의 관점이 바뀌게 된 데 기인하고 있다는 견해가 있다.[26] 독일 개신교회에 있어서 실천신학은 실천신학의 아버지라고 불리우는 슐라이어마허가 1811년에 출판된 흔히 '신학 입문'으로 불리우는 "Kurze Darstellung des theologischen

---

25 곽안련, 위의 책.
26 하우실트, 이영미, 슈뢰터 엮음, 『창조적인 목회를 위한 실천신학- 현대 독일 실천신학 알기』 (서울: 한들출판사, 2000), 48.

Studiums zum Behuf einleitender Vorlesungen"("개론적 강의를 위한 신학적 수업의 짧은 서술")에서 실천신학을 신학의 전체 영역 내에서 자리매김을 하였는데, 이는 곧 교회 행정과 교회 봉사에서의 교회 지도를 발전시키기 위함이었다. 그러나 슐라이어마허 이전에 있었던 독일 교회의 실천신학적 발전의 기초적 토대에는 마틴 루터의 1523년 라이스니히(Leisnig) 교회의 요청에 의하여 쓴 글 "Kirchenlenkung"(교회 운영 지도)에서 예를 들면 "그리스도의 교회는 그들의 교사를 임명하고 또 해직시킬 권리와 힘을 가지고 있다" 등의 내용을 포함하는 교회의 실제적 운영을 위한 지도적 차원의 실천신학적 사상을 표현한 글이 있으며, 이후 종교개혁 시대의 최초의 실천신학자로서 인정되고 있는 Andreas Gerhard(1511-1564)는 "De Theologo seu de ratione studii Theologici(1556)" 4권에서 개교회의 활동과 공교회적 지도 활동에 대한 내용을 발표하였다. 이후 1618년에 Dordrecht 노회가 나이 든 신학생들에게 실천신학을 가르칠 것을 결정하였는데, Voetius가 실천신학을 위한 프로그램의 기초를 놓았다. 그 내용으로는 목회학 이론, 목회 상담학, 기독교적인 삶의 이론, 설교학, 교회 행정학 등이었다. 독일 교회의 경건주의는 개교회의 거듭남을 특별히 목회자의 영적인 갱신을 실천신학의 목표로 삼았으며, 계몽주의는 실천신학의 목표를 목회자의 능력과 유용성에 대한 의미에 두었다.[27]

슐라이어마허는 목회를 실천신학적 과제들 안에서 그 자리를 규정하였을 뿐만 아니라 거기에다가 목회에 있어서 새시대적인 이해를 위한

---

27 Christian Möller, 『Examenreader für Praktische Theologie』 13. Aufl. Heidelberg, 1998. 29-30.

윤곽을 분명하게 표시하였던 것이다.[28] 그는 18세기의 다양한 사조들, 즉 정통주의, 경건주의, 계몽주의, 그리고 서서히 시작되던 낭만주의 등을 종합했고, 신학적으로 교육과 경건, 그리고 삶과 가르침의 관계를 다시 밝히고자 했던 것이다. 그의 신학은 세속 문화 속에서 18세기의 교회와 신학, 그리고 종교가 점점 대립적인 양상을 띠게 된 사실에 대한 반응으로 나타난 것이며 동시에 그는 산업화를 통하여 새롭게 부각되고 있던 자연과학적, 기술학적, 그리고 사회학적인 변혁을 염두에 두고 있었다고 할 수 있다. 이렇게 그는 신학을 근대적 학문 이론에 근거하여 발전시킨 첫 번째 인물이었으며 특히 실천신학을 독자적인 새로운 학문으로 자리를 잡게 한 인물이었다.[29] 슐라이어마허에 의하면 목회의 과제들은 세 가지의 차원의 방법에서 나뉘어지는데, 첫째는 교육학적인 방법, 둘째는 디아코니적인 방법, 셋째는 엄밀한 의미에서 종교적인 과제들의 경우에서 분명하게 구분된다고 하였다.[30] 그리고 목회의 디아코니적 과제들은 기독교가 인간 개개인의 필요에 대한 자선을 위하여 교육시킨 과제들 중에 가장 오래된 재고품에 속하는 것[31]이라는 이해도 있다.

독일 개신교회의 실천신학은 슐라이어마허 이후 발전을 거듭해 오다가 특별히 1945년 이후에 와서는 다양한 의미의 강조점에서 실천신학이 발전하였다. 그러한 다양한 의미들은 다음과 같다: Otto Haendler의 "현재적인 교회의 구조 신학으로서의 실천신학", Werner Jetter의

---

28 Gerhard Müller(Hrsg.), TRE (Theologische Realenzyklopädie), Bd. 27. Walter de Gruyter, Berlin, New York, 1997. 167.
29 하우실트 이영미 슈뢰더, 위의 책, 50.
30 Gerhard Müller., 위의 책, 168.
31 위의 책, 186.

"교회적인 봉사의 신학으로서의 실천신학", Manfred Seitz의 "완전한 복음정신적인 훈련으로서의 실천신학", Rudolf Bohren의 "선교적인 훈련으로서의 실천신학", Ernst Lange의 "교회의 포괄적인 교제 이론으로서의 실천신학", Gerd Otto의 "사회에서 종교적으로 연결된 실천의 비판적인 이론으로서의 실천신학"[32], 그리고 Dietrich Rössler의 "교회의 역사적인 형성과 교회에서의 그리스도인들의 공동적인 삶에 대한 책임의 기초를 형성하는 학문적인 이론으로서의 실천신학"[33] 등이다.

② 독일 개신교회 실천신학의 주요 과제

슐라이어마허 이후부터 형성된 실천신학의 입장 규명은 교회적인 실천의 이론으로서의 실천신학이라 할 수 있다. 이 실천신학은 교회적인 활동을 비판적으로 반영하고 지도 안내하는 것으로 명백하게 나타나고 있는데, 이런 독일 개신교 실천신학적 전통에 의하면 모든 신학은 철학과 같이 그 자체 안에 목적을 가지고 있는 순수 학문이 아니고, 법학이나 의학과 같이 질서 있는 활동을 그 안에서 가능하게 하기 위하여 정리하고 검증되어야 할 실천적인 학문으로 이해되고 있다. 특별히 실천신학에 있어서는 개교회와 전체 공교회의 지도에 필요한 복음 전파적, 목회적, 예전적, 그리고 지도행정적인 활동에 대한 신학적인 개념들을 연결시키고 있는 것이다. 19세기에 발달된 독일 개신교회의 실천신학은 교회 안에서, 그리고 세상에 있는 교회를 통하여 하나님의 나라의 올바

---

32 Gerd Otto, Grundlegung der Praktischen Theologie, Kaiser Verlag, München 1986.
33 Dietrich Rössler, Grundriss der Praktischen Theologie, Walter de Gruyter, Berlin, New York, 1986.

른 실현에 관한 신학적 이론으로 이해되고 있다.[34] 예수 그리스도의 복음과 삶으로부터 출발하여 교회는 세상이 하나님에게 속해 있음을 증거할 필요가 있었다. 그래서 교회적인 실천은 세상 속에 있는, 그리고 사람들을 위하여 하나님의 나라가 실현되어지는 것과 같은 모델이 되는 것이라 할 수 있는 것이다.

독일 개신교회의 실천신학에서 다루어지고 있는 교회적 활동의 네 가지 기본 과제의 규정은 복음 전파, 목회, 사회봉사, 기독교 교육이다. 이 점에 있어서 우리와 다른 점이 비교되는 것이다. 현재적인 독일 개신교회의 실천신학에서 다루어지고 있는 좀 더 세분화된 교회의 실천적 과제로서 실천신학의 주요한 과제 영역은 첫 번째는 교회 설립의 이론[35]인데 여기에는 예배, 교회 성장, 교회론적 이론, 선교적-에큐메니칼적 이해 등이 다루어지고 있다. 두 번째 영역은 예배학이며, 세 번째 영역은 설교학이며, 네 번째 영역은 목회학이다. 다섯 번째 영역은 기독교 교육학[36]이다. 이는 학습에 관한 이론이다. 독일의 목회자들은 특별히 일반 학교에서 종교 교사의 역할을 감당해야 하며 가장 중요한 교회 내의 학습으로서 청소년들의 입교 교육을 책임진다. 여섯 번째 영역은

---

34 Christian Möller, 위의 책, 44.
35 Christian Möller, Lehre vom Gemeindeaufbau, Bd. 1, 2, Göttingen, 1986, 1989.
36 독일 개신교회의 종교 교사를 위한 교육 과정은 일반적인 신학의 과정에서 실천신학에 속해 있는 Religionspädagogie(종교 교육학)을 포함하여 모든 신학 교육 과정을 마치고 국가고시(Staatliche Examen)를 마친 전도사(Vikar)와 목사들이 그 지역의 종교 교육(기독교 교육)을 책임질 뿐만 아니라 교육전문 대학(Pädagogische Hochschule)에서 신학을 공부한 학생들이 마찬가지로 국가고시를 마치고 자격을 획득한 후 직업적인 기독교 교육을 전담하는 종교 교사로서 초,중,고등학교에서 활동하고 있다. 그러나 독일 교회는 일반 학교에서 기독교 교육을 가르칠 수 있는 교사의 출신 교단을 복음주의 루터교(Evangelisch Lutherische Kirche), 개혁교회(Reformierte Kirche), 연합교회(Union Kirche: 루터교와 칼빈주의 교파의 연합교회)에만 허락하고 있으며 기타 자유교회(Freikirche)에 소속된 교단들은 제도적으로 기독교 교육에 참여할 수 있는 권한을 제한하고 있다. (필자주)

성례전학으로서 세례, 결혼식, 장례식 등에 관한 예전 영역이다. 마지막 영역은 기독교 사회봉사학으로서 교회의 구호적인 봉사 활동에 관한 이론이다.[37]

실천신학에 있어서 디아코니아 부분은 실천신학개론서로 널리 알려진 뢰슬러(Dietrich Rössler)의 실천신학의 입문서[38]에도 실천신학의 필수적인 한 중요 부분으로 잘 소개되고 있다. 이 책에서는 개인, 교회, 사회 등의 큰 세 분야에 12개 장으로 주제가 구분되어 있다. 즉 종교, 인간, 디아코니, 직분 활동, 교회, 직분, 설교, 예배, 기구, 직업, 교육, 개교회 등이다. 이 중에서 디아코니는 세 번째로 다루어지고 있으며, 전체 40개 항목 중 디아코니 분야는 3개 항목 즉 사회 선교와 디아코니, 복음주의적인 목회의 발생, 목회학의 특징 등을 다루고 있다. 또한 실천신학의 핸드북으로 널리 알려지고 있는 블로트(Peter C. Bloth)외 6명의 여러 유명한 실천신학자들이 공저로 함께 쓴 '실천 영역: 사회와 세상'[39]에서는 디아코니를 포함한 좀 더 세부적으로 자세한 실천신학적인 과제들을 소개하고 있다.

③ 세부적인 실천신학의 과제들

실천신학에 다루어지고 있는 중요한 세부적인 과제들을 블로트(Peter C. Bloth)의 책임편집으로 출판된 실천신학 핸드북 4권에서는 크게 네

---

37 Christian Möller, Examenreader für Praktische Theologie, 51-318.
38 Dietrich Rössler, Grundriss der Praktischen Theologie, Walter de Gruyter, Berlin, New York, 1986. 139-197.
39 Peter C. Bloth, Karl-Fritz Daiber, Jürgen Kleemann, Claus-Jürgen Roepke, Henning Schröer, Traugott Stählin, Klaus Wegenast, Handbuch der Praktischen Theologie, Bd.2, Bd. 4, Gütersloher Verlagshaus Gerd Mohn, 1981, 1987.

가지 영역으로 교회의 실천신학적인 과제들을 다루고 있으며, 그 영역의 세부적인 과제들을 자세히 소개하고 있다. 그 첫 번째는 복음 전파와 커뮤니케이션 분야인데 여기에는 민족교회적 상황에서의 예배 의식과 상징, 민족교회적 예배 의식의 기구, 교회력에서의 페리코페(Perikope: 성서 발초, 일일 성경 봉독 성경 구절)[40], 신자용 편람, 어린이 예배, 찬송가, 성서 번역, 전도, 민족 교회에서의 전도, 무신론적인 사회에서의 전도, 은사적인 갱신, 교회 대회(Kirchentag)[41], 커뮤니케이션의 모델로서 세계교회협의회, 교회 외의 종교들, 출판과 대중 매체 사업, 교회의 언론 사업과 대중 사업, 라디오와 텔레비전, 시청각 음향과 신학, 서적과 출판에 관한 모든 것, 교회에서의 작은 문서들, 교회 건축, 오늘날의 교회 음악, 예술과 교회 혹은 교회적 실천의 예술 등이[42] 소개되고 있다.

둘째 영역에서는 교육과 사회화 영역인데 여기에는 기독교 학교, 개

---

40 페리코페(Pericope)는 예배 때 읽히고 설교 때 인용되는 성경의 귀절들을 교회력에 따라서 정해 놓은 것이다.
41 필자주: 독일 교회의 '교회 대회'(Kirchentag) 행사는 개신교회와 가톨릭교회가 매 2년 마다 개최하는데 일 년씩의 차이를 두어 겹치지 않도록 하고 있다. 독일 전국의 대도시를 중심으로 개최되며, 경우에 따라서는 밀집되어 있는 가까운 중소 도시 몇 개를 함께 묶어서 공동으로 개최하기도 한다. 교회 대회 행사는 '교회의 날' 행사로 잘못 오역되어 왔는데, 교회 전체의 축제행사로서 특별 준비위원회가 2년 동안 치밀하게 준비하여 개최하는데, 전 세계의 기독 교회가 함께 참여하게 되는 에큐메니칼 차원의 의미를 갖고 있다. 전 세계적인 이슈가 되고 있는 정치, 경제, 문화, 종교, 윤리, 인종, 인권, 자유, 여성 해방 등 수많은 주제들을 다루되 세계적인 석학들 즉 그 분야의 전문가들을 초빙하여 공개적으로 강연회를 개최하고 여기에 전국에서 신학자, 교수, 목회자, 신학생, 평신도, 기관종사자 등 수십만 명의 국민들이 자유롭게 참여하고 있다. 이 대회를 진행하기 위한 위원회는 치밀한 계획하에 3 천여 개가 넘는 다양한 프로그램과 숙박 시설과 개최 장소들을 자세한 지도와 함께 안내 책자를 통하여 소개하고 있고, 그 해당 지역의 교회, 학교, 공공기관 시설들이 함께 협조하며 민박 시설도 소개하고 있고, 교인들이 자발적으로 저들의 빈 방을 민박용으로 제공하면서 자원봉사적 차원에서 함께 참여하고 있다. 여기 교회 대회 행사에는 중요한 예배, 성만찬, 강연회, 문화 축제, 전시회, 판매, 상담, 각종 교회적 기관과 시설의 소개 및 홍보, 도서 판매 및 전시 소개 등을 하고 있으며, 보통 4-5일 정도 계속해서 열리고 있는 교회 최대의 축제 행사인 것이다. 특별히 이 기간 중에 이미 남북 교회의 대표단들이 공식적인 행사로 함께 예배 드리는 프로그램이 오래 전부터 실시되어 왔다. 최초의 독일 개신교회의 교회 대회 행사는 1848년 9월에 Wittenberg의 Schloßkirche에서 개최되었다.
42 Peter C. Bloth, 위의 책, 191-192쪽.

신교 아카데미, 지방의 국민전문학교, 목사 교육, 전문 대학에서의 신학 수업, 전도사 교육, 목사의 계속 교육, 목사직에로의 특별한 길[43], 개신교 종교 교사의 신학적, 교육학적 직업 교육, 베를린(서독)에서의 개신교회의 세례 교육 봉사, 동독에서의 세례 문답 교사와 개교회 교사의 직업 교육, 개신교 교사들을 위한 원거리 수업, 교사와 목사들을 위한 직업 교육, 향상 교육, 계속 교육에서의 주교회의 종교 교육학적인 연구소와 그들의 과제들, 교수 교재와 학습 교재의 발달, 개신교 전문 대학과 그들의 직업 교육 과정, 개신교 전문 대학과 다른 연구소들에서의 신학-교육학적 동역자들의 직업 교육, 교회적인 동역자들의 직업적인 계속 교육, 교회 음악의 직업 교육, 성인 교육을 위한 전체 공교회적인 사업에서의 협력 사업 등이 소개되어[44] 있다.

셋째 영역에는 목회와 기독교 사회봉사가 들어 있는데, 여기에는 에큐메니칼적인 디아코니아, 세계를 위한 빵(Brot für die Welt), 교회들 간의 구호와 개발, 평화 봉사와 화해 봉사, 장애인들을 위한 구호, 우리들 사회의 도전으로서의 장애인, 맹인과 시각장애인, 청각장애인와 난청자, 정신장애인, 지체장애인, 중증장애인, 비행청소년들을 위한 구호, 유랑민(가난한 유랑빈민), 교도소에 갇혀 있는 사람들, 청소년 구호/교육

---

43 독일 교회에는 인문계 중.고등학교(Gymnasium)를 정식으로 졸업하지 않고도 실업학교(Realschule)나 의무제 일반 중학교(Hauptschule)를 졸업한 학생들이 대학에 진학할 수 없는 입장에 있음에도 불구하고 이들 가운데 탁월한 재능이 있고 신앙과 소명이 있는 자들을 목사들이 추천하여 디아콘 양성전문학교나 설교자 성서 학교(Bibelschule Prediger)에서 교육을 받고 7년 동안의 신학 수업을 받게 한 후 두 번의 신학고시를 치고, 대학의 신학부에서 신학을 하고 목사가 된 자들과 동등한 자격을 부여하고 안수를 주는 유일한 기관이 하노버 주교회에 소속된 Celle와 Hermannsburg 지역에 있었다. 그러나 1985년 이후에는 더 이상 학생들을 받아들이지 않고 있다. Peter C. Bloth(Hrsg.), Handbuch der Praktischen Theologie. Bd.4. Praxisfeld. Gesellschaft und Öffentlichkeit, Gütersloher Verlagshaus Gerd Mohn, Gütersloh 1987. 250.

44 위의 책, 193-348.

디아코니아, 환자들을 위한 구호, 병원 목회, 심리환자, 중독중환자, 요양 목회, 위기를 위한 구호, 상담소, 전화 목회, 자살 방지, 특별한 과제와 상황을 위한 구호, 노동계에서의 교회적 봉사, 휴가 목회, 군종 목회, 경목, 시민 봉사(사회공익요원)/전쟁봉사거부자, 외국인 노동자, 선원 선교, 역전 선교, 대도시 선교, 농촌에서의 교회 봉사, 노인 구호, 목회자와 디아코니아에 대한 직업 교육, 목회자에 대한 직업 교육, 디아코니아에 직업 교육 등이[45] 자세히 소개되어 있다.

넷째 영역에는 지도와 조직 분야로서 교회 행정 분야가 소개되어 있다. 여기에는 교회 헌법, 교회의 회원(교인됨), 교회 지도의 과제, 교회 지도의 기구, 교회의 계획, 주교회와 교회 영역, 에큐메니칼적인 공동체에 있어서의 공교회와 개교회, 교회와 교회의 사회적, 그리고 정치적인 세계에로의 연루됨[46] 등이 소개되어 있다.

(2) 실천신학에 있어서의 기독교 사회봉사학의 과제들

기독교 사회봉사학은 독일에서 두 가지의 용어로 표시되고 있다. 하나는 Diakonik이며 또 하나는 Diakoniewissenschaft이다. Diakonik은 디아코니(Diakonie)의 전문교육적인 형태에 그동안 주로 사용되어 온 용어이며, Diakoniewissenschaft는 교회의 사회적 존재와 사회적 행동에 대한 연구와 조직적인 교회의 역할에 대한 서술에 주로 쓰이고 있는 용어인데 이 Diakoniewissenschaft라는 용어가 이제는 하이델베르그대학의 신학부에 소속된 실천신학 분야의 디아코니연구소(DWI:

---

45 위의 책, 351-598.
46 위의 책, 601-684.

Diakoniewissenschaftliche Institut)를 중심으로 실천신학에 속하면서도 종합적인 신학의 독자적 위치를 확보하고 있는 명실상부한 기독교 사회봉사학으로서 그 이름을 확보하고 있다고 볼 수 있는 것이다.

기독교 사회봉사학으로서의 Diakonik이 신학 역사적으로 이렇게 형성된 근거를 하이델베르그 대학의 디아코니아 연구소 소장을 역임했던 조직신학자 파울 필리피(Paul Philippi) 교수는 다음의 세 가지 견해를 가지고 설명하고 있다. 첫 번째는 종교개혁 운동의 교회적 유산으로 보았다. 종교개혁적인 칭의 복음의 결과는 단체적인 사회적 책임을 강조한 데 대하여 사랑의 행위의 개인윤리적인 질문을 강조하게 되었다는 것이다. 두 번째는 디아코니아 내부의 발전으로 보았다. 디아코니아적인 실천은 아카데미적 신학적인 영향보다는 신학 밖의 사회적인 영향들이 직접적으로 디아코니아를 규정했고 규정하고 있다고 보는 것이다. 세 번째는 실천신학의 자기 이해이다. 역사적으로 실천신학은 "올바른 취급법"을 배우는 것과 모든 교회 지도의 개념 아래 적용되어야만 했던 과제들로부터 출발했는데 교회 지도의 개념은 주교회에 속한 목사들의 관습적인 활동에로 연결된 범주 즉 예배, 설교, 교육, 목회 등에 제한되어 있었던 것이다. 이러한 상황 속에서는 디아코니아는 학문적인 신학 내에서 처음에는 자기의 자리를 찾을 수가 없었던 것이다.[47]

독일 개신교회의 디아코니아와 사회 선교의 역사에 있어서 가장 중요한 계기와 공헌을 세운 역사적인 인물은 요한 힌리히 뷔헤른 (Johann Hinrich Wichern: 1808-1881)이다. 그의 사회 선교(Innere Mission)적 삶

---

47 Gerhard Müller, 위의 책, 657.; Reinhard Turre,, Diakonik_ Grundlegung und Gestaltung der Diakonie, Neukirchener, 1991.참조.

과 사상은 그의 1848년 뷔텐베르그(Wittenberg)의 성교회(Schloßkirche)에서 개최된 제1회 '교회 대회'에 참가하여 발표한 연설과 사회 선교에 대한 그의 사회 선교에 대한 1849년의 백서(Denkschrift)가 기준이 되어 오늘날 독일 개신교회 디아코니와 사회 선교의 출발점이 되었으며 그 때로부터 실제적인 디아코니아와 사회 선교의 역사를 헤아리게 되었다고 할 수 있는 것이다. 뷔헤른의 공헌은 산업 혁명으로 인한 사회 변동의 시대에 생겨난 도시 빈민들과 도시 근로자들의 가난한 프롤레타리아 계층의 사람들의 사회적 문제에 교회가 책임 의식을 가지고 문제 해결에 관심을 가지지 못하고 방치함으로 인하여 사회주의 공산주의 사상이 생겨난 1848년 전후의 상황에서 이러한 가난한 사람들의 사회적 문제들에 대하여 교회가 책임감을 가지고 적극적으로 돌보고 사랑해야 할 이웃 사랑의 실천을 전국적인 교회적 조직으로 받아들일 수 있는 이론적 신학적 근거와 실천적인 모범을 보임과 동시에 전국 교회적인 조직 즉 '사회선교중앙위원회'(Centralausschuß der Inneren Mission)을 조직하여 이후로 모든 독일의 교회들이 주교회를 중심으로 사회선교위원회와 유기적인 관계를 긴밀하게 맺게 함으로써 독일 개신교회의 디아코니와 사회 선교적 모든 활동의 기초와 모범을 이룩한 점이라 할 수 있는 것이다.[48]

---

48 Wichern에 관한 자료는 그에 관한 전집 Peter Meinholt(Hrsg.), Sämtliche Werke, Lutherische Verlagshaus, Berlin, Hamburg 1968. 외에 다수가 있다. 필자의 디아코니 디플롬 학위 논문은 Wichern의 중요문서 두 가지를 분석한 논문이다. Seung-Youl Lee, Die Grundgedanken der Diakonie bei Johann Hinrich Wichern und sein Gutachten über die Diakonie und den Diakonat, Diplomarbeit am Diakoniewissenshcaftlichen Institut Heidelberg Wintersemester 1993/1994. 국내에서 출판된 뷔헤른 자료로는 박영환, 『기독교 사회봉사의 위기와 신학 정책론』, (서울: 서울신학 대학사회봉사단 출판부, 2001)이 있다.

4. 한국 개신교회의 디아코니아적 갱신에 대한 전망[49]

서양 선교사들의 사회봉사적인 선교를 통하여 본격적으로 선교가 시작된 한국교회는 일제 시대가 끝나기 전까지는 한국교회의 지도적 입장을 유지해 온 선교사들 중심의 사회봉사가 의료 선교와 교육 선교, 그리고 선교공의회의 사회선교위원회를 중심으로 이루어졌었다. 한국교회의 교역자들은 네비우스 선교 정책과 선교사들의 정치적 중립 내지는 탈정치화 정책, 그리고 일제 시대라는 정치적 사회적 환경 속에서 사회 문제에 대한 책임적 과제를 적극적으로 감당하기에는 많은 장애적 요소가 근본주의적 신학의 영향적으로나 선교 정책으로나, 그리고 사회환경적으로 있었던 것이다. 그럼에도 불구하고 한국교회는 1919년의 3.1운동에 적극 참여하면서 사회 참여적 신앙을 경험할 수 있었고 이어 1920년대에 사회주의와 공산주의에 맞서서 농촌 계몽 운동을 적극적으로 전개했던 경험을 가지고 있다. 또한 해방 후 6.25 한국 전쟁을 겪으면서 한국교회는 외국으로부터의 구호품과 원조에 의존하여 피난민, 전쟁미망인과 고아들에 대한 구호 사역을 감당하면서 기독교 사회봉사의 의미를 절실히 경험할 수 있었다. 1960년대 이후 경제 개발 정책과 더불어 산업화가 이루어지고 있는 시기에 소수의 뜻 있는 목회자들이 산업화 시대의 빈민 선교와 도시 산업 선교를 통해서 디아코니아적 좋은 경험을 했으나 대다수의 목회자들은 복음주의의 입장에서 교회의 양적 성장에 매우 심혈을 기울여 힘쓰고 있으며, 교회 성장 제일주의라 할 수 있

---

[49] 한국교회의 공적신학과 연관한 디아코니아의 역사와 현상에 대한 참조: 이승열, " 디아코니아의 한국교회 공적 책임", 대한예수교장로회 전국은퇴목사회 편, 『한국교회의 공적신학』, (서울: 대한예수교장로회 전국은퇴목사회, 2016.), 205-243.

는 이데올로기화 된 집착이 문제점으로 지적이 되고 있는 것이 사실이다. 그래서 한국교회는 개교회주의, 교단이기주의, 교회 성장제일주의, 기복주의 등과 같은 본질적인 문제점들이 항상 거론되고 있으나, 극복을 위한 노력도 부족하고, 학문적으로 규명하는 노력도 부족하며, 에큐메니칼적인 연합 사업과 디아코니아적 선교와 선교적 디아코니아에 대한 책임과 사명을 감당하는 일에 매우 소극적인 자세들을 가지고 있다고 볼 수 있다.

1978년에 예장(통합) 총회는 사회부를 설치하고 1980년부터 신학생들과 목회자들을 대상으로 하는 사회 선교 훈련을 시작하여 오늘날에 이르기까지 꾸준히 실시해 오고 있다. 1980년대와 1990년에 걸쳐서 계속 사회 선교와 사회봉사에 관한 문서 개발과 훈련프로그램과 실천적 운동이 꾸준히 전개되었을 뿐만 아니라 1994년에는 '사회봉사총람'이 디아코니를 위한 종합적인 핸드북으로 제작되었다. 1996년에는 예장(통합) 총회적 차원에서 '21세기를 향한 선교, 교육, 봉사 대회'가 개최되면서 사회봉사에 대한 의식과 새로운 각오를 다지는 계기로 삼기도 하였다. 이런 과정을 거치면서 전국적인 지역 노회를 중심으로 지역 사회 선교협의회가 구성되어 전국적인 네트워크를 형성하였었으나 그 활동과 조직이 이제는 조직이 약화되었다. 그러나 총회의 사회봉사부는 그동안 꾸준히 사회봉사에 관한 실천과 정책 개발, 그리고 전문 서적의 출판과 통계 분석 등을 실시하면서 2000년에는 사회 복지 대회를 2001년에는 장애인 사회 복지 대회를 개최하였다. 또한 사회봉사부 내에 사회복지전문위원회를 비롯한 사회문제대책전문위원회 등을 조직화 하고 전문위원들의 자문을 적극적으로 받아 정책의 수립과 봉사 사역을 적극 펼쳐 가고 있는 노력을 보여주고 있다. 그동안 사회복지위원회를 통하여 구체적인 사회 복지 영역의 섬김 사역이 복지선교지침서라는 이름으로 개발되어 매뉴얼화 되어 전국 목회자들에게 보급되어 참고 자료로 삼고 있는데 개발된 영역을 살펴보면, 사회선교지침서, 경제 위기 극복을 위한 교회의 신앙 각서, 장애인 헌장, 실직노숙자 선교지침서, 환경선교선언문, 노인복지선교지침서, 가족복지선교지침서, 기독교사회운동지침서, 아동청소년복지선교지침서, 지적장애인(발달장애인)의 세례를 위한 지침, 장애인복지선교지침서, 환경선교지침서, 교회자원봉사지침서, 빈곤복지선교지침서 등이며, 글로벌 경제 위기 상황에서 만들어진 '경제 정의와 생태 정의를 위한 하나님의 부르심'이라는 문서를 비롯해서 중요한 정책 문서들이 계속해서 개발되어지고 있다. 그런데 우선적으로 필요한 것은 신학교에 재학 중인 목회자 후보생들인 신학생들에게 디아코니아가 무엇인지, 사회 선교가 무엇인지를 개론적으로라도 필수 과목으로 전원이 수강할 수 있도록 배려되어야 하는 것이 시급한 과제라 할 수 있다. 한국 개신교회의 디아코니아나 사회 선교의 바람직한 발전은 신학 대학에서 이 분야가 진정한 실천신학의 주요 분야로서 대접을 받는 것부터 시작이라고 할 수 있을 것이다.

한국 개신교회는 복음주의적인 전통을 가지고 있다. 복음 전파, 성경 연구에 열심을 다하는 열정이 있다. 그러나 그동안에는 기독교적 사랑의 실천 혹은 이웃 사랑의 실천에 관한 복음적 요소가 매우 중요한 기독교의 핵심이요 모든 그리스도인들의 참된 영성과 대사회적 책임과 관련된 하나님 사랑과 이웃 사랑의 사명임에도 불구하고 해석과 적용에 있어서 보수적 근본주의적 영향 때문에 바른 이해와 실천을 하지 못했던 것이라 볼 수 있다. 그러므로 앞으로 한국 개신교회는 바른 성서적 이해를 바탕으로 하여 복음주의의 갱신적 틀을 통해 통전적인 선교와 에큐메니칼적인 차원에서의 교회론적 사명의 이해를 통해 적극적으로 사회 봉사적인 사명을 잘 감당해 갈 수 있는 가능성이 있는 것으로 보여지는 것이다. 오늘날 한국교회는 탈북 새터민 문제, 조선족 문제, 디아스포라 한국인 문제, 300만 명이 넘는 외국인 노동자와 결혼이주민들의 다문화 가정의 문제, 수많은 실업자들과 노숙자 문제를 포함하여 이 시대의 사회적 약자들로서 도움을 필요로 하고 있는 수많은 장애인, 불우한 가정의 유아, 어린이, 청소년, 노인, 부녀자들의 문제, 교도소 재소자 및 출소자 문제, 알코올과 마약중독자, 에이즈환자, 불치병환자, 호스피스 사역 등 교회적 차원과 개인적 차원, 그리고 공교회적 차원에서 협력하여 감당해야 할 에큐메니칼적 디아코니와 선교적 디아코니의 과제들이 산적해 있다고 볼 수 있는 것이다. 이렇듯이 수많은 과제들을 한 개개인 그리스도인들의 개인적 삶의 윤리적 차원에서의 책임과 사명으로 왜곡한다면 더 이상의 디아코니의 발전과 갱신은 기대될 수 없는 것이다. 그러므로 교회의 사회 참여적, 사회책임적 과제로서의 디아코니와 사회 선교는 더 이상 신학 교육에서 방치되거나 소홀할 수 없는 중요한 과목이 되고 있는 것이다.

5. 나가는 말

이상과 같이 공공신학의 개념과 함께 실천신학의 발전 과정, 그리고 독일 개신교회의 실천신학 내에서 다루어지고 있는 기독교 사회봉사(디아코니아)의 신학적 발전 과정과 그 과제들을 살펴보았다. 이 모든 과제에는 훌륭한 사회봉사에 관한 학자들과 실무 현장에서 봉사하고 있는 전문가들을 통하여 다양한 신학적 주제들과 함께 교회의 사회봉사의 사명과 책임을 뒷받침하고 있다. 우리는 기독교 사회봉사학을 공공신학으로서의 실천신학의 영역 내에서만이 아니라, 기독교 윤리와 선교학, 그리고 에큐메니칼 신학과의 연계에서 더 깊은 의미를 발견할 수 있게 된다. 또한 사회 선교는[50] 기존의 전통적인 선교와 방법과 개념을 달리하고 있기에 부분적으로 갈등과 마찰이 되는 경우도 있다.[51] 그러나 하나님의 뜻이 하늘에서 이루어진 것과 같이 땅에서도 이루어지게 해 달라는 주기도문을 가르쳐 주시고 이 땅에 하나님의 나라를 시키기 위하여 이 세상에서 빛과 소금의 직분을 감당해야 할 사명을 가진 그리스도인들과 교회는 개인의 영혼 구원뿐만 아니라 내세(저세상에 있는 천국)에로의 들어감만이 아니라 이 땅에 임하고 있는 하나님의 나라를 위하여 세상의 모든 사람들을 하나님의 가정의 가족으로 삼고 아버지를 가장으로 삼아 더불어 함께 평화를 누리며 이웃 사랑으로 살아갈 수 있는 사회를 이루어 가야 할 책임이 있는 것이다. 그래서 1948년 세계교회협의회가 창설될 때 '교회의 사회적 책임'을 주제로 강조한 것과 같이 하인츠 디트리히 벤트란트(H.D. Wendland, 1900-1992)[52]의 기독교 사회 윤리적

---

50 사회 선교의 개념과 목표와 과제에 관하여는 이삼열, 『기독교와 사회 이념』(서울: 한국신학연구소, 1986) 13-80, 대한예수교장로회 총회사회봉사부 편, 『총회 사회 선교 정책 문서집-신앙, 교회, 사회』(서울: 한국장로교출판사, 2005), 대한예수교장로회 총회사회봉사부 편, 『총회 사회 선교 정책 문서 자료집』 2007., 대한예수교장로회총회 사회봉사부 편저, 『디아코니아·사회 선교 정책 문서 자료집』, (서울: 동연, 2016) 등을 참조하라.
51 전통적 선교와 사회 선교의 차이점 비교는 손규태, 『개신교윤리사상사』(서울: 대한기독교서회, 1998). 555-558. 을 참조하라.
52 벤트란트(H. D. Wendland)는 신약 성서신학 교수로서 기독교 사회학을 독일 개신회 신학교에서 최초로 강의하고 많은 제자들을 길러낸 학자이다. 그의 저서로는 Wege und Umwege, Die Kirche in der modern Gesellschaft, Botschaft an die soziale Welt, Einführung in die Sozialethik, Die Kirche in der revolutionäre Gesellschaft, Sozialethik im Umbruch der Gesellschaft 등이 있다.

개념으로 교회의 책임 윤리와 사회의 신학 혹은 사회봉사(디아코니아)의 신학적 개념을 수용할 필요가 있는 것이다. 그의 사회봉사의 기독론적, 교회론적, 종말론적 근거들과 함께 기독교 윤리와 에큐메니칼신학과 하나님의 나라 사상[53] 등이 함께 밀접한 관계를 가지고 오늘날도 이 시대의 사회적 약자들과 도움을 필요로 하는 자들을 돕고 선교적 사명을 감당하는 에큐메니칼적, 선교적 기독교 사회봉사를 이루어 가야 하는 것이다. 여기에는 기독교적 사회 복지 사업을 구체적으로 실현하고 있는 사회사업 기관들과 협력적으로 이루어 가고 있는 사업 영역도 배워야 하고, 특히 사회교육학적인 이론과 함께 사회교육학적인 시설과 기관들의 운영이 기독교 사회봉사의 프로젝트에 얼마나 선교적으로 사회봉사적으로 중요한 영역인지를 알게 된다.

이제 21세기에 있는 한국 개신교회는 복음주의적 전도와 선교적 열정을 안고 성장해 온 바탕 위에 이제 사회 참여적 사회책임적인 의식을 새롭게 하여 사회봉사에 힘쓰면서 건강하게 성숙해 가야 할 것이다. 공적 교회로서, 공공신학으로서의 실천신학과 또한 실천신학으로서의 디아코니아학이 이제 한국교회와 한국 사회에서 교회의 본질적인 사명과 과제로서 인식되고 교육되고 실행됨으로써 성숙하고 신뢰받는 한국 개신교회로 더욱 발전해 가야 할 것이다.

53　Jürgen Moltmann, Diakonie im Horizont des Reiches Gottes, Neukirchener Verlag, Neukirchen 1989/ 정종훈 역, 『하나님 나라의 지평 안에 있는 사회 선교』(서울: 대한기독교서회, 2000).

4부

사회를 위한
공공신학

공공신학과 교회의 윤리 개혁

문시영 교수(남서울대학교)

1. 교회 다니지? 우리 집 알바는 곤란해…

기독교학과에 재학하는 어느 학생이 '알바' 면접에서 겪은 실화이다. '코로나19'의 팬데믹에서, 교회가 감염의 온상으로 지탄을 받은 여파였다. 가뜩이나 줄어든 '알바' 자리까지 놓치게 되는, 심지어 역차별을 심각하게 의심할 수밖에 없는 이 현실이 한국교회의 자화상이라는 점을 가볍게 여겨서는 안 될 듯싶다. 민폐나 끼치는 집단으로 내몰리고 있는 맥락에서, '이 또한 지나가리라' 생각한다면 아주 큰 오산이다. 심각하게 고민하고 솔루션을 찾아야 하는 시대적 과제로 인식해야 마땅하다.

교회는 과연 어떻게 응답해야 하는 것일까? 억울해하거나 변명하기보다, 자성하고 개혁하는 기회로 삼아야 할 듯싶다. 겸손하게 자기를 되돌아보고 교회의 윤리적 성숙을 고민하고 노력해야 한다는 뜻이다. '공공성(公共性, publicness)'에 대한 인식은 바로 이 문제에 대한 중요하고도 결정적인 해법이 되리라 기대된다. 팬데믹에서 교회가 시민들에게 밉상 내지는 천덕꾸러기로 내몰리는 정황은 공공성에 대한 관심이 증폭되고 있으며 공공성 자체가 교회의 본질적 사명에 속하는 것이라는 점과 맞물리고 있다. 다른 말로 하자면, 공적 제자도 혹은 시민적 제자도를 향한 교회의 관심이 각별하게 요청되는 정황이다.

공공성에 대한 신학적 관심을 총괄하여, '공공신학(public theology)'라고 할 수 있으며, 교회가 공공성을 가져야 한다는 것이 그 핵심이다. 만일, 집단 감염이라는 민폐를 끼치지 않는 것을 두고 교회가 유의해야 할 공공성이라고 한다면, 그것은 공공성의 소극적 측면에 지나지 않는다. 공공성에 대한 논의는 사회를 향한 교회의 적극적이고 책임적인 응답이다. 사실, 공공성이라는 개념부터 낯설거나 익숙하지 않은 정황에서는 교회를 향하여 공공성에 관심두라고 말하는 것 자체가 불편할 수 있겠다. 하지만, 공공성은 기독교 신앙의 본질에 속하며, 그것을 바르게 구현해야 한다는 사실, 그것이 이 글의 핵심이다.

2. 신앙의 사사화를 경계하다[1]

공공신학이란 신앙의 공공성에 관한 신학적 성찰이다. 이 부분을 풀어내기에 앞서 분명히 해둘 것이 있다. 공공신학이 만능열쇠인 것은 아니다. 특히 코로나-19의 팬데믹과 연관 지어 교회의 과제를 말하기 위해서는 공공성에 대한 신학적 성찰로서의 공공신학 이외에 질병과 죽

---

[1] 이 부분은 필자의 책, 『교회의 윤리 개혁을 향하여』(서울: 대한기독교서회, 2014), 25-136의 내용을 바탕으로 주제에 맞추어 풀어 쓴 것임을 밝혀 둔다.

음의 문제, 재난 상황에서 약자에 대한 배려의 문제, 그리고 지구 윤리와 지구적 연대의 문제에 이르기까지 다양한 논의가 필요한 것이 사실이다. 하지만, 현장 예배를 감염원으로 단정 짓는 시민들이 '이단과 다를 게 뭐냐?'를 묻는 상황에서, '공공성'에 관심하지 않을 수 없다. 교회에 절실한 공공성을 말할 절호의 기회인 것은 분명하다.

하나 더, 짚어둘 것이 있다. 공공성에 대한 관심은 이제까지 교회에서 반복하여 들어왔던 이야기, '교회 안에서는 거룩하다가 교회 밖에서는 형편없이 살아가는' 경우에 대한 자성과 변화가 필요하다는 이야기의 재탕이 아니다. 공공신학은 이렇게 말한다. 우리의 신앙은 교회에 출석하고 설교 강단 밑에 모인 교인들만을 위한 것이 아니다. 교회 안에서 '우리끼리'의 평화를 강조하기보다 구체적 사회 현실을 향해야 한다. 기독교 신앙은 소종파주의로 변질되지 말아야 하며, 신앙을 사적인 것(private matter)으로 제한해서는 안 된다. 신앙은 실존적이며 고백적인 것이지만, 그렇다고 해서 사사로운 것일 수 없다. 이러한 뜻에서, 공공신학은 신앙의 사사화(私事化, privatization)를 경계한다. 교회 안에서의 거룩함과 교회 밖에서의 형편 없음에 대한 자성이 필요한 것은 분명하지만, 그것이 곧 공공신학의 전부인 것은 아니다. 공공신학은 신앙의 사사화를 극복하고 공적 책임에 관심하는 것이기 때문이다.

일반적으로, 공공(public)이라는 말은 '개방되어 있으며 접근 가능한'(open and accessible) 혹은 '모두의 이익을 위한'(for the sake of all)이라는 뜻을 담고 있다. 이것을 응용하여 풀어내면 이렇게 된다. 교회는 문을 닫아 둔 채로 자신의 이익을 위해 모인 사람들의 모임일 수 없다. 스스로의 인식 안에 갇힌 누에고치가 되지 말아야 하며 고립된 식민지로 살아가서는 안 된다는 것이다. 기독교 신앙은 그 자체로 공공의 영역을 향하여 적극적으로 '나아가는' 특성을 지니고 있기 때문이다. 신앙의 공공성에 대한 적극적 관심을 펼쳐내야 한다는 이야기가 되겠다.

이해를 돕기 위하여, 팬데믹에서 교회의 대면 예배가 감염원으로 내몰리는 정황과 연관 지어 보자. 그리스도인들로서는 예배의 중요성을 인식하고 헌신적으로 참여한 것이지만, 대중들은 그리스도인들이 자기들 끼리만의 신앙 때문에 방역에 비협조적이며 감염을 확산시킨다는 관점에서 문제를 제기한다. 그리스도인들이 사회적 거리두기와 방역을 위한 조치들에 협조하지 않으며 오히려 집단적인 종교 행사를 통하여 대규모 감염을 유발시켰다는 비난인 셈이다. 이를 두고 기독교에 불이익을 주는 것이라는 관점 등 여러 시각이 대립하고 있지만, 그리스도인들과 교회가 시민 사회의 시비에 걸려있다는 것만큼은 '팩트'에 속한다. 바로 그 '팩트'에 기반을 두어 질문하지 않을 수 없다. 교회는 과연 반시민적이며 공공성을 거역하는 집단일 뿐일까?

공공성에 대한 신학적 성찰로서의 공공신학을 등판시키는 곳이 바로 이 지점이다. 팬데믹에서 지탄을 받는 대면 예배의 강행 그 자체에 대해 시비를 걸어왔다기보다 한국 사회에서 교회가 보여준 행태들이 사회로부터 걱정과 우려를 낳았으며 시민적 가치와 공공성에 역행하는 집단이라는 이미지를 심어주고 있다는 사실이 문제의 본질이다. 그리스도인들이 신앙을 사적인 영역에 속하는 것이라고 구획을 짓고 심지어 자기들끼리의 이익에 집착하며 사사로움을 거리낌 없이 추구하는 집단으로

---

2 Deirdre K. Hainsworth and Scott R, Peath, eds, *Public Theology for a Global Society*: *Essays in Honor of Max L. Stackhouse* (Grand Rapids, MI: Wm. B. Eerdmanns, 2010), 'Introduction', x iv.

내몰리는 것은 무척이나 심각한 문제이다. 대중의 욕을 먹어서라기보다 기독교 신앙의 본질이 왜곡되고 있다는 뜻에서 말이다. 공공신학이 한국적 맥락에서 풀어낸 문제의식이 바로 이것이다. 신앙의 사사화를 경계해야 한다는 말을 쓰는 이유이기도 하다.

3. 신앙의 '공공성'을 요청하다

공공신학은 기독교 신앙에 낯선 그 무엇이 아니다. 성경적 근거를 가진 신학이다. 공공성과 공공신학이라는 개념은 낯선 것일 수 있지만, 구약과 신약은 공공성을 담고 있다. 기독교 신앙에 이질적인 것이 아니라, 성경적 근거를 가진 것이라는 뜻이다. 구약의 공공성 개념은 고아와 과부와 나그네 등 약자들을 보호하는 율법들에 반영되어 있다. 인권의 가치와 작은 자들에 대한 배려는 율법서가 제시한 공공성의 실천 과제일 수 있겠다. 또한 이스라엘 역사를 바탕으로 사회를 고발하고 진정한 신앙의 회복을 강조한 선지자들의 신학 역시 공공성을 품고 있다. 예를 들어, 공의로서의 사회 정의에 대한 요청은 가장 대표적인 공공성 구현의 실천 과제였다.

공공성에 대한 관심은 신약에서 더욱 강화되었다. 세상의 모든 관계와 제도 속에서 하나님의 의를 구현하는 것을 목적으로 하는 공적 관심사를 담아내고 있다. 예를 들어, '가이사의 것은 가이사에게' 주라고 요구하신 예수 그리스도의 관점은 해석하기에 따라 목회자 납세를 비롯한 공공성 실천의 근간이다. 바울서신에서는 문화적 소통과 변증의 중요성을 강조하고 있으며 복음을 신약의 문화권에 변증적으로 선언하고 소통하려 했던 노력은 공공신학적 관심으로 읽어낼 수 있는 단초이다.

공공성의 요구는 비록 현대 신학의 명제로 제시된 것임에도 불구하고, 기독교 신앙의 근거가 되는 성경을 통하여 일관되게 요청된 가치였다. 신학의 역사에서도 공공신학은 중요한 관심사였다. 아우구스티누스, 루터, 칼뱅은 물론이고 아브라함 카이퍼, 본회퍼, 바르트, 니버에게 공공신학적 지향성이 전수되고 계승되었다. 넓게는 정치 신학과 해방신학도 광범위한 공공신학에 포함될 수 있겠다. 이처럼, 고대로부터 현대 신학 전반에 걸쳐 다루어져 왔다는 점에 미루어 볼 때, 공공성에 대한 관심은 신학 그 자체의 사명에 속한다.

공공신학의 지형도를 영미 계열과 유럽 계열의 양대 산맥을 이루는 것으로 묘사하는 것이 가장 보편적일 것 같다. 현대 신학자들이 공공신학을 다룬 흔적은 유럽의 신학과 영미 계열의 신학에서 두드러진다. 독일을 중심으로 하는 유럽의 신학은 공공성 문제를 신학의 사명과 연관 지어 성찰해 왔다. 공공신학의 특성을 구체적 실천을 통해 강조한 본회퍼는 타자를 위한 존재로서의 그리스도와 그 제자로서의 그리스도인들이 실천해야 할 과제들을 강조함으로써 공공신학적 소명을 상징적으로 보여주었다. 본회퍼는 부당하게 고통받는 타자의 현실에 참여하므로 그 현실을 개혁하는 사회 변혁의 책임 윤리를 실천하고자 했다.

현대 신학자 몰트만은 자신의 신학을 비롯하여 해방 신학, 여성신학, 흑인신학 등이 '공적 이슈'(public issues)를 신학적으로 문제 삼았다는 점에서 공공신학에 속한다고 생각했다. 몰트만은 신학이란 다가오는 하나님 나라의 지평에서 공공성을 말해야 하며, 시대의 고난에 동참하고 실존의 현장에서 하나님 나라를 향한 희망을 말하는 것이어야 한다고 보았다. 몰트만의 초점은 하나님 나라이다. 신학은 교회를 위해서만 기능하는 것이 아니라, 세상 속에서 구현되어야 할 하나님 나라를 위해서도 기능해야 한다는 것이다.

독일 공공신학의 대표적인 인물로는 후버(Wolfgang Huber)가 있다. 후버는 교회의 공적 책임과 과제를 사회 윤리의 중심 주제로 삼았다. 후버는 교회의 공공 행위를 위한 신학적 기준으로 '복음에 합당한 공적 봉사'와 '타자를 위한 디아코니아 행위'를 제시하였다. 통독 이전 동서독 분단의 상황에서 교회가 수행해야 할 공적 행위로 '화해와 봉사'를 강조하였던 것은 후버의 공공신학을 상징적으로 보여준다.[3]

미국을 중심으로 하는 영미 계열의 공공신학 역시 큰 틀에서 다르지 않다. 신학이 공공성에 관심을 가져야 하는 이유에 대해 독일의 신학자들과 같은 생각을 지니고 있으며, 사회적 공공성 주제에 참여하고 있다는 점 또한 공통적이다. 뉴비긴(Nesley Newbegin)은 선교사로서의 현장 경험을 바탕으로 복음의 공공성을 강조한다. 무엇보다도, 복음에 대한 자신감을 상실하고 있는 영국 교회에 대한 진단을 통해 다원화된 사회 속에서 복음을 공적 진리로 선포하기 위한 관심을 촉구했다. 복음의 진리를 사적 영역으로 한정 짓지 말고 공공의 영역에서 복음의 영향력을 극대화하여 선교적 사명을 다해야 한다는 생각이다.[4]

미국의 공공신학자 벤(Robert Benne)은 루터의 두 왕국론을 근간으로 삼아 종교와 사회가 구분되기는 하지만, 분리되어서는 안 된다고 주장한다. 그리스도인은 복음 안에 있는 교회의 구성원으로서 기독교적 소

---

[3] 김형민, '공공신학의 과제로서의 인권', 새새대교회 윤리연구소, 『공공신학이란 무엇인가?』(북코리아, 2007), 124-135.

[4] 이에 관해서는 다음 책을 참고하도록 권한다. Nesley Newbegin, 김기현 역, 『복음, 공공의 진리를 말하다』(서울: SFC출판부, 2008).

명과 책임을 수행해야 하며 '시민적 정의'에 관심을 가지고 하나님의 통치에 동참해야 한다는 것이다. 티먼(Ronald F. Thiemann)은 공공신학이란 이해를 추구하는 신앙으로서, 기독교적 확신과 기독교 공동체가 살고 있는 더 넓은 사회문화적 맥락 사이의 관계를 이해하려는 것이라고 주장한다. 트레이시(David Tracy)는 신학의 공적 담화 기능을 회복해야 한다고 주장한다. 대학(혹은 학계), 교회, 사회라고 하는 세 가지 공적 영역을 '신학에 대한 공공의 청중들'(public audiences of theology)이라고 보았다. 공공신학의 영역이 공공의 영역 모두에 관련되어 있음을 보여주었다.

이러한 방식 이외에 공공신학의 여러 모델들을 정리하여 지형도를 그리는 것도 가능하다. 신학 그 자체로서의 공공신학, 공적 영역에서의 (in) 신학으로서의 공공신학, 공공의 삶을 위한(for) 공공신학, 새로운 공공을 구성하는 신학, 공공의 영역에 기여하는 신학, 그리고 보편적 신학으로서의 공공신학 등으로 설명하는 방법이 그것이다.[5] 이들 모델은 모두 공공신학이 지닌 특성과 문제의식을 보여주는 것이라는 점에서 나름의 타당성을 지닌 구분법일 수 있겠다. 다음과 같이 공공신학의 특징들을 요약하는 것도 가능할 듯싶다.[6]

- 기독교 신앙은 공공의 상관성(public relevance)을 지닌다.
- 신앙의 사사화를 경계해야 한다.

---

5 James Haire, 'The Place of Public Theology between Theology and Public Policy' in Heinrich Bedford-Strohm, Florian Höhne, Tobias Reitmeier, eds, *Contextuality and Intercontextuality in Public Theology*, 45; 50-51.
6 노영상, '교회와 신학의 공공성에 대한 논구: 공공신학의 이해와 수용에 관하여', 새세대교회윤리연구소, 『공공신학이란 무엇인가?』 (북코리아, 2007), 69.

- 사회 문제에 지성적 엄밀성을 갖추어 접근해야 한다.
- 기독교 신앙은 인류 모두의 문제에 관계된다.
- 시민 사회의 논제들을 신학의 주제로 삼고, 소통해야 한다.
- 시민 사회의 사회적 공공성 문제에 관심해야 한다.
- 사회 문제들에 대한 해법과 근거를 제공해야 한다.

이러한 특성들은 공공성이 요청되는 시대에 기독교가 어떤 책임을 구현해야 하는가를 보여주는 목록이라 하겠다. 공공성의 요청과 관련하여 공적 신앙(public faith)의 중요성을 일깨워주는 문제의식을 대변하는 것이라는 점에서 말이다. 팬데믹에서, 한국교회와 그리스도인들에게 밀어닥친 공공성의 요청을 수동적으로 받아들이기보다 능동적이고 적극적으로 구현할 공적 책임으로 인식해야 한다는 뜻이다.

4. 공공성, 회복해야 할 본질이다

'public theology'의 개념을 본격적으로 사용한 학자는 마티(Martin Marty)이다. 무엇보다도, 공공성에 대한 관심은 여타의 신학 분과보다도 기독교 윤리학의 지평에서 심화된 형태로 발전되고 있다. '미국적 신학'(American Theology)이라는 꼬리표가 따라다니는 스택하우스(Max L. Stackhouse)의 공공신학은 기독교 윤리학의 지평에서 사회를 향한 교회의 적극적 행보를 대변해준다. 혹은 하나님 나라의 일반 은총 영역인 글로벌 시민 사회에 적극적으로 참여함으로써 기독교의 진리를 구현하기를 요청했다는 점에서, 교회의 대(對)사회적 응답의 중요성을 일깨워

준다.

공공신학의 문제의식, 즉 신앙의 공공성 혹은 신학의 공공성 회복 또는 구현에 대한 관심은 교회의 윤리 부재 문제를 극복하기 위한 대안 모색과 긴밀하게 연관된다. 스택하우스가 보기에, 기독교 신앙은 개인이 좌지우지할 수 있는 것이 아니며, 개인의 부도덕에 대한 개인의 고백과 회개만으로 설명되어서도 안 된다. '신앙의 사사화'(私事化, privatization)에 대한 문제의식이다. 그리고 그것을 극복하기 위한 공공성 개념, 즉 '공적 신앙'(public faith)에 대한 인식이다.

공적 신앙에 대한 스택하우스의 설명은 공공신학의 필요성에 잘 나타나 있다.[7] 스택하우스는 크게 두 가지를 말하고 있다. 하나는 기독교 신앙이 공공의 진리라는 확신이다. 구원이란 신비하거나 특권층에게나 해당하는 괴이한 주제가 아니라, 공개적으로 내어놓고 이성적으로 토론할 수 있는 주제이다. 기독교는 밀의(密儀) 종교가 아니며, 불합리한 교리를 가진 것도 아니라는 확신이다. 구원과 복음이 공적 진리라고 하는 자신감은 신앙의 사사화를 차단하고 공공의 문제에 관한 소통의 가능성을 보여준다.

다른 하나는 기독교 신앙이 공적 영역에 대한 실천적 관심을 가져야 한다는 점이다. 스택하우스는 신학이 공적인 삶의 구조와 정책들에 대한 가이드를 제공해야 한다고 주장한다. 스택하우스는 '정치-경제 구조'(the political-economic structures)에 대한 각별한 관심을 요청한다. 공공성을 말하는 것은 감상적인 요청이 아니라, 상당한 수준에서 치밀하

---

7   Max. L. Stackhouse, *Public Theology and Political Economy* (Lanham: University Press of America, 1991), 'Introduction', xi.

고도 구체적인 정책적 안목이 필요하다는 뜻이다. 스택하우스가 보기에, 정치와 종교가 구분되어야 하는 것은 맞지만, 담을 쌓듯이 분리시켜서는 안 된다. 오히려, 입법 청원을 비롯한 다양한 참여를 통해 인권과 사회 정의를 구하하는 데 관심을 가져야 한다는 취지이다.

스택하우스의 공공신학에서 카이퍼(Abraham Kuyper)의 '영역 주권론', 특히 '일반 은총' 개념은 매우 중요하다. 스택하우스의 도덕관이 카이퍼의 개혁신학 전통으로부터 강한 영향을 받았다는 점에 비추어 볼 때, 영역 주권에 관한 개괄적 이해는 필수적이다. 카이퍼가 19세기와 20세기에 걸쳐 네덜란드의 칼뱅주의 회복을 주창하면서 교회 안에서의 활동뿐 아니라 공공의 영역, 즉 사회적이고 정치적인 영역에서 왕성한 활동을 통해 영역 주권론을 구현하고자 노력했던 모습들은 스택하우스에게 강한 영향으로 작용했다.

카이퍼의 '영역 주권'(Souvereintiteit in Eigen Kring)이라는 개념 자체가 칼뱅의 관점을 근간으로 삼은 것이었다. 우주를 다스리시는 삼위일체 하나님의 주권을 근거로 삼는 영역 주권론의 주요 논지는 그리스도의 주권이 모든 영역, 즉 국가, 사회, 그리고 교회에서 실현되게 해야 한다는 것이다. '삶의 전 영역에서' 그리스도의 주권이 세워지도록 하기 위해 구조적 변화가 필요하다는 것이 카이퍼의 관점이다.[8]

이것은 교회와 국가를 별개의 두 영역으로 분리시키려는 것이 아니다. 오히려, 삶의 모든 영역이 하나님의 주권하에 있음을 강조한다. 특별 은총과 일반 은총의 영역 구분은 삶의 모든 분야에서 하나님의 주권

---

8 이에 관해서는 다음 책을 참고하도록 권한다. Louis Praamsma, 이상웅, 감상래 역, 『그리스도가 왕이 되게 하라』 (서울: 복 있는 사람, 2011).

을 따라 살아야 함을 강조하는 근거가 된다. 그리스도인에게는 삶의 모든 영역에서 예수 그리스도를 위하여 살아야 할 소명이 부여되어 있음을 보여준다. 카이퍼에 따르면, 하나님께서는 그분의 지혜로 삶의 고유한 각 영역들을 창조하셨고 그 영역들이 죄로 오염되고 난 후에도 은혜로 말미암아 그것들을 보존하셨고 회복시키셨다. 따라서 이 모든 영역들은 만왕의 왕이신 예수 그리스도의 주권을 인정해야만 올바르게 기능할 수 있다. 교회도, 국가도 칼뱅주의가 말하는 하나님의 주권 사상에 충실해져야 할 개혁의 과제를 가지고 있다.

흥미롭게도, 스택하우스는 프린스턴 신학대학원에 부임한 이후 아브라함 카이퍼 센터를 설립하여 왕성하게 활동했다. 스택하우스는 기존의 카이퍼 이해를 답습하기보다 재해석을 시도했다. 스택하우스는 자신의 공공신학에 이질적인 요소들이라 할 수 있는 니버의 기독교 사회윤리와 카이퍼의 영역 주권론을 조화시킴으로써 글로벌 시민 사회의 윤리로서의 공공신학을 정초할 수 있었다.

스택하우스는 이것을 '그리스도의 삼중직(三重職)' 개념으로도 설명한다. 그리스도인은 일반 은총의 영역에서도 그리스도께서 수행하신 예언자, 왕, 제사장의 직무를 수행해야 한다는 것이다. 구체적으로, 예언자적인 삶을 살기 위해 정의에 대한 관심을 가져야 한다. 불공평과 부정의로 고통당하는 사람에 대해서 관심해야 한다. 또한 제사장처럼 지역 사회의 아픔을 위해서 상처를 위해서 필요를 위해서 일해야 한다. 나아가, 교회를 넘어 공공의 세상을 향하여 그리스도의 왕 되심을 증거 해야 한다. 삶의 모든 영역에서 그리스도의 삼중직을 따라 그리스도의 주권을 구현해야 한다는 뜻이다. 이웃을 향하여 공정과 정의의 사역을 수행하고 돌봄을 전개하며 온전한 예전을 수행해야 한다는 취지이다.

스택하우스의 공공신학을 구성하는 또 하나의 요소는 라인홀드 니버의 기독교 사회 윤리를 계승한다는 점이다. 스택하우스 자신이 공공신학은 니버의 유산을 계승한 것이라고 분명하게 말한다.[9] 두 가지 요소에 주목할 필요가 있다. 그 하나는 사회적 관심의 계승이요, 다른 하나는 구조적 관심의 계승이다. 특히 니버가 세상과 인간과 신학에 관한 대안적 개념들을 성찰했던 점, 그리고 기독교적 인간관의 회복만이 개혁을 기약할 수 있다고 했던 점에 깊이 관심한다. 기독교 인간관에 대한 변증(apologia)에서도 니버의 이중적 관심, 즉 죄와 구원이라는 요소에 주목한다. 스택하우스의 공공신학이 사회 현실과 사회 문제에 관한 신학적 관심과 성찰이라는 니버의 관점을 계승한 것은 무엇보다도 공적 신앙의 회복과 구현에 대한 신학적 요청에서 결정적 요소로 작용한다. 니버가 사회 현실에 대한 신학적 성찰을 중요하게 생각했던 것처럼, 공공신학은 공공의 이슈와 공공의 영역에 대한 신학적 성찰을 강조함으로써 현대 기독교 사회 윤리의 과제는 무엇이어야 하는지를 웅변적으로 말해준다.

다른 하나는 '구조적 관심'의 계승이다. 스택하우스의 공공신학은 니버가 보여준 사회의 '시스템'(system) 내지는 '구조'(structure)에 대한 각별한 관심을 이어간다. 니버의 기독교 사회 윤리가 취한 방법론적 특징을 계승한 셈이다. 니버는 사회 정의의 실현이 개인 윤리, 즉 도덕적 설득이나 양심에 호소하는 것으로는 불가능함을 간파하였다. 구조와 체계에 대한 관심이 강조되는 대목이다. 사회 구조의 변경 내지는 사회적

---

9 Max L. Stackhouse, 이상훈 역, '공공신학이란 무엇인가?', 새세대교회 윤리연구소 편, 『공공신학, 어떻게 실천할 것인가?』 (북코리아, 2008), 15.

강제력에 의해 근사적으로 실현될 수 있다고 보았던 니버의 관심이 스택하우스에게서 더욱 구체화되어 정치-경제 구조에 대한 관심으로 이어지고 있다.

이제까지의 논의를 기초로 삼아, 교회의 윤리적 성숙의 대안으로 제시한 공공신학이 추구하는 공공성 실천을 위한 방법론을 살펴보고자 한다. 스택하우스의 공공신학에서 주목할 것은 '글로벌' 정황에 대한 인식과 글로벌 시민 사회에서의 공공성 구현을 위한 관심이다. '글로벌'은 이미 현대 사회의 매트릭스로 자리 잡았다는 점에서, 공공성의 성찰이 긴요하게 요청되는 시대임에 틀림 없다. 스택하우스가 공공신학적 논의를 통해 글로벌 정황에 깊은 관심을 가지는 이유가 바로 이것이다.

스택하우스의 공공신학에 나타난 '세계화'(globalization)에 대한 성찰이 가장 대표적이라 할 수 있다. '미국적' 혹은 좀 더 구체적으로 '스택하우스적' 공공신학의 결정판, 『하나님과 세계화』(God and Globalization) 시리즈의 마지막에 해당하는 제4권에서 스택하우스는 자신이 추구해온 공공신학의 본질에 대한 종합적인 요약과 함께 공공신학의 과제에 대한 성찰을 시도한다. 스택하우스에 따르면, 공공신학이 관심해야 할 이슈는 세계화 문제이다. 세계화에 대한 평가와 관련하여, 스택하우스가 강조하는 것은 '균형'이다. 세계화 문제를 일방적으로 찬성하거나 거부하기보다 그 현상과 흐름 속에 나타난 문제들에 대한 신학적 성찰이 절실하다. 세계화는 경제 영역을 비롯한 삶의 전반에서 나타나고 있으며, 인류에게 약속과 동시에 위험을 말해준다. 스택하우스가 주목하는 것은 세계화에 대한 찬성일변도의 접근이 아니라, 불가피하게 도래하고 있는 세계화의 한 복판에서, 기독교가 바른 에토스를 제공하는 일에 적극 나서야 한다는 점이다.

유의할 것이 있다. 공공신학과 세계화를 연계시키는 것은 '공공신학 = 세계화 성찰'이라는 도식을 제안한 것이 아니다. 세계화 문제는 공공신학의 핵심적이고 상징적인 주제이다. 하지만, 그것 자체가 공공신학의 전부인 것은 아니다. 글로벌 시대에 나타난 '세계화'의 문제에 기독교가 적극적으로 대응하고 세계화 현상에 대한 바른 에토스(ethos)를 제시하는 역할에 충실해야 한다는 뜻이다.

스택하우스가 세계화 문제에 대해 기독교의 적극적인 해석과 관심이 필요하다고 주장하는 데에는 신학 본연의 임무에 관한 중요한 인식이 담겨 있다. 세계화로 상징되는 우리 시대의 문제를 본질로부터 파악하고 해석하며, 세계화에 내재된 위험 요소들을 바르게 지적해내고 바람직한 방향으로의 교정을 촉구하는 노력이 필요하다는 취지이다. 신앙인의 실존적 고민을 다루는 신학이 무의미하다는 뜻이 아니다. 오히려, 기독교 신앙의 사회적 본성을 회복하고 기독교적 에토스의 제시 및 그 실천을 강조한 것으로 볼 수 있다.

글로벌 시민성을 연계 짓는 것은 스택하우스의 공공신학이 세계화 현상 그 자체를 둘러싼 논의라기보다 세계화의 맥락에서 나타나는 인권, 정의, 환경 및 테크놀로지의 문제와 같은 구체적인 이슈들을 다루는 것과 연관된다. 실제로, 그는 마틴 루터 킹의 인권 운동에 실천적으로 동참했고 인권에 대한 지대한 관심을 가지고 있다.

또한 지역 교회 내지는 교단이 기독교 시민 운동에 참여하고 후원하는 일도 중요한 방법론일 수 있다. 최근 관심의 대상이 되고 있는 지역 공동체 내지는 도시 공동체 운동 역시 공공신학적 관심의 표현일 수 있겠다. 이를 위해 스택하우스는 지역 교회들 사이의 연대와 네트워킹의 필요성을 강조하기도 한다. 공정 무역(fair trade)의 필요성을 비롯한 글로벌 이슈들에 각 나라의 교회들이 연대하여 대응하는 것 또한 공공신학의 관심사에 해당한다.

5. 공공성, 교회의 윤리 개혁을 지향하다[10]

정말 중요한 것은 교회의 윤리 개혁이다. 비록 대중들이 공공성 부족을 비난과 정죄와 심판의 도구로 사용할 우려가 있지만, 교회와 그리스도인들은 공공성에 대한 논의를 적극적인 관점에서 교회의 윤리 개혁을 위한 기회로 삼아야 한다. 이러한 뜻에서, 놓치지 말아야 할 것이 있다. 공공신학이 '교회'에 관심한다는 사실이다. 교회의 사회적 책임 혹은 공공성에 대한 논의들은 사회적 맥락과 이슈들에 대한 관심을 강조하는 와중에 교회에 대한 성찰을 간과하기 쉽다는 점에서, 눈여겨보아야 할 부분이다.

공공신학이 기독교의 사회적 책임과 공공성을 강조하는 과정에서 '교회'를 베이스 캠프로 삼았다는 사실에 유의해야 한다. 이러한 공공신학이 추구하는 교회는 'ecclesia publica'일 듯싶다. 교회의 공공성을 강조한다는 뜻이다. 공공신학의 교회는 기독교 신앙을 '교회 안의 신앙 공동체'로 한정지으려는 신앙의 '사사화'를 거부하는 맥락에서 읽혀진다. 교회와 시민 사회 혹은 글로벌 시민 사회와 기독교 윤리의 관계에 초점을 맞추는 셈이다. 기독교 신앙 안에 이미 공적 특성 즉 공공성이 본래적으

---

10 이 부분은 필자의 다음 글을 참고하도록 권한다. "공공신학의 교회, 교회 윤리의 교회," 「한국기독교 신학논총」,88집(2013), 211-232.

로 배태되어 있음을 강조하려는 취지이다.

특히 스택하우스는 소종파주의적 시도와는 다른 길을 요구한다. 기독교는 현대 문화를 악으로 간주하거나 교회의 도덕적 순수성을 내세워서는 안 된다. 특히 현대 사회의 도전들로부터 분리될 수 없다. 하나님은 모든 영역을 통치하시며 그리스도께서 이 세상에 성육신하시고 성령께서 지구촌의 구원 가능성에 생명력을 주신다는 것을 부정한다면 그것은 기독교일 수 없다.[11] 오히려, 교회에는 '공적 삶의 체제와 정책에 대한 안내자' 역할을 하고 방향을 제시하는 역할이 부여되어 있다.[12]

여기에서 놓치지 말아야 할 것은, 스택하우스의 교회에 대한 인식이 개혁 신앙에 기초해 있다는 점이다. 스택하우스는 루터와 칼뱅을 비롯한 개혁교회의 전통을 따라 소명의 중요성을 계승한다. 스택하우스의 질문은 이러한 관점을 요점적으로 보여준다. '왜 우리는 공동체로 존재하는가?'('Why do we exist as a community?') 교회와 학교, 입법 및 사법기관을 비롯하여 연구소와 공장, 그리고 박물관에 이르기까지 모든 사회 기관은 그들 나름의 소명을 지니고 있으며, 각각 영역들은 그들 고유의 특별한 가치와 목적을 함양하도록 부르심을 받았다는 확신이 전제되어있는 셈이다.

이 점에서, 교회는 '소명의 공동체'이다. 이는 공동체주의를 표명한 것이라기보다 소명을 받은 자들은 사회의 질서와 경제, 정치 제도들을 하나님의 뜻과 사랑과 목적에 일치하도록 변혁시킬 책무가 있음을 일깨워

---

11 Max L. Stackhouse, 'Joining the Discussion' in Max L. Stackhouse ed., *Christian Social Ethics in a Global Era*, (Nashville, TN: Abingdon Press, 1995), 127.
12 Max L. Stackhouse, *Public Theology and Political Economy* (1995), intro., xi.

준다.[13] 말하자면, 소명 개념에는 삶의 주목적(chief end)이 하나님의 창조 목적과 연관되어 있으며, 소명을 통해 하나님을 섬기는 것이라는 뜻이 포함된다.[14] 이는 하나님께서 우리를 하나님의 형상대로 지으셨고 각자에게 하나님의 창조 목적을 성취할 역할을 부여하셨다는 확신을 반영한다.

언약의 개념 또한 공공신학의 교회를 이해하는 과정에서 소홀히 다루면 안 된다. 교회는 소명의 공동체인 동시에 언약을 받은 청지기적 공동체이다. 스택하우스에 따르면, 구약에서 하나님 백성들은 **언약 백성**(covenanted people)이라는 점에서, 그리고 초대 교회 그리스도인들이 율법과 소망과 사랑의 위탁이라는 기초 위에 교회를 세웠다는 점에서, 교회는 언약의 공동체이다. 특히 부르심을 받은 자들의 모임(ecclesia)이라는 점에서 중요하다.

스택하우스의 공공신학에서 말하는 교회는 공공의 영역에 하나님 나라를 대안으로 제시해주는 '전위'(前衛)라 할 수 있다.[15] 특히 교회는 '신학 센터'(a theological center)가 되어야 한다. 교회는 설교와 교육 및 성례전의 시행과 그 해석을 통해 신앙의 공적인 내용들을 풀어낼 수 있도록 해야 하며, 오늘날에 있어서 공적인 것이란 글로벌 규모에 해당하는 것이요 세속주의 및 근본주의에 의해 위협을 받고 있다는 점을 인식시켜야 할 것이다.[16] 나아가, 이러한 근본적인 질문 이외에 글로벌 시장의

---

13 Max L. Stackhouse, *Creeds, Society and Human Rights : A Study in Three Cultures* (Grand Rapids, MI; Eerdmans Pub. Co., 1984), 59.
14 Max L. Stackhouse, *Public Theology and Political Economy* (1995), 24.
15 이상훈, '공공신학적 관점에서 본 교회 개혁과 고령화 사회'「기독교 사회 윤리」, 25집 (한국기독교 사회 윤리학회, 2013), 50.
16 Max L. Stackhouse, 'Public Theology and the Future of Democratic Society' in ed., Dieter T. Hessel, *Church's Public Role: Retrospect and Prospect* (Eugene, OR: Wipf and Stock

문제와 테크놀로지의 문제를 비롯한 여러 주제들로 그 범위를 확장시켜야 할 것이다.

다른 측면에서 보자면, 공공신학의 교회는 '섬김의 모델'로 설명할 수 있을 듯싶다. 섬김의 모델은 신앙의 사사화를 방지하고 교회와 사회의 연관성을 강조하는 정신을 담고 있다. 교회가 지역 사회를 포함한 글로벌 시민 사회와 어떤 관계를 맺고 어떤 방식으로 그들을 섬길 것인가의 문제에 관심을 가져야 한다는 뜻이다. 다만, 섬김의 모델에서 섬김의 신학적 근거와 목표를 망각하고 교회를 사회적 기능을 위한 조직이나 사회 개선을 위한 보조 기관으로 전락시키지 않도록 각별히 유의할 필요가 있다. 교회가 자신의 정체성을 '세상 섬김이'에서 찾되 선교와 영성을 사회 봉사 및 정치적 행동의 부차적인 것으로 전락시킬 위험을 경계해야 한다는 뜻이다.

교회가 공공의 복리 증진의 일방적 협조자 내지는 맹목적 추종자로 전락하는 것은 옳지 않다. 교회가 공공성을 구현한다는 것이 국가와 사회 정책을 위한 보조자로 전락해도 무관하다는 뜻은 아니다. 섬김의 모델로서의 교회의 공공성은 공공의 영역과 긴장 관계에 있어야 한다. 교회는 시민 사회가 나아가야 할 방향성을 제시하고 사회 시스템의 개선 및 공공의 오류를 바로잡는 역할을 수행해야 한다는 뜻이 되겠다.

Pub., 1993), 80.

6. 정체성을 가진 공공성이어야

공공성에 대한 관심을 보완하여 읽어야 할 것이 있다. 신앙의 복음적 정체성에 관해서이다. *TIME*이 2001년에 'Best Theologian'으로 선정한 하우어워스는 스택하우스와는 다른 길을 제시한다. 하우어워스에 따르면, 교회가 지향해야 할 윤리적 과제는 교회 그 자체가 되는 것(to be the church itself)이다.[17] '교회 윤리'(ecclesial ethics)라는 별명이 붙을 정도로, 하우어워스는 '교회'를 윤리적 성찰의 중심에 복권시켰다. '교회됨'을 말할 때, 하우어워스에 주목하는 이유가 여기 있다. 하우어워스가 말하는 '교회됨'이란 과연 무엇인가? 그의 관심은 교회론에 대한 현대적 재론 혹은 윤리학자의 관점에서 교회론을 평가하는 것이 아니다. '교회의 교회됨' 그 자체가 문제의식이다. 하우어워스에게서, 모든 윤리적 응답은 교회에서 시작된다.[18] 그의 윤리를 '교회 의존적'(church-dependent)이라 부르는 이유이다.

있는 그대로의 교회를 옹호하거나 미화하거나 평가하기보다 교회가 추구해야 할 본질적인 모습과 당위를 다루겠다는 취지이다. 하우어워스는 신학자로서의 자신의 책무가 교회란 무엇인가(what the church is)를 기술해주는 것이 아니라 교회는 무엇이어야 하는가(what the church ought to be)를 말했던 부분은 이러한 뜻에서 이해되어야 한다. '되어야 할 교회'를 뜻한다.

하우어워스에 따르면, 교회가 존재하는 목적은 국가에 협조하는 기

---

17 Stanley Huerwas,/문시영 역, 『교회됨』 (성남: 북코리아, 2010), 30.
18 Stanley Hauerwas & William H. Willimon, 김기철 역, 『하나님의 나그네 된 백성』 (복 있는 사람, 2008), 123.

관이 되거나 혹은 도움을 주는 전문가가 되는 것이 아니다. 교회의 책무는 정부 정책에 윤활유 노릇을 하는 것이 아니다. 사회 개선의 전략을 제안하는 것도 아니다. 교회는 자유 민주주의 혹은 그 어떤 정치 체제에 대해서라도 사회 정책 및 정치의 보조 기관으로 전락해서는 안 된다. 하우어워스가 보기에, 교회는 그 자체로 존재 이유를 가지고 있다. 기독교 윤리는 교회의 교회됨에서 출발해야 한다고 주장한 이유가 바로 여기 있다.

하우어워스를 '소종파적 퇴거'의 유혹 또는 '자폐적 교회관'에 빠져있다고 비판하는 것은 교회와 시민 사회와의 관계 설정을 왜곡시킬 것이라는 염려를 반영한다는 점에서 의미가 있지만, 하우어워스가 교회 윤리를 제안하는 맥락은 과연 어떤 것이었는지를 살펴보는 것이 더 우선되는 과제일 듯싶다. 맥락에 대한 적절한 이해를 통해서만 하우어워스에 대한 의미 있는 비판과 균형 잡힌 이해가 가능할 것이기 때문이다.

하우어워스가 '교회로 교회되게' 혹은 '교회됨'을 반복하여 강조하는 배경에는 교회가 기만과 폭력을 전제하는 정치적 자유주의에 대한 대조모델 혹은 대안이 되어야 한다는 관점이 전제되어 있다. 그에 따르면, 그리스도인들은 가장 중요한 사회적 책무는 성경에서 발견하는 하나님의 이야기에 충실한 공동체가 되는 것이다. 여기에서, 하나님 이야기 혹은 예수 이야기란 다름 아닌 복음을 의미한다.

교회의 교회됨에서 특히 주목해야 하는 것은 '내러티브'이다. 덕의 공동체로서의 교회에서는 예수 내러티브가 중심이 되어야 한다. 교회는 예수 내러티브를 구현하는 곳이어야 하며, 이를 통해 시민 사회가 본받을 대안 공동체가 되어야 한다는 주장이다. '예수 이야기'(Jesus narrative), '하나님의 이야기'(story of God)에 주목한다. 복음은 우리에게 존재의 방식을 부여하는 이야기로서, 우리를 변화시키고 세계를 변화시키는 데 도움을 준다. 하우어워스가 예수에게 사회 윤리가 있었고 사회 윤리를 위한 함의를 지니고 계셨기에 예수 이야기가 하나의 사회 윤리라는 점에 주목하면서, 교회가 세워졌다는 것이야말로 그 윤리의 예증이라고 보았던 것도 바로 이러한 맥락이다. 교회는 사회 정책을 제시하기보다 이스라엘과 예수 이야기에 계시된 하나님의 신실하심을 기초로 삼고 또한 그 가르침을 받는 공동체를 세우는 일부터 착수해야 한다.

하우어워스에 따르면, 교회는 예수 이야기로 형성된다. 예수 이야기는 예수의 삶의 형식에 상응하는 공동체를 형성시킨다.[19] 이러한 뜻에서, 복음은 교회의 필수 조건인 셈이다. 교회란 이스라엘과 예수 이야기가 말해지고, 실천되며, 청종하는 곳이라 할 수 있다. 말하자면, 복음은 교회를 위한 필요조건을 넘어 필수 조건이다. 복음은 우리에게 존재의 방식을 부여하는 이야기로서, 우리를 변화시키고 세계를 변화시키는 데 도움을 준다.[20] 특별히 교회는 복음을 중심으로 하는 공동체라는 점에서 자유주의적 경향을 지닌 시민 사회와 중요한 차별성을 지닌다. 이러한 생각은 교회를 그리스도 신앙에 근거한 사회 윤리적 가치와 의미를 추구하고 구현하는 이야기 공동체로 보려는 의도에서 나온다.

그에 따르면, 교회는 이스라엘과 예수 그리스도를 부르시고 보내신 하나님의 이야기의 가치를 오랜 세월 실천적으로 공유해온 공동체이다. 그리고 신앙인들은 교회 안에서 성경 속 하나님 이야기들과 자신들

---

19 Stanley Hauerwas, 『교회됨』, 112.
20 Stanley Hauerwas, *Truthfulness and Tragedy* (Notre Dame, IN: University of Notre Dame Press, 1977), 73.

의 실제 이야기들을 나눔으로써 삶의 방식을 배우고, 하나의 살아있는 전통으로 구성한다. 교회는 자유주의적 사회 공동체에 동화되어 그들에게 제시할 사회 윤리의 이론과 틀을 소유했다기보다 교회 그 자체로 사회 윤리이다. 교회 공동체 안에서부터 복음의 이야기를 통해 독특한 삶의 모습을 구현해야 한다고 보는 것이다. 이러한 뜻에서, 복음서들은 예수 이야기로 형성된 공동체의 구성원이 되기 위해 필요한 훈련의 매뉴얼이다. 제자들과 초대 교회 그리스도인들이 그랬던 것처럼, 그리스도인은 예수 이야기를 우리 자신의 것으로 삼아야 하며, 우리 각자가 복음에 충실한 존재가 되어야 한다.

하우어워스가 말하는 교회됨의 요점은, 교회란 예수 이야기를 구현하는 공동체이어야 한다는 데 있다. 그에 따르면, 교회는 예수 이야기를 실천하는 공동체, 복음의 공동체가 되어야 한다.[21] 교회는 진리를 선포하고 진리를 따라 사는 공동체이어야 하며, 사회 정책이나 윤리적 실천을 위한 기독교의 전략을 제시하기보다 십자가에 못 박히신 메시아의 이야기를 말해줄 수 있는 공동체가 되어야 한다는 것이다. 복음서들은 예수 이야기로 형성된 공동체의 구성원이 되기 위해 필요한 훈련의 매뉴얼이며, 하우어워스가 사회 문제에 대한 기독교적 전략을 제공하기보다 교회 자체가 사회 윤리라고 말했던 것도 본질적으로, 교회란 하나님의 이야기가 시행되고 선포되며 듣는 곳이라는 사실을 기억하게 해 준다. 그에 따르면, 윤리는 사회 정의의 문제를 다루는 일에 국한되어서는 안 된다. 오히려 우리가 확신하고 있는 예수 그리스도의 삶과 죽으심, 그리고 부활하심을 통해 드러난 진리의 문제를 다루어야 한다. 교회는

---

21 Stanley Hauerwas, 『교회됨』, 97.

예수 이야기에 대한 신실성을 가진 공동체가 되어야 하며, 예수 이야기를 성품화시키는 덕의 공동체가 되어야 한다는 뜻이 담겨 있다.

7. 교회의 윤리 개혁을 위한 카운터 파트너

어떤 신학이 옳은 것일까? 공공신학인가? 교회 윤리인가? 분명한 것은 두 가지 관점 모두 '도덕 주체로서의 교회'(church as moral agency)에 대한 인식을 공유하고 있다는 사실이다. 그리고 두 관점 모두 현재의 교회 모습에 대해 문제의식을 가지고 있다는 것 또한 분명하다. 공공신학에서 교회의 공공성이 구현되지 못하고 있음을 지적했다면, 교회 윤리는 교회가 정체성에 충실하지 못함을 문제로 제기하고 있다.

머지(Lewis S. Mudge)의 관점을 인용하자면, 스택하우스의 공공신학은 '교회'를 둘러싼 주제들 즉 글로벌 이슈 및 NGO 문제 등에 대한 관심의 필요성을 제대로 보여주었다.[22] 머지는 교회와 윤리의 연관성에 충실한 두 가지 모델이 있다고 말한다. 그 하나는 교회를 시민 사회의 윤리를 대체하는 윤리 공동체로 간주하는 관점 즉 하우어워스의 윤리이고, 다른 하나가 스택하우스의 공공신학이다. 여기에서 주목할 것은 머지의 관점이 공공신학에 대한 일반적 이해에서 가지기 쉬운 통속적 오해 내지는 편견을 넘어서게 한다는 점이다. 공공신학은 으레 공공성에 방점을 찍는 것이 보편적 관점이라는 편견을 넘어 공공신학의 근간이

---

22 Lewis S. Mudge, *The Church as Moral Community : Ecclesiology and Ethics in Ecumenical Debate* (New York, NY: Continuum Publishing Group, 1998), 12.

교회에 있다는 점을 일깨워 주었다는 점에서 그렇다.

사실, 공공신학과 교회 윤리 모두 교회의 윤리적 기능에 대한 관심은 크게 다르지 않다. 특히 '대안 공동체'가 되고 '섬김의 공동체'가 되기를 요구하는 것은 두 관점 모두에 공유되어 있다. 내용과 방향이 다를 뿐이다. 교회가 대안이 되고 섬김을 실천해야 한다는 것은 공공신학에서도 큰 관심사이다. 스택하우스는 교회의 공공성의 제고를 통해 교회가 지역 사회 공동체 및 글로벌 시민 사회에 적극 참여해야 한다는 섬김의 모델을 제시하고 있다는 점에서 대안의 내용과 섬김의 방식이 다를 뿐이다.

여기에서, 차별성 내지는 방향의 상이성을 강조하기보다 공통점을 찾아내는 것이 중요하다. 특히 공공신학과 교회 윤리의 공통 관심사가 '교회'라는 점을 확인할 필요가 있다. 교회에 대한 관심 중에서, 각별히 관심을 가져야 할 것이 있다면 그것은 있는 공공신학과 교회 윤리 양자 모두 '있는 그대로의 교회'보다는 '되어야 할 교회'를 말하고 있다는 점이다. 스택하우스에게서 교회는 시민적 담론에서 결코 외곽으로 밀려나서는 안 되는 공공성의 책무를 구현하는 교회가 '되어야' 하며, 하우어워스에게서 교회는 현재의 교회가 처한 콘스탄틴적 결탁을 벗어나 교회다움 교회가 '되어야' 한다.

이것을 다른 말로, 교회의 개혁에 대한 윤리적 요청이라고 옮겨봄 직하다. 되어야 할 교회의 비전은 교회 개혁에 헌신한 종교개혁자들의 관점인 동시에 지속적으로 개혁되어야 할 오늘의 교회가 놓쳐서는 안 될 긴장감이다. 교회의 개혁보다 더 중요한 것은 없다. '되어야 할 교회'의 모습을 구현하는 것처럼 절박한 것이 과연 무엇이겠는가? 공공성을 향한 개혁이든 혹은 정체성 회복을 말하는 것이든 간에, 교회의 개혁이야말로 과제일 듯싶다.

공공신학과 교회 윤리는 현대 기독교 윤리의 방향성에 관한 중요한 아젠더를 제시해 주었다. 교회의 공공성 함양 및 교회의 정체성 회복이라는 주제는 상반되는 양립 불가능의 관점으로 평가되는 것이 사실이지만, 양자택일의 대상으로만 간주할 것이 아니라 '교회'라고 하는 공통의 관심사를 내포하고 있다는 점에 유의할 필요가 있다.

스택하우스가 시민 사회에서 교회의 좌표를 공공성의 관점에서 제시해 준 것이라면, 하우어워스의 교회 윤리는 교회의 정체성에 대한 자성을 촉구한 것이라는 점에서, 공공신학과 교회 윤리는 '교회'를 핵심으로 간직하고 있는 셈이다. 말하자면, 공공신학과 교회 윤리는 상극(相剋)이라기보다 교회의 개혁을 위한 카운터 파트로 인식되어야 한다.

8. 교회의 윤리 개혁을 향하여

흥미롭게도, 한국의 신학계에서 공공신학은 여전히 논란 중이다. 혼란스럽거나 복잡한 정황은 아니다. 공공성에 대한 바른 이해와 그 실천 방안에 관한 논의로 전개되고 있기 때문이다. 앞으로 더 활발해지기를 기대해 본다. 정작 중요한 것은 공공성에 대한 관심이 신학자들만의 논의가 아니라 그리스도인들의 관심사가 되어야 한다는 점이다. 공공성에 미숙한 한국교회를 성숙시키는 노력을 통하여 교회의 윤리 개혁으로 이어져야 하기 때문이다.

안타깝게도, 한국교회와 그리스도인들은 번영의 복음(Gospel of Prosperity)에 휘둘리고 있으며 공공성을 말할 수 있기까지는 여전히 멀어 보인다. 그럼에도 불구하고, 다양한 논의들이 활성화되고 교회의 윤리 개혁을 위한 노력으로 이어질 수 있기를 기대하는 마음 또한 더욱 간절해진다. 종교개혁자들의 문장을 새삼 떠올리게 되는 이유이다. '개혁된 교회는 항상 개혁되어야 한다(Ecclesia reformata semper reformanda est.).'

공공신학과 시민 사회

정재영 교수(실천신학대학원대학교)

1. 들어가는 말

요즘 우리 사회에서 '공정'과 '정의'에 대한 논의가 봇물처럼 쏟아져 나오고 있다. 몇 년 전에는 미국 유명 대학의 교수가 펴낸 정의에 관한 책이 교양서적이 아님에도 서점가를 휩쓸었고 '갑질 논란' 등 사회 문제가 터질 때마다 공정성이 논쟁이 되고 있다. 또한 최근에는 전 장관의 자녀와 관련된 논란에다가 공기업 직원들의 부동산 투기까지 더해져서 과연 우리 사회에 정의가 존재하고 우리 사회를 공정한 사회라고 할 수 있는가가 뜨거운 이슈가 되고 있다. 왜 우리 사회에서는 이토록 '정의'에 목말라 있고 '정의'를 부르짖고 있는가? 이른바 절차상의 민주화를 이룬 이후에 30년이 넘은 시간 동안에도 실제적인 민주화가 이루어지지 못하고 있고, 표면으로는 법과 절차를 중시하는 듯하지만 우리 삶을 규정하고 움직여가는 데에서는 여전히 편법과 부정이 더 힘을 발하고 있는 것이 우리의 현실이기 때문일 것이다.

　주지하듯이 우리 사회는 서양에서 300여 년의 시간 동안 서서히 경험한 근대화의 변화를 불과 50여 년이라는 짧은 시간 동안 압축적으로 경험하면서 그야말로 격변의 시기를 거쳐왔다. 이러한 과정에서 전통 사회를 지배하며 사회 구성원들의 행위를 규정하였던 규범도 크게 바뀌게 되었다. 우리 사회가 여전히 혼란 가운데 있는 이유가 바로 여기에 있다. 사회는 변화하고 있는데 전통적인 규범과 사고방식이 뿌리 깊게 자리 잡고 있기 때문에 근대적인 기준에 맞지 않는 비합리적인 일들이 일어나서 서로 충돌하는 것이다. 합리적인 사고보다는 아직도 전통적인 사고에 이끌리는 우리 사회에서는 불명확한 규정이나 절차의 허점을 노리고 자신의 이익을 추구하고자 하는 사람들이 오히려 더 늘어나는 상황이다.

　이러한 상황에서 종교는 사회 구성원들이 따라야 할 규범을 제시해야 하지만 우리 사회에서 종교는 이러한 역할을 제대로 감당하고 있지 못하다. 최근에 나온 한국갤럽의 조사 결과에 따르면, 우리 국민들의 종교에 대한 관심은 더욱 줄고 있고 종교가 우리 사회에서 도움이 된다는 생각도 점점 약해지고 있다. 특히 개신교는 다른 주요 종교에 비해 호감도와 신뢰도가 매우 낮다. 교회는 성서의 가르침대로 사회에서 빛과 소금의 역할을 감당하기보다는 오히려 우리 사회 구성원들의 지탄의 대상이 되고 있는 실정이다. 그렇다면 우리는 어떻게 정의롭고 공평한 사회를 이룰 수 있을까? 그리고 거기에서 교회는 어떠한 역할을 할 수 있는가?

　여기서 중요한 것이 시민 사회이다. 시민 사회는 다양한 지향성을 가진 개인들이 부대끼며 살고 있는 공간이므로 이러한 공공의 영역에서 교회가 시민 사회의 주체 가운데 하나로서 그 역할을 감당하는 것이 중요하다. 이러한 관심에서 이 글에서는 다양한 가치들이 충돌하는 시민 사회라는 공간에서 어떻게 조정과 협의가 이루어지고 그 과정에서 교회가 어떤 역할을 할 수 있는지, 그리고 정의로운 규범을 마련할 수 있는지 살펴보고자 한다. 최근 공공신학에서도 시민 사회와 관련하여 교회의 공적인 역할이나 공공성에 대하여 많은 논의들이 전개되고 있는데 이러한 공공신학의 논의를 통해서 시민 사회의 주요 주체 중의 하나인 교회가 공적인 책임을 감당할 수 있는 방안을 마련할 수 있을 것이다.

2. 시민 사회와 공공성

최근 우리 사회에서 시민 사회에 관한 의제들이 활발하게 논의되고 있다. 한국 사회가 절차상의 민주주의를 이룩한 이후에 실질적인 민주주의를 이루기 위한 방법들에 대한 논의들이다. 이것은 형식상의 제도는 법의 원리를 따르고 있지만, 실제 삶에서는 편법과 부정, 그리고 각종 비리가 횡행하고 있는 우리 사회에 대한 성찰적인 차원을 포함한다. 눈에 보이지 않는 관념이나 정신보다는 눈에 보이는 물질을 따라 움직이는 물질문명 시대에 자신의 욕심만 채우기보다 많은 사람이 함께 잘 살 수 있는 사회를 만들기 위해 많은 이들이 함께 고민하며 씨름하고 있다. 이러한 의제들이 시민 사회라는 개념을 통해 논의가 전개되고 있는 것이다.

이러한 시민 사회를 이해하기 위해서는 먼저 시민 개념에 대해서 알아야 하는데, 고대 도시 국가에서 '시민'은 관직과 공공 생활에 대한 참여를 통해 정치 결정권 행사하였던 성인 남성들을 의미하였다. 그러나 이들은 노예 노동을 바탕으로 안락한 삶을 누리고 있었던 특권층이었기 때문에 오늘날 말하는 시민과는 그 뜻이 다르다. 또한 서양 중세에서 시민은 도시에 거주하는 도시민들을 가리키는 개념이었지만, 이들 대부분이 상공업자였기 때문에 상공업자를 주로 가리키는 것으로 이해되어 왔다.[1] 그리고 서양 근대사에서 시민은 근대 사회의 이상인 자유와 평등 사상의 옹호자였다. 절대주의 왕권에 대항하여 자신의 권리를 주창한 사람들인 것이다. 하지만 오늘날의 시민은 부르주아 등과 같이 특정한 사회 계층의 범위를 훨씬 넘어서는 개념으로 확장되어, 근대 국가의 구성원 일반을 가리키는 보통 명사가 되었다.

그리고 최근에 사용되는 '시민'이란 용어는 특정한 부류의 계층을 가리킨다기보다는, 특정한 가치와 행위를 뜻하는 말로 더 자주 사용된다. '시민다움'이란 말이 그러한 보기이다. 이때 시민은 '시민다움'의 가치와 그 가치에 바탕을 둔 시민 지향성의 행동을 전제로 하는 개념이 된다. 다시 말하면, 시민이란 "공공의 문제에 관심을 가질 뿐 아니라, 이를 해결하기 위하여 자유롭게 토론하고 참여할 수 있는 '시민성'"을 가진 존재를 뜻하는 것이다.[2] 따라서 시민은 자기 자신의 이익을 구하거나 자기 가족의 이익을 구하는 사람이 아니고 자신과 가족의 울타리를 넘어서 공공의 영역으로 관심을 확장시키고 실제로 참여하는 사람이라고 할 수 있다.

이런 점에서 시민 사회란 바로 이런 시민들의 상호 교섭의 공간이라

---

1 다양한 시민의 범주에 대하여는, 노명식, "개관: 19세기 유럽의 시민 계급," 『시민 계급과 시민 사회 - 비교사적 접근』 (서울: 한울, 1993), 50을 볼 것.
2 이승훈, "시민 사회 사상의 역사와 딜레마," 굿미션네트워크 편, 『시민 사회 속의 기독 교회』 (서울: 예영커뮤니케이션, 2008). 45.

고 할 수 있다. 시민 사회란 중세의 전통, 신분, 종교 등으로부터 자유로워진 시민들의 존재를 전제하며, 외부의 어떤 강제도 부정하고 시민들의 자율적인 공간이라는 점에서 국가 영역과 대비되어 사용된다. 또한 각각의 개인들이 사사로운 필요와 이해관계를 추구한다는 점에서 사적 영역이지만, 동시에 모든 사람들의 관심사가 논의되고 스스로 살아갈 질서를 만드는 곳이라는 점에서 공공 영역이기도 하였다. 이처럼 시민 사회는 개인과 공동체, 사사로움과 공공성이 서로 충돌하고 조절되는 공간으로 이해되었다.

이러한 시민 사회를 이해하는 방식은 몇 가지로 구분된다. 먼저 고전적 자유주의 시각으로, 이들은 시민의 정치적인 자유와 법적인 권리 보호에 관심을 갖고, 국가 권력이 시민 사회에서 기원할 뿐만 아니라 시민 사회의 자율성 확보를 위해 국가의 간섭을 최소화해야 한다고 생각하였다. 다음으로, 마르크스주의적 시각에서는 시민 사회를 부르주아가 지배하는 계급 사회로 이해하였기 때문에 시민 사회는 프롤레타리아 혁명을 통해서 극복되어야 할 대상으로 여겨졌다. 마지막으로 하버마스를 중심으로 한 비판 이론의 관점에서는 시민 사회가 국가와 시장으로부터 분리된 제3의 영역으로 이해된다. 국가와 시장을 지배하는 합목적성과 달리 시민 사회는 의사소통의 합리성이 중시되고, 이를 바탕으로 한 공공 영역이 시민 사회의 사적인 영역과 국가를 매개하는 역할을 수행하게 된다.[3]

이러한 시민 사회의 성격과 내용은 '시민'을 어떻게 이해하고 있는가에 따라 다르다. 시민이 자신의 이익만을 추구하는 존재로 이해하면, 시

---

[3] 강수택, "공공 영역에서 연대 영역으로," 「사회와 이론」, 9호(2006), 246-247.

민 사회는 시장과 같은 개인의 이해관계를 추구하는 영역이 될 것이다. 반면 공공 의식을 가진 존재로서 시민을 인식하게 되면, 시민 사회는 공공의 관점에서 여러 가지 과제와 문제가 다뤄지고 처리되는 영역이 될 것이다. 따라서 시민 사회에 대한 이해는 도덕의 영역으로 보는가, 아니면 이해관계의 영역으로 보는가에 따라 크게 2가지 입장으로 구분할 수 있다. 시민 사회를 이해관계의 영역으로 보는 입장은 마르크스주의적 시각이다. 마르크스 이전에 그의 스승인 헤겔은 시민 사회는 욕망의 체계이고 이기적 개인주의에 의해 규정되기 때문에 사사로운 이해관계와 권리 주장들이 서로 충돌하는 전쟁터와 같은 곳으로 이해하였다. 헤겔의 비판적 계승자인 마르크스 역시 시민 사회란 시장 영역이고 경제 관계가 중심이 되는 공간이라고 파악한다. 곧 시민 사회는 사사로운 개인들의 욕구 체계이며 소유를 기초로 하여 무절제와 윤리의 퇴폐성을 드러내는 시장 사회이다.

반면에 시민 사회를 도덕의 영역으로 보는 입장은 프랑스 사회학자인 토크빌(Charles Alexis Clérel de Tocqueville)을 필두로 하여 스코틀랜드 계몽주의 전통을 이어받고 있는 이들이다. 이들은 시민 사회란 자발 결사체들의 활동 영역이라고 보고 자발 결사체를 통해서 개인의 자유와 권리를 국가로부터 보호해야 한다고 생각한다. 여기서 아담 스미스의 입장을 정리할 필요가 있다. 흔히 고전 경제학의 창시자로 자유방임 사상가로 알려진 아담 스미스는 시장 중심 이론을 펼친 것으로 『국부론』이 이야기되지만, 스코틀랜드 전통의 도덕 철학자이기도 한 아담 스미스의 생각은 『국부론』에 앞서 쓰인 그의 『도덕 감정론』에 잘 나타나 있다. 그는 오늘날과 같은 약육강식의 시장 사회를 주장한 것이 아니라 동감을 통해 도덕적인 인간상을 설정한 아담 스미스가 이러한 인간들이

어떻게 살아야 국가가 부유해지는가를 서술한 책이 『국부론』이다.[4]

다음으로 앞에서 살펴본 하버마스는 현대 시민 사회 사상에 가장 커다란 영향을 미친 학자로 자유주의 시각과 마르크스주의 시각, 그리고 도덕적인 관점과 시장주의 관점의 통합을 시도한 것으로 이해된다. 하버마스도 헤겔과 마르크스의 전통을 따라 시민 사회를 시장 사회의 영역으로 파악하지만, 동시에 국가와 시민 사회 사이를 매개하는 '공론 영역'이라는 새로운 개념을 도입한다. 그에게 '공론 영역'이란 경제 활동이 일어나는 시장 사회도 아니고, 통치 행위가 일어나는 정치 사회와도 구별된다. 이 공론 영역은 자유로운 인간의 권리를 확보하기 위한 투쟁 속에서, 국가에 대한 대응 수단으로 18세기에 확립되었다.

이처럼 시민 사회는 매우 다양한 의미를 가지고 있으나, 최근에는 국가, 시장, 시민 사회라는 3분 모델이 정착되어 가는 상황이다. 학자들에 따라서는 3분 모델의 시민 사회 개념 대신에 제3섹터, 공동체 영역 등의 개념을 쓰기도 한다. 이는 근대 시민들의 자유스러운 활동 공간이 모두 시장 영역으로 환원될 수 없다는 반성으로부터 나왔다. 이제 하나의 사회를 구성하는 활동 영역은 크게 3부분으로 이해되기 시작한다. 곧 정부의 통치 활동이 일어나는 정치 사회 영역으로서 국가, 이윤 동기에 의해 움직이는 경제 주체들의 활동 공간인 시장, 그리고 시민들의 자유스러운 참여와 결속, 토론과 합의, 그리고 사회 운동의 영역으로서 시민 사회 등이 그것이다. 그렇기 때문에 하버마스 스스로가 시민 사회와 구별하여 사용하고 있는 '공론 영역'을 오늘날 많은 학자들은 시민 사회라

---

[4] 이에 대하여는 애덤 스미스, 박세일·민경국 역, 『도덕 감정론』(서울: 비봉출판사, 2009)을 볼 것.

는 명칭으로 부르는 것이다.[5]

이러한 공공의 담론은 몇 가지 특징을 갖는데, 첫째로 공공의 담론은 공동의 것과 관련된다. 여기서 공동이라는 것은 단순히 똑같은 것을 추구한다는 것이 아니고, 더불어 살기 위해 사람들이 동의하는 것에 대한 공동의 헌신을 의미하는 것이다. 이것이 존 듀이가 "우리의 사회적 상호 작용"이라는 말을 썼을 때 의미하는 것인데, 낯선 사람들(이방인들)조차도 사회를 형성하기 위해 동의할 때 공동의 역사를 만들어 갈 수 있는 것이다.[6] 이런 점에서 기독교인들이 비기독교인들과 공동선을 공유한다면 통일성 있는 사회를 함께 만들고 유지할 수 있다. 둘째로 공공의 담론은 단순히 공동의 것이 아니라 공동선과 관련된다. 이런 점에서 공공 담론은 도덕적인 담론이다. 선한 삶과 시민의 미덕, 도덕적인 의무와 관련되기 때문이다. 이런 점에서 종교 사회학자인 로버트 우스노우는 공공의 담론을 "집합의 가치에 도달하는 과정"이라고 보았다.[7] 셋째로 공공의 담론의 양식은 강요나 조작이 아니라 이성과 설득이다. 하버마스는 "의사소통의 공동체"를 공공의 포럼과 실천적인 담론에의 참여라고 규정하고 규범의 타당성을 검증하고 이성을 수용하고 규범이 옳다고 규정하는 것에 대한 확신에 도달하는 것이라고 표현하였다.[8]

이와 같이 공론의 장으로서의 시민 사회는 국가와 시장으로부터 억압이나 통제받지 않고 개인의 권리를 보호해 준다. 시민 사회는 법과 정

---

[5] 이승훈, "시민 사회 사상의 역사와 딜레마," 59.
[6] John Dewey, *The Public and Its Problems* (New York: Henry Holt & Co., 1927).
[7] Robert Wuthnow, ed, *Between States and Markets: The Voluntary Sector in Comparative Perspective* (Princeton, N.J.: Princeton University Press, 1991), 22.
[8] Jürgen Habermas, Thomas McCarthy 역, *Legitimation Crisis* (Boston: Beacon Press, 1973), 103-105.

치의 강제력에 의해서가 아니라 결사의 자유가 적용되는 자원의 영역이고, 이윤과 이기심보다는 헌신에 의해 동기 부여되는 삶의 영역들과 관련된다. 앞에서 말한 바와 같이, 이러한 시민 사회 영역을 공공의 영역으로 이해할 수 있는데, 공공 영역은 사회 구성원들이 기존하는 삶의 망을 조정하고 재조정하는 참여의 마당을 가리킨다. 이 마당은 그 나름의 가치와 규범을 가지고 있으며 그 나름의 정당성에 터하고 있다. 시민 사회는 그 사회에 어울리는 상징과 가치를 제도화하고 있는 참여의 마당을 확보하고 있음을 말하며, 시민은 곧 이 마당에 참여하는 주체를 뜻하는 것이다.

여기서 공공성은 헤게모니와 당파성이나 다원주의 너머에 있다는 점이 중요하다. 공공성은 자기 이해 자체를 성찰적으로 대상화하고, 궁극적으로 자기 이해를 넘어서는 시야를 획득하지 못하면 결코 도달할 수 없다. 공공성은 또한 다원주의 시각 너머에 있다. 다원적 이해의 절충만으로는 공공성에 도달할 수 없기 때문이다. 따라서 세계 시민 사회 또는 완전한 시민적 정체의 일원으로 생각하는 것이 공공성의 근본이다.[9] 그러나 이러한 공공성을 현실에서 구현하기 어려운 것은 공공성이 무엇인지 몰라서라기보다는 모든 인간 행위자들 스스로가 예외 없이 강력한 이해관계의 당사자들이기 때문이다. 따라서 공공성을 통한 정의를 실현하기 위해서는, 개인들의 사사로운 이해관계를 넘어서 시민으로서의 정체성을 회복할 수 있는 규범과 제도적 틀이 무엇보다도 중요하다. 여기에 교회의 중요한 역할이 있다. 다음에서는 이에 대하여 살펴보도록 하겠다.

---

9 김상준, "세계 시민 사회의 개념," 한국 사회학회 2006년 후기사회학대회 발표 논문.

3. 시민 사회와 공공신학

1) 시민 사회와 교회

앞에서 살펴본 바와 같이 관점에 따라 시민 사회에 대한 정의는 다양하게 정의내릴 수 있다. 그러나 어떤 정의에 따르든지, 토크빌이 이미 한 세기 반 전에 미국 사회에 대하여 지적한 바와 같이, 자발 결사체가 시민 사회의 중요한 일부이며, 따라서 다른 종교 조직들과 함께, 교회 역시 시민 사회의 특징을 지니고 있다. 이러한 점에서 최근 사회 과학계에서는 새로운 관점에서 교회를 주목하고 있다. 그것은 이른바 '제3섹터'로 불리는 비영리·비정부 영역이 국가와 시장에 대한 대안의 패러다임으로 주목을 받기 시작하면서부터이다. 국가의 통제로부터 자유롭고 시장 경제 체제로부터 벗어나 있는 교회는 당연히 제3섹터이자 시민 사회 영역에 속한다고 볼 수 있다.[10]

토크빌 이래 사회학자들은 민주주의에서 교회의 중요한 역할을 인식해왔다. 로버트 퍼트남(Robert Putnam)은 교회가 많은 사회 운동을 위한 조직적이고 철학적인 기초를 제공한다고 주장한 바 있다. 토크빌의 논의의 연장 선상에서 퍼트남은 사회 자본을 중요하게 인식하였다. 사회 자본이란 협력 행위를 촉진해 사회 효율성을 향상시킬 수 있는 사회 조직의 속성을 가리키는 말로, 사회학자인 퍼트남은 사회 자본은 생산성이 있기 때문에 특정 목표를 달성하는 것을 가능하도록 해 준다고 말

---

10 David Oki Ahearn, "Aliens and Citizens: Competing Models of Political Involvement in Contemporary Christian Social Ethics," Dale McConkey·Peter Augustine Lawler 엮음, *Faith, Morality, and Civil Society* (Lanham: Lexington Books, 2003), 198.

한다.[11] 곧 구성원들이 서로 신뢰하고 다른 사람들에 대한 믿음을 보이는 집단은 그렇지 않은 집단보다 많은 것을 성취해 낼 수 있다는 것이다. 퍼트남은 『나 홀로 볼링』(Bowling Alone)라는 책에서 미국에서 볼링리그의 감소가 자발적 시민 결사체를 통한 공동체의 참여가 급감하고 있는 현실을 상징적으로 보여주고 있다고 말한다. 볼링장에서 맥주와 피자를 들면서 사회적 교류를 하고 공동체의 문제에 관해 이야기하는 사람들은 줄어들고 자기만의 여가를 즐기려는 나 홀로 볼링 족만 북적대고 있다는 사실은 미국의 사회 자본의 감소를 상징적으로 보여주고 있다는 것이다.[12]

퍼트남은 시민의 참여가 세 가지 측면에서 사회 자본의 주축 형태라는 것을 인식한다. 첫째로 시민의 참여는 자원적인 것이기 때문에 개인적인 헌신에 의존하고 공공 생활에 도덕적인 덕목의 중요성을 들여온다는 것이다. 둘째로 시민의 참여는 지역적인 것이기 때문에, 개인들에게 그들의 공동체에서 영향력이 있게 할 수 있다는 의식을 부여한다. 셋째로 시민의 참여는 사회적이기 때문에 개인적인 필요조차도 다른 사람과의 교제 속에서 가장 잘 추구될 수 있다는 것이다. 종교 활동은 이러한 시민의 참여를 촉진하는 사회 자본의 한 형태가 되고 있다. 종교 모임은 다른 시민 조직에 참여하는데 필요한 대인 기술을 얻고, 직업, 후원 집단, 공공 행사에 절대 필요한 정보가 의존하는 연결망을 발전시키면서 사람들이 서로 교섭하고 신뢰하는 것을 배우는 장소가 되기 때문이다.[13]

11　로버트 퍼트남, 안청시 외 역, 『사회적 자본과 민주주의』(서울: 박영사, 2000), 281.
12　이에 대하여는 Robert D. Putnam, *Bowling Alone: The Collapse and Revival of American Community* (New York: Simon & Schuster, 2000), 4장을 볼 것.
13　시민 사회에서 종교의 역할에 대해서는, David Herbert, *Religion and Civil Society: Rethinking Public Religion in the Contemporary World* (Burlington: Ashgate Pub Ltd, 2003), 1부 3장을 볼 것.

한 걸음 더 나아가 최근에 몇몇 학자들은 종교성에 터한 참여가 다른 형태의 시민 참여를 위한 통로가 된다고 말하기도 한다. 그 이유는 첫째, 교회는 시민 사회 내의 중요한 자원 결사체의 하나이며, 개인의 극단적인 이기성을 제어할 수 있는 공동체의 권위를 가지고 있기 때문이다. 미국의 시민 사회 논의에서 언제나 빠지지 않고 등장하는 주체 가운데 하나가 바로 교회와 관련 단체들이다. 로버트 벨라(Robert N. Bellah)는 미국 사회의 공공성 회복을 위한 하나의 방편으로 기독교 전통의 회복을 주장하고 있고, 위에서 언급한 퍼트남 역시 교회 및 그 관련 소그룹들을 미국 공공성의 중요한 범주로 다루고 있다.

로버트 우스노우는 아예 『기독교와 시민 사회』라는 제목의 책을 통하여 그 가능성을 탐색하고 있기도 하다.[14] 두 번째 이유는 교회가 가지고 있는 문화 자원 때문이다. 개인 안에 내재하는 하나님의 성품을 가정하고 타인에 대한 헌신이나 돌봄 등의 윤리를 강조하는 것은 기독교 교리 안에서 본래부터 내재한 것들이다. 따라서 사회의 공공성 실현이라는 과제는 교회가 전통적으로 가지고 있는 교리 가운데 하나라고 볼 수 있다.

우스노우는 교회와 시민 사회의 관계를 연구하는 일이 중요한 것은 시민 사회가 규범적으로 선하며, 사회적 삶 가운데 보존할 가치가 있는 바람직한 차원으로 널리 받아들여진다는 사실에 기인한다고 말한다. 도덕 가치, 개인의 통합성, 그리고 시민의 책임 등은 보통 선한 사회를 위한 조건의 일부로 받아들여지는 반면, 법률이란 사람들의 행동을 끌

---

14 로버트 우스노우, 정재영·이승훈 역, 『기독교와 시민 사회: 현대 시민·사회에서 기독교인의 역할』(서울: CLC, 2014).

어내기 위한 무던 수단에 불과하기 때문이다. 따라서 우리는 가치를 가르치는 역할로서 가족, 학교, 교회, 그리고 공동체 조직 등에 주목하는 것이다. 또 다른 이유는, 시민 사회는 항상 정부와 개인 사이에 위치해 있으면서, 정부의 강압으로부터 개인 자유의 존엄성을 보호해 줄 뿐만 아니라, 개인들을 서로 서로 묶어주어 국가와 효과적으로 협력할 수 있도록 하기 때문이다.[15]

개인 사이의 신뢰가 사회 전체의 신뢰 구조를 만들어내는 선순환의 구조가 있듯이 사회 안에서 큰 비중을 차지하고 있는 종교 단체의 사회 참여와 봉사는 다른 자발적 결사체에 자원을 공급하기도 하고 다른 조직들의 활성화에도 기여한다. 이것은 종교 단체가 신자들의 신앙에 영향을 주어 신자들의 사회 참여와 봉사를 유도하는 것과는 다른 차원이다. 개인 단위의 자원봉사가 아니라 집단 단위의 자원봉사가 시민 공동체 만들기에 더 큰 기여를 한다는 연구 결과도 있다. 교회와 같은 종교 단체의 사회봉사나 사회 참여는 중간 집단이나 매개 집단의 활성화를 통해 지역 사회 또는 시민 사회의 조직화, 공동체 만들기에 촉매 역할을 할 수 있다. 또한 신자들이 비종교적 사회 단체에 참가하도록 촉진하기도 한다. 이와 같이 교회는 시민 사회에서 중요한 역할을 감당할 수 있는 조직이다.[16]

15　위의 책, 11-12.
16　공적 신앙의 관점에서 교회 시민 교육을 다루는 글로, 장신근, "교회의 민주 시민 교육: 공교회와 공적 신앙의 관점에서," 「기독교 교육논총」, 21권(2009년)을 볼 것.

2) 공공신학과 시민 사회

최근 한국 교계에서도 공공성이 주요 이슈가 되고 있다. 몇 년 전부터 서구에서 논의되고 있는 공공신학(public theology)이 국내에 소개되고 있고, 국내 학자들도 너나 할 것 없이 공공신학, 공적 신앙, 교회의 공적인 책임을 외치며 교회의 공공성을 강조하고 있는 것이다. '공공신학'이라는 표현은 신학을 전공하지 않은 필자의 관점에서 보면 다소 낯설고 이상한 것이다. 신학은 당연히 공공성을 가지고 있는 것이고 사사로운 신학(private theology)이란 존재할 수 없기 때문이다. 그럼에도 불구하고 굳이 '공공'이라는 말을 붙여서 강조하는 것은 그동안에 신학이 당연히 강조해야 할 공공성을 소홀이 여겨왔다는 반성이 있었기 때문일 것이다. 우리 사회에서도 이러한 공공신학이나 교회의 공공성이 다시금 강조되는 이유도 같은 맥락이다.

신학자들은 성서에 바탕 한 공동체는 자신들만을 위한 것이 아니라 스스로 공동체를 이룸으로써 공동체 밖의 사람들에게도 나누고 베풀 수 있는 여력을 가지게 된다고 말한다. 따라서 공동체는 타인을 위한 삶을 지향해야 하며 지역 사회와 함께 하는 삶이다.[17] 기독교 공동체는 공동체 구성원들의 필요를 충족시키기 위해 세워진 것이 아니라 철저하게 신의 뜻을 이루기 위해 세워진 공동체이다. 여기서 신의 뜻이란 기독교인들이 공동체를 이루어 유기체로 하나된 지체임을 인식하고 이웃과 사회를 위하여 사랑의 나눔을 실현하는 것이다.[18] 이러한 공동체들이 모여

---

17 김현진, 『공동체적 교회 회복을 위한 공동체 신학』 (서울: 예영커뮤니케이션, 1998), 423.
18 임창호, 『공공성을 회복하라: 기독교 공동체와 공공성』 (서울: 쿰란출판사, 2000), 83.

시민 사회를 이룸으로써 시민 사회의 원리가 약자를 보호하는 공동체 원리가 되게 하는 것이 교회 공동체의 사회 임무이다. 이러한 공동체들은 시민 사회를 위한 결속에 가장 기초가 되는 조직이다.[19]

이러한 신앙의 공공성은, 앞에서 말한 바와 같이 공적 신학 또는 공공신학으로 나타나고 있다. 공적 신학은 성서가 증언하는 예수 그리스도의 하나님 나라 복음에 기초하여 교회와 신학의 공공성과 사회적 책임을 강조하는 신학이다. 그러나 공적 신학에 대한 신학자들의 일치된 정의는 존재하지 않으며 매우 광범위하기도 하고 다소 모호한 가운데 있다.[20] 공공성의 개념도 마찬가지이다. 공공성 역시 매우 다양하며 때로는 서로 모순되는 내용을 담기도 한다.[21] 그럼에도 불구하고 기독교 신앙은 사적인 영역 안에 머무르지 않으며 종교의 자유라는 명분 아래 공익에 반하는 신앙은 존재할 수 없다는 의미를 포함한다. 나아가 사회의 공동선을 이루기 위한 책임 의식을 강조한다는 것은 공통된다고 할 수 있다. 공공 교회와 공공신학이라는 말을 처음 사용한 마틴 마티는, 교회가 기독교 전통으로부터 공공의 이익을 명료화하고 이 공익에 대한 관심을 지향하는 공익 우선의 신앙에 공헌할 수 있다는 점을 강조하였다.[22]

이것은 바로 종교의 공공성과 관련되는 것으로 뒤르케임으로부터 파아슨스와 벨라를 거쳐 내려오는 종교 사회학의 주요 주제이다. 일찍이

---

19 권진관, "국가, 시민 사회, 교회,"「기독교사상」, 495(2000), 45-46.
20 윤철호,『한국교회와 하나님 나라를 위한 공적 신학』(서울: 새물결플러스, 2019), 331.
21 최경환,『공공신학으로 가는 길』(고양: 도서출판 100, 2019), 29. 공공성의 다양한 개념에 대해서는 성석환,『공공신학과 한국 사회』(서울: 새물결플러스, 2019), 40-46을 볼 것.
22 Martin E. Marty, *The Public Church* (New York: Crossroad, 1981), 12.

뒤르케임이 종교의 근원을 사회라고 본 것과 같이, 한 사람의 종교 신념은 전부 개인의 것이고 사사로운 것이라고 할 수 없는 것이다. 개인의 신앙조차도 개인 수준에서 머물지 않고 공동체와 사회 수준에서 발현되기 때문이다. 특히 현대 사회에서는 '사사화'(privatization)된 신앙이 조장되어 왔다. '사사화'란 현대 사회에서 종교가 사회 영역에서 퇴거하여 개인의 영역에 머물게 되는 현상으로 개인주의화 된 종교를 가리키는 종교 사회학 용어이다. 피터 버거(Peter Berger)는 사사화된 종교가 개인의 선택이나 선호의 문제로 전락했다고 말한다.[23]

그러나 이러한 종교의 추구는 그 내부 속성상 공동체 삶을 부정하기 때문에 재생산 자체가 불가능하고 설령 이러한 공동체가 존재한다고 하더라도 다원화된 현대 사회에서 어떠한 기여도 할 수 없을 것이다.[24] 로버트 벨라는 이러한 개인주의 종교의 출현과 확산에 대해 우려하면서 시민 종교를 강조한 바 있다.[25] 종교에 대한 벨라의 생각을 이어받은 우스노우는 현대 사회에서 공공 종교의 역할이 중요함을 강조하면서 공공 종교를 말하는 것은 개인들이 사사로운 영성으로 빠져나가지 않고, 사회의 선을 위해 책임감을 갖는 것이 필요하다는 것과 그들의 집합 가치

---

23 피터 버거, 이양구 역, 『종교와 사회』 (서울: 종로서적, 1982), 151-152.

24 Robert Wuthnow, *Christianity and Civil Society: The Contemporary Debate* (Pennsylvania: Trinity Press International, 1996), 36-40. 이에 대해서는 로버트 벨라도 같은 입장을 취하고 있다. Robert N. Bellah 외, *Habits of the Heart: Individualism and Commitment in American Life* (Berkeley: University of California Press, 1985), 236.

25 시민 종교는 특정 종교와 상관없이 모든 시민들의 사고와 관습 속에 존재하면서 시민들을 결속시키는 기능을 하는 것으로, 시민 개인이 사사롭게 가지고 있는 종교 신앙과는 다르며 국가가 표상하는 궁극의 의미와 자체 인식의 내용에 관련되어 있다. 그러나 시민 종교는 국가가 행사하는 종교 차원의 역할을 넘어설 수 있는 초월 가능성을 자체 속에 담고 있어서 단순히 통합의 기능뿐만 아니라 변혁의 기능도 할 수 있다. 박영신, "잊혀진 이야기: 시민 사회와 시민 종교," 「현상과 인식」, 24/1·2(2000), 81-82. 시민 종교에 대한 벨라의 글로 Robert N. Bellah, "Civil Religion in America," *Daedalus*, 1967, 또는 Robert N. Bellah, *Beyond Belief* (New York: Harper & Row, 1970), 9장을 볼 것.

에 대한 성스럽고 초월의 모든 것에 대해 공공 영역 자체가 개인들 사이에 책임감이라는 의미를 강화해야만 한다는 것을 제안하는 것이라고 말한다.[26]

호세 카사노바는 많은 사회학자들이 현대 종교의 특징으로 꼽는 사사화 현상은 보편적인 현상이 아니라고 보면서 '탈사사화'를 통한 공공 종교의 가능성을 주장한다. 그는 "근대성의 구조를 규정하는 구조의 흐름인 제도의 분화와 달리, 종교의 사사화는 역사에서 선택의 문제, 확실히 '선호된 선택'이지만 그럼에도 불구하고 단지 선택일 뿐"이라고 주장한다. 그는 최근 몇 년 동안 많은 국가에서 사사화라는 역사의 선택을 거부하는 '공공 종교'가 등장했으며, "현대 세계에서 종교의 '탈사사화'를 목격하고 있다."고 말한다.[27] 탈사사화란 앞에서 종교의 쇠퇴를 의미하는 세속화뿐만 아니라 종교의 사사화를 거부하고 있다는 사실을 가리킨다. 이러한 탈사사화를 통해서 공공 종교로서의 역할이 가능하다는 것이다.

이와 같이 많은 사회학자들은 종교의 공공성에 대해서 이야기하고 있다. 이러한 공공성과 관련하여 주목해야 할 개념은 공론장이다. 앞에서 살펴본 바와 같이, 근대 유럽에서 공공 영역은 공론장을 중심으로 발전되어 왔다. 시민들이 주체가 되어 공공의 여론을 형성하며 개인들의 이해관계를 넘어 공공의 문제에 대해서 토론하고 참여할 수 있는 장을 만들어왔다. 여기서 공론장은 하나의 영역이 아니라 다양한 공론장들

---

26 Robert Wuthnow, *Producing the Sacred* (Urbana and Chicago: University of Illinois Press, 1994), 8-11.

27 Jose Casanova, *Public Religions in the Modern World* (Chicago: The University of Chicago Press, 1994), 4-6을 볼 것.

이 존재한다는 것이 중요하다. 어떤 공론장이라도 더 넓은 공론장에서 자신들의 위치를 지키기 위해 때로는 협력하고 때로는 경쟁하기도 하는 하위 공공 영역들이 있다. 공공신학이 기여하는 점은 다중 공론장에서 각기 다른 주체들과 함께 다양한 신학적 참여를 하는 것이다. 그리고 공공신학의 역할은 단순히 종교 공동체나 종교 사상을 방어하기보다는 약한 주체들도 공론장에서 기여할 수 있도록 돕는 것이다. 모든 주체들은 모든 의견이 적절하게 반영되어 실천되는 공론장을 만들고 유지하는 데 필수적이기 때문이다. 공공신학은 특정 주체가 공론장을 독점하지 못하도록 하는 것이다.[28]

공공신학은 시민 사회의 발달과 함께 그 역할이 더욱 부각되었다. 최근에 공공신학은 기존의 기독교 사회 윤리, 정치 신학 또는 기독교 세계관 운동과 비슷한 내용이나 주제를 다루면서도 기존의 정형화된 도식에서 벗어나 공적이고 사회적인 삶의 다양한 영역을 집중적으로 다루기 시작하였다.[29] 특히 방금 살펴본 공론장의 변화와 이에 대한 인식을 바탕으로 공공신학은 어떻게 공적 이슈와 논쟁에 기여할 수 있는지를 계속해서 질문하고 고민하고 있다. 리처드 존 뉴하우스는 미국에서 종교 담론이 공공 정책과 공론장에서 배제되고 있는 현상을 '벌거벗은 공론장'이라는 개념으로 사용한다. 공론장이 도덕적으로 빈 공간으로 남아있으면 종교 신념이 빠져나간 공간에 새로운 의미들이 채워질 것이기 때문에 종교의 역할이 매우 중요하다.

우리 사회에서도 마찬가지이다. 특히 코로나 상황 이후에 급변하는

---

28 김창환, 『공공신학과 교회』 (서울: 대한기독교서회, 2020), 35-36.
29 최경환, 『공공신학으로 가는 길』, 41.

우리 사회에서 논의되는 공동의 선을 위한 공론의 장에 교회도 시민 사회의 일원으로 참여해야 한다.[30] 여기서 문제는 우리 사회에서 기독교인들이 비기독교인들과 공공의 의제에 대해서 토론한 경험이 거의 없다는 점이다. 공동이라는 것은 획일적인 것을 의미하는 것이 아니고, 더불어 살기 위해 사람들이 합의를 이루는 과정에 공동으로 헌신하는 것을 뜻하는 것이다. 전래 초기의 기독교는 다양한 사회적 실천을 하였으나 오늘날의 제도화된 기독교는 대부분 교회 울타리 안에서 교인들끼리만 의미 있는 관계를 맺고 있을 뿐이다. 이런 방식으로는 사회적 연대가 가능하지 않다. 따라서 단순히 선언적 차원의 연대가 아니라 구체적인 협력의 기술을 개발해야 한다.[31] 다음 장에서는 이러한 시민 사회에서 교회의 공적 역할에 대하여 살펴보도록 하겠다.

4. 시민 사회에서 교회의 역할

한국교회 역시 시민 사회에 관한 의제들을 제기하는 노력에 참여해왔다. 여러 가지 형식과 방법으로 우리 사회의 주요 주제들에 대하여 문제를 제기함으로써 사회 참여를 해왔고, 사회 복지 활동에도 다른 종교 기관에 비해 높은 참여를 나타내왔다. 그러나 이러한 한국교회의 활동

---

30 성석환, "코로나 19시대 뉴노멀의 윤리적 가치로서 '공동의 선'과 한국교회,"「기독교 사회 윤리」, 47(2020), 140.
31 이와 관련하여 다양한 사회 상황에서 어떻게 협력하고 대화할 수 있는지 탐구하는 리처드 세넷의 연구를 참고할 만하다. 그는 일사불란한 통일성과 하향식 연대를 주된 방식으로 차용하는 연대 방식은 적절하지 않으며, 그보다는 구성원들 간에 열린 포괄성의 좌충우돌을 감내하며 풀뿌리 상향식 연대를 구현하는 연대 방식이 더 충실한 협력적 의례의 방식이라고 주장한다. 리처드 세넷, 김병화 역,『투게더』(서울: 현암사, 2013), 40-44.

은 교회 안에 있는 일반 구성원들의 활동이라기보다는 주로 목회자를 비롯한 교회 지도자들과 명망가들을 중심으로 한 활동이었던 것이 사실이다. 시민 사회는 시민의 참여를 바탕으로 하는 사회이고, 풀뿌리로부터 실제적인 참여가 있어야만 진정한 의미에서 시민들이 주인이 되고 주체가 되는 사회라고 할 수 있다. 따라서 한국교회가 교회라는 울타리 안에 머물지 않고, 울타리 밖의 사회와 의사소통하며 참다운 시민 사회의 구성원으로서의 역할을 다할 수 있기 위해서는 교회 안에 조용히 머물러 있거나 기껏해야 교회 안에서의 활동에 몰두하고 있는 대다수의 한국교회 구성원들이 한국 사회에서 의미 있는 참여자가 될 수 있도록 어떻게 동기를 부여하느냐 하는 것이 매우 중요한 부분을 차지한다.

한국에서 선교 초기에는, 개종하는 사람이 늘어나면서 기독교인들이 함께 모여 기도하고 찬송을 부르고 성경을 공부하며 설교를 들었던 동네 가옥의 사랑방이 교회의 역할을 하였다. 초기에 여자 선교사들은 안방에서, 남자 선교사는 사랑방에 들러 각각의 공간에서 대화의 문을 열기 시작하였으나 이후에 안방이라는 사사로운 공간에 갇혀 공공의 자리로부터 고립되어 있던 여성들도 교회의 공공 공간으로 들어오게 되었다. 교회에서는 남녀와 신분의 차별이 없이 공동으로 참여하는 토론회가 활성화되었으며 자원 조직으로서의 교회가 전국 곳곳에 세워지면서 공공의 공간으로서 수평의 의사소통을 수행하는 시민들의 공간이 되었다. 그리하여 교회에 속한 교인은 공공의 공간에 참여하는 자를 뜻하였고, 초월의 가치에 자신을 이어 기존하는 관행을 허물어뜨릴 수 있는 새로운 삶에 헌신하겠다며 공중 앞에서 선서하고 그것을 실천할 수 있는

사람이 당시의 기독교인이었다.[32]

교회는 지금도 현실적으로 우리 사회에서 가장 기초 단위까지 영향을 미칠 수 있는 시민 사회 조직이다. 전국적으로 교회는 7만여 개가 있는 것으로 알려져 있는데, 이것은 다른 종교 단체를 압도하고 있다. 또한 전국의 관공서와 공공 행정, 국방 및 사회 보장 행정 기관을 모두 합한 행정 기관 수를 합한 것보다도 훨씬 많다. 물론 이것은 교회가 너무 많다는 뜻도 되지만, 이렇게 많은 교회가 협력해서 활동한다면, 전국의 지역 사회를 모두 엮을 수 있는 잠재력을 가지고 있다는 것을 의미하기도 한다. 이렇게 된다면 교회는 정부 차원에서 지원하지 못하는 전국적인 민간 차원의 사회안전망 역할을 감당할 수도 있을 것이다.

특히 다양한 이해관계와 가치가 충돌하고 있는 공론의 장인 시민 사회 영역에서 자기중심적인 개인들을 신뢰를 바탕으로 하여 연대하게 하는 것은 매우 중요한 문제이다. 여기서 개인들을 연대하게 하는 힘은 규범이다. 개인들 안에 내재하는 이기심을 억제하고 시민 도덕심으로 결속하도록 해야 한다. 도덕이 무너지게 되면 도덕적으로 옳고 그름과 상관없이 정글의 법칙이 작동하는 비인간적인 사회가 되어버릴 것이기 때문이다. 그러나 도덕이 살아있는 사회에서는 소수에 대한 배려와 약자 보호를 기대할 수 있다.

이러한 도덕적인 힘의 원천이 되는 것이 바로 종교이다. 종교는 인간에게 필요한 기본 규범뿐만 아니라 그 사회가 존속하고 발전하는 데 필요한 도덕과 정의의 원천이 되어 왔다. 대표적으로 성경은 십계명을 비롯한 많은 도덕 규범들을 제시하고 있으며, 산상 수훈은 이 세상의 가치

---

32 박영신, "잊혀진 이야기: 시민 사회와 시민 종교," 21-26.

와는 전혀 다른 가치를 분명하게 보여준다. 사회가 변하고 삶의 기준이 되는 규범이 흔들려서 가치 판단이 어려울수록 사람들은 더욱 종교에 의지하게 된다. 정의롭지 못한 현실과 불확실한 미래에 대하여 종교가 기준점이 되어주기를 바라는 것이다. 특히 교회마다 다양하게 운영되고 있는 소그룹을 기독교 시민 조직으로 활용하여 지역 공동체 운동에 적극 참여한다면 시민 사회 안에서 사회적 연대를 강화함으로써 교회가 공적인 책임을 감당하는 데 일조할 수 있을 것이다.

여기서 한 가지 고려해야 할 점은 단순히 사회에 대한 관심과 책임을 갖는다고 해서 공공성이 담보되는 것은 아니라는 점이다. 정교분리를 주장하던 한국교회에서 최근 10여 년 사이에 '사회적 책임'을 강조하면서 다양한 활동들이 벌어지고 있으나 오히려 공공성을 훼손하는 경우가 적지 않기 때문이다. 많은 교회 지도자들이 교회 중심의 사고를 벗어나지 못하고 있으며 공정성의 측면에서도 문제가 있음에도 불구하고 사회적 책임을 운운하며 정당화하고 있다. 따라서 공공성을 확보하기 위해서는 사사로운 이해관계나 교회 중심의 사고를 넘어서 우리 사회 전체의 공평성과 공공선에 기여하는 것이 매우 중요하다.

여기서 우스노우가 시민 사회에서 교회의 역할로 제시하는 세 가지에 주목할 필요가 있다. 첫째는 정체성 정치(identity politics)이고 둘째는 실용적 보편주의, 셋째는 시민 비평(civil criticism)이다. 먼저, 정체성 정치라는 개념은 최근 몇 십 년 사이에 흑인, 히스패닉, 페미니스트, 게이와 레즈비언, 그리고 자신들이 억압받는 소수자라고 주장하는 집단들이 자신들의 권리를 옹호하기 위한 노력의 일환으로 등장하였다. 정체성 정치는 우리가 살고있는 다문화주의 세계의 중요한 특징이다. 그것은 차이에 대한 공식적 인정을 포함하여, 차이에 대한 깊은 존중이라는 이름으로 다수 대중들의 사고에 도전하고 있다. 소수자 집단의 개별 성원들은 인종주의, 성차별주의, 동성애 혐오증, 그리고 다른 편견들과 싸우기 위해서 서로 뭉쳐야 한다는 것을 알고 있다. 이런 상황에서 정체성 정치는 새로운 주장이 논의될 수 있는 기회를 제공함으로써 시민 사회를 확장시키는데 도움이 될 수 있다.[33]

늘어가는 미국 사회의 다양성에 대하여 종교 집단들이 취할 수 있는 두 번째 방식으로 우스노우가 제시한 것은 실용적 보편주의의 태도를 취하는 것이다. 우스노우는 이 용어를 이러한 입장을 가진 신학 그 자체에 명백하게 드러나 있는, 포괄성의 지향(inclusive orientation)을 강조하기 위해 사용하고 있다. 하지만 이 용어를 사용하는 또 다른 이유는, 이러한 포괄성이 현실적인 이유에서 사용되고 있다는 점을 나타내기 위해서이다. 우스노우는 이러한 대응과 정체성 정치 사이의 대비점은 벽돌과 스펀지 사이의 차이로 비교한다. 벽돌은 주위 환경의 영향을 쉽게 흡수하지 않는다. 만약 주위 환경들을 싫어한다면, 그것을 뽑아서 던져버리는 것이 벽돌과 같다. 반면에, 스펀지는 쉽게 흡수한다. 새로운 무엇인가가 나타나면, 아무 문제 없는 듯이 그것을 빨아들이는 것이 스펀지와 같다.

최근 다문화주의에 대한 지배적인 미국 기독교인의 대응은 벽돌이라기보다는 스펀지였다고 할 수 있다. 늘어가는 다양성에 직면하여, 기독교인들은 스스로에게 말하기를, 아무 문제도 없으며, 우리는 그 다양성을 잘 다룰 수 있고, 또 실제로 그것을 환영한다고 말한다. 기독교 안에는 모든 피조물에 대한 하나님의 보편적 사랑, 그리스도의 몸인 신자들

33　로버트 우스노우,『기독교와 시민 사회: 현대 시민 사회에서 기독교인의 역할』, 141-143.

의 평등, 교회에서는 이방인과 유대인도, 남자와 여자도 없다는 보편 사상 등을 강조하는 강력한 전통이 존재한다. 시민 사회에 대한 우리의 관심과 관련하여 볼 때, 문제는 실용적 보편주의가 너무 스펀지 같이 흡수만 하기 때문에 사회 문제에 대하여 구별된 영향력을 끼치지 못한다는 점이다.[34]

세 번째는 시민 비평인데, 종교가 다원화된 사회에서 이 역할을 수행해야 한다는 말을 이해하기 위해서, 우리는 다문화주의가 차이들을 진지하게 받아들인다는 점을 인정하는 것에서부터 시작할 필요가 있다. 곧 시민 사회에의 참여는 시민들로 하여금 지성 세련됨(sophistication)을 가지고 이러한 차이들에 접근할 것을 요구한다는 것이다. 따라서 핵심 용어는 '차이'와 '지적 세련됨'이다. 차이와 지적 세련됨을 함께 조화롭게 수용한다는 것은, 기독교가 예언자적 역할을 회복하면서 어떻게 비판적인 목소리를 낼 수 있을지, 그리고 실제 그러한 비판을 제도화할 수 있는 참신한 방법을 어떻게 제시할 수 있을지, 그 구체적인 대안들을 고려할 수 있는 새로운 방식을 보여주는 것이다. 이러한 점에서 우스노우는 앞의 두 방식보다는 시민 비평으로서의 역할에 강조점을 두고 있는 것으로 보인다.

그래서 우스노우는 종교 분야의 분명한 하나의 측면으로서 비평은 과거보다, 특히 종교 담론이 대중 시장의 영향에 종속되어 있는 지금, 더 많은 주목을 받아야 할 필요가 있다고 말한다. 비평은 가장 일반적인 형식의 종교 담론인 설교와는 구별되는데, 설교는 자의식적인 비평의 행위라기보다는, 일종의 공연(performance)에 더 가깝다. 설교자는 연

---

34 위의 책. 151-153.

극에서의 배우와 같이 공연자(performer)이며, 같은 맥락에서 이들에게 비평가로서 역할을 기대할 수는 없다. 반면에, 비평은 대중문화 또는 다른 교파나 종교 표현들에 대하여 평가하는 것이다.[35]

비평은 또한 종교에 관한 학술적 연구와도 다른데, 비평은 학자적 전문지식에 의존하지만, 자기 고백적인 관점에서 이야기하거나, 또는 종교와 시민 사회의 관계에 주로 관심을 가지고 있는 외부자의 관점으로부터 발언을 한다는 점에서, 좀 더 직접적으로 시민 사회와 관계된다. 그것은 라인홀드 니버(Reinhold Niebuhr)가 공공신학이라고 구체화했던 것과 유사한 것으로, 로버트 벨라와 피터 버거와 같은 사회 과학자들의 저작에 잘 나타나 있다. 『복음주의 지성의 스캔들』(Scandal of the Evangelical Mind)라는 책에서 마크 놀(Mark Noll)은 복음주의적 기독교인들이 만약 「뉴욕 서평」(New York Review of Books)과 비슷한 문화 비평 잡지를 가질 수 있다면, 시민 사회에서 더 훌륭한 역할을 수행할 수 있을 것이라고 주장한다. 그리고 놀은 그런 잡지를 출간하는 데 산파 역할을 수행하였다.[36] 비록 그 영향력이 미미하다 할지라도, 이런 아이디어는 분명 장점을 가지고 있다. 왜냐하면 그것은 비평가의 역할을 제도화하는데 도움이 되기 때문이다.

시민 사회는 다양한 가치들이 충돌하고 또한 조정하는 공간이기 때문에 교회가 스스로의 정체성을 잃지 않으면서도 초월성의 종교로서의 역할을 하기 위해서는 우스노우가 제시한 이러한 원리들을 참고할 필요가 있다. 그런데 우리 사회와 같이 여러 종교가 공존하고 있는 다종교

---

35 위의 책. 160-162.
36 Mark A. Noll, *The Scandal of the Evangelical Mind* (Grand Rapids, Mich.: Eerdmans, 1995).

상황에서 정체성 정치는 오히려 사회 갈등을 유발할 가능성이 크고 반대로 실용적 보편주의는 정체성이 약화될 우려가 있다는 점을 상기해야 한다. 그동안 한국교회는 미국 사회에서와는 또 다른 측면에서 정체성 정치의 방식을 취해왔다고 볼 수 있다. 스스로 사회로부터 비난을 받아온 데 대한 피해 의식에서 주위 환경들과 대적하고 충돌하기를 마다하지 않았다. 그러나 우리 사회와 같은 다종교 사회에서 요구되는 교회의 역할은 시민 비평가로서의 역할일 것이다.

참다운 그리스도인은 참 이웃, 참 시민으로 살아가는 사람이다. 이러한 시민다움은 그저 되는 것이 아니라, 훈련을 통해 이루어지는 것이다. 원죄를 가진 인간의 본성은 자기중심적이고, 우리가 몸담고 있는 사회 역시 도덕성을 상실하고 있다. 흔히 교회에서 제자 '훈련'을 하듯이 바른 '시민' 덕성도 훈련을 통해 얻어지는 것이다. 따라서 교회 안에서는 선하고 믿음 좋은 그리스도인을 만들 뿐만 아니라 바른 시민을 만들기 위해서도 노력해야만 한다.

5. 나가는 말

포스트모던 시대로 대변되는 현대 사회는 종교와 같이 절대 가치를 주장하는 담론을 해체해야 한다고 주장하며 상대화된 가치 또는 다원적인 가치의 중요성을 강조한다. 이러한 주장은 이미 근대 계몽주의 이래, '세속화' 논제라는 이름으로 표현되어 왔다. 근대 사회의 등장 이후, 현대 사회에서 사회의 많은 영역이 종교로부터 더 자율성을 갖게 됨으로써 사회에서 종교 권위가 쇠퇴했다는 측면에서 볼 때 세속화는 명백한 사실로 보인다. 더욱이 종교 의식조차도 소비자 중심주의와 치유의 동기에 적응하는 양상을 보이고 있다. 교회들은 물질의 풍요로부터 많은 이득을 보았고, 사람들로 하여금 이웃들과 다르게 살도록 도전하기보다는 편하게 느끼게 함으로써 번성해왔다. 교회 지도자들 역시 자신들의 교인들이 성서의 원리에 따라 비기독교인들과는 다른 삶의 방식으로 살도록 구체적으로 조언하기보다는 사회 문제에 대하여 추상적으로만 설교를 할 뿐이다. 따라서 현대 사회에서 종교 신앙은 더욱더 사회 수준에서보다는 사사로운 개인의 영역에서만 중요성을 갖게 되고 말았다.

이러한 상황에서 어떻게 종교를 다시 공공의 영역으로 끌어오느냐의 문제가 관건이다. 시민 사회에서 교회의 역할은 기독교의 공공성을 회복하는 중요한 방법이다. 이 글에서 논의한 바와 같이 교회는 시민 사회에서 공적인 역할을 수행할 수 있는 많은 자원들을 가지고 있다. 또한 현대 사회에서 종교에 대하여 기대하는 것은 사회에서 무시되고 있는 도덕의 차원을 다시 공공 영역으로 들여옴으로써 사회 구성원들이 개인 및 집단 이기주의로부터 벗어나 다른 사람들에 대한 책임과 의무를 갖도록 하는 데 기여하는 것이다. 교회가 이러한 시민 사회의 힘에 기여할 수 있다면 세속화 과정에서 사사로운 영역으로 물러난 교회가 다시 공공성을 회복하게 될 것이다.

교회가 우리 사회의 책임 있는 구성원이 되기 위해서는 사회 공공의 문제에 관심을 갖고 이의 해결을 위한 노력에 동참하여야 한다. 이를 위해서는 먼저 교회 스스로 공공의 공간이 되어야 한다. 교회의 제도화 및 관료제화와 함께 효율을 강조하며 무시해왔던 의사소통의 구조를 회복시켜야 한다. 진정한 공동체는 모든 구성원들이 의사 결정에 함께 참여할 수 있어야하고 속도는 더디더라도 공동의 의식을 바탕으로 공감대를 형성하여 주요한 사안들을 결정해 나갈 수 있어야 한다. 또한 특정 집단의 이익이 아니라 전체 사회의 이익과 공동의 선을 추구하는 방향으로 의사 결정이 이루어져야 한다.

이러한 공동체 의식은 닫힌 공동체가 아니라 지역 사회를 향해 열린 공동체여야 한다. 그리고 지역 사회에서 공동체를 세우기 위하여 노력할 때에는 교회 중심의 사고를 지양하고 교회 역시 지역 사회 구성원의 하나로서 동등하게 참여하여야 한다. 이를 위하여 지역에 있는 여러 교회가 연계하고 필요에 따라 지역 사회의 시민 단체와도 연계할 필요가 있다. 무엇보다 지나치게 가시적인 성과를 기대하기보다 그것이 세상에 '보냄 받은 교회'로서의 본질적인 사명이라는 인식으로 묵묵히 노력하는 태도가 필요하다.[37] 그럴 때에 한국교회는 우리 사회의 어엿한 구성원으로서의 책무를 다하게 되고 사회로부터의 공신력도 회복하게 될 것이다.

---

[37] 이것은 missional church의 개념에서 따온 것이다. missional church 운동은 선교학자인 레슬리 뉴비긴에게 영감을 얻어 시작된 것으로 '보냄 받은 교회'로서의 사명을 받은 교회 본질을 회복하고자 하는 운동이다. 이에 대하여는 Alan J. Roxburgh, "The Missional Church," Theology Matters, 10권 4호(2004년 9/10월)를 볼 것.

공공신학으로 본 세계화 시대의 기독교적 책임

이장형 교수(백석대학교)

1. 공공신학 담론의 대두 배경

기독교의 공공(公共)성과 공공신학, 세계화의 문제 등 기독교의 공공성과 관련된 담론에는 어떤 배경이 있는 것일까? 우선, 우리 사회의 높아지는 윤리 의식 및 기대 수준이 있다. 지구촌화, 세계화 시대가 전개되면서 수반되는 윤리적 부담감의 증폭이 논의의 중심에 있는 것이다. 특히 2020년 초부터 전 세계를 흔들고 있는 코로나19 감염병 사태는 세계가 하나의 단위로 움직이는 지구촌화 혹은 세계화 관련된 논의를 더욱 구체적으로 전개하게 한 것도 사실이다. 세계화 논의가 막연한 추상적 담론이 아니라, 다양한 차원에서 실제로 전개되고 있으며 구체적인 현실로 드러나게 된 것이다.

그러나 세계화는 긍정적이든 부정적이든 엄연한 실제 상황임에도 불구하고, 아직도 세계화에 대한 막연한 부담감과 거부감을 갖고 있는 사람들이 많은 것도 사실이다. 특히 한국 사회는 상당 기간 '단일 민족 사회'을 일종의 긍지로 여기고 살아왔기에, 제대로 준비할 겨를도 없이 이미 인종적으로 다인종 사회, 문화적으로 볼 때는 다문화 사회에 진입해 있는 현실에 처해 있다. 이제 그동안 이주 노동자 또는 결혼 가정 이민자 관련 문제 정도로 산발적으로 논의되던 문제를, 더 근원적인 인류학적, 인종학적인 문제로 확대하여 풀어야 하는 과제를 안게 된 것이다.

현대 사회는 과거에는 주목하거나 기대하지 않았던 기업에까지 윤리적 책무를 요구하고 있다. 이런 분위기는 종교 및 기독교인들에게도 윤리적 책임을 강화하는 요구로 나타나고 있는데, 가장 윤리적인 집단이어야 하는 기독교가 얼마나 이런 기대에 부응하고 있는지 반성적 질문을 던져보게 된다. 특히 세계화 관련 영향에 있어서 신자유주의 및 미국 중심적 사고방식이라는 비판을 언급하는 경우가 많이 있기 때문에, 세계화에 대한 적실성 있는 논의는 사회적 책임을 온전히 감당하는 기독교가 되기 위한 윤리적 과제이기도 하다.

종교를 정의하는 개념 중 종교를 민족 종교와 세계 종교로 나누는 방식이 있다. 민족 종교는 종교의 특성상 그 구성원이 특정 민족에게만 제한되는 종교로 이스라엘의 유대교, 인도의 힌두교, 중국의 유교, 일본의 신도 등이다. 이 중 힌두교가 종족의 범주를 넘어 불교가 되면서 세계 종교가 된 것처럼, 유대교의 한계를 넘어 세계 종교가 된 사례가 기독교이다. 기독교는 종교의 특성상 태동 단계에서부터 이미 세계화의 과정을 겪었다고 볼 수 있다.

2. 세계화와 스택하우스의 공공신학

세계화의 과정 속에서의 '경쟁력'이라는 측면에서도 윤리는 매우 중요한 자리를 차지하고 있다. 기업 및 경영 윤리라는 말이 낯설지 않은 상황인 미국 사회에서 공공신학과 관련된 논의를 한 학자들은 많이 있지만, '80년대 초부터 기독교 및 교회의 공공성을 논한 신학자인 스택하우스의 사상을 그의 주요 저서를 통해 살펴보며, 세계화와 관련하여 기독교적인 윤리를 숙고해 보고자 한다.[1] 우선, 스택하우스는 기독교가 전 지구적인 시민 사회에 무엇을 제시하여야 하는가 문제를 제기하고 있으며, 이 문제는 오늘의 기독교인들에게 요구되는 '선교적 명령'이라고 할 수 있다. 스택하우스는 공공신학의 필요성을 이렇게 제기한 바 있다. "오늘날 중요한 문제는 심오한 공공신학이 없다는 것이다. 다시 말해 깨어지고, 분열되고, 위협받는 세상에서 하나님께서 공공적인 행동들에 있어서 어떤 인간성을 요구하는가를 사람들은 깊고 넓게 알지 못한다."[2] 물론 그가 말하는 공공적(public)이란 사적(private)의 반대되는 개념인데, 공적 영역과 사적 영역의 분리가 우리 전통 속에서 불분명한 경우가 많았기 때문에 한국적 맥락에서의 논의는 혼란스러운 면이 있는 것도 사실이다.

그런데 기독교의 사회적 책임 및 윤리와 연관되어 사용되는 '공공신학'의 논의에 있어서, 얼핏 생각하면 기독교인의 사회적 책무는 너무나

---

[1] 1979년 미국 M.I.T.주최로 W.C.C.가 주관한 신앙, 과학, 미래에 관한 회의는 갈릴레오 이래 단절된 종교와 과학의 새로운 대화의 장을 열게 했으며, 현대의 물질적 과학에 대한 신학으로서의 '공공신학'을 하나의 새로운 방법으로서 보여주었다. Max L. Stackhouse. *Public Theology and Political Economy* (Grand Rapids: Eerdmans,1987), 3.

[2] 위의 책,2.

당연하며 전통적인 사회 윤리 및 정치 윤리 등의 논의에서도 충분히 다루어 온 것이 아닌가하는 질문을 던질 수 있다.[3] 그러나 공공신학의 특징과 주요 내용을 살펴보면, 전통적으로 사회 윤리가 담고 있는 논의와 방법론을 공유하면서도 특유의 강조점과 신학적 전개가 있음을 보게 된다. 특히 '공공성'을 강조하게 되는 모티프라고 볼 수도 있는 세계화 문제에 대한 기독교인의 태도를 중요하게 고려하게 된다.

'공공'이란 용어는 사용하는 이마다 나름대로의 강조점을 갖고 다양한 의미로 사용하는데, 그래도 최소한의 합의는 있는 것으로 보인다. 오히려 공공이라는 용어의 정의에 집착하다 보면 논의를 제한시킬 가능성도 있다. 스택하우스(Max L. Stackhouse)가 언급한 '공공적' 혹은 '공적'이란 의미는 다음과 같이 설명될 수 있다.[4]

첫째, 기독교 윤리는 공적인 이슈들과 내용들을 다루어야 한다. 둘째, 다른 종교인들이나 비기독교인들과 신학윤리에 관해 공개적으로 토론하는 것이 타당하고 도리에 맞는 일이다. 그렇게 함으로써 그들의 생각과 삶의 방식을 바꿀 수 있다. 셋째, 신학 윤리는 사회 구조 전체에 영향을 미치는 방식으로, 다양한 공적인 삶의 영역들의 주제들을 다루게 된다.

우선, 던지게 되는 질문은 공공신학의 정당한 근거와 중요성이다. 그는 공공신학의 근거를 소위 '사변형'(quadrilateral)이라고 하는 네 가지

---

3 이 문제와 관련해서 그의 저서 4권 *God and Globalization 4: Globalization and Grace* (Harrisburg: Trinity Press International, 2007)에서 언급하고 있는 부분이 많이 있다.

4 이와 관련된 논의는 2007년 6월 새세대교회 윤리연구소(NICE) 주관으로 장로회신학 대학교에서 개최된 심포지엄의 발표(이상훈 박사) 및 논의를 기초로 정리된 것임. NICE편,『공공신학이란 무엇인가』(서울: 선학사, 2007), 30-31.

로 설명하고 있다. 가장 핵심적인 부분을 정리해 보면 다음과 같다.[5]

① 성서(Scripture)

성서는 기독교 신앙의 근원이자 규범으로서 보편적으로 받아들여지고 있다. 특히 예언자들이 그들의 시대를 언급했다면 "우리는 우리의 시대를 어떻게 이해하고 말해야 할 것인가" 하는 문제에 주목해야 한다. 물론 자의적으로 성서를 이해하거나 해석하는 것은 경계하면서, 다른 원리에 의존해서 의미가 해석되어야 할 필요가 있다.

② 전통(Tradition)

아무도 뿌리 없이 존재할 수 없으며, 인간의 전통이 무너지는 것은 문화적, 사회적 혹은 종교적인 집단 대학살에 희생되는 것이다. 대체로, 전통은 처음에 신앙을 일으키고 성경을 발생시킨 사건에 의하여 명쾌하게 답변되지 않는 복잡한 문제들에 응답하려는 신앙의 노력으로 간주될 수 있다. 우리의 전통 가운데서 예배의 본보기를 발견할 수 있을 뿐 만 아니라, 다음과 같은 기준을 명백히 설명하기 위한 다양한 노력을 볼 수 있다.

* 사회에서 위압적인 권력의 정당한 사용과 부당한 행사를 구별하는 기준
* 경제적, 기술적으로 복잡한 문명 속에서 도덕적인 통전성을 갖고 살기 위한 기준

---

5 네 가지 핵심적인 근거에 관해서는 스택하우스의 책 *Public Theology and Political Economy* (Grand Rapids: Eerdmans, 1987), 5-15에서 주요 부분을 간추린 것이다.

* 다양한 환경에서 책임 있는 지도력을 갖게 하는 권위를 조직하는 기준
* 인권과 실행 가능한 경제 제도의 기본 원칙을 개발하는 기준

③ 이성(Reason)

신학은 이성을 하나님의 실재가 어떤 것인가를 알게 하는 인간 안에 있는 '하나님의 형상'에 의해 은총의 선물로 존중해 왔다. 이점에 있어서 중요한 것은 신앙과 신념의 주장은 신앙, 문화, 성, 인종, 언어, 이념, 그리고 심지어 좌뇌와 우뇌의 영역 경계를 포함한 수많은 경계를 뛰어넘어서 이해해야 한다는 것이다. '올바른 이성'이란 인간의 의사소통을 가능하게 한다. 성경과 전통이 등한시되며 여러 가지 경전과 인습이 서로 마주쳐야 하는 세계에서, 이성은 중요한 문제들에 대한 공공적인 논의에 있어서 가장 절실한 기준이다. 공공신학은 '자유로운 사고', '의심과 비판적 사상'을 향해 열려져 있으며, 비신학적인 학문으로부터 얻어진 통찰까지 포함할 수 있을 것이다.

④ 경험(Experience)

공공신학이 보여주려고 시도하는 진리와 정의는 긍휼의 하나님에게 바탕을 두었으며, 듣기도 하고 말할 수도 있는 그러한 진리는 틀림없이 사랑으로 전달될 것이다. 그러나 세상의 여러 사건들에 대한 훈련을 통해 아무리 많은 것을 배운다 할지라도, 우리는 결코 그것들이 체험이란 인간적인 지식을 무시하게 해서는 안 된다. 공공신학은 단순히 개인적인 차원이 아닌 공적인 차원에서의 긍휼의 필요성을 언급하는데, 이는 성서, 전통, 이성과 비견되는 것이다.

그렇다면, 좀 더 구체적인 공공신학의 원리는 무엇인가? 스택하우스

는 창조와 해방, 소명과 언약, 도덕법, 죄와 자유, 교회론과 삼위일체론 등을 언급하고 있다.[6] 이 원리들을 창조와 해방, 소명과 언약, 교회론 등의 내용을 중심으로 간추려 보면 다음과 같다.

1) 창조와 해방의 통전적 이해

스택하우스는 진화론자들과 좁은 의미의 창조론자들이 주장하는 근본주의를 동시에 비판한다. 과학적 명백함을 제시하고 있는 진화론자들의 주장에 앞서서 창조론을 갖고 신앙을 옹호하려는 근본주의자들의 시도 또한 오류임을 지적하고 있다. 또한 정치적인 사회 변혁을 주장하는 해방주의자들의 오류 또한 경계한 것으로 보인다. 우선, 기독교의 창조론을 공격하는 진화론적 태도에 대해 비판한다. 그들의 태도에는 ① 세계는 우연한 것이다. ② 생명은 물질적 요인들에 의한 일정한 패턴을 갖고 있다. ③ 인간성은 다른 짐승들에 비해 우위의 존엄성을 갖고 있지 않다. ④ 변화라는 자연적인 과정은 신성한 목적이나 원리들과 관련되어 있지 않다. ⑤ 종교적인 믿음이란 세상이 어떻게 작용하고 있는가를 알려고 하는 유행에 뒤떨어진 것이고, 과학에 의해 대체 되었다. 그러나 중요한 것은 과학적 사실에 앞서는 도덕적 기반을 무시해서는 안 되는 것이다. 이에 대해 스택하우스는 말한다. 참으로, 과학은 가장 깊은 수준에서 사실적인 묘사와 일치하는 것뿐만 아니라 정신적인 가치와 도덕적인 평가도 받아야 한다. 생물학, 우주론, 사회문화적 발전의 궁극적인

---

6 이와 관련된 논의는 스택하우스의 책, Public Theology and Political Economy (Grand Rapids : Eerdmans,1987), 19-34에서 주요 부분을 간추린 것이다.

신비들은 과학적인 진리들에 대해 해를 끼치지 않는 무시할 수 없는 형이상학적이고 도덕적인 기반을 가지고 있다."[7]

기독교 신앙에서 역사를 지배하는 하나님께서 대부분의 역사에 있어서 사람들의 생활을 슬픈 상태로 영속시켜온 압제적인 형태를 바로잡는 사회 변화를 가져올 것이다. 진화론은 하나님의 정의에 대항하여 자신들의 종교를 펼치려는 시도로, 변화를 반대하는 사람들은 소멸될 것으로 보고 있다.

2) 소명과 언약

소명은 하나님과의 관계 속에서 '내가 왜 존재하는가'에 대한 답변이다. 종교개혁자들이 이미 다양한 방식으로 설명했고, 현대의 직업 윤리에 있어서도 중요한 개념이다. 공공신학은 자신보다 위에 있는 권위와 목적을 직업과 관련시키는 가운데, 더 나아가 자신 및 주변인들의 소명 실천의 방해적인 요소를 제거해야 한다는 점을 강조한다. 소명은 단순히 개인적인 삶에만 관련된 것이 아니라 공공 제도의 다양성에 대한 의미와도 관련된다. 이는 사회에서의 다원성에 대한 신학적 신념 안에서 생겨난 것으로 볼 수 있다. 아울러 소명의 잘못된 사용을 경계해야 한다. 즉 삶의 각 부분은 적절한 목적과 특별한 가치들을 갖고 있는데, 대학이 정당이 되거나, 교회가 법정이 되면 소명을 배반하는 것이 된다. 이와 관련해서 전제주의는 소명의 관점에서 정부가 모든 분야를 지배

---

7 Max L, Stackhouse. *Public Theology and Political Economy* (Grand Rapids : Eerdmans,1987), 20.

하려고 하는 것이다. 이런 경우에 교육은 선전이 되고, 산업은 군사력이 되고, 법은 정치화되고, 예술은 이념화되며 종교 또한 법으로 작용하거나 불법적인 것이 되고 만다. 결국 소명적인 임무와 직업적인 가치가 애매하게 된다.

또한 계약과 언약의 대비를 통해 소명의 의미를 부각시킬 수 있다. 성경적 전통 안에서 언약은 인간의 의지를 하나님의 정의에 결속시키고 상호 책임을 지는 조직 속에서 이웃들과 연대감을 갖게 하는 하나님의 은총이다. 계약상의 관계에서는 인간의 관계를 지시하는 객관적이고 절대적인 도덕적 기준이 없다. 이익이 되지 않는 시점에서 계약은 파기될 수 있다. 그러나 언약은 그렇지 않다. "언약은 하나님이 우리의 삶에 대한 한계를 제시하시고, 우리 자신이 가지고 있는 권한이 무엇이든, 그리고 어떤 의지를 발휘할지라도, 이런 한계에 종속된다는 것을 말한다."[8]

3) 교회론

교회론은 기독교의 정체성과 역동성을 드러내는 특징적인 부분이다. 스택하우스는 현대의 교회가 국가로부터 독립하면서 갖게 된 윤리적 약점에 대해 지적한 바 있다. 즉 "교회와 국가의 분리는 공공 생활과 설득, 설교, 교육을 통하여 정치적, 경제적 삶을 인도하는 시도들로부터 신학의 분리를 말하는 것이 아니다. 그러한 분리는 선택적으로 공공적인 양상이나 제도의 구조, 경향, 가치, 활동 등을 승인하거나 거부하는 완성되지 않은 단체들을 형성하는 것을 만들었다. 이런 '자유교회'의 유산은

---

8 위의 책, 27.

오늘날 기독교인들 사이에서 지배적인 종교적 전통들을 폭넓게 받아들이게 하였다. 그것은 유대교의 회당, 이슬람의 사원, 힌두교 성전, 불교의 성전을 현대적인 공동체로 만들었다. 이러한 상황 속에서 하나님, 인간, 세계에 대한 새로운 견해를 갖는 것이 기대되고 있다."[9]

아울러, 교회의 거룩성과 완전성에 대해서 "그들의 모든 결점과 흠 때문에, 조직화 된 종교, 교회, 에큐메니칼 기관, 문화 교류 및 신앙적 교류의 대화와 만남의 장들은 우리의 이해관계를 넘어서는 삶의 구조와 목적을 주는 신성한 의미들을 명백히 해주는 살아있는 증거다"라고 지적하였다.[10] 지상에서 경험하는 교회들 가운데서 우리들은 실망할 수밖에 없지만, 인간들의 다른 사회적인 존재와 비교해 본다면, 복잡한 사회를 위한 의미 부여 및 관심의 우주적인 전망을 확인할 수 있게 된다. 결국, 교회를 중요시하지 않는 신학은 신학으로서의 정당성을 잃게 되므로, 공공적인 문제를 다룬다고 하더라도 교회의 특수성과 사명을 강조하지 않을 수 없다. 교회 공동체 안에서도 교회에 대한 긍지가 강화되어야 한다.

3. 기독교 신앙과 세계화

1) 기독교 신앙과 세계화의 관계

우리의 당면 과제인 세계화에 대해 신앙적으로 끌고 갈 책임이 기독

9　위의 책, 31.
10　위의 책, 31.

교에 있다. 그런데 우리 시대의 중요한 과제인 세계화에 대해 기독교인들이 잘 대처할 능력이 있는 것인가? 현 시대를 바라보면서, 스택하우스는 세 가지 면에서 우려를 제시하고 있다.[11]

첫째로, 세계화를 친미주의와 동일시하는 경우를 우려하게 된다. 많은 이들에게 세계화는 경건한 치장을 통해 노골적인 이권을 감춘 제국주의적이며 신식민지주의적 정책을 끌어가는 미국 중심의 의제로 보여질 수 있다. 즉 기독교 신앙과 미국의 정책을 동일시하는 이들이 있는 것이다. 이런 시각은 기독교 자체가 변혁적일 뿐 아니라 근본적으로 공격적이고 식민주의적 성격을 갖고 있다고 본 것이다.

둘째로, 시민 사회의 핵심을 지나치게 단순화시켜 환원주의적으로 해석하는 신자유주의 경제 학자들에 대한 우려이다. 그들은 종교를 윤리를 위한 기반으로 보는 것이 아니라, 시장 및 소비와 연관된 하나의 '주관적인 필요'로 간주한 것이다. 신앙은 개인적인 차원에서 출발하지만, 공공의 비전은 세계적인 역동성을 가져오는 관점을 가져야 한다.

셋째로, 해방 운동의 모델을 절대시하는 에큐메니칼적 견해의 반세계화적 입장이 주는 문제가 있다. 이런 관점에서 보면 다음과 같은 생각이 나온다. 세계화는 전적으로 부도덕한 경제적 현상이며, 세계화에 의해 부자들은 조직적으로 그들의 부를 증가시키는 반면 가난한 자들은 더욱 가난해진다. 이런 문제들을 지적하면서 그들은 '또 다른 세계'가 가능하다고 주장한다. 그러나 현대 사회의 여러 문제들에 있어서 종교를 무시하는 것은 매우 위험한 일이다. 스택하우스는 "세계화의 해석을 위한 안내자로서의 태도로서 이 같은 계급 분석을 하는 것은 기본적으로

---

11 이와 관련된 논의는 그의 책 *God and Globalization* 4: *Globalization and Grace*, 3-7 참조.

신학적인 오류라고 생각한다."고 자신 있게 역설하였다.

그렇다면 신앙과 세계화와는 어떤 관계가 있는가? 우선, 신앙을 어떻게 정의할 것인가라는 문제가 제기되는데, 스택하우스는 신앙이란 기본적으로 자체가 참되고, 의로우며, 동정적이고 돌봄을 베푸는 것으로 여겨지기 때문에 신앙인에게 받아들여지는 포괄적 세계관에 대한 확신이라고 말한다. "일반적으로 세계화란 로버트슨이 지적한 것처럼 모든 지방, 모든 민족, 모든 국가 및 지구 전체 생태계에 영향을 미치는 사회적, 문화적 발전의 전 세계적인 집합체를 말한다. 이는 모든 지역적이고 지방적인 정황을 상대화하고 변화시킨다. 그러나 각각 독특한 방식을 지닌 지역적이며 지방적인 정황에 조화시키고 적합하게 바뀌는 포괄적인 정황을 의미하는 것이다."[12]

사무엘 헌팅턴(Samuel Huntington)의 경우에는 국가들의 힘의 행사가 여전히 존재하지만, '문명'이란 단위가 세계를 재조작하는 중요한 역할을 하고 있음을 지적한 바 있다. 특히 세계화의 과정에서 생기는 다원주의는 문명의 충돌을 야기할 우려가 있다고 지적하였다. 이렇게 보면 위기와 갈등의 문제를 어떻게 극복할 수 있는가에 세계화의 향방이 달려 있다. 특히 현재 글로벌한 시민 사회는 어떤 국가의 통제도 받지 않는 상황에서 발전하고 있다. 미국, 영국, 유럽 연합 등이 국제적인 법률을 보강하고 있지만, 초강대국으로서의 미국의 역할은 점점 커지는 상황이 되고 있다. 앞에서 언급하였듯 신식민주의라는 틀 속에서 미국을 보는 시각도 있는 형편이다. 그렇다면 미국의 영향력을 어떻게 보아야 할 것인가? 스택하우스는 제국주의나 식민주의란 표현보다는 '패권적

---

12 위의 책, 7.

영향력'이 적절하다고 묘사한다. 그는 베트남전 등을 거론하면서 미국의 힘이 잘못 사용된 경우를 지적한다. 그러나 문화 부분 등에서 발생하는 미국의 영향력은 강요되기 보다는 초대된 것이라는 표현을 통해서 '세계 정부'가 존재하지 않는 상황에서 미국의 역할이 불가피한 경우가 있다고 주장한다.[13] 이런 미국의 영향력에 대한 변증은 힘의 역학 관계가 지배하는 국제적인 관계를 고려하는 현실주의적인 측면에서 이해한 것이다. 그러나 전 지구적 영향력을 갖고 있는 이런 기업들에 대해 많은 오해들이 있음을 스택하우스는 지적하고 있다. 오해는 세 가지 측면에서 설명되고 있다.[14]

첫째로, 다국적 기업들은 전혀 통제되고 있지 않다는 오해가 있다. 현시대의 초국적-다국적 회사들은 한곳에서 시작했으나 전 세계에서 활동하고 있는 법인 조직의 유한 책임 회사이다. 이들이 전혀 통제되지 않는 것으로 보는 경우가 있는데, 이는 분명한 오해이다. 물론 기업을 유치하고 있는 나라의 법이 미약할 때도 있지만, 기업은 시장과 경쟁자들에 의해 제어되고 있다는 것을 기억해야 한다. 그리고 시장과 경쟁자들은 국제법 조직, 국제 조약과 조정 기관에 등에 의해 통제되고 있다.

둘째로, 기업들은 국경을 넘어 상호 교류와 의존을 위한 새로운 네트워크를 형성하기도 하지만, 탈민족주의 시대에 외국인을 통제한다는 불만을 야기하고 있다. 그러나 기업은 종교 조직을 제외하고는 국가의 장벽을 가장 효과적으로 허무는 조직 중의 하나이다. 물론 저개발 국가에서 패권적 영향력을 행사하는 기업이 있는 것도 사실이지만 국제법 등

---

13 위의 책, 13.
14 오해 세 가지는 그의 저서 *God and Globalization 4: Globalization and Grace*, 15-18.

에 의한 제약이 가해지게 된다. 국제적인 환경 오염 등의 문제를 풀기 위해서는 더욱 광범위하고 체계적인 조사와 국제법적인 제약 등이 요청되는 것이 현실이다.

셋째로, 역동적으로 세계에 영향을 주고 있는 세계화의 과정은 전혀 새로운 것인가? 이미 과거의 역사 속에서도 발생한 바 있다. 인류는 전에도 지구상 대부분 지역까지 퍼져나가 그 지역 특유의 종교와 문명을 발전시키고 다른 종교와 문명 등을 결합시키려는 지속적인 노력을 기울여 왔다. 물질적이면서도 관념적인 관심의 결합이 가장 잘 나타난 모습은 실크로드라고 할 수 있다. 실크로드는 역사 속에서 본격적인 최초의 세계화 과정의 선례였다고 볼 수 있다. 그 안에서 물질 문명, 종교, 문화 등이 교류 되었다. 물론 갈등과 파괴 등도 수반되었지만 그것은 '세계화의 과정' 이었다고 볼 수 있을 것이다.

2) 세계화 전개에 대한 수용과 평가

과거의 예를 보면, 세계화는 대부분 종교 및 문화와 함께 진행된다. 현시대에 있어서 근본주의적 기독교와 유사한 이슬람의 확장, 복음주의적 기독교와 유사한 불교의 급속한 성장은 성숙한 종교의 필요성을 다시 생각하게 만든다. 세계화의 본질은 전 지구적 시민 사회의 형성으로 설명할 수 있는데, 이는 시민 사회를 유지하는 힘이나 능력에 대한 관계를 질문하게 한다. 스택하우스는 세계화를 일부 세계화 찬성론자들과 많은 반세계화론자들의 시각인 '본질적으로 고삐 풀린 자본주의'라고 보는 것은 중대한 실수라고 지적한다.[15]

---

15 *God and Globalization 4: Globalization and Grace*, 21.

그동안 세계화에 대한 다양한 해석이 있어 왔다. 그러나 많은 해석들은 여러 면에서 근본적으로 잘못되었다. 대표적인 해석인 자본주의와 결부된 모델이든, 사회주의와 관련된 모델이든 모두 한계가 있다. 이런 해석이 치중하는 경제적인 차원에서만은 이해 될 수 없는, 정신적이고 종교적인 부분과 관련된 부분이 세계화의 근본에 놓여 있음을 놓쳐서는 안 된다. 가장 큰 영향을 끼치고 있는 두 해석 방향에 대한 스택하우스의 설명은 다음과 같다.[16]

자본주의적 해석의 연원은 아담 스미스(Adam Smith)에게까지 올라간다. 그는 신자유주의와 합리적 선택의 대부에 해당한다. 그는 가난한 사람들 중에 부유해지는 사람들을 관찰하여, '노동 분업'이 기술을 전문화하고 교환하게 됨으로써 부를 창출한다고 보았다. 그런데 이윤에 기초하여 결정을 내는 데는 개인적인 이기심, 즉 자신의 행복, 넓은 의미로 볼 때 인간의 죄성과 관련된다. 그러나 효율과 이윤의 증대를 추구하는 과정은 결국 하나님의 섭리 안에서 사회적 과정을 인도하는 '보이지 않는 손'이 되어 상호 이익을 도모하는 것이다. 스미스는 종교를 인간 본성의 한 부분으로 보았고, 영적 지침과 위로의 전달자인 성직자들에 의해 양성되어야 할 것으로 이해하였다.

그런데 시카고 학파 등 신자유주의 학파는 사람들이 사회적, 물질적인 이익을 추구할 뿐만 아니라 진리가 무엇인가 하는 문제 등과 무엇이 정당한가 등의 문제 등에 관심을 갖고 자신의 판단을 초월하는 전통의 영역에서 이에 대한 답을 추구하는 점을 놓치고 있다. 시장이 모든 문제를 해결해 주는 것이 아니다. 또 한 방향의 해석은 역사 철학과 관련

---

16 이하의 논의는 위의 책 22-27에서 설명되고 있다.

된 마르크스적인 분석이다. 그들은 자본주의를 봉건주의 이후 경제 발전의 단계로 보았다. 그들은 종교를 '그릇된 의식'의 발현이라고 주장한다. 종교는 소외된 인간의 억압에 대한 한숨이자 탄식을 반영하는 것이며, 보다 좋은 삶에 대한 인간의 희망을 허공에 투영한 것이라고 본 것이다. 아담 스미스와 달리 마르크스는 자본주의에서 어떠한 신의 경륜도 보지 않고 오직 불가지론적인 변증법 혹은 대립, 물질적 이익에 의한 계급의 분극화만을 보았다.

그런데 문제는 에큐메니칼 계열의 여러 문서들도 마르크스주의와 맥을 같이하는 환원주의적 경제 분석을 제시하고 있다. '대안적 세계화' 문서 및 '돌봄의 경제' 등의 문서는 유사 마르크스주의적 분석에 의한 연성 사회주의라고 볼 수 있다. 그들은 민족 정부의 능력을 대체하는 세계화의 새로운 패러다임을 고려해야 하며, 특히 경제적인 문제를 정치적으로 풀게 되면 과장이나 오해가 있음을 기억해야 한다.

스택하우스는 여러 약점에도 불구하고 세계화의 긍정성에 대하여 분명하게 재인식할 필요가 있음을 역설한다.[17]

① 세계화는 가난한 자들을 더 어렵게만 하는 것은 아니다. 오히려 역사상 가장 빠른 속도로 중간 계급을 만들어 냈다.
② 새로운 생산 방식과 조직 형태가 불평등이 증가했다. 많은 사람이 도시화하고 사업화하는 경제 안으로 유입되었다.
③ 가장 절망적인 사람들은 국가통제 경제 체제에 있는 사람들이다.

---

17 이 예는 Jagdish Bhagwati, Benjamin Friedman 등의 견해로 *God and Globalization* 4: *Globalization and Grace*, 27-28 에서 인용하였다.

④ 국가 경영 체제에 대한 신뢰는 봉건적, 식민지주의적, 파시스트적, 페론주의적, 공산주의적 경험에 의해 분쇄되었다.

⑤ '생명의 경제'를 추구하는 사람들의 이주 패턴은 민주주의적 자본주의 체제 밖으로가 아니라, 그 안으로 들어오고 있다.

⑥ 점점 많은 사람이 세계화된 패턴의 삶을 선택적으로 받아들이고 있어서, 국제적이면서도 비교문화적인 근거에서 활동하고 있다.

스택하우스는 신자유주의 경제 체제의 신봉자들, 유사 마르크스주의적 교회 지도자들, 전통적인 주류 경제 학자들 모두가 인간 사회와 세계화 과정에서 실제로 작용하고 있는 신앙의 힘과 영향을 간과하고 있음에 주목하고 있다. 종교는 현대 사회에 있어서도 여전히 중요한 독립 변수로서 사회와 문화에 영향을 미치고 있다. 따라서 신앙에 기초한 목회와 봉사는 위기에 처한 혈연 공동체와 소작농들을 도와주어야 한다. 아담 스미스는 종교를 인간의 본성과 연관시킨 데 비해서, 시카고 학파 등에서 나타난 종교 경제학적 이해는 종교를 하나의 상품 즉 소비의 대상으로만 설명하고 있다. 이제 종교와 사회의 관계를 언급한 막스 베버를 돌이켜 보면서, 세계화의 역동성에 있어서 발생하는 신학적 주제들을 놓치지 말아야 하며, 이는 하나님의 경륜과 섭리라고 설명되어야 한다. 스택하우스는 세계화의 추세에서 다양한 신학적 주제들을 강조하였다.[18]

---

18 1. 현세적 금욕주의, 2. 입헌적 정치 형태/민주주의, 3. 하나님의 형상/인권, 4. 정당한 법에 따라 운영되는 기업, 5. 하나님의 창조와 청지기 의식, 6. 사해동포적/복합적 도시 문명 *God and Globalization* 4: *Globalization and Grace*, 31-32.

4. 세계화의 능동적 수용과 기독교 윤리

하나님을 믿는 모든 자들은 공공적이라며, 세계화, 기업, 책임 경영 등과 관련된 문제에 있어서 기독교의 책임을 강조한 스택하우스의 사상이 오늘의 한국 사회와 교회에 주는 메시지는 무엇일까? 스택하우스는 기업을 특별한 조직으로서 기독교 영성의 영향력이 미쳐야 할 중요한 단체로 보고 있다. 경제 조직상 사회적 중심이 되는 7개의 조직 가운데 개인, 가족, 카르텔, 종교 조직, 시장, 국가와 기업이 있다. 국가와 기업은 신학적으로 중요한 의미를 갖고 있다. 현대 사회에서 종교적 혹은 신학적인 맥락에서 기업의 문제를 다루려는 노력은 지극히 미약하였다. 현대 신학은 분배 상의 평등의 문제에는 상세한 피력을 하였으나, 생산의 중심에 있는 기업에 대해서는 관심을 기울이지 않았다는 스택하우스의 지적에 귀를 기울일 필요가 있다.[19]

이제 분배의 공정과 평등에만 관심을 가질 것이 아니라 생산 수단인 기업에 대한 적극적인 관심과 책임이 요청 된다. 교회는 역사적으로 볼 때 재산 소유의 권리를 위해 국가 등과 싸웠고, 결국 가부장 제도와 군주의 통제 밖에 있는 생산과 교역의 권리를 확보하게 되었다. 이는 비영리 및 여러 조직의 선례가 되었다. 아울러 중세와 종교개혁기의 역사 속에서 교회의 조직은 대학, 병원, 최초의 민주적 조직들의 선례를 이루게 된다. 다원주의적 시민 사회의 발전에 교회는 기본적인 기여를 한 것이다. 초기 교회의 모델인 '오이쿠메네'는 결국 전통적인 가족 경제와 권력

---

19 Max L. Stackhouse. *Public Theology and Political Economy* (Grand Rapids : Eerdmans, 1987), 118.

으로부터 독립된 사회 체계를 이룬 것이다.

결국, 중세기에는 수도원 경제가 들어서면서 도시 단위로 가내 경제 및 국가의 권력으로부터 독립한 일종의 기업을 이루게 되며, 이는 기독교의 영향이다. 오늘날 자본주의 체제의 중심에 자리 잡고 있는 기업의 역사와 특징에 관한 언급은 한국 사회에 있어서도 많은 시사점을 주고 있다. 스택하우스는 그의 저서 '공공신학'에서 기업과 관련된 다섯 가지 모티프들을 제시한 바 있다.[20]

그동안 인격성에 관한 논의는 인간에게 집중되어 있었지만, 기업체의 경우 잠재적인 면에서 도덕적인 주체로 볼 수 있는 특성들을 갖고 있다. 인간들의 노력과 관심에 의해서 기업은 윤리적인 성격을 갖게 되는 것이다.[21] 즉 이제까지 기독교적 삶과 관련이 없는 것으로 여겼던 분야까지도 하나님의 주권 영역하에 있음을 깨닫고, 하나님의 정의와 사랑을 구체적으로 펴나가는 것이 신앙인의 책무이다. 특히 한국 사회에서 기독교와 사회의 관계는 상당히 부정적인 갈등과 대립 관계에 있는 측면이 있다. 이를 극복하기 위한 신학적, 윤리적 공감대를 재확인할 필요가 있다. 막스 베버(Max Weber)는 한 사회의 종교적 특성이 그 사회의 경제 발전, 인권의 강조와 보호, 그리고 다원적 시민 사회의 발달을 촉진시키거나 억제하는 문화 형성에 결정적인 역할을 한다고 하였다. 스택하우스는 오랜 동안 종교가 문명의 형성에 어떻게 영향을 주고받았는지, 종교가 사회, 경제, 정치, 문화, 가족 제도, 법 등의 발전에 어떻게 상호 작용을 하였는지 묻고 있다. 성숙한 사회가 되기 위해서는 종교가 감

---

20 위의 책, 133-135.
21 Max L. Stackhouse, *Public Theology and Political Economy* (Grand Rapids : Eerdmans, 1987), 131-132.

당해야 할 책무가 있다. 혹시 종교와 사회가 건전한 상호 작용이 아닌 배금주의 및 정치적 권력에 종속되는 풍조를 주고받고 있는 것은 아닌지 반성해야 한다. 한국 사회와 교회는 어떤 관계를 형성하고 있는가?

스택하우스는 기업과 관련된 경제 제도를 크게 셋으로 나눈 바 있다. 1) 국가주도형의 기업 형태가 있는데 사회주의 경제나 파시즘의 형태로 구체화 되었다. 2) 엘리트 가문이 기업을 주도하는 제3세계 형으로 족장 중심적인 형태나 카스트 제도 등을 통해 구체화 되었다. 3) 자본주의는 기업을 국가나 특정한 가문 등에서 분리시킨 자유주의를 바탕으로 하는 형태이다. 적어도 자본주의는 봉건적이고 귀족적인 유산을 극복하고 있으며 개인의 인권과 자유의 신장에 크게 기여한 것이 사실이다.

구시대적인 의식 체계 속에서 세계화와 관련된 양상을 부정적으로만 바라볼 수는 없다. 이제 새로운 패러다임으로 세계화 과정을 바라보아야 하며, 궁극적으로 한국교회가 세계 교회를 향해 나아가는 발판을 마련할 수 있을 것으로 보아야 한다. '세계화'는 이념적인 차원에서가 아니라 우리의 실생활 속에서 전개되고 있다. 기독교는 세계화에 대한 극단적이고 이념적인 편향적 이해를 극복하는데 주도적인 역할을 감당할 수 있어야 한다. 그동안 세계화를 장밋빛 환상으로만 바라보았다면 그 폐해를 인정하고 약점을 보완해야 하며, 세계화가 인류에게 주는 긍정적 측면을 하나님의 주권과 섭리 가운데 재해석하는 작업을 수행해야 한다. 어떤 면에서 세계화와 지역화는 상반되는 과정이 아니라 함께 공존해야 하는 지구촌의 모습이기도 하다. 가장 비중 있는 세계 종교인 기독교 공동체와 기독교인들의 책임이 더욱 중요한 시대를 맞이하고 있다. '세계화'는 우리가 어떻게 해석하고 수용하는가에 따라 상당히 다른 결과들을 야기할 것이기 때문이다.

공공신학과 하나님 나라의 경제[1]

성석환 교수(장로회신학대학교)

그리스도인에게 경제 문제는 생존의 문제로 다가온다. 코로나19 이전부터 한국 사회는 경제적인 공정과 분배의 문제로 인해 갈등과 충돌을 겪었는데, 이후에도 그러한 긴장감은 줄어들지 않을 것이다. 그러면 그리스도인들은 이 문제를 어떻게 대처해야 하는가? 특히 개혁신학적 공공신학의 관점에서 코로나19 이후의 세상에서 그리스도인은 어떤 경제를 만들어가야 하는가?

---

[1] 본인의 졸고 "'코로나19' 시대 '뉴 노멀(new normal)'의 윤리적 가치로서 '공동의 선'을 추구하는 한국교회의 역할에 대한 신학적 성찰," 「기독교 사회 윤리」 47집(2020)의 일부 내용을 발췌하여 활용했음을 밝힙니다.

1. 성경과 경제 문제

예수께서는 공생애 기간 동안 돈과 재물을 경계하시는 말씀을 많이 하셨다. 예수께서는 부자가 천국에 들어가기가 어렵다고도 하셨고, 먹고 마실 일을 걱정하지 말라고도 하셨으며, 천국의 비유로 사용된 열매 없는 가시떨기 밭은 세상의 염려와 재물의 유혹이라고 하셨다. 바울은 심지어 "돈을 사랑함이 일만 악의 뿌리"(딤전 6:10)라고까지 하였다. 이처럼 적어도 신약 성경은 부와 재물이 바른 신앙생활을 방해하는 요소가 될 수 있다고 경고하고 있다.

그런가 하면, 구약의 여호와는 재물과 부를 통해 복을 주시는 분으로 증언된다. 여호와의 뜻에 순종하고 그 뜻을 따르는 이들은 재물의 복을 겸하여 받는다. 하지만 구약에서도 재물과 부는 여호와만 섬기도록 하는 일에 걸림돌이 되어 우상 숭배의 원인이 되는 경우가 많았다. 그래서 구약의 율법에는 부자가 가난한 이들을 돌보고 재물을 나누라고 요구하는 조항이 많이 있다. 우리가 잘 알고 있는 희년법이나 안식년법이 대표적이다.

현대의 소비문화에 대해 신학이 비판적인 이유는 오늘의 소비문화가 공동체적이기보다는 개인주의적이고 또 공적이라기보다는 사적이기 때문이다. 우선 이기적인 개인주의화는 개인을 수동적이고 소극적인 소비자로 전락시킨다. 이것은 생산으로부터의 소외이자 사물로부터의 소외이기도 하다. 시장의 소비 조장을 그대로 추종하는 개인은 철저히 이기적이다. 세계와 사물을 자신이 원하는 바대로 변화시키거나 자신과의 관계를 적극적으로 주도할 수 있을 때, 개인은 소비를 통해 자아실현을 경험하게 되지만 소비문화에 매몰되어 있는 자아는 극히 제한적인 자기 결정권만을 갖는다. 이러한 소비자는 극단적인 이기주의자가 된다. 생산과 소비로부터 철저히 소외된 자아는 오로지 시장이 부추기는 대로 자신의 욕구에만 몰입하게 된다.

현대의 그리스도인 중에는 돈을 많이 버는 것이 하나님의 축복이라고 여기는 사람들이 있는가 하면, 바른 신앙생활을 하기 위해서는 가난하게 사는 것이 필수적이라고 생각하는 이들도 있다. 돈 자체가 문제가 아니라, 그 돈을 어떻게 사용하느냐가 문제라고 보기도 하고, 근본적으로 자본주의 자체가 악하다고 비판하는 이들도 있다. 어떤 태도가 옳은 것인지 쉽게 판단하기가 어려운 이유는, 현대 사회에서 누구나 돈이 없이는 하루도 살기 어렵기 때문이다. 내가 직접 대가를 지불하지 않아도 간접적으로 지불 된 구조 속에서 살아가기 때문에, 한순간도 소비하지 않고 살아가기란 거의 불가능한 세상이다.

현대인은 모든 순간에 유, 무형의 돈을 사용하고 대가를 지불하며 소비하고 있다. 그러니 돈을 부정할 수는 없다. 성경은 돈이 아니라 돈을 사랑함이 문제라고 말한다. 그것이 하나님을 사랑하는 마음을 무디게 만들고, 하나님으로부터 멀어지게 만든다는 것이다. 그러므로 그리스도인에게 경제 생활은 필연적으로 신앙 윤리와 연관되어 있다. 하나님을 믿고 주님의 가르침을 따르려는 그리스도인의 경제 생활은 어떻게 하는 것이 바람직한가? 이 질문에 제대로 답하지 못한다면 바른 신앙생활도 기대하기 어렵다.

2. 현대의 경제학과 소비문화

2008년-2009년에 세계 경제를 위기로 몰아넣었던 미국발 금융 위기는 오늘날 세계의 경제 체제에 대해 근본적인 질문을 제기했었다. 신자유주의로 불리는 현 체제가 과연 지속 가능한 것인가? 만약 아니라면 신자유주의를 대체할 새로운 경제 질서는 어떤 모습이어야 하는가? 전문가들과 학자들은 '코로나19' 이후의 세계가 이전의 세계와 전혀 다를 것이고 예측하며, '뉴 노멀(the new normal)'을 공론화 하고 있다. 이 사태를 자연의 '징벌'이라 규정하며 미래 세대를 위해 무분별한 개발을 멈추고 자연을 보호해야 한다고 주장하는 이들이 있는가 하면, '신자유주의 경제'가 초래한 사회적 '재앙'이라고 비판하며 앞으로 더 정의로운 경제 체제를 구축해야 한다고 주장하는 이들도 있다. 즉 '코로나19'의 피해가 빈곤층에 집중되는 것이 '신자유주의 경제'의 왜곡된 구조 때문이라며 '인권'과 '평등'을 보장하는 사회 체계를 근원적으로 재정립해야 한다고 주장하는 것이다.

특히 전문가들과 학자들은 '코로나19' 이후의 세계가 이전의 세계와 전혀 다를 것이고 예측하며, '뉴 노멀(the new normal)'[2]을 공론화 하고 있다. 이 사태를 자연의 '징벌'이라 규정하며 미래 세대를 위해 무분별한 개발을 멈추고 자연을 보호해야 한다고 주장하는 이들이 있는가 하면,[3]

---

2 '뉴 노멀'은 2008년 금융 위기 당시 새롭게 요청된 경제 체제를 가르켜 로저 맥나미(Roger McNamee)가 처음 사용한 용어로 알려져 있는데, 지금은 '코로나19' 이후의 새로운 질서를 지칭하는 것으로 전용되어 사용되고 있다. '사회적 거리 두기', '비대면 소통' 등의 개인 간 생활 방식의 변화뿐만 아니라 정치, 경제, 사회 문화의 지역적, 지구적 차원의 새로운 질서를 통해 이전의 세계와는 다른 '정상(定常)'의 기준을 제시해야 한다는 의미이다.

3 실제로 '코로나19'로 인해 각국이 '사회적 거리 두기'에 나서면서 사람의 소비와 교통량이 현저히 줄어들자 공기 오염도가 낮아지고 맑은 공기를 마실 수 있게 되었으며, 심지어 인간의 곁

'신자유주의 경제'가 초래한 사회적 '재앙'이라고 비판하며 앞으로 더 정의로운 경제 체제를 구축해야 한다고 주장하는 이들도 있다. 즉 '코로나19'의 피해가 빈곤층에 집중되는 것이 '신자유주의 경제'의 왜곡된 구조 때문이라며 '인권'과 '평등'을 보장하는 사회 체계를 근원적으로 재정립해야 한다고 주장하는 것이다.[4] 한편, 우리나라를 비롯해 여러 나라가 국민 모두에게 '재난지원금'을 지급했는데, 이미 지구적 주제로 논의되고 있는 '기본 임금(basic income)' 논의와 함께 새로운 경제 질서의 핵심적 의제가 될 전망이다.[5]

그래서 이른바 "사람의 얼굴을 한 자본주의"를 주장하는 이들이 돈보다 사람을 더 중요하게 대하는 새로운 자본주의가 필요하다고 역설하였다. 가난한 사람은 계속 가난해지고 부자는 더 부자가 되는 지금의 자본주의 체제에서는 세계가 직면한 빈곤과 기아의 문제를 해결할 수도 없고, 그나마 20세기에 경험했던 중산층의 건강한 성장도 기대할 수 없다는 것이다. 경제 성장의 열매가 사회 구성원, 특히 경제 생활에 참여한

을 떠나 있던 보호종과 여러 동물이 가까이 다가오는 등 짧은 기간의 휴식에도 자연의 복원이 급격히 이뤄지고 있다는 보도가 계속되었다. 한겨레 신문에 따르면, "중국의 대기 중 이산화질소 농도는 2월에 30%가 감소했다… 3월 이탈리아에선 40-5-% 하락했다. 한국에서도 3월에 초미세먼지 농도가 지난해보다 46% 줄었다.", 한겨레신문, (2020. 4.13), "인간을 격리했더니… 가려졌던 지구 모습이 복원됐다"http://www.hani.co.kr/arti/science/future/936780.html [2020.4.25. 접속]

4 장호종은 극빈층과 사회 최하층에 놓여 있는 청년들, 비정규직 종사자들, 병원 노동자들이 더 큰 위험에 노출되어 있다는 점을 설명하면서, "사람들 사이에서 전염되는 감염병은 그 차이가 더욱 확연해, 평소에 은폐돼 온 계급 격차를 날카롭게 드러내고는 한다." 장호종, "코로나19 사태에서도 문제는 계급이다." 장호종 편, 『코로나19-자본주의의 모순이 낳은 재난』(서울: 책갈피, 2020), 163.

5 보수적인 경제 단체들과 학자들도 '코로나19'와 특히 '4찬 산업 혁명'의 몰고 올 새로운 환경에 대응하기 위해서 더 공평한 경제 정책이 필요하다는 점을 강조하고 있다. 예컨대 '세계경제포럼(World Economy Forum)'은 2017년 클라우스 슈밥(Klaus Schwab)이 '4차 산업 혁명'의 대안으로서 공평한 경제의 필요성을 제기한 이후 최근 '코로나19'의 대응책으로 '기본 임금'을 제안하고 있다. World Economic Forum, (2020.4.17.) "Universal basic income is the answer to the inequalities exposed by COVID-19", https://www.weforum.org/agenda/2020/04/covid-19-universal-basic-income-social-inequality/ [2020.4.22. 접속]

모든 이에게 골고루 분배되지 못하고 소수의 특정 계층에게만 집중되는 구조라면 언제든지 위기는 재연될 것이다.

신학자 로날드 사이더(Ronald Sider)는 서구 사회, 특히 주로 미국이 풍요와 소비를 합리화해왔다고 본다. 그의 유명한 저작인 『가난한 시대를 사는 부유한 그리스도인』에서 소개하는 3가지 소비적 경제 모델은 다음과 같다.[6] 첫 번째는 '구명보트의 윤리(Lifeboat Ethics)'이다. 부유한 나라는 하나의 구명보트와 같은데, 그들이 생존하려면 보트 밖에 있는 이들에게 제한된 자원을 낭비해서는 안 된다는 것이다. 두 번째로 특히 복음주의자들의 주장인데, 부유한 사람들에게 복음을 전하기 위해서는 자신들도 풍요한 생활 방식을 누려야 한다고 주장한다. 화려하고 세련된 건물을 짓는 일에 열을 올리거나 부자들을 교회로 끌어들이기 위해 온갖 재미있는 행사를 진행한다. 세 번째로 이른바 '낙수효과' 이론인데, 대기업이 성장하면 간접적으로 중소기업이나 소비자에게 영향을 주게 되어 경기를 부양하게 된다는 것이다. 부자가 돈을 많이 소비해야 서민들의 경제가 좋아진다는 논리와 같다. 그러나 사이더는 이러한 주장들이 시장주의에 근거하고 있으며 성경적인 방식이 아님을 주장하며, 그 돈을 가난한 이들이 스스로 자립하도록 돕는 일에 직접적으로 투자한다면 더 큰 효과를 낼 수 있다고 주장한다. 고급 승용차를 한 대 구입하는 행위보다 그 돈을 아프리카의 아이들을 구제하는 일에 직접 사용하는 일이 더 가치 있다는 것이다.

사실, 오늘날만큼 풍요와 부를 자랑스럽게 생각하거나 찬양하는 분위기는 이전에 없던 일이다. 60-70년대만 하더라도 지금처럼 부자들을

---

[6] 로날드 사이더, 한화룡 역, 『가난한 시대를 사는 부유한 그리스도인』 (서울: IVP, 1998), 60-64.

찬양하거나 동경의 대상으로 떠받들지는 않았다. 한국의 그 시대도 모두 열심히 생산하고 일했던 때였다. 그러나 90년대를 지나며 세계는 복지, 절제, 윤리보다는 경쟁, 소비, 자유를 기치로 내건 신자유주의의 득세로 소비가 미덕이 되었고, 소비의 능력이 개인을 평가하는 중요한 덕목이 되었다. 그래서 가난과 빈곤은 무능력한 개인의 책임이 되었고, 국가는 가난한 자들을 보호하는 것보다 소비를 촉진하고 금융의 흐름이 방해받지 않도록 조처를 하는 일에 더 신경을 쓰게 되었다.

그러나 세계의 자원은 제한되어 있고, 빈부의 격차가 통제할 수 없을 만큼 커지면서 오늘과 같은 소비문화에 대한 윤리적 비판이 제기되었고, 많은 지성인과 학자들은 지금처럼 양극화된 세계 경제의 불평등 구조에서 궁극적으로 인류 모두가 함께 지속 가능할 수 없다고 전망하고 있다. 한국에서도 과거 콩 한 쪽도 나누어 먹던 시대에는 가난했지만 서로 돕고 배려하는 문화가 있었지만, 지금은 분명히 발전하고 성장했음에도 불구하고 가난과 빈곤의 문제는 해결되지 않고 있으며, 가난한 이들은 사회의 공적 영역에서 점차 배제되고 있다.

개혁교회의 전통은 일과 노동을 소중히 여기는 것이었으나, 오늘날 공공신학적 관점에서 본다면 교회의 그리스도인들은 무한한 부의 축적과 풍요를 추구하지만 일하지 않고 소비의 능력만 늘려나가는 문화를 별 문제의식 없이 받아들이는 경향이 있다고 비판할 수 있다. 이는 결정적으로 청지기 정신의 부재에서 온다. 우리에게 허락하신 모든 자원과 부의 근원적인 주인은 하나님이시며, 우리는 그저 청지기라는 윤리 의식이 없다면, 우리는 우리에게 허락하신 달란트를 가지고 열심히 일하고 노동할 이유가 없어질 것이다. 우리에게 필요한 것은 청지기 의식의 회복이다.

3. 공공신학적 청지기 정신

청지기 정신은 세상의 주인이 하나님이시며, 우리는 하나님의 뜻에 따라 세상을 관리하고 또 섬기는 이라는 고백을 담은 공공신학적 원리이다. 특별 은총만이 아니라 일반 은총을 고백하는 그리스도인들은 세상에서의 공적 삶에서도 하나님의 청지기로 살아가야 한다. 예수께서는 이러한 원리를 제자들에게 자주 가르치셨다. 성경은 부가 집중되고 부자가 가난한 이들을 배제하는 것에 대해 하나님의 뜻에 반하는 것이라 말한다. 성경은 언제나 가난한 이들을 배려하고 돌보는 것이 하나님 백성들의 의무라고 말한다. 예수께서는 가난하고 배고픈 이들과 함께 하셨고 "가난한 이들에게 복이 있다."[7]고 하셨다.

이 분야에서 탁월한 통찰력을 보여주는 도널드 헤이(Donald Hay)는 그리스도인의 경제 생활이 청지기 윤리에 의해 실천되어야 한다고 주장하면서, 8가지의 신학적 원리를 제시한다.[8] 먼저, 피조 세계에 대한 사용과 제한의 원리이며, 다음으로 모든 사람이 자원과 재능의 청지기직을 수행할 소명이 있다는 것이다. 그 청지기직은 하나님 앞에서 결산할 의무가 있다(눅 19:11-27). 그리고 하나님이 일하신 것처럼 인간은 일할 의무 혹은 권리가 있으며, 이는 타락의 결과가 아니라 창조의 질서이다. 인간은 자신의 재능에 대해서도 청지기 정신을 가져야 하며, 따라서 자원의 공동 청지기로서 협력하는 사회적 활동에 참여해야 한다. 여기서

---

[7] 이 말씀은 마태복음과 누가복음에 있지만, 마태복음에는 "마음이 가난한 자", 그리고 누가복음에는 "가난한 자"라고 말하고 있다. 하지만 대부분의 주석가들은 의미에 있어서는 큰 차이가 없다고 본다. 즉 "마음이 가난한" 이들은 당시 상황을 고려컨대 역시 경제적으로 가난하기에 하나님만 의지할 수밖에 없는 이들이었다는 것이다.

[8] 도널드 헤이, 전강수 역, 『현대 경제학과 청지기 윤리』(서울: IVP, 1996), 82-88.

헤이는 일곱 번째 원칙으로서 인간의 의식주는 생산적인 일을 통해 충족되어야 한다고 주장한다. 또한 이어서 자원의 청지기는 자신이 생산한 모든 것을 소비할 권리를 갖지 않으며 부자는 가난한 자를 도울 임무가 있다는 것이다. 지금 우리가 살아가는 방식과는 사뭇 다른 원리들이다.

성경도 분명히 사유 재산을 인정하고 있지만, 지금 우리가 누리는 사유 재산 제도와는 그 의미에서 차이가 있다. 지금 우리의 사유 재산은 본래 로마 시대의 사유 재산법에서 기인한다. 배타적이고 독립적인 소유의 권리를 의미하는데, 성경의 사유 재산권은 청지기로서의 관리의 의무와 책임이 따르는 권리인 것이다. 이런 점에서 부의 성취에 대한 그리스도인의 인식도 성경적으로 정돈되어야 한다. 베버는 『프로테스탄티즘의 윤리와 자본주의 정신』에서 자본주의가 유럽에서 싹트게 된 이유를 개신교의 금욕주의 윤리와 청교도 정신에서 찾았다. 이는 그동안 터부시되던 부를 축적할 수 있게 했고, 소명 의식을 갖고 돈을 벌도록 허용했다는 것이다. 그러나 초기 자본주의 탄생에 영향을 미친 기독교 정신은 곧 그 힘을 다한다. 인간의 욕망과 탐욕을 무한정으로 채우기 위한 온갖 방법들을 만들어 내고, 개인의 소유권을 극대화하는 쪽으로 발전하면서 본래 절제와 금욕의 개신교 정신이 배제되고 말았다.

심지어 교회조차 상업주의와 물질주의에 휩쓸리게 되어 기업과 같이 성장과 성공을 지향하게 되었다. 하나님이 온 세상의 주인 되심을 인정하는 '하나님 주권' 사상을 세속주의적 가치들과 타협하고 만 것이다. 최근 『공정하다는 착각』에서 마이클 샌델(Michael Sandel)은 자본주의 초기에 선한 영향을 주었던 개신교의 부에 대한 인정이 오늘과 같은 개인주의적 물질주의를 낳았다고 비판하고 있다. 이미 1920년대 리처드 니버는 『교파주의의 사회적 원인들』에서 교단의 분열은 교회의 도덕적 타락의 결과로서 신앙적 원인이 아니라 경제적이고 정치적인 원인에 의해 발생한 것이라고 고발했다. 경제적 부에 따라 교회에 모이는 이들의 사회적 지위가 달라졌다는 것이다.

청지기 정신에 입각한 자본주의인지, 아니면 주님이 경고하신 대로, 맘몬의 가치에 입각한 시장주의인지를 분별해야 한다. 현대의 교회와 그리스도인들은 자신에게 허락된 자원들과 재능을 자신들만의 것으로 여기지 않아야 한다. 일차적으로 하나님의 것으로 고백하고, 이차적으로 가난한 이들과 함께 나누어야 할 것으로 여겨야 한다. 특히 코로나19로 인해 사회적 약자들의 고통은 날로 더해가고 있다. 이럴 때 교회와 그리스도인들이 청지기 정신을 발휘하고 신자유주의의 부정적 영향력을 극복하기 위해서 노력해야 할 것이다.

4. 공공신학적 실천으로서의 '윤리적 소비'

그리스도인들이 청지기 정신을 가지고 경제 생활을 해야 하는 것은 당연한 의무이지만, 그런다고 해서 지금 우리가 직면하고 있는 자본주의의 폐해들이 금방 사라지지는 않을 것이다. 코로나19 이후에는 기술적 발전과 결합한 물질주의가 더욱 기세를 높일 것이다. 그래서 세속화를 주장하던 학자들이나 좌파 지식인들조차 21세기의 독특한 종교적 부흥 현상에 주목하면서 후기 세속 사회의 종교 담론[9]이 확산되고 있는

---

9   마르크스주의자인 위르겐 하버마스조차 종교의 윤리적 기능을 공적으로 요청하면서 후기세

이 시대에 신자본주의와 욕망의 소비문화에 대응하기 위해서는 그리스도인들만의 윤리가 아니라 시민 사회가 함께 공감하고 실천할 수 있는 공공신학적 관점이 필요하다.

그런 관점에서 볼 때, 이른바 '윤리적 소비' 또는 '착한 소비' 운동에 교회 공동체가 참여하고 앞장서서 실천하는 일이 필요하다. '윤리적 소비'는 소비 행위에 윤리적 가치를 개입시킴으로써 작게는 소비자 개개인의 경제 생활과 소비 활동에, 크게는 모순과 부작용이 가득 찬 소비자본주의 자체에 대안을 제시하려는 전 지구적이고 사회적인 프로그램이다. 우리가 익숙한 '공정 무역'이나 '공정 여행'과 같은 것들이 한 사례이며, '중고물품 사용', '생태적 비누 만들기' 등 생활밀착형 프로그램도 있다. 이는 소비자들을 자각시켜서 세계의 시장 질서를 더 공정하고 정의롭게 변혁해야 한다는 주장에 동의할 수 있도록 설득하고, 소비자 개개인에서 한 사회, 한 지역, 그리고 전 지구적인 연대를 요청하려는 것이다.

현대 학자들은 '윤리적 소비'라는 주제보다 '소비문화'라는 담론에 더 익숙하다. '소비문화'는 '윤리적 소비'와는 달리 소비자의 구매 행위 자체보다는 '소비' 자체의 원리와 그로 인해 발생하는 문화에 집중한다. '소비문화'에 대한 관심은 사실 근대 사회에 대한 비판적 입장으로써 포스트모더니즘으로부터 제기되기도 한다. 풍요를 낙관했던 사회가 세계 전쟁으로 인해 결정적으로 절망을 경험했지만, 근대의 태생적 동기인 자유주의 경제와 풍요에 대한 전망은 60년대 대량 생산과 90년대 신자유주의를 통해 화려하게 부활하였다. 이에 대해 보드리야르는 소비문

속 사회의 종교 담론에 최근 관심이 고조되고 있다. 20세기 중반부터 북미의 복음주의, 중동의 근본주의 이슬람, 남미의 오순절 교회 등의 부흥 현상과 함께 종교에 대한 새로운 공적 역할을 기대하는 사회적 분위기도 주목할만한 현상이다.

화를 일종의 이미지 환각으로 받아들이는데, 시뮬라크라(simulacra)[10]는 더 이상 개인의 정체성과 관련된 것이 아니고 오히려 개인의 정체성을 해체시키고 물화시킨다는 것이다. 그래서 오히려 자아를 상실시킨다.

물론 '윤리적 소비'라는 명목만으로 개인 소비자들이 근본적인 문제점을 인식하기에는 한계가 분명하다. 소비가 미덕인 시대에서 '착한 소비'는 소비자 개인의 소비 욕구를 정당화하는 역할을 할 수 있다. 원거리에서 정당한 대가를 주고 구입한다고 한들 이동 간에 발생하는 탄소와 유통 마케팅 비용의 발생은 피할 수 없는 것이다. 그러나 현실적으로 글로벌 자본의 축적 구조가 심화되고 있는 상황에서 일정한 한계가 있지만 '윤리적 소비'가 갖는 상징적 의미는 무시할 수 없다. 최근에 이 흐름은 '사회적 경제', '공유 경제' 등의 대안 경제 운동으로 옮겨가고 있다. 공동체적 관점에서 새로운 경제 질서를 형성하자는 취지인데, 한 개인의 소유가 아니라 공동체의 공동 소유일 때 지금 신자유주의의 모순을 극복할 수 있다는 것이다. 우리나라에서도 협동조합, 사회적 기업, 마을화폐 등 '마을 만들기' 차원의 공동체 운동으로서 새로운 경제적 대안 질서를 지향하는 흐름이 강력히 일어나고 있다.

그리스도인의 신앙은 언제나 공동체적이다. 그리스도인의 신앙적 고백은 삶의 실천 속에서 구체화되어야 한다는 것이 특히 개혁교회의 영성인데, 학자들은 오늘날 그리스도인의 삶의 양식이 가장 명확하게 드러나야 할 영역이 바로 소비문화에 대한 태도라고 말한다. 소비의 태도

---

10 보드리야르는 이 개념을 "진짜보다 더 진짜 같은 복제품"이라는 의미로 사용한다. 현대 소비문화는 과도한 광고를 통해 과잉 기호를 양산하는데, 결국 사물이 무엇을 본래 의미했는지를 알 수 없도록 만들어버린다. 소비자 역시 자신의 정체성을 상품의 소비에서 찾으나, 시뮬라크라는 정체성을 규정할 수 없는 복제품에 불과하다.

를 통해 그리스도인의 독특한 존재 양식이 드러날 때 기독교 영성의 실천적 의미를 증명할 수 있을 것으로 보는 것이다. 그리스도인에게 있어서 경제 생활은 선이나 악이 아니라 기본적인 삶이지만, 적극적이고 주도적으로 경제 생활의 원칙과 제도를 하나님이 원하시는 정의롭고 선한 방식으로 변혁해야 할 책임이 있다. 이것은 결국 주님이 선포하신 '하나님 나라'를 증언하는 것이다.

5. 코로나19 이후 시대와 하나님 나라의 경제

경제적 측면에서 볼 때, '코로나19'는 지구적 차원에서 강력히 제기될 새로운 경제 체제의 요청이 한국 사회에서도 공론화될 것으로 전망한다. 비대면 산업과 직무 형태의 확장으로 향후 공장과 사무실의 필요성이 줄어들 것이고, '온-라인' 환경이 급속도로 발전할 것이고, 산업 구조 역시 '오프-라인' 매장 중심에서 '온-라인' 유통 중심으로 시장 질서가 새롭게 재편될 것이다. 따라서 노동자의 노동조건이 변화할 수밖에 없다. '코로나19' 사태가 발생하기 이전부터, 이미 '4차 산업 혁명'의 기술 발전으로 인한 인간의 노동권 보장에 대해 많은 토론이 있었는데, '코로나19' 이후의 노동 가치에 대한 평가는 새로운 국면을 맞이할 것이다.

그러나 이로 인해 양산되는 쓰레기 문제와 '이커머스(e-commerce)' 업종에 종사하는 노동자들의 낮은 처우는 앞으로 산업 구조 재편에 있어서 풀어야 할 '공공성'의 의제이기도 하다. 빈곤층이나 저소득층에게 경제적 피해가 집중되고 있다는 점에서, '코로나19' 이후의 '공동의 선'의 가치는 더욱 중요하다. 지난 3월 10일 구로구에 있는 한 보험사의 '콜센터' 직원 총 58명이 한꺼번에 '코로나19' 확진자로 진단되면서 '위험의 외주화'[11] 문제가 공론화되었다. 장두석은 '코로나19' 이후 빈부 격차가 더욱 심화되어 장기적인 경제 침체를 겪게 될 것으로 전망하는데, 이 경우 가장 결정적인 피해층은 바로 청년들과 비정규직들이다.[12] 장하준은 역시 언론과의 인터뷰에서 '돌봄 경제(care economy)'로 제시했다. 서로 얽혀 살아가고 있다는 사실에 기반하여 안전한 연대와 협력을 기본으로 하는 새로운 경제 질서를 형성해야 한다는 것이다.[13] 그래서 '코로나19' 이후 정립해야 할 '뉴 노멀'은 한국 사회의 경제적 불평등 구조를 바꾸고 모든 이의 '공동의 선'을 담보하도록 공론화해야 한다.

이와 관련하여, 시몬 마이어(Simon Mair)의 최근 주장에 주목한다. 우리가 유지해 온 잘못된 경제적 상상이 "시장은 우리의 삶의 질을 고양하기 때문에 보호돼야 한다는 것과 시장은 위기의 시기가 지나가면 곧 회복된다는 것"이라고 비판하는 그는 '코로나19'에 인류가 선택할 새로운 경제 질서의 가능성을 네 가지로 제시했다. 그중 우리가 지향해야 할 '공동의 선'을 추구하는 질서는 '상호 부조(Mutual aid)' 경제 체제인데, 이는 "탈국가적이며 비중앙집권적인 대응으로서, (교환 가치보다) 생

---

11 '위험의 외주화'는 2018년 12월 1일 태안의 화력발전소에서 비정규직 노동자 김용균의 사망으로 사회적 의제가 되었다. 위험한 일은 법적 책임을 직접적으로 제기할 수 없는 하청 업체의 비정규직 직원들에게 대부분 맡기는 업계 관례에 대한 사회적 비난이 있었고, 2020년 1월 16일 그 결과로 '김용균법'으로 알려진 '산업안전보건법'이 개정되었지만 전문가들은 별다른 효과가 없을 것이라 비평한다. 그 이유는 단지 제도적 차원의 법적 문제를 넘어 한국 경제의 노사 문화를 개선하고 경제민주화의 가시화되어 본질적으로 경제적 공공성을 향상시켜야 한다.
12 장두석, "전통적인 한국형 경제 성장 모델은 쇠퇴하나?" 임승규 외 7인, 『포스트 코로나; 우리는 무엇을 준비할 것인가』(서울: 한빛비즈, 2020), 116-117.
13 장하준, "경제의 재편: 1929년 같은 대공황 온다." CBS 〈시사자키 정관용입니다〉 제작진, 『코로나 사피엔스: 문명의 대전환, 대한민국 대표 석학 6인이 신인류의 미래를 말하다.』 (서울: 인플루엔셜, 2020), 62.

명의 보호를 우선한다."[14] 그는 '상호 부조'의 경제가 우리 인류가 채택할 수 있는 '두 번째 미래'가 되어야 한다고 주장한다. 이 경제의 미래에는 국가보다 작은 소그룹과 공동체가 서로 의존하는 방식으로 더 중요한 역할을 하게 될 것이며, 그 핵심적 가치는 '공동의 선'의 추구이다.

예수께서는 하나님 나라를 선포하셨다. 주님이 선포하신 하나님 나라는 곧 '하나님의 통치'를 의미한다. 그것은 "뜻이 하늘에서 이루어진 것 같이 땅에서도 이루어지게 하소서."라는 기도에 잘 나타나 있다. 그러므로 교회는 하나님의 통치를 인정하고 받아들인 이들의 모임이며, 그리스도인들은 그 나라가 자신 안에 있음을 증언하고 살아가는 사람들이다. 청지기 정신은 하나님 나라를 받아들인 사람들이 실천하는 삶의 태도이다. 그들은 그들의 모든 것을 하나님의 것으로 인정하고, 하나님만을 섬기며 살아가기에 소비문화와 물질주의에 노예가 되지 않는다. 그들은 정말로 "세상에 있지만, 세상에 속하지 않은"(요 17:16) 사람들로 사는 사람들이다. 그리고 하나님이 주님을 보내신 것처럼 주님도 그리스도인들을 세상에 보내신다(요 17:18). 그들은 주님이 선포하신 하나님 나라의 실체를 증언하며 살아가야 하는 사람들이다. 먹고 마시며 생산하며 소비하는 모든 생활 가운데에서 그러한 삶이 드러나야 한다.

앞서 우리가 다룬 모든 주제가 하나님 나라의 실천과 관련이 있다. 누

---

[14] 시몬 마이어는 서레이 대학(University of Surrey)의 '지속가능한 번영의 이해를 위한 센터'의 연구원이다. 다른 세 가지 입장은 이렇다. 우선 '국가 자본주의(State Capitalism)' 체제로서 "중앙집권적 반응으로 교환 가치를 우선하는 방식"이다. 두 번째로 '바바리즘(Barbarism)' 경제 제체는 "탈국가적인 비중앙집권적 대응으로 역시 교환 가치를 우선"한다. 이는 경제적 약자들에게 극도의 고통을 안겨줄 것이다. 세 번째는 '국가 사회주의(State socialism)' 경제인데 "중앙집권적 국가의 대응으로서 생명의 보호를 우선"한다. Simon Mair, *The Conversation* (2020.3.30). "What will the World like be after coronavirus? Four possible futures," https://theconversation.com/what-will-the-world-be-like-after-coronavirus-four-possible-futures-134085

가복음 4:13-16에 기록된 주님의 일종의 '사명 선언문'은 이사야의 말씀을 인용하신 것인데, 그 내용은 바로 주님이 선포하셨던 하나님 나라의 모습이다. 특히 여기에는 역시 '가난한 자'에 대한 명확한 배려가 담겨있다. 하나님 나라는 가난한 자들에게 정의로우며 우선적이며 정당한 삶을 보장한다. 그래서 성령 강림 이후 형성된 초대 교회에서는 사람들이 물건을 통용하고 소유를 팔아 나누는 공동체 생활을 했다(행 2:44-47). 초대 교회는 궁핍한 형제를 돕고 사랑하는 것이 하나님을 사랑하는 것임을 고백했다(요일 3:17-18). 그리스도인은 그렇게 자신들의 소유를 자신들만의 것이라고 주장하지 않음으로써 하나님 나라에 참여할 수 있다. 하나님이 맡겨주신 재물을 타인과 나누고 가난한 자들을 외면하지 않음으로써 하나님 나라를 증언할 수 있다. 열심히 일하고 부를 축적하더라도 필요한 것을 제외하고는 선한 일에 사용하며 하나님 나라를 증언하는 일에 내어놓는 것이 그리스도인들에게 요구되는 삶이었다.

하나님 나라는 정의로운 하나님의 통치로 나타난다. 하나님의 정의로움은 오늘날 특별히 경제 영역에서 명확히 드러나야만 한다. 돈을 인간의 생명보다 더 중요하게 여기고, 수단을 가리지 않고 무한정 부를 축적하는 것이 능력이며, 자신이 원하는 것을 언제든지 구매할 수 있는 소비가 미덕이라고 속삭이는 맘몬의 자본주의는 정의롭지 않다. 더 공정하고 더 공평하며 더 공의로운 경제 질서가 우리의 삶을 이끌어가도록 그리스도인들과 교회가 앞장서야 한다. 한국교회는 정의로운 경제 생활이 곧 하나님이 원하시는 청지기 정신이며 하나님의 통치를 인정하는 것임을 고백해야 한다. 그래서 더 이상 성장주의와 성공주의에 물든 세속적 가치들로 그리스도인의 경제 윤리를 왜곡해서는 안 된다. 신자들의 일상생활이 하나님의 정의로우신 통치를 증언할 수 있도록 지침을 마련하고 구체적인 실천 사례를 발굴하여 교육하고 전파해야 한다.

"네가 이 세대에서 부한 자들을 명하여 마음을 높이지 말고 정함이 없는 재물에 소망을 두지 말고 오직 우리에게 모든 것을 후히 주사 누리게 하시는 하나님께 두며 선을 행하고 선한 사업을 많이 하고 나누어 주기를 좋아하며 너그러운 자가 되게 하라(딤전 6:17-18)."

5부

오늘의 신학에 있어서의 공공신학

공교회 및 교회 공공성의 기반으로서의 한국 장로교회 헌법제

임희국 교수(장로회신학대학교)

1. 장로교회의 기원과 형성

1) 16세기 스위스 취리히(Zuerich) 종교개혁

장로교회는 16세기 스위스 취리히의 종교개혁에 기원을 두고 있다. 그 당시 유럽의 국가들은 황제나 영주가 통치하는 중앙 집권 체제로 유지되었는데, 스위스는 그러나 각 지역들이 자발적으로 대표를 파송하여 이룬 계약 공동체(Buendnissystem)로서 국가를 형성했다. 스위스의 도시 국가 취리히는 상인과 수공업 종사자들로 구성된 시민 사회가 자치적으로 운영했다. 이 도시 국가에는 다양한 직업군(群)의 대표 162명으로 구성된 의회가 입법권을 갖고 있었다. 의회가 정치, 사회, 경제, 문화, 그리고 도덕 질서를 세워나갔다. 시민들은 상호 수평적인 관계 속에서 개인의 자유를 누렸고, 자기 생각과 의견을 밝힐 수 있는 토론의 장이 상당 부분 보장되었다. 토론을 통해서 사회적 합의가 도출되었고 또 이를 통해 공공질서가 확립되었다. 이 도시 국가 취리히에 종교개혁자 츠빙글리(U. Zwingli)가 청빙을 받아 1519년 1월 1일 그로스뮌스터 교회에 주임 목회자로 부임했다(35세).

1522년 취리히 시민들이 기존 중세 시대의 가치 체계와 교회 관습을 향해 커다란 물음표를 던졌다. 이에 의회가 공공질서를 유지하고자 1523년 1월 공개토론회를 개최했다. 공개토론회는 기존 중세 시대 질서를 고수하려는 가톨릭교회의 주장과 낡은 시대의 해묵은 관습을 깨트리려는 츠빙글리의 주장이 크게 대립하여 치열한 토론과 논쟁으로 전개되었다. 취리히 시민들이 현장에 참석해서 지켜보는 가운데 진행된 공개토론은 의회의 주도로 양측이 공정하게 -성경을 바탕으로- 입장을 개진하고 상대방을 설득시키고자 했다. 그 결과 츠빙글리의 주장이 대다수 시민의 공감을 얻었다. 이를 통해 공공(公共)의 합의에 이르면서 취리히의 종교개혁이 본격적으로 시작되었다. 무력 충돌이나 폭력 동원 없이 평화롭게 개혁이 진행되었다. 이 종교개혁이 개혁교회 및 장로교회의 시원(始原)이다.[1]

2) 칼뱅(John Calvin)이 제정한 장로교회 체제

츠빙글리의 대(代)를 이은 종교개혁자 칼뱅이 스위스 제네바를 개혁했는데, 그가 제정한 '제네바교회법'(Genfer Kirchenordnung, 1561)이 장로교회 체제와 질서의 모본이 되었다. 독일 종교개혁으로 시작된 루터

---

1 "SynodeIII/1" in, TRE(=Theologische Realenzyklopaedie) Bd. 32, 573.

교회에서는 설교직이 교회의 유일한 직책이었는데, 이와 구별되는 제네바 교회법은 교회의 4가지 직책을 명시했다: 목사, 교사, 장로, 집사. 이것이 장로교회 체제(Presbyterial-verfassung)의 효시였다. 4가지 직분이 서로 수평적인 관계 속에서 각기 역할과 기능을 분담하며 신앙 공동체를 이루었다. 그 체제는 대의 제도 교회 질서였는데, 신앙 공동체에서 선출된 교인 대표가 총대로서 노회에 참석했다. 노회는 이때부터 장로교회의 초석이자 중심이었다.[2]

그런데 제네바 신앙 공동체에서 촉발된 장로교회의 대의 제도는 근세 시대 정치적 민주주의 질서와 근본적으로 다르다. 정치적 민주주의는 주권자인 국민이 대표를 선출하는 대의 제도인데, 장로교회 대의 제도는 -사람의 주권이 아니라- 하나님의 주권 아래 예수 그리스도의 말씀에 순종하는 직분으로 시작되었다. 이 대의 제도는, 신약 성경 마태복음 18장 15-20절에 근거하여, 교회 공동체에서는 모두가 형제자매라는 인식에 바탕을 두었다. 이 인식은 칼뱅이 살았던 16세기 유럽의 시대정신을 뛰어넘은 창의적 발상이었다. 당시의 가톨릭교회에서는 여전히 중세 시대 삼각뿔 형태의 교회 조직을 견지하면서 주교(bishop)가 교회를 지배했고, 또 독일 루터 교회에서는 세속 군주인 영주가 교회를 지배했다. 양자 모두 다 국가 교회 체제였다. 그러나 칼뱅 장로교회는 국가 교회 체제를 거부했고 또 세속 권력자의 교회 통치를 인정하지 않았다. 칼뱅은 예수 그리스도가 말씀으로 교회를 다스리시되, 성령의 역사 속에서 그 말씀에 순종하는 자들을 통해 다스리신다고 가르쳤다. 그리고 그 말씀에 순종하는 자들이 목사, 교사, 장로, 집사로 세우심을 입었

---

2 "SynodeIII/1" in, TRE Bd. 32, 573.

다고 했다. 이것이 장로교회 대의 제도의 기초이다. 직분자들은 그리스도의 부르심을 함께 입은 상호 수평적 동역 관계이고, 또 이들은 그리스도의 말씀에 순종하면서 그 말씀을 대변한다. 이를 통해서 예수 그리스도의 복음이 다양한 직분자(목사, 교사, 장로, 집사)를 통해 여러 형태로 교회에서 역사한다. 즉, 말씀 선포와 목양(목사, pastores), 가르침(교사, doctores), 치리(장로, seniores), 가난한 이웃 돌봄(집사, diaconi)이다(롬 12:5-13; 고전 12:28; 엡 4:11-12, 딛 1:5-7). 또 신앙 공동체의 모든 성도들은 그리스도의 말씀에 순종하며 그의 몸된 교회를 이루는 지체인 형제자매이다(고전 12:12).

칼뱅 장로교회는 16세기 후반 이래로 프랑스, 네덜란드, 헝가리, 스코틀랜드, 아일랜드, 잉글랜드, 독일의 몇몇 지역, 그리고 대양(大洋)을 건너서 북미(미국, 캐나다)와 호주로 확산되었다. 이 중에서, 19세기 말 한국(조선)으로 선교사를 파송한 미국 장로교회의 역사를 살펴보면, 영국의 퓨리탄이 박해를 받아서 신앙의 자유가 보장된 네덜란드로 이주했고, 이들 가운데서 일부가 대서양을 건너 신대륙인 지금의 미국에 도착했다. 이곳에서 새롭게 신앙 공동체를 이룬 퓨리탄은 장로교회 체제를 지향했다. 1692년 버지니아(Virginia) 지역에서 장로교회가 창립되었다. 얼마 후, 남부 캐롤라이나(South Carolina)에서 노회가 결성되었다. 18세기 후반에 뉴욕(New York)과 뉴저지(New Jersey)에 장로교회가 설립되었는데, 스코틀랜드와 아일랜드에서 신대륙으로 이민 온 장로교회 교인들이 대다수였다. 당시의 장로교회는 모국 잉글랜드 교회의 웨스트민스터 신조(Westminster Confession of Faith, 1646)를 토대로 존립했다. 미국 독립 전쟁 직후인 1781년에 뉴욕 노회와 필라델피아 노회가 완전한 신앙의 자유를 천명했다. 1789년에는 4개의 노회로 이루어진 장로교회의 총회가 창립되었다. 웨스트민스터 신조에 따라 장로교회는 국가교회가 아닐뿐더러 국가 권력에 예속되지 아니한 자치적-자율적 교단으로 시작되었다. 장로교회는 1864년 남과 북으로 분리되어서 남장로교회와 북장로교회로 나뉘었다.

3) 19세기 말 내한(來韓) 장로교회 선교사들의 '장로회공의회'(公議會, council) 조직

미국과 호주로부터 각각 조선(대한 제국)으로 파송된 장로교회 선교사들은 1889년 "장로회공의회"를 조직했다(장로교선교사연합공의회(The United Council of Presbyterian Missions)). 그 이후 캐나다 장로교회로부터 파송된 선교사가 입국했고, 1893년에 장로회공의회는 미국, 호주, 캐나다 장로교회 파송 내한 선교사들의 연합 단체가 되었다. 이 단체는 선교사들이 교제하고 선교 활동을 논의하는 수평적 기구였고, 그 목적은 이 나라에서 개혁교회의 신앙과 '장로교회의 정치'를 사용하는 단일 교단을 세우는 데 있었다.[3] 이를 통해 한국 장로교회는 3개국(미국, 호주, 캐나다) 4개 교단 장로교회 선교사들의 에큐메니칼(연합과 일치) 운동으로 구성되었다.

---

3 곽안련, 『長老敎會史典彙集(장로교회사전휘집, *Digest of the Presbyterian Church of Chosen*)』(京城: 朝鮮耶蘇敎書會 發行, 大正7年(1918)), 15. 미국의 첫 선교사 6명(미국 감리교회, 장로교회)이 1885년 4월 조선 정부의 비자 발급을 받아서 입국했다. 그러나 정부는 이들에게 기독교 포교를 허락하지 않았고 그것 대신에 서양 문명을 소개하고 가르치는 학교 설립과 병원 설립을 허락했다. 선교사들이 조선에서 자유로이 기독교를 선교하기까지는 약 2년 정도 기다려야 했는데, 1887년 서울에서 새문안(창립당시의 명칭은 정동, 신문내) 장로교회가 설립되었다. 임희국, 『한국 장로교회 130년. 기다림과 서두름의 역사』, (장로회신학 대학교출판부, 2013), 23-25.

여기에서 장로교회 정치 사용이라는 대목을 유의할 필요가 있다. 미국, 호주, 그리고 캐나다 장로교회의 정치 질서는 유럽 대륙(예, 독일) 기독교 전통으로 내려오는 국가 교회 체제가 아니고 국가 권력으로부터 독립하는 자치적 교단 체제를 가졌다. 여기에는 자유와 평등, 그리고 공화주의 원리가 들어 있는데, 이러한 영미(英美)권 장로교회로부터 파송된 내한(來韓) 선교사들의 목적은 향후 '대의민주주의' 정치 제도를 가진 단일 교단을 설립하는 데 있었다. 이것이 조선(대한 제국) 장로교회 체제의 밑그림이었다. 그런데 이 체제는 조선(대한 제국)의 역사 속에서 아직 한 번도 경험해 보지 못한 낯선 것이었다.

조선 시대를 거쳐 대한 제국 시대까지, 정병준에 따르면,[4] 우리나라에는 '국민'이라는 개념이 없었다고 한다. 사회 전반의 피지배층을 뜻하는 '백성'이 있었고 또 백성의 한자어인 '민'(民)은 갓난아이(=赤子(적자))로서 피통치자를 뜻했다.

청일전쟁(1894) 이후 조선의 정치 권력은 일본의 한반도 침략을 저지하고자 러시아 세력을 끌어들였다. 이에 대응한 일본이 러시아에게 의존하는 황후를 살해했다(을미사변, 1895). 고종 황제가 거처를 러시아 공관으로 옮겼고(아관파천, 1896), 그때부터 1년 동안 권력을 회복하고 근대화 사업을 추진했다(광무개혁(光武改革)).[5] 이때 황제의 지원으로 관민(官民) 공동의 근대화 운동 단체인 '독립협회'가 조직되어 활동했다. 1898년 10월 서울 종로에서 이 단체의 주관으로 정부의 관료 임명 문제에 관하여 항의하는 집회가 열렸는데, 이것이 '만민공동회'·'관민공동회'

---

4 정병준, "한말·대한 제국기 '민(民)' 개념의 변화와 정당 정치론", 「사회 이론」 (2013봄/여름), 396.
5 이태진, 『한국사. 메이지 일본의 한국 침략사』 (서울: 태학사, 2005), 123 이하.

였다.

만민공동회는 근대 대중 정치의 출발점이었다.[6] 그렇지만 이 집회에서 근대 정치의 주체로서 시민(市民)이 등장한 것은 아니었다고 한다.[7] 정부의 고위 관리까지 참석시킨 만민공동회에서 '민권'(民權)의 중요성이 대두되었다. 이때의 민(民)은 종래의 피지배층이 아니라 국가에서 존재하는 모든 사람을 뜻했다.[8] 이 모든 사람이란 왕을 제외한 관료·군인·상인·걸인·벙어리·판수 등 만민공동회에 참석한 모든 민(民)을 뜻했다. 그러나 민권의 중요성을 인정하긴 했으나 국권 수호를 더 우선시 했던 고종 황제는 만민공동회의 주장을 받아들이지 않았다. 결국, 황제는 그해 12월 황국협회를 동원하여 독립협회를 강제로 해산시켰다.

1899년 8월 황제의 전제 군주권이 「대한국국제」라는 법제정을 통해 일반에게 선포되었다.[9] 「대한국국제」는 대외적으로 대한 제국의 자주 독립을 선포하였고 또 대내적으로는 민의(民意)를 존중하고 인민과 협치를 해야 한다는 만민공동회의 주장을 수렴하지 않았다.

6　정병준, "한말·대한 제국기 '민(民)' 개념의 변화와 정당 정치론", 396.
7　서희경은 다른 관점을 제시했다. 그는 근대적 의미에서 정치 주체인 '국민(國民)'이 만민공동회에서 탄생했다고 주장한다. 만민공동회는 "민회(民會)를 통해 공론을 형성하여 이를 국정에 반영하고자 시도한 새로운 형태의 정치 운동이었고, 이는 기존의 집단 상소나 민란과는 아주 다른 형태로서", "군민공치"(君民共治)의 입헌군주제였다고 그는 주장한다. 서희경, "대한민국 건국헌법의 역사적 기원(1898-1919): 만민공동회·3.1운동·대한민국임시정부헌법의 '민주공화' 정체 인식을 중심으로,"「한국정치학회보」 40-5 (2005), 142-143.
8　정병준, "한말·대한 제국기 '민(民)' 개념의 변화와 정당 정치론", 368.
9　장영수에 따르면, 이때 제정된 9개 조항의 「대한국 국제」는 광무 개혁의 결과이기는 하지만 "전제 정치를 정당화 하는 수준"에 머물렀고 근대적 헌법이 갖추어야 할 인권이나 국가 조직에 관한 내용을 담아내지 못했다. 장영수, "임시정부 헌법의 역사적 의미와 대한민국 헌법의 제정",「고려법학」 57 (2010.6), 217.

2. 1900년 한국 장로교회에서 시작된 대의민주주의

대한 제국에서 전제 군주권이 강화된 시기인 1900년에, 조선예수교 장로회의 공의회가 -당시 대한 제국에서는 아직도 상상 밖의 일이었던- 대의민주주의 제도를 교인들에게 이식했다. 그 해에 평양 장대현 교회에서 교인들 스스로가 교회 대표를 뽑는 투표를 실시했는데, 이때 선거로 선출된 교인 대표가 김종섭(金宗燮)이었다.[10] 이어서 그는 교인 대표로서 장로에 임직했다. 이 교회의 장로 임직 이래로, 계속해서 전국 각지의 교회에서 장로가 선거로 선출되었다. 이에 따라 1901년부터 조선인 교회 대표가 장로회공의회에 총대로 참석하기 시작했다. 공의회의 명칭도 '조선예수교장로회공의회'(선교사와 조선인 총대의 합성공의회(合成公議會))로 변경되었다.[11] 새로이 구성된 공의회는 전국의 지(支) 교회가 한 자리에 모여서 의논하는 회의체였다: 전국 지(支) 교회 치리, 신학교 설립, 전도회의 설립, 타 교파와의 협력과 연합, 선교지 분할 등의 문제를 다루었다. 이것이 신생(新生) 조선(대한 제국) 장로교회에 이식된 대의민주주의 제도였다.

1904년에 회집된 조선예수교장로회공의회는 공의회 규칙의 첫 단계를 채택했다. 이 규칙에 따라 전국에 분포되어 있는 장로교회들이 -지(支) 교회의 형편에 따라 시차(時差)를 두고- 교인 대표인 '장로'를 선출했고, 장로를 세운 교회에서는 '당회'가 구성되었다. 장로는 지(支) 교회를 대표하는 '총대'가 되어서 공의회 회원이 되었다. 총대 장로는 공의회

---

10 곽안련, 『長老敎會史典彙集』, 19. 이때 두 사람(김종섭, 이영은)의 교인 대표가 선출되었는데, 이영은이 장로 안수 받기 전에 별세했다.
11 위의 책, 18. 이때의 회원은 조선인 장로 3명 조사(助事) 6명, 그리고 선교사 25명이었다.

에서 투표권 등의 권리를 가진 동시에 선교사와도 동등한 권리를 가졌다.

정리하면. 만민공동회 이후 대한 제국에서는 전제 군주 체제가 새로이 강화되었는데, 신생 장로교회에서는 그 첫 단추의 역사에서부터 -유럽 시민 사회 형성에 기여한 16세기 제네바 개혁교회 유산에 기초하여 [12] - 대의민주주의 제도가 이식되었다.

3. 을사조약(1905) 직후 입헌정체론의 부상, 장로교회의 헌법 제정

1) 입헌정체론의 부상

1905년 을사조약 체결과 함께 대한 제국 국가 권력의 대부분이 일본의 통감부로 이양되었다. 그러자 이제까지 국가를 통치하던 황제의 힘이 마비되었다. 그러나 황제는 반전을 시도했다. 고종 황제는 을사조약 체결이 일본의 강압에 의한 것임을 세계 만방에 폭로하고자 했다. 1907년에 네덜란드 헤이그에서 만국평화회의가 열리자, 고종은 이준·이상설 등을 그곳에 밀사로 파견해서 일본의 만행을 폭로하고 을사조약의 파기를 도모했으나 그 뜻을 이루지 못했다. 도리어, 이 사건을 빌미로 삼은 일본은 대한 제국 친일파 관료들을 앞세워 고종 황제를 강제 퇴위시켰다. 일본은 '한일신협약'(정미7조약)을 내밀었고, 대한 제국의 이완

---

12   Max Geiger, *Kirche, Staat, Widerstand. Historische Durchgaenge und aktuelle Standortbestimmung* (Zuerich: Theologische Verlag, 1978), 18-20.

용과 일본의 이토 히로부미 명의로 이 조약이 체결되었다(1907.7.24.). 이제부터 대한 제국에서 황제권은 완전히 허물어졌고 일본의 통감부가 최고 통치 기관이 되었다. 왕조의 몰락을 지켜보는 일반 백성에게 전통 충군(忠君)이 그 힘을 잃게 되었고 또 "왕조=국가"라는 등식도 소멸되기 시작했다.[13] 이와 함께 '민(民)'이 정치적 주체라는 주장들이 등장했다.[14] 이 상황에서 '헌정연구회'·'대한자강회'·'대한협회'·'공립협회' 등 여러 단체들이 나타났다.

헌정연구회는 대한 제국이 입헌정체(立憲政體)를 실시해야 한다고 주장했다.[15] 이 단체가 작성한 「헌정요의(憲政要意)」(1905.7)에는 황제(군주)가 대내적으로 국가를 통치하고 대외적으로는 국가를 대표하지만, 국가는 황제의 사유물이 아니라고 주장하면서 황제와 국가를 분리시켰다. 또 이들은 국민의 권리를 천부인권이라 주장하며 황제의 권력을 제한시켜야 한다고 주장했다. 대한협회는 일본이 한반도를 보호 통치하는 현실을 인정하면서 정권 획득을 추구했다. 이 단체는 헌법에 의거한 정당 정치와 입헌군주제를 주장했다. 대한자강회 역시 일본의 통감부 통치를 거부할 수 없는 현실로 받아들이면서 내부(국내 정치)를 개혁하여 실력을 양성하자며 입헌 정체를 주장했다. 이러한 단체들은 일본 통감부와 타협하는 가운데 정치적 목표를 이루려 했다.[16] 그런데, 공립협회는 공화주의 노선을 선택했다. 즉, 주권 재민과 헌법 제정, 그리고 대의민

---

13 고미숙, 『한국의 근대성, 그 기원을 찾아서. 민족·섹슈얼리티·병리학』 (서울: 책세상, 2001), 32-33.
14 정병준, "한말·대한 제국기 '민(民)' 개념의 변화와 정당 정치론", 376, 397.
15 서희경, "대한민국건국헌법의 역사적 기원(1898-1919): 만민공동회·3.1운동·대한민국임시정부헌법의 '민주공화' 정체 인식을 중심으로", 149-150.
16 정병준, "한말·대한 제국기 '민(民)' 개념의 변화와 정당 정치론", 397.

주주의를 추구했다. 이 노선은 1907년 1월 미국 캘리포니아주 리버사이드에서 안창호 중심으로 조직된 '대한신민회'를 통해 구체화되었다.[17] 그 해에 국내로 들어온 안창호는 관서 지방 개신교계 인사들을 중심으로 신민회 결성을 시도했다.

2) 서양 문명의 표상으로 다가온 기독교(개신교)

청일전쟁 이후 대한 제국이 중화(中華)주의 질서에서 벗어나며 봉건적 체제에서 근대로 이행되던 시기에, 대중에게 '국민'이란 의식을 불어 넣어 준 이가 "(서양 개신교) 선교사"로 설정되었다.[18] 이와 관련하여 "서양 문명국이 기독교(개신교)로 표상"되었다.[19] 이때부터 개신교가 일반 대중의 계몽 담론에 등장했다.

앞에서 언급한 대로, 서양 문명에 호기심을 가진 일반 백성이 점차로 서양 문명의 위력을 실감하며 그 문명으로 다가갔다.[20] 그 문명의 전달자는 개신교(감리교회, 장로교회) 선교사들이었다. 개신교는 이런 점에서 천주교와 그 담론의 층위를 달리했다. 18세기에 본격적으로 조선에서 포교된 천주교는 서양을 표상하기는 했으나 대체로 교리로 받아들여졌고 조상 제사를 거부하면서 정치적 박해를 받았다. 그런데, 19세기 말에 들어온 개신교는 서양 문명을 등에 업고서 문명의 빛으로 다가왔다. 천

17　위의 논문, 380.
18　고미숙, 『한국의 근대성, 그 기원을 찾아서』, 31.
19　위의 책, 32.
20　이 단락은 필자의 책에서 가져왔다. 임희국, 『한국 장로교회 130년. 기다림과 서두름의 역사』, 29-30.

주교와 달리, 개신교는 정치에 직접 개입하는 일을 자제하면서 의료·교육 등의 간접 선교를 통해 계몽 담론에 기여했다. 이를 통해서 개신교는 서양 문명을 상징하는 종교로 비치었고 또 근대화와 동일시되었다. 대중에게 바짝 다가간 개신교의 이미지는 다음과 같았다:[21] 세계에서 가장 부강하고 문명한 서양의 나라들이 개신교의 나라이고, 개신교는 그 문명을 이루게 한 근본이다. 그래서 개신교를 통해 문명 개화를 배워야 한다. 그리하여서 서양 문명은 선교사가 살고있는 붉은 벽돌집, 병원, 학교, 과학 기구, 생활용품 등을 통해 소개되었다. 선교사는 이 나라의 근대화에 기여하는 서양 문명인으로 다가오기 시작했다.

근대화 계몽 담론 안으로 깊숙이 들어온 개신교에 대하여 『대한매일신보』는 1908년 3월 '서호문답'에서 다음과 같이 서술했다. "지금 예수교로 종교를 삼는 영(국) 미(국) 법(국, 프랑스) 덕국(독일)의 진보된 영광이 어떠하뇨 우리 동포들도 이것을 부러워하거든 그 나라들의 숭봉하는 종교를 좇일지니라."[22]

3) 장로교회의 헌법 제정

1905년, 대중들 사이에서 입헌 정체론이 부각되고 또 근대화 계몽 담론이 확산되던 때, 조선예수교장로회 공의회는 세계 여러 대륙의 장로교회들과 나란히 동등한 회원이 되는 독립 '노회'(老會, Presbytery) 설립을 추진했다. 이와 상응하여서, 조선(대한 제국)으로 선교사를 파송한 미

---

21 참고, 고미숙, 『한국의 근대성, 그 기원을 찾아서』, 39, 46-49.
22 『대한매일신보』 '서호문답' 연재(1908. 3. 5. - 3. 18); 재인용, 고미숙, 위의 책, 47.

국, 호주, 캐나다 장로교회 총회가 각각 이를 수락했다. 공의회는 노회의 명칭부터 정했는데, "조선(대한)예수교장로회"로 명명하고, 그리고 2년 후에(1907) 노회를 정식 창립하기로 결의했다.[23] 교회헌법준비위원회는 인도 장로교회에서 제정한(1904년) 이른바 "12신조"를 한국교회의 신조로 제안했다.[24] 그런데 정치 형태에 관하여는 공의회에서 논의가 계속되었다. 여러 정치 형태와 그 기본 원리가 공의회에 보고서로 제출되었는데, 정치 형태에 대한 결정이 차후로 미루어졌다.[25] 1년 후(1906)에 웨스트민스터 정치 모범대로 제정된 완전한 정치 형태가 제출되었다. 그렇지만 공의회는 1년 동안 더 이것을 연구하기로 했다. 이에, 교회헌법준비위원회는 조선(대한 제국)의 장로교회에 적용 가능한 간략한 정치 형태를 공의회 앞으로 제출했다.[26]

1907년 대한 제국에서 고종 황제가 강제 퇴위된 직후, 9월 17일 장로교회는 2년 전의 결의대로 헌법에 기초한 전국 규모의 노회를 설립했다('조선전국독[립] 노회'[朝鮮全國獨(立)老會]).[27] 노회에 참석한 전국 총대들은 웨스트민스터 소요리문답과 12신조(인도)를 조선(대한 제국) 장로교회의 헌법으로 보고받았고, 이 헌법을 향후 1년 동안 임시로 채택하기

---

23 곽안련, 『長老敎會史典彙集』, 41.
24 곽안련, 『長老敎會史典彙集』, 42-43, 82-83. 이것이 1907년 노회에 제출되어 1년간 임시 채택되었다가 1908년에 완전히 채택되었다.
25 곽안련, 『長老敎會史典彙集』, 41.
26 곽안련, 『長老敎會史典彙集』, 44.
27 위의 책, 47-48. 이제부터 조선(대한 제국) 장로교회의 역사가 본격적으로 시작되었다. 선교사 38명, 조선(대한 제국)인 장로 40명, 내빈 3명 모두 81명이 모인 첫 노회는 회장 마포삼열(S. Moffett) 선교사, 부회장 방기창, 서기 한석진, 부서기 송인서, 회계 이길함(G. Lee) 선교사를 선임했다. 이상과 같이 임원회는 선교사들과 조선(대한 제국)인 목사들이 수평적인 관계로 구성되었다.

로 하고, 그리고 계속해서 이 헌법을 검토하기로 했다.[28] 이듬해(1908) 제2회 노회는 소요리문답과 12신조를 완전 채택했다.[29] 정치 규칙도 함께 채택되었는데, 이 규칙이 1922년 새로운 헌법으로 대체될 때까지 유지되었다. 정치 규칙 가운데서 교회의 치리(Church Courts)는 아래로부터 위로 향하도록 했는데, 지(支) 교회 목사와 장로로 구성된 '당회(堂會)', 당회가 파송한 총대로 구성된 '노회(老會)', 그리고 전국 각 지역 노회가 파송한 총대로 구성된 '총회(總會)'의 질서였다. 이러한 장로교회의 치리는 마치 계단처럼 아래로부터 위로 올라가는 질서였다. 이 정치 규칙은 조선(대한 제국) 장로교회의 기본적인 틀이 되었다.[30]

4. 한일합방(1910) 이후, 장로교회의 총회 창립(1912)

1) 장로교회는 교회 헌법에 의거한 자율적이고 자치적 종교 단체

대한 제국이 1910년 8월 일본에게 강제 합병되었고, 이후 일제가 한반도를 식민 지배하기 시작했다. 그로부터 2년 후, 장로교회는 일제의 국가 권력에 예속되지 아니하는 자치적 종교 단체로서 헌법에 의거하여 총회를 창립했다. 1912년 9월 1일 한국 장로교회의 총회가 출발했

---

28 위의 책, 48, 83.
29 위의 책, 50-51, 83.
30 『朝鮮예수教長老會憲法 Constitution of the Presbyterian Church of Chosun』(朝鮮예수教長老會 發行, 1934(修正版)), 90-114.

다.[31] 이로써 장로교회는 명실공히 헌법에 의거하여 한반도 전역의 전국 교단이 되었다.[32] 교단의 정치 체제인 대의민주주의 제도는 당회, 노회, 총회에로 이어지는 치리 질서로 구성되었다. 한편, 총회는 지난 5년 동안(1907-1911) 노회의 헌법인 신경·요리문답(교리)·정치 규칙을 그대로 이어받는다. 그러나 또 다른 한편 웨스트민스터 신조를 표준 삼아 헌법을 개정하고자 했다. 즉 1907년에 채택된 교회 헌법을 그대로 답습하지 않고 새로운 헌법을 제정하는 작업이 시작되었다. 그로부터 10년 뒤, 1922년에 채택된 헌법은 한편 미국 장로교회의 헌법의 정치 형태를 상당 부분 그대로 가져 왔으나, 또 다른 한편 한국 장로교회의 특성을 발전시키고자 했다.[33]

2) 장로교회 헌법의 원리와 구조

장로교회 교단 성립과 조직의 근거인 교회 헌법은 신조(信條), 성경요리문답(聖經要理問答), 조선예수교장로회정치(長老會政治), 권징조례(勸懲條例), 예배모범(禮拜模範)으로 구성되었다. 이 글에서는 장로회 정치 부분만 다루고자 한다. 장로교회 헌법 정치 규례의 개정 작업이 1915년에 시작되었고, 이것이 1922년에 최종 채택되었다.[34] 성경에 근거한

---

31 각 지역 노회 소속 목사 52명, 총대 장로 125명, 선교사 44명, 전체 221명이 참석했다.
32 전국을 7개 지역으로 분계(分界)한 7개 노회로 총회가 결성되었다: 경기도·충청도(남북)를 합쳐서 경충노회, 함경도(남북)의 함경노회, 경상도(남북)의 경상노회, 전라도(남북)와 제주도의 전라노회, 황해도의 황해노회, 평안남도의 평남노회, 평안북도의 평북노회였다.
33 서원모, "한국과 미국의 장로교회 정치: 비교와 과제", 『개혁교회 역사와 신학』 장로회신학대학교 제16회 종교개혁기념 학술강좌(2018. 10. 25), 47. 이 학술발표에서 서원모는 1922년 한국 장로교회의 헌법과 미국 장로교회의 헌법을 대조 검토했다.
34 1922년 새 정치 규례의 모체가 되는 『朝鮮長老教會政治(Church Government of the Presbyterian Church of Chosen)』(京城: 朝鮮耶蘇教書會 發行, 大正8年(1919)를 선교사 곽

장로교회의 정치 원리가 8개로 명시되었다. 가장 으뜸 되는 원리는 "자유"(제1장)이다. 인간의 존엄성에 근거한 개인 양심의 자유, 또한 교회의 국가 권력으로부터 자유를 명시했다. 이것은 16세기 제네바에서 시작된 개혁교회의 정신과 유산을 계승하는 것이다. 그 나머지 원리들에 관하여 서원모가 아래와 같이 네 가지로 요약 정리했다.[35]

첫째 입헌주의: 장로교회는 헌법에 따라 다스려진다. 헌법에 따라 각 치리회(당회, 노회, 총회)가 회중에 의해 선출된다. 또 선출된 직원(목사, 장로, 집사)의 직무는 헌법에 규정된 범주 안에서 행사할 수 있는 권한을 위임받았다.

둘째 대의민주주의 제도: 장로교회는 교인이 선출한 직원에 의해 운영된다. 지(支) 교회 위임 목사의 선출은 공동의회(교인총회)에서 선거하고, 장로와 안수 집사의 선출은 세례 교인의 선거에서 결정된다. 지(支) 교회 당회가 소속 노회로 파송하는 총대 역시 선거로 선출되고, 또 지역 노회가 전국 총회로 파송하는 총대도 선거로 선출된다.

셋째 치리회의 집단 지도 운영: 장로교회는 치리회(당회, 노회, 총회)의 집단 지도 체제로 운영되는데, 이것이 장로교회 정치의 기본 정신이다. 교회의 치리가 어느 특정 개인의 힘에 이끌려 독재 정치로 떨어지지 않도록 하기 위함이다. 이것은 신약 성경 사도행전 초대 교회 사도들의 전통을 따르는 것이고, 또 치리가 집단 지도로 이루어져야 합리적 타당성을 가진다. 그러나 치리회의 집단 지도가 언제나 옳고 완벽하다는 뜻은

안련이 편술 발간했다. 이 책은 1915년부터 총회가 구성한 정치편집위원회 14명 위원이 3년간 공들여 발간한 책이다. 이 책은 1907년 정치 규칙과 매우 다르며 웨스트민스터 정치를 기초로 삼아 캐나다, 호주, 미국 남, 미국 북, 일본 장로교회에서 사용하는 정치 가운데서 주요한 것을 택해 편집하였다.

35 서원모, "한국과 미국의 장로교회 정치: 비교와 과제", 56-60.

결코 아니며, 어느 특정 개인의 의사가 독단적으로 결정되는 위험을 사전에 미리 방지해야 한다는 교회 구성원들의 합의가 반영되어 있다. 또한 치리회의 집단 지도에는 동등(同等)의 원리가 내포되어 있다. 즉, 노회의 안수로 지(支) 교회에 임직한 목사와 그 교회 교인 대표자인 치리장로가 동일(同一)한 권한으로 각항사무(各項事務)를 처리(處理)한다.[36] 지(支) 교회의 당회는 목사와 장로가 모두 있어야 조직되며 또 목사와 장로가 모두 출석해야 성수가 된다.

넷째 관계망으로 연결된 유기체로서 우주적 신앙 공동체: 장로교회는 어느 장소에 나 홀로 고립하여 존재하는 외톨박이가 아니라 전(全) 세계 보편 교회의 일원이다. 즉, 교회는 예수 그리스도를 구주로 믿고 고백하는 세계 모든 신앙인이 남녀노소, 민족, 인종을 초월하여 전 지구적(global)인 관계망(net work)으로 연결된 유기체인 우주적 신앙 공동체이다. 개 교회(당회)-지역 교회들의 연결(노회)-전국 교회들의 모임(총회)-세계 모든 교회들의 연합(에큐메니칼 우주적 교회)이 관계망으로 연결되어 예수 그리스도의 몸을 이룬다.

정리하면, 장로교회가 헌법에 기초하여 1907년에 전국 조직체인 노회를 창립했고, 또 이 노회가 1912년에 총회 창립으로 발전했다. 이 동안에 1910년 대한 제국이 몰락했고, 그리고 한반도에는 일제의 식민 지배가 시작되었다. 국가 주권을 빼앗긴 나라에서 그 땅의 국민인 장로교회 교인들은 자유와 평등에 바탕을 둔 대의민주주주의 제도의 헌법을 가졌다. 교단의 헌법은 일제 국가 권력에 예속되지 아니하는 자치와 자율을 보장받는 근거였다. 이것이 1919년에 장로교회가 민족 독립을 위

---

36 『朝鮮예수敎長老會憲法 Constitution of the Presbyterian Church of Chosun』,75, 83-84.

한 3.1운동의 참여 및 주도와 상해 대한민국 임시정부 수립 참여의 배경이었다고 본다.

1919년 3월 1일부터 약 2개월 동안 3.1만세 시위가 국내외에서 평화적으로 일어났다. 이 기간에 국내에서만 시위가 1,542회 일어났다. 그 당시 한국의 인구는 약 1,600만 명이었고, 전체 인구의 10%가 넘는 2백만 명 이상이 시위에 가담했다. 또 그 당시 개신교 교인은 약 29만 명이었으며 전체 인구의 1.8%였다. 그런데, 개신교 교인이 만세 시위자의 30%를 차지했다. 또 시위 도중에 체포당하고 투옥당한 사람의 20%가 교인이었다.[37] 전국의 마을과 장터에 3.1운동 시위 격문이 나붙었고 독립선언서가 손에서 손으로 전달되었는데, 이 과정에서 교인들이 중요한 역할을 했다. 마을 단위의 장로교회가 전국으로 통하는 조직망(시찰회·노회·총회)을 갖추고 있었기에 그 역할이 가능했다고 본다.[38] 또한 독립선언서에 서명한 민족 대표 33인 가운데서 16명이 개신교(장로교, 감리교) 지도자인 점은 널리 잘 알려진 사실이다.

장로교회의 3.1운동 참여는, 필자가 보기에, 우발적 일회성 사건이 아니라 교회 헌법에 명시된 장로교 신앙 정신의 정치사회적 실천이었다고 본다. 만민의 평등과 인간의 자유에 기반한 대의민주주의가 교회의 헌법 원리에 포함되었기에, 교회의 3.1운동 참여와 주도는 이 정신에 대립하는 일제의 전제 군주제 국가 권력에 저항한 행동이었다.

---

37 이 수치들에 대한 고증이 필요하다.
38 1919년 10월 4일에 개회된 장로교회의 교단 총회 회의록(제8회)에는 전국 교회들과 교인들의 3.1운동 시위 참여가 각 노회별로 보고되었다. 『조선예수교장로회총회 회록』 제8회 (1919), 64-119.

5. 나가는 말

조선 시대 구한말 시기까지 우리나라에는 정치의 주체로서 국민(國民)이란 개념이 부재했고 피지배층인 백성(百姓)의 개념이 일반적이었다. 청일전쟁(1894)에서 일본이 군사력으로 중국을 누르자, 여기에 충격을 받은 백성은 그 승리의 배후에 있는 서양의 힘을 어렴풋이 파악했고 이를 계기로 서양 문명과 그 문명을 전파하는 내한 선교사에게 관심을 갖게 되었다.

피지배층인 백성이 민권(民權)을 요구하기 시작한 때는 1898년 독립협회가 주관한 대중 집회인 만민공동회였다. 그러나 독립협회는 강제로 해산되었고, 대한 제국의 권력층은 전제 군주 체제를 강화했다. 이 상황에서, 신생(新生) 조선(대한 제국) 장로교회에서는 1900년부터 교인 대표인 장로를 선거로 선출하는 대의민주주의가 시작되었다. 이는 16세기 유럽 제네바에 기원을 둔 개혁교회의 유산이 장로교회 선교사를 통해 이식(移植)된 것이었다.

우리나라에서 민(民)이 정치적 주체로 등장하는 계기로 작용한 사건은 1905년에 체결된 을사조약이었다. 대한 제국의 국가 권력이 대부분 일제의 통감부로 이양된 이후 왕조가 몰락하자, 대중에게 전통 충군(忠君)의 실체가 상실되고 왕조=국가라는 등식도 소멸되기 시작했다. 이 상황에서 등장한 여러 민권 운동 단체들이 입헌 정체(立憲政體)를 주장했다. 그런데 대중의 눈길은 중국 중화(中華)주의 전통으로부터 벗어나서 서양 문명을 향했다. 이에 따라 그 문명을 등에 업고 온 개신교가 대중에게 부각되기 시작했다. 이때, 장로교회는 서양(미국, 호주, 캐나다) 장로교회들과 동등한 회원이 되는 노회(老會, Presbytery)의 창립을 추진했다. 이와 더불어 장로교회는 교단 조직의 기초인 '헌법' 제정에 착수했다.

1907년에 대한 제국 고종 황제가 강제 퇴위되었다. 이 상황에서 9월 17일 장로교회는 헌법에 기초한 전국조직체인 노회를 창립했다("朝鮮全國獨(立)老會"). 헌법에 명시된 정치 규칙의 기본 틀은 대의민주주의였다. 1910년 8월 대한 제국이 일본에게 강제 합병되었다. 2년 후(1912.9.1), 장로교회는 일제의 식민 지배 권력에 예속되지 아니하는 자치적 종교 단체로서 헌법에 의거한 총회를 창립했다. 총회 산하에는 7개 노회가 한반도 전역에 조직되었고, 총회와 노회의 관계는 대의민주주의 정치 질서였다. 이 질서는 일제의 전제 군주제 국가 권력에 맞서 대립했다.

1907년에 제정되었고, 1915년에 개정 작업을 시작해서 1922년에 최종 채택된 장로교회 헌법의 원리는 자유, 입헌주의, 대의민주주의, 치리회의 집단 지도, 관계망으로 연결된 유기체로서 우주적 신앙 공동체 등이다. 이 헌법 원리가 장로교회에서 오늘날에도 유지 존속되고 있다. 이와 관련된 장로교회의 신앙 정신이 1919년에 민족 독립을 위한 3.1운동 참여로 실천되었다. 평등과 자유에 기초한 대의민주주의 장로교회의 교인들이 일제의 전제 군주 체제 제국주의 국가 권력에 항거했다.

장로교회의 질서는 헌법으로 다스리는 입헌주의이다. 헌법에 기반한 교단의 정치 체제인 대의민주주의 제도는 당회-노회-총회로 이어지는 치리 질서로 구성된다. 또한 헌법에 의거한 장로교회의 체제는 국가 권력에 예속되지 아니하고 자치와 자율을 보장받는 종교 단체이다. 앞에서 살펴본 대로, 일제 강점기에 국가 주권을 빼앗긴 그 시대의 장로교회는 자유와 평등에 바탕을 둔 대의민주주의 제도의 헌법을 가졌다. 이것이 그때나 지금이나 공(公) 교회로서 장로교회이고 또 교회의 공공성이다.

영국과 미국에서의 공공신학

김창환 교수(미국 Fuller신학대학원)

1. 들어가는 말

공공신학의 주요 담론은 기독교 신학의 토론장이 교회나 기독교인에 국한되지 않고 공공적인 모든 영역에 관여하는 것을 중심으로 한다. 기독교인이 보다 적극적으로 정치와 경제, 사회 분야에 참여하여 기독교의 가치관과 윤리관을 통해서 사회전반적인 관심사에 대해서 토론에 참여하는 것이다. 물론 기독교가 사회, 정치, 경제 전반의 모든 문제의 해결을 제시하지 못하지만 영적, 윤리적, 그리고 도덕적인 가치관을 전달함을 통해서 해결점을 비기독교인들과 상호 해결해 나가기로 하는 것이다. 공공신학에 대해서는 여러 가지 해석이 존재하며, 신학적으로 계속 건전한 비평을 통해서 발전시켜나가야 한다고 보지만, 필자는 공공신학이 현재 신학계와 교회가 고민하는 양극화의 문제를 극복하고 공공 영역에서의 신학의 장을 교회, 학계, 그리고 사회 전반에 확대하여 기여를 할 수 있다고 본다. 더욱이 교회와 신학이 나름대로 가지고 있는 세상에 대한 차별화된 관념에 대해서, 보수와 진보로 나눠져 있는 상황, 신학이 개인화되고, 혹은 교단 중심, 교회 중심, 심지어 타인을 배척하고 정죄하는 배타성의 근거를 제공하는 도구가 됨에 대해서 비판적으로 조명하는데 또한 기여하게 된다고 본다.

공공신학의 기본 개념과 역사적 발전에 대해서는 다양하게 학자들에 의해서 토의되어 왔지만[1] 영국과 미국의 학자들이 매우 중요한 기여해 왔다고 보인다. 영국과 미국은 역사적으로 깊은 연관이 있을 뿐 아니라, 또한 정치, 경제적으로 매우 긴밀한 관계를 유지하고 있으며 특히 최근의 영국의 유럽 동맹에서의 탈퇴를 인해서 더욱 강화되리라 보인다. 각자가 영어권을 주도하는 관계로 신학적으로도 다양한 교류를 하고 있으며 세계 신학계에 영향을 미치고 있는데 공공신학의 이론적 토대를 마련하는 데에 있어서도 예외가 아니라고 보인다. 이러한 공통점에도 불구하고 두 나라는 교회적으로는 매우 다른 양상을 보여주는데 공공신학의 관점에서 우리에게 많은 시사점을 보여준다고 여겨진다. 즉 영국은 교회와 정치의 밀접한 관계 가운데 국가 교회의 상황 가운데 어떻게 선지자적인 역할을 담당하면서 교회가 공적인 역할을 담당하는가 하는 문제를 다루고 있는 반면에, 미국은 역사적으로 정치와 교회의 분립을 추구하고 있는 상황에서 어떻게 교회가 사회, 정치, 경제 분야에 관여하며 영향을 주는 것에 더 관심이 많다는 점이다. 두 나라 모두가 각자의 상황 가운데 나름대로 공공신학을 발전시키는데 있어서 이와는 상황이 다른 한국에서의 공공신학의 추구는 이러한 점을 반영하면서 한국 상황에

---

1 참조, 김창환, 『공공신학과 교회』(서울: 대한기독교서회, 2021), 59-89.

맞는 공공신학을 발전시켜야 할 것이다. 영국과 미국에서의 공공신학은 교회가 가지고 있는 독특한 위치를 통해서 '공적 영역에서의 비평적이고, 반영적이며, 합리적인 참여'를 이루기 위한 노력을 하게 되는데 이 장에서는 먼저 각 나라의 상황을 조명하고 이에 대해 공공신학에 기여를 한 대표적인 영미 학자들에 대해서 다루기로 한다.

2. 20세기 영국에서의 세속화의 문제와 공공신학의 발전

영국과 유럽 전역에 걸쳐서 정도의 차이는 있지만 여러 형태의 현대화가 지대한 영향을 끼치게 된다. 2차 대전 후의 유럽, 특별히 1989년 (동서독 연합) 이후의 유럽의 기독교인들은 새로운 상황에 처하게 된다. 그 가운데서 기독교의 위치가 사회의 공적인 위치에서 사적으로 급속도로 바뀌게 된다. 정부는 더 이상 교회의 축복이나 조언을 구하지 않게 되고, 공적인 행사에 기독교나 종교적인 용어나 관습을 따르지 않고 종교적인 미디어는 대단히 제한을 받게 된다. 또 한 가지 변화는 비록 대부분의 전통적인 대학들이 기독교 교역자를 양성하기 위해서나, 기독교 정신에 의해서 설립이 되었지만 현재는 기독교 신학이 대학에서 존재가치가 의심받게 된다. 대학의 신학부에서는 신학의 영역이 계속 축소되고 있으며, 여러 종교를 역사적, 인류학적, 사회학적, 그리고 철학적인 관점에서 연구하고 전통적인 유럽의 기존 기독교 연구와 조직신학 등은 중요하지 않게 취급되고 있다. 또한 기독교 세계관의 기초인 창조주인 사랑의 하나님, 공의의 하나님과 같은 개념은 현대의 철학과 법률 개념에서 더 이상 기본으로 여겨지지 않고 있다.

영국에서의 급격한 기독교 인구의 쇠퇴는 유럽의 기독교 지도자들에게 깊은 우려를 야기하며 또한 그 원인에 대해 여러 학자들이 연구를 하게 된다. 칼럼 브라운(Callum Brown)이라는 학자는 비록 기독교가 계몽운동과 현대화의 도전을 극복하였지만, 1960년대 교회의 급속한 쇠퇴는 기독교가 갖고 있던 계층적 특권성이 단지 교인을 존중하는 의미로 하락하고, 전통적인 도덕적 규약이 타협과 개인적인 자유에 강조를 두게 되며, 더욱이 가정에서 어머니들이 교회에 가는 것을 그만두고 자녀들을 교회에 보내지 않음으로 가속화되었다고 주장한다. 그는 '기독교국가로서의 영국의 사멸'(the death of Christian Britain)을 이야기하면서 영국에서 기독교로의 개종이 수 세기에 걸쳐 일어난 반면에, 단지 수십 년 만에 영국인들은 기독교를 버리게 되었다고 주장한다.[2] 여러 학자들이 비슷한 논지로 미래의 기독교에 대해 토의하고 있다.[3] 이 논지들은 현대화와 세속화가 긴밀한 관계가 있으며 많은 학자들이 유럽이 이러한 패턴을 따르고 있다고 본다.

그레이스 데이비(Grace Davie)는 유럽의 현대화와 세속화의 밀접한 관계를 토론하면서 다른 사회학자들과 달리, 다른 지역에서는 현대화가 세속화를 항상 야기하지 않을 것이라고 제시하며 미국과 싱가폴, 그리고 한국의 예를 제시한다. 이런 의미에서 유럽은 예외적인 경우라고 주장한다. 저자는 아메리카, 아프리카 및 일부 아시아 대륙에서 다른 형태의 기독교인의 활동에 대한 조사를 통해 자신의 학설을 설득력 있게 주

---

2 Callum G. Brown, *The Death of Christian Britain* (London: Routledge, 2001), 1-2.
3 Philip Jenkins, *God's Continent: Christianity, Islam, and Europe's Religious Crisis* (Oxford: OUP, 2007).

장한다.[4] 데이비의 주장은 (서부)유럽의 종교적 형태에 대한 독특한 개발을 근거로 한다. 그는 영국을 예로 들어 'believing without belonging' (믿음은 유지하되 교회나 종교 단체에 소속되지 않는 현상)으로 특징지으며 교회 출석률이 대폭 하락했음에도 불구하고 영국인은 '뿌리 깊은 종교적 열망 또는 잠재적 소속감'을 포기하지 않았음을 지적하고 있다. 대신 종교적 믿음은 간접적으로 표현되고 있고, 비록 교회에 소속되거나 출석하지 않더라도 믿음은 지속될 뿐 아니라 점점 더 개인적이고 객관적으로 된다고 주장한다.[5] 이 학자는 세속화되는 상황에 대해서 유럽이 세계의 나머지 국가에 모델이 된다는 다른 학자들의 견해에 이의를 제기하고 유럽인의 종교적 행동이 독특하며 유럽 특유의 것임을 주장한다. 데이비의 논지는 설득력이 있으며 영국과 서유럽의 기독교인들의 성향을 잘 보여주고 있다. 하지만 실제로 많은 사람이 종교심이 있다는 것과 그럼에도 불구하고 교회를 떠나서 다른 종교를 선택하는 이유에 대해서는 여러 가지 이론이 있을 수 있다.

영국과 유럽은 현재 포스트모던 (혹은 post-secular) 시대를 겪고 있으며 동 서구 유럽 교회에서 신앙에 대한 새로운 관심이 일어나고 있고, 나라별로 예외가 있지만 공공 사회에서 신앙에 대한 토의가 지식인들 간에 자주 거론되고 있다.[6] 공공장소에서 수난절을 재현하는 연극이 유럽 각지에서 일어나고 있으며, 음악회와 다른 여러 미술 행사들을 통해

---

4 Grace Davie, *Europe – The Exceptional Case: Parameters of Faith in the Modern World* (London: Darton, Longman & Todd, 2002).

5 Grace Davie, *Religion in Britain Since 1945: Believing Without Belonging* (Oxford: Blackwell, 1994).

6 Andrew Kirk & Kevin J. Vanhoozer (eds), *To Stake a Claim: Mission and the Western Crisis of Knowledge* (Maryknoll, NY: Orbis, 1999).

서 기독교가 자연스럽게 대중에게 전달되고 있다. 이러한 현상은 매우 고무적이고 여러 매체를 통해 젊은이들에게 자연스럽게 기독교가 받아들여진다는 것은 중요하다고 보지만, 기독교가 신앙으로 서가 아니고 단지 문화와 전통의 일부분으로 받아들여지는 것이 교회의 염려가 되기도 한다.

3. 영국에서의 공공신학의 이론과 실천

영국 교회의 다양한 공적 참여에 대한 이론에 대해서 공헌한 대표적인 교회 지도자 및 신학자는 윌리엄 템플(William Temple), 로완 윌리엄스(Rowan Williams), 그리고 데이비드 포드(David Ford)라고 볼 수 있다. 20세기 초에 등장한 '기독교 사회주의'의 맥락에서 템플 대주교는 교회의 공적 참여를 크게 발전시켰다. 그 중에서도 가장 눈여겨볼 기여는 사회 복지에 대한 교회의 태도를 정리한 부분이다. 템플은 교회가 사회, 정치, 경제 현안에 어떻게 참여해야 하는가 하는 질문과 관련에 다음 네 가지를 강조했다. 그것은 그리스도인의 마음과 양심이 외면할 수 없는 고통 받는 자를 향한 동정; 사회 경제 체제에 대한 교육적 영향력; 기독교 정의의 추구; 그리고 하나님의 목적을 드러내는 자연 질서에 순응해야 할 의무이다. 템플은 특히 열악한 주거와 영양 부족과 실직으로 인한 고통에 관심을 가졌다. 교회는 현재 사회 질서에 도전하여 지속적이고 광범위한 고용을 창출할 사회 질서를 찾아내야 하며 그리스도인의 동정심이 이 일을 요구한다는 것이 그의 확고한 입장이었다. 더 나아가 교회가 경제 질서를 향한 비판을 멈추는 것은 자신에게 지워진 책임을 저버

리는 것이라고 주장했다.[7]

이어서 템플은 기독교인의 사회 참여 방법을 두 가지로 제시했다. 첫째, 교회는 기독교 원리를 선포하며, 현 사회 질서가 이 원리와 충돌하는 지점을 알아본다. 둘째, 교회는 기독교인들이 기독교 원리에 맞도록 현 질서를 재형성하도록 돕는데, 이를 위해서는 현실적인 방안을 선택할 수 있는 현명한 판단력이 언제나 필요하며 또한 이 목적을 달성할 정확한 수단을 찾아낼 전문가가 필요하다고 보았다. 템플은 또 세 가지 부차적인 기독교 사회 원리로서 자유(freedom), 사회적 동료애(social fellowship), 섬김(service) (혹은 희생의 능력, power of sacrifice)을 제시했다.[8] 템플이 공공신학에 끼친 영향을 몇 가지로 요약하면 다음과 같다. 템플은 교회가 경제 질서 및 사회 질서 전반을 비판적으로 분석할 수 있는 도구를 제공해 주었고 또 개인과 국가 사이에 존재하는 가족, 교회, 자원봉사 기구 등 중간 그룹(intermediate groupings)의 중요성을 알려주었다. 뿐만 아니라 사회 취약 계층의 목소리를 지지했으며, 끝으로 선택, 자유, 책임을 강조하였다.[9]

성공회 대주교로서 교회의 공적 역할에 대해서 이론적인 기여를 한 로완 윌리암스는 뛰어난 신학자이자 학자로 인정받고 있으며, 깊은 견해와 겸손함과 경건함을 소유하고 있다고 알려져 있다. 그는 교회와 세계에 대한 신학자의 책임에 대한 사려 깊은 헌신과 함께 학문적 깊이를 가지고 있으며 탁월한 기독교 지도자로 여겨지고 있다. 윌리엄스는 그

---

7 William Temple, *Christianity and the Social Order* (Harmondsworth: Penguin, 1942), 17-22.
8 Alan Suggate, *William Temple and Christian Social Ethics Today* (London: T & T Clark, 1987), 34.
9 Paul Wilding, 'Re-Review: William Temple's Christianity and Social Order', 40-49.

가 성공회 대주교로 있었을 때, 특히 세속주의와 종교 단체와의 관계성과, 현대 사회에서 무슬림들과 같은 소수 종교인들의 입장에 관심을 가지고 있었다. 교회와 다른 종교 단체 및 시민 사회와의 관계에 관해 그는 교회의 중요성을 강조하면서 교회는 인간의 책임과 정의에 대해 존중하고 정당화하는 데 관심을 가져야 한다고 주장하며, 공동의 선을 위해서 모두가 노력해야 한다고 하였다. 그는 교회가 자신이 살고 있는 사회에서 구하는 인류의 본질에 관한 근본적인 질문을 던질 자유와 권리가 있으며, 교회는 자신의 문제에 관심을 갖는 것보다 주위에 있는 어려운 이들에 대한 관심을 가질 때 그 신뢰성을 나타낼 수 있다고 하였다.

지난 2008년 2월, 윌리암스 대주교는 '영국에서의 시민, 종교법'이라는 주제로 한 그의 강연을 통해서 회교의 샤리아법의 영국법에 적용하는 가능성을 제기하였다.[10] 샤리아법에 대한 부정적인 사회 개념과 회교 근본주의자들에 대한 위협으로 인한 여론으로 인해서 그 강연은 사회 각 계층으로부터 비판은 받았는데, 실제로 강연 내용을 보면 그가 중요한 문제를 다루는 것을 본다. 그는 상호 작용적 다원성(interactive pluralism)[11]이라는 개념을 설명하는데 이는 두 가지 측면을 강조한다. 한 가지는 정부와 사회가 교회 (다른 종교 단체를 포함한)를 향한 열린 정책을 적용하여 교회가 공적인 담론에 적극적으로 참여할 수 있도록 하여야 하며, 한편으로 교회 및 종교 단체는 사적인 영역에서 공적인 영역으로 나아가야 한다는 것이다. 다시 말하면 교회는 '공적인 교회'여야 하는데 이것은 사회 참여와 비평, 그리고 공동의 선을 위해서 선지자적인

---

10 https://www.theguardian.com/uk/2008/feb/07/religion.world2
11 이곳에서 사용되는 pluralism 은 종교 다원주의의 개념이 아닌 사회적, 법률적, 정치적 다원성을 말함.

역할을 담당하는 동시에, 교회가 종종 소유하는 모순점과 위선, 그리고 편협한 세계관에 대한 자아 비평을 끊임없이 수용하는 것을 말하는 것이다.

많은 논평자들은 윌리엄스가 법 앞에 평등을 기반으로 하는 영국 민주주의에 도전하는 것으로 비판하지만, 일부 지지자들은 이 강연에서 법과 공적인 삶에 대한이 여러 접근 방식의 긍정적인 면을 제시하고, 논쟁이 종교 공동체와 관련된 전통적인 가치와 정체성과 현대의 법률이 계몽주의에 의거한 추상적 보편성의 관계성을 다루는 점이라고 보았다.[12] 이 문제의 핵심은 공공의 삶에서 종교적 헌신과 세속적인 이데올로기가 어떻게 만나는가 하는 것이다. 윌리암스의 '상호 작용적 다원주의' 개념은 공공 생활에서의 어떠한 단체나 개념, 이데올로기가 가지는 독점성에 도전하며, 정부는 종교 공동체를 포함한 다양한 단체들에 의해 법률을 포함한 정부, 국회의 활동을 비평하여야 한다고 한다. 종교 공동체는 현대 공공 생활에서 광범위한 문제에서 상호 책임에 중요한 공헌을 할 수 있지만, 윌리엄스는 세속 사회에서의 교회 및 기타 종교 공동체가 소외당하고 사적인 영역으로 제한당하는 면에 대해서 지적한다. 또한 공적인 영역에는 정치계, 재계, 언론계가 공공 영역과 생활을 독점하는 경향이 있게 되는 것이다. 그는 이것을 막기 위해서는 정부와 세속 사회는 종교와, 학계, 시민 단체의 공공에서의 참여를 열어 놓아야 하며, 특히 기독교와 종교 단체는 공공 생활에 적극 참여하여 선지자적

---

12 Mike Higton, 'Rowan Williams and Sharia: Defending the Secular', *International Journal of Public Theology*, 2/4 (2008), 400-17; Jonathan Chaplin, 'Legal Monism and Religious Pluralism: Rowan Williams on Religion, Loyalty and Law', *International Journal of Public Theology*, 2/4 (2008), 418-41.

인 역할을 담당하여야 하고 공적 영역에 대한 배타적인 견해에서 벗어나야 한다고 주장하는 것이다.

템플과 윌리암스가 성공회 대주교로서 교회가 정치, 경제, 사회 문제에 참여하는데 있어서 다양한 접근을 시도하였던 반면에 데이빗 포드(David Ford)는 캠브리지 대학교에서 교수로 지내면서 지혜 전통과 기독교 신학의 사회 참여를 연결 짓는 분야에서 선도적인 역할을 담당한 신학자이다. 그는 기독교인을 위한 지혜 탐구에 성경이 갖는 중요성을 강조하는 한편, 세속 공동체와 종교 공동체가 함께 협력해서 공적 영역을 더 나은 방향으로 변혁하기 원하는 모든 참여자 간의 상호적인 비판 활동을 전개해야 한다고 주장한다.[13] 뿐만 아니라 적절한 구조, 양식, 토대, 제도적 기구 등이 있어야 공적 영역에 실제적인 영향을 미칠 수 있음을 주지하고, 성서 본문을 철저하게 연구해야 함을 강조하며, 종교 공동체의 부정적인 행위를 감소시키기 위해 건전한 강도의 열정적이며 지혜로운 신앙이 필요하다고 주장한다. 그는 또한 공적 영역에서의 지혜를 사람, 사상, 상황, 제도, 전통 등에 관한 풍부한 이해, 분별, 식견의 조합, 또한 현실적인 가능성 가운데 장기적인 안목으로 내리는 의사 결정, 그리고 이 모든 것을 포괄하는 것으로서 타 사회 및 자연 환경과의 관계 속에서 사회의 장기적이고 후대에도 지속되는 번영을 이루겠다는 헌신이라고 정의한다. 덧붙여 기독교인으로서 그의 지혜 이해는 성서에 기초를 두고 있지만, 그럼에도 하나님의 섭리와 자비, 그리고 삶의 모든 부분에 대한 하나님의 관심을 굳게 믿기 때문에 타 문화와 종교 전통이

13　David Ford, *Christian Wisdom: Desiring God and Learning in Love* (Cambridge: CUP, 2007), 301.

제시하는 지혜의 이해에도 열려있다고 보았다. 이 때문에 그는 실제로는 공적 영역에 최소한의 구조(framework)만 존재해야 하고, 대신 재협상에 대해 열린 태도와 '공동선의 최우선성에 대한 확신'이 있어야 할 것을 제안한다.[14]

그에 따르면 과거에는 지혜를 이해할 때 전 근대적, 전통적 혹은 보수적 충고 등의 개념과 연관시켰지만, 오늘날에는 지혜가 공적 삶과 연관된 윤리, 가치, 아름다움, 인간의 전인적 형성과 성숙, 공동선, 장기적 안목 등의 영역에서 점차 중요해지고 있다. 포드는 '지혜로서의 신학'(theology as wisdom)을 주장하는데, 이는 하나님 중심의 담론 가운데 지혜를 향한 사랑과 현명한 삶을 통합하려는 열망과 분별의 신학이라고 설명해 주고 있다.[15] 공공신학을 연구하는 이들의 주된 관심사 중 하나는 다양한 학제, 공적 영역의 여러 주체, 그리고 기독교 공동체와 상호 교류하는데 필요한 방법론과 적용이다. 이런 상황에서 특히 기독교 신학으로서 공공신학은 여타 종교적이고 세속적인 자료뿐 아니라 성서로부터 통찰을 얻을 필요가 있고, 그 중 구약 성서의 지혜 개념은 핵심적인 방법론 도구가 될 것으로 보인다.

특별히 성서의 지혜 전통에서 우리가 강조되어야 하는 것은 공론장에서 신학적 통찰력을 활용하는 방법론의 난제들 즉, 공통 영역(철학, 기반 또는 공간)을 만들 것인지 혹은 공공 토론에 참여하기 위해 기독교의 독특한 기여를 가져올 것인지에 대한 문제를 다루는 데 도움을 준다는 것이다. 지혜 전통은 성서의 신성한 본문에 깊이 자리 잡고 있지만, 그

---

14 Ford, 'God and Our Public Life: A Scriptural Wisdom,' *International Journal of Public Theology*, 1(1) (2007), 63-81.
15 Ford, *Christian Wisdom*, 1-13.

관심과 범위는 신앙의 문제에 국한되지 않고 그 너머의 외부 사람들과 함께 개인의 윤리적, 도덕적, 그리고 사회적 삶을 위한 실천적인 지침과 관련되어 있다. 이것은 우리가 공적인 삶 가운데 제 삼의 선택인 성서의 지혜를 취할 수 있다는 단서를 준다. 우리의 지혜가 성서에서 나온 것이지만, 이 지혜는 다른 신앙을 가진 사람들, 그리고 비신앙인들과 함께 공유될 수 있다. 마찬가지로 중요한 것은 교회도 공적인 삶에 참여하기 위해 다른 종교 전통들과 세속 사회의 지혜를 활용할 수 있다. 기독교 전통의 관점에서 공공신학을 한다는 것은 성서의 지혜(지혜 문헌뿐만 아니라)로부터 '공유된 지혜'를 발견하여 그것을 교회의 공적 참여에 적용하는 것으로 표현될 수 있다. 따라서 공공신학자들 또한 다른 전통의 지혜에 기초한 어떤 시도에도 동참할 준비가 되어 있다.

4. 20세기 미국의 상황과 교회와 정치의 관계성

미국에서의 공공신학의 발전은 미국의 독특한 기독교의 배경과 함께 교회와 정치의 분리라는 기본적인 테두리 안에서 어떻게 교회가 사회, 정치, 경제 부분에 영향을 끼칠 수 있는가에 관심을 두고 있다. 초창기에 미국으로 이주해 온 기독교인들은 종교를 자유롭게 실천하고, 경건한 사회를 세울 것을 기대했다. 하나님께서 그들을 이 '약속의 땅'으로 인도하신 것으로 믿고, 거대한 대륙에 퍼졌고, 원주민을 쫓아냈다. 상이한 인종 그룹과 교회 전통에서 온 기독교인들의 존재는 교단주의로 알려진 기독교 다원주의의 상황을 초래했다. 이러한 다원주의와 식민지 권한에 대한 저항은 그리스도의 몸이라는 주요한 표현으로서 독립적인 지역 교회의 성장을 장려했다. 이 지역 교회들은 오래된 교회의 전통에 연결되어 있었지만, 청교도의 영향으로 성경의 권위를 하나님의 말씀으로 존중했다. 18세기부터 일련의 부흥 운동은 미국 정착민의 독립적이고 실용적인 믿음을 복음주의 형태의 기독교로 발전시켰다. 이것은 회심주의자, 사회 활동가, 성경주의자, 그리고 십자가 중심적이다. 그들은 자선 단체와 선교 단체와 광범위한 네트워크를 개발했지만, 성경의 권위와 선교의 우선순위 문제를 두고 분열되었다. 복음주의자들은 기독교 신앙에 위협으로 보이는 근대성의 측면들에 저항하고, 사회 복음을 거부한다. 근본주의는 사회가 기독교 윤리의 토대를 잃어버린 것으로 간주하고 저항의 극단적 형태를 나타낸다. 세속화에 대한 예측에도 불구하고, 대부분의 북미 사람들은 예수 그리스도 안에서 사적이고 개별적으로 신앙의 형태를 실천한다. 그들은 공적 영역에서 존중될 것으로 기대하고, 그들이 종교의 자유 문제라고 생각하는 부분을 침해하는 법률에 저항한다.

미국에서 계속되는 기독교의 활성화는 두 가지 주된 방법으로 설명된다. 먼저, '포스트모던' 미국 사회에서 종교의 역할은 불확실성을 대면하고 있는 사람들을 위한 생존 체계에서, 자기표현의 수단으로 바뀌었다.[16] 이것은 뉴에이지 혹은 '육체, 정신, 영'의 증가에서 볼 수 있고, 또한 기독교 사역에서 '내적 치유' 치료법을 사용하는 것으로 증명된다. 둘째, 미국에서 종교 다원주의와 종교의 자유가 증가하면서, 종교가 수준 높게 공급되었고, 이는 종교 서비스에 대한 수요를 높이고 있다.[17] 미

---

16   Pippa Norris and Ronald Inglehart, *Sacred and Secular: Religion and Politics Worldwide* (Cambridge: Cambridge University, 2004).

17   Rodney Stark and Roger Finke, *Acts of Faith: Explaining the Human Side of Religion* (Berkeley:

국 사회에 복음주의적인 자리매김은 신학자 칼 헨리(Carl Henry)가 주도했는데, 그는 미국의 부흥 운동과 복음주의와 연관된 개신교 정통주의를 확언하고자 했다. 동시에 그는 성경에 의해 검증되고, 합리적이며, 신뢰할 수 있고, 사회적으로 건설적인 하나님의 계시를 만드는 것을 목표로 하는 '성경적 유신론'(biblical theism)의 방법에 의해 근본주의를 거부했다. 그의 동시대의 동료인 침례교인 버나드 램(Bernard Ramm)은 바르트의 '성경적 사실주의'를 출발점으로 삼기 원했고, 바르트의 '신정통주의' 칼뱅 신학에서 복음주의 신학 북미적인 의미에서를 위한 성경적 틀을 찾았다. 미국의 복음주의 학문은 '자유주의' 신학과 공산주의와 타협한 것으로 보였던 유럽에 근간을 둔 에큐메니칼 운동과 거리를 두면서, 성경의 '난해' 구절과 씨름했지만 그것을 포기하지 않은 성서학을 발견했다. 냉전 동안에 빌리 그래함 전도협회(Billy Graham Evangelistic Association)는 아시아, 아프리카, 그리고 라틴아메리카에 복음주의 신학 교육 네트워크를 형성했고, WCC와 제휴한 사람들과 유사한 사역을 했다. 그것은 폭넓게 주로 영어권 운동을 장려했는데, 'Inter-Varsity' 네트워크, Tyndale Fellowship, 그리고 20세기 후반 영국의 복음주의자인 존 스토트(John Stott)가 비서구 세계에서 성경을 전파하고 가르치기 위해 설립한 Langham Partnership과 같은 지체들이 후원했다.[18] 미국에서의 공공 영역에서의 토론은 20세기 중반에 활발하게 되는데 1.2차 대전을 겪으면서 정치와 평화에 대한 문제, 교회의 사회 참여에 대한 문제, 그리고 특히 인종 차별로 야기되는 사회적 불평등에 대한 교회의 윤

University of California, 2000).

18 Brian Stanley, *The Global Diffusion of Evangelicalism* (Downers Grove, IL: InterVarsity, 2013), 93-120.

리적, 행동적 지침에 대한 것이다.

5. 미국에서의 공공신학의 발전

20세기를 맞으면서 미국은 그동안 대영 제국이 주도하였던 세계 정치와 경제의 주도권을 이어 받으며 또한 사회와 문화 등 모든 분야에서 세계적으로 영향을 크게 미치게 되는데 이에 대해서 교회의 공적인 역할에 대해서 심각한 질문을 하게 된다. 이에 대해서 공헌한 학자는 라인홀드 니버(Reinhold Niebuhr), 존 커트니 머레이(John Courtney Murray), 그리고 마틴 마티(Martin Marty)가 대표적인 학자들이다. 20세기 중엽 미국에서 기독교 사회 사상을 이끌었던 학자는 '공적 삶의 신학자'(theologian of public life)로 불렸던 니버라고 볼 수 있는데 이는 그가 기독교 신학을 세속화된 시대와 연결시켰기 때문이기도 하지만 다른 한편으로는 그가 신학적 성찰을 교회 밖의 청중에게까지 전달할 수 있는 능력을 가졌기 때문이기도 했다. 니버에게서 가장 눈여겨볼 중요한 점은 공공에 대한 그의 담론은 신학 지식을 필요로 하지 않았기 때문에 비기독교인 청중도 그의 메시지를 이해하고 거기에 응답할 수 있었다는 사실이다. 니버가 생각하는 신학이란 공공 생활을 향한 확고한 헌신을 지속시켜줄 종교적 상상력을 형성함으로써 현대 사회를 윤리적으로 재구성하도록 돕는 것이어야 한다고 보았다. 니버는 정치 해방(political liberation)의 도덕과 권력(morality and power)에 깊은 관심을 가졌고, 예수 그리스도의 윤리와 예언자적 종말론에 영향을 받아 정의 실현을 위

한 기독교 현실주의(Christian realism)을 주장했다.[19]

니버는 정부에 대한 기독교인의 두 가지 태도를 고찰하였는데, 첫째, 정부는 하나님이 정하신 것이고 정부의 권위는 하나님께로부터 온다는 것과, 둘째, 가난한 자를 압제한 권력자들은 하나님의 심판을 받게 된다는 것이다. 니버는 질서의 원리 및 힘이 무질서한 사회적 혼란을 막아주기는 하지만, 그것이 하나님의 능력과 동일하지는 않다고 생각했다. 니버는 국가 권력을 향한 예언자의 비판과 제사장의 신성화 사이의 긴장을 인지했으며, 칼뱅이 권력에 대항하는 저항은 안 되지만 불복종은 허락한 것을 보며 진정한 정의에 대한 자신의 견해는 칼뱅과 비슷하다는 생각을 하게 되었다. 더 나아가 니버는 후기 종교개혁자들이 정부 설립 과정에서 인간 행위의 중요성과 정의 실현을 위한 인간 책임의 중요성을 깨달았으며, 이로부터 하나님, 통치자, 국민 사이의 삼자 언약 개념을 발전시켰다고 주장했다. 니버는 또 권력과 국민의 관계에서 중요한 것은 단순한 질서나 평화가 아니라 정의라는 존 녹스(John Knox)의 주장을 빌어서 자신의 생각을 펼쳤다. 니버의 주장에 따르면 정의라는 기준으로 정부를 평가해야 하며, 민주적 비판이 정의의 도구가 된다. 또 정치에는 늘 폭정이나 무질서 같은 문제가 존재할 수 있기 때문에, 단지 인간의 노력으로만 정의를 추구하거나 혹은 정치 참여로부터 도피할 것이 아니라 '정의의 창조적 가능성들'을 추구해야 한다고 했다.[20]

니버가 개신교에서의 교회의 공적 참여에 대해서 다루었다면 동시

---

19 Larry Rasmussen, 'Introduction', in Larry Rasmussen, ed., *Reinhold Niebuhr: Theologian of Public Life* (London: Collins, 1989), 1-41.

20 Reinhold Niebuhr, *The Nature and Destiny of Man: A Christian Interpretation* (New York: Charles Scribner's Sons, 1955), 269-284.

대의 신학자인 머레이는 주로 미국에서의 가톨릭교회와 국가의 분리, 기독교인의 공적 참여에 대해서 다루었다. 머레이는 미국의 입헌주의를 가톨릭 입장에서 옹호하면서 가톨릭교회가 미국의 공공 생활에 온전히 참여하는 것이 종교적 본분과 일치함을 주장했다. 머레이의 논지를 요약하면 이렇다. 첫째, '미국인의 국민적 합의'는 하나님께서 개인뿐 아니라 국가도 통치하심을 인정한다. 이 합의의 기초는 자연법 전통(tradition of natural law)과 동의의 원칙(principle of consent)이다. 머레이는 더 나아가 미국 헌법상 국가는 사회와 구분되어 국가의 권한은 사회에 대한 직무로 제한되며, 헌법이 보장하는 자유란 자유방임주의가 아니라 옳은 일을 할 자유, 즉 도덕적이고 영적인 과업을 의미한다. 둘째, 그는 보편적 도덕 가치가 어느 순간 활력을 잃고 인간의 본능적 욕망을 교화하거나 이기적 타성을 깨뜨리지 못할 정도로 약화되면 이내 정치적 자유가 위험에 처하게 되는 것을 우려하였다. 이를 극복하기 위해서 머레이는 미국인의 공공 생활의 기초라 할 수 있는 미국 독립 선언에 담긴 '공공 철학'을 강화할 필요가 있음을 강조했다. 머레이는 이런 생각이 이미 기존의 가톨릭 신앙과 양립 가능하다고 보았지만, '실용주의의 철학적 오류' 경향을 고려해서 교회가 사회와 협력하여 새로운 의도적 도덕 행위와 새로운 지성적 확증 행위를 확립할 필요가 있다고 주장했다.[21]

    니버와 머레이는 세속화된 시대에 기독교 신학과 신앙에 근거한 지혜를 해석하고 통찰을 제시함으로써 공적 삶에 관한 논의에 효과적으로 참여했다. 이들이 닦아놓은 길을 통해 미국의 신학자들은 적극적으

---

21 John Courtney Murray, *We Hold These Truths: A Catholic Reflection on the American Proposition* (New York: Sheed and Ward, 1960), 28-36; 79-87.

로 사회 현안에 참여할 수 있었고, 기독교인들에게만 통용 가능한 주장을 펼치거나 반대로 세속 주제로부터 회피하는 등의 극단적 태도를 극복할 수 있었다. 그리고 정치 및 세속 지도자들이 신학적 통찰에 귀를 기울이게 됨에 따라, 이들은 더 많은 신학자와 기독교인을 독려해 공적 영역에 적극적으로 참여하도록 설득했다. 미국은 1950년대와 60년대에 사회 경제 정의를 위한 '사회 복음'(social gospel) 혹은 '사회 기독교'(social Christianity)가 영향을 끼치게 되며, 이어서 마틴 루터 킹(Martin Luther King, Jr.)이 이끈 흑인 민권 운동은 1964년과 1968년 민권법 제정으로 이어졌다. 제임스 콘(James H. Cone)은 Black Theology and Black Power 를 비롯한 여러 저술을 통해 흑인 해방 신학의 기초를 다졌고 교회 및 사회에 오래 지속되는 영향을 남겼다.

현대적 개념의 공공신학은 마티라는 학자가 1970년경에 로버트 벨라(Robert Bellah)로 부터 미국의 공적 생활에 대해서 토의 되었던 시민 종교(civil religion)와 구분되는 의미에서 소개하였다.[22] 두 개념은 서로 중복되는 점이 있지만 시민 종교는 공적 생활과 사회적 책임에 대한 국가와 그 국민과의 관계성에서 종교의 위치와 역할에 대해서 강조하는 대에 반해서 공공신학은 교회의 관점에서 사회와 국가에 대한 참여와 기여에 대해 더 관심이 있는데서 출발하는 차이가 있다. 시민 종교와 공공신학과의 차이점에 대해서 미국에서는 70년대, 80년대 학자 간에 활발한 토의를 하게 된다. 마틴 마티는 미국의 개신교 전통적인 교단, 복음주의교회, 그리고 가톨릭교회를 관찰하면서 '공적 교회'(public church)

---

[22] Martin Marty, 'Reinhold Niebuhr: Public Theology and the American Experience', *The Journal of Religion* 54/4 (October 1974), 참조: Marty, *Public Church: Mainline-Evangeical-Catholic* (New York: Crossroad, 1981).

를 함께 구성하기를 제안하는데 이는 그 당시 미국 사회가 겪고 있는 도덕성에의 위기를 극복하기 위해서는 이 개념이 교회에 중요한 자원을 제공해 준다고 보았기 때문이다. 그는 공적 교회를 그리스도 중심의 사도적 교회의 한 일원으로써 믿음의 공동체가 같이 더불어서 이루는 공공성에 문제, 특히 공적 질서에 관심을 가지는 교회라고 보았다. 또한 이러한 교회는 각자의 특성을 유지하며 같은 공통의 관심사를 나누는 의미에서 공동체 안에서의 공동체로 보았다. 그는 교회가 범하기 쉬운 세 가지 오류에 대해서 지적하면서 공적 교회를 주장하는데, 신정주의(혹은 권위주의, totalist: a theocratic approach); 배타주의(혹은 집단주의, tribalist: exclusive and self-interested approaches); 그리고 개인주의(사적주의, privatist: an individualistic approach)가 그것이다. 그는 교회가 공적인 역할을 담당하기 위해서는 공공신학의 필요로 하는데 이것은 신앙을 바탕으로 하여 개인과 사회의 공적 생활을 해석하며, 또한 개인의 신앙을 공적인 질서에 접목시키는 작업이라고 보았다. 그는 공적 교회가 정치적이 되거나 신앙적인 면에서 벗어난다는 것에 대한 비판이 있을 수 있지만 이것은 충분히 극복할 수 있으며 공적 교회는 이를 위해서 공적 생활에 대한 하나님의 계시와 복음의 원칙에 의거해서 사회에 기여할 수 있는 중요한 계기를 마련한다고 보았다.[23] 비록 마티의 주장은 미국 사회에서의 교회의 역할에 대해서 너무 긍정적으로 본 점도 있지만 그의 교회와 사회, 정치를 연관 지우는 공적 교회에 대한 제안은 공공신학의 발전에 중요한 역할을 담당하였다고 본다. 그는 실제로 미국에 있는 교회들은 전통적으로 몇 세기에 걸쳐서 공적 신학을 실행하고 있었으며

---

23 Marty, *Public Church*, ix-xii, 9-22, 98-99, 164-66.

미국 사회에 영향을 미치고 있었다고 보았다.

1960년대에 와서는 공공신학은 가톨릭 사회 교리, 사회와 정치적인 이슈에 대한 에큐메니칼 운동, 그리고 미국의 시민 운동을 주도한 흑인 신학과 여성 신학, 해방 신학, 정치 신학, 그리고 에큐메니칼 선교학과 서로 영향을 주고받게 되는데 한편으로 전통적인 신학과의 대화를 통해서 공적 영역에서의 신학(theology in the public sphere) 혹은 공적 영역을 향한 신학(public-facing theology)을 시도하게 된다. 가장 최근에 주목할 만한 공공신학의 진전으로는 2007년 공공신학학회(Global Network for Public Theology[GNPT])가 세워진 것이다. 이 학회의 학술지인 International Journal of Public Theology의 발간과 함께 수많은 논문과 그 주제를 보면 공공신학의 성장을 가늠해 볼 수 있다. 이어서 남반구 상황에서도 공공신학에 대한 논의가 확대되었는데, 이를 통해서 공공신학이 글로벌하게 확장이 되고 있다. 현재 공공신학의 다양한 컨텍스트에서 다양한 학자들에 의해서 진행되고 있지만 영미 학자들의 공헌은 지대하다고 여겨지는데, 한편 공공신학은 상황을 반영하는 것이 매우 중요하므로 계속해서 글로벌한 상호 교류가 진행되어야 할 것이다.

6. 나가는 말

지금까지 공공신학에 기여를 한 대표적인 학자들을 통해서 특징적으로 영국과 미국에서의 공공신학에 대해서 다루었다. 이미 주지한 데로 주어진 상황과 분리된 형의상학적인 공공신학은 의미가 없다고 본다. 이 작업은 신학이 교회나 개인적인 신앙의 영역에 머무는 것이 아닌 하나님 나라의 관점에서 온 영역에 관여하고 적용될 수 있다는 확신에 근거를 두고 있다. 공공신학의 관점에서 신학의 목적은 이성을 추구하는 진리에의 탐구를 통해서 사회의 모든 영역에서의 활동을 공통된 삶을 올바르게 이루기 위한 시도라고 보며, 공적인 활동과 공적인 합리성, 그리고 진리에 대한 공적인 평가 등이 포함된 공적인 작업을 의미한다. 공공신학은 비평적인 대화를 통해서 공공권에서의 담론을 통한 기여를 위해서 학문을 전개하며, 특히 현대의 세속적인 세대(secular age)에 속하는 많은 사회에서 기독교와 세속과의 대화를 추구한다. 특히 공공신학은 교회의 공적 책임과 공공성을 강조하고 교회의 신학을 재조명하는 시도를 한다고 볼 수 있는데, 한국에서의 공공신학에서의 추구는 우리 사회, 정치에 깊이 뿌리하고 있는 양극화와 사회 정의의 문제와 함께 교회 내에서 세속과의 구별성과, 보수와 진보의 나뉨, 그리고 사회에서의 신뢰성의 회복에 있다고 보인다. 영국과 미국의 상황이 한국과 같지 않지만, 신학화 작업을 함에 있어서 그들이 하였던 고민은 우리에게 매우 중용한 신학의 계기를 마련해 준다고 본다. 필자는 영국과 미국에서의 공공신학이 그 상황을 반영해서 토론되어 왔고 또한 그 상황에 적용되어 왔던 것을 이 소고에서 다루었다. 그러므로 이러한 이론들을 비평적이고 반영적으로 조명함을 통해서 한국의 공공신학의 성찰에 도움이 되었으면 하는 바람이다.

한국적 공공신학으로서의 '마을목회'

노영상 원장(총회한국교회연구원)

1. 들어가는 말[1]

　대한예수교장로회 총회(통합 측)는 2022년의 총회 주제를 "복음으로, 교회를 새롭게 세상을 이롭게!"로 정했다. 제106회기 총회의 총회장의 직임을 수행하게 되는 류영모 목사는 공적 복음의 의미를 살려, 교회들이 공공적 책임에 앞장서야 할 것을 강조하며 이와 같은 주제를 정한 것이다. 이에 제가 원장으로 일하고 있는 총회한국교회연구원에선 이 같은 주제에 대한 연구를 진척하며 두 권의 책을 만들려는 중인바, 그 중 한 권이 이 책인『공적 복음과 공공신학』이다.
　이에 본 글의 목적은 오늘에 논의되는 '공공신학'(public theology)의

---

[1] 이 글은 해피코리아 편,『행복한 마을을 만들기 위한 이론과 실제들』(서울: 쿰란출판사, 2021), 제2부, 제2장 "행복한 마을을 만들기 위한 성시화 운동"을 개작한 것이다.

개념을 분명히 하고 그것을 통해 우리 교단을 중심으로 전개되고 있는 한국교회의 주요한 목회 전략 가운데 하나인 '마을목회'(maul ministry)[2]에 대해 성찰하는 것이다. 공공신학이나 마을목회 모두 한국 신학계에서 21세기에 들어 논의되기 시작한 주제들로서 최근 우리 신학의 한 물결을 대표하는 것이기도 하다. 이를 위해 필자는 공공신학에 대한 서구 신학에서의 논의를 개괄할 것이며, 이를 선교적 교회론과 연결되는 마을목회에 대해 대입해보려 하는 것이다.

오늘날의 한국교회는 이전 신앙의 선배들의 좋은 평판을 많이 잃어버리고 있다. 한국의 교회는 지난날 한국 근대의 개화기에 많은 역할을 하였으며, 항일운동, 대한민국의 건국, 국가의 민주화와 세계화에 혁혁한 공헌을 하던 교회였으나, 요즈음에 와서는 그 역할이 상당히 위축되어 있는 상황이다. 이에 본 교단 총회는 한국교회가 이전과 같이 사회에 신뢰를 얻어내는 교회가 되어야 할 필요성을 인식하고 이를 타개하려고 위와 같은 주제를 정한바, 그런 방향의 노력들을 모든 개신교 교단들이 동일하게 하고 있는 중이라 생각한다.

이에 공적 복음, 공적 신앙, 공공신학, 공적 선교 등의 개념들은 서로 상관되는 것으로, 우리는 복음의 공공성을 위해 더욱 심사숙고할 필요가 있다. 특히 공공신학이란 단어는 최근 한국 신학자들 내에서 많이 회자되었던 말이다. 공공신학이란 학자에 따라 그에 대한 정의가 상이한데, 사적인 신앙 및 신학과 상대되는 개념으로 생각하면 될 것이다. 우리는 기독교의 복음을 사적인 영역에만 머물러 있게 해서는 안 된다. 그 복음은 그런 사적인 영역뿐 아니라 이 땅에 하나님의 나라를 건설하는

---

2 '마을목회'는 '지역 사회 친화적 목회'라고 칭해지기도 한다.

공적인 일에 일조해야 한다. 기독교의 복음은 사람이 변하게 할 뿐 아니라, 온 인류를 새롭게 하며 사회와 정치를 변혁하는 공적인 영역에서도 힘을 가지고 있음을 우리는 믿고 있다.

2. 현대 미국 신학의 맥락[3]과 공공신학(public theology)[4]

오늘의 미국 신학은 크게 예일 학파와 시카고 학파로 구분된다. 전자는 프라이(Hans Frei), 린벡(George Linbeck), 티먼(Ronald Thiemann) 등이 주도하였으며, 후자는 코프먼(Gordon Kaufman), 팔리(Edward Farley), 옥던(Schubert Ogden), 거스탑슨(James M. Gustafson), 트레이시(David Tracy),[5] 브라우닝(Don Browning) 등이 주도하였다고 할 수 있다. 예일 학파의 입장은 탈자유주의(postliberalism)라고 불리는 반면, 시카고 학파의 입장은 수정주의(revisionism)[6]라 일컬어진다.

수정주의의 입장에 선 신학자들은 신학이 공적인 담론(public discourse)에 의해 전개되어야 한다고 주장한다. 신학이 사적 영역에 머물면서 섹트화하는 것에 대해 그들은 저항한다. 참된 기독교의 신학은 기독교인들에게 통용될 뿐 아니라, 이성을 가진 믿지 않는 사람들에게도 이해될 수 있는 공공신학(public theology)이어야 한다고 그들은 말한

---

3   Thomas Guarino, "Postmodernity and Five Fundamental Theological Issues," *Theological Studies*, vol. 57, no. 4 (1996), 680-685.
4   영어 'public theology'라는 단어가 우리말로 종종 '공적 신학'으로 번역되기도 하였다. 최근 본 교단은 내년의 총회 주제를 정하며, 공적 신앙과 공적 복음에 대한 논의를 많이 하였다.
5   David Tracy, "Theology as Public Discourse" (http://www.religion-online.org/showarticle.asp?title=1889) 참조.
6   또는 'liberals'로 불려진다.

다.[7]

그러나 예일 학파를 대변하는 신학자 린벡(George Linbeck)은[8] 기독교인이 믿는 진리를 비기독교인에게 합리적인 방법으로 논증할 필요가 없으며 논증할 수도 없다고 하면서, 공공신학(public theology)의 의무를 느끼지 않는다. 한 문화언어적인 사회에 속해 있는 사람의 판단 기준을 다른 공동체에 적용한다는 것이 불가능하며, 이에 그는 통약불가능성(incommensurability)이란 명제를 제시하였다. 이런 탈자유주의적 신학은 오늘날 미국 신학의 하나의 중심축인 내러티브 신학(narrative theology)과도 연결된다. 내러티브 신학은 예일의 조직신학자 프라이에 의해 주도되어 오면서, 듀크 대학교의 하우어와스(Stanley Hauerwas)나 프린스턴신학교의 스트룹(George Stroup) 등에 의해 이어지고 있다.[9]

이상에서 우리는 오늘날의 미국 신학에 있어서의 두 가지의 분기에 대해 살폈다. 시카고 학파와 예일 학파다. 시카고 학파는 교회 밖의 사람들을 설득하려는 공공신학적 전망을 더욱 강조하는 반면, 예일 학파의 학자들은 우회적으로 교회 밖의 사람들과 조우하려 한다. 예일 학파의 탈자유주의 신학은 기독교라는 범주 속하지 않는 사람들을 향해 기독교의 진리를 설명하는 것의 난관을 시카고 학파의 학자들보다 더 잘 지적하고 있다. 우리는 이런 두 학파의 입장을 아래의 표로 정리해볼 수 있다.

---

7 이와 같은 공공신학은 변증적 신학(apologetic theology)으로서 고백적 신학(confessional theology)과 대비된다.
8 그의 책 『교리의 본성』(*The Nature of Doctrine*) 참조.
9 이 부분은 본인의 글, "21세기 신학 어디로 가는가," 『신학이해』 13집(1995)을 참조하시오.

구분	시카고 학파	예일 학파
다른 이름	수정주의(revisionism) 신학	탈자유주의(postlibalism) 신학
신학적 위치	자연인의 이성적 능력에 대해 예일 학파보다 더 긍정적이다. 본질적인 공공신학(public theology)의 입장에 서 있다.	칼 바르트의 교회적 신학(ecclesial theology)의 입장에 있다.
강조점	세상과의 소통을 강조	교회의 정체성을 강조
대표 신학자들	코프먼(Gordon Kaufman), 팔리(Edward Farley), 옥던(Schubert Ogden), 거스탑슨(James M. Gustafson), 트레이시(David Tracy), 브라우닝(Don Browning)	프라이(Hans Frei), 린벡(George Linbeck), 티먼(Ronald Thiemann)
사회 참여 방법에 대한 견해	사회 정책적 관여의 책임을 강조	일종의 종파적 신학으로 사회 정책에 직접 관여하기보다는 교회가 교회다우면 그 교회를 보고 사회도 변화되기 마련이라고 함
주요한 책	트레이시의 『유비적 상상력』(The Analogical Imagination)	린벡의 『교리의 본성』(Nature of Doctrine: Religion and Theology in a Postliberal Age)

3. 공공신학의 정의와 주요 명제들

미국의 대표적인 공공신학자, 스택하우스(Max Stachhuose)는[10] 공공신학을 넓은 의미로서 정의한다. 그는 신학이 '공적'(public)이라고 불릴 수 있는 두 가지의 근거에 대해서 말한다. "첫째는 기독교인들이 믿는 바와 같이 우리는 비밀스런 집단이 아니며, 어떤 특권층도 아니고, 비합리적이지도 않으며, 접근할 수 없는 그런 사람들도 아니기 때문이다. 우

---

[10] 그는 19세기 미국의 신학자 월터 라우센부쉬(Walter Rauschenbusch)의 사회 복음의 신학에서 많은 영감을 받았었다.

리는 모두에게 이해되어질 수 있고 필요한 존재라고 믿는다. 둘째로 이러한 신학은 공적인 삶의 구조와 정책으로 인도될 것이다. 공공신학은 본성적으로 윤리적이기 때문이다."[11] 더 나아가 그는 공공신학의 네 자료 또는 근거(warrant)를 성경, 전승, 그리고 이성과 경험이라고 언급하고 있으며, 이것들을 근거로 하여 창조, 해방, 소명, 언약, 도덕법, 죄, 자유, 교회론, 삼위일체론, 기독론 등의 주제(theme)들을 다루게 된다고 말한다.

다음으로 독일의 공공신학자 중의 한 명인 몰트만(J. Moltmann)은, 공공신학(theologia publica)은 그리스도 안에서 인간 역사의 공적 세계 속으로 하나님 나라가 임한다는 관심과 희망에서 비롯되는 것으로, 그것은 기독교의 정체성의 핵심을 이룬다고 말한다. 이와 같이 공공신학은 사회의 공적 문제들에 대한 신학의 공적 상관성을 강조한다.[12]

공공신학은 시카고 학파와 더 연관성을 갖지만, 예일 학파의 신학자들도 공공신학적 논의에 참여하고 있다. 하버드 대학교의 학장으로 있었던 예일 학파의 티먼(Ronald F. Thiemann)은 공공신학이란 말을 다음과 같이 정의하였다. "공공신학은 기독교적 확신과 기독교 공동체가 살고 있는 더 넓은 사회 문화적인 맥락 사이의 관계를 이해하려는 것을 추구하는 신앙이다."[13]

시카고 대학교에서 박사 학위를 받은 기독교 윤리학자인 벤(Robert Benne)은 이르기를, 공공신학은 신학이 "살아있는 종교적 전통의 공적

---

11 Max Stackhouse, *Public Theology and Political Economy* (Grand Rapids: Eerdmans, 1987), 11.
12 William F. Storrar & Andrew R. Morton, *Public Theology for the 21st Century: Essays in Honor of Duncan B. Forrester* (London: T & T Clark, 2004), 3.
13 Ronald F. Thiemann, *Constructing a Public Theology: The Church in a Pluralistic Culture* (Louisville: Westminster/John Knox Press, 1991), 21.

인 환경인, 우리의 공동적 삶의 경제 정치 문화적인 영역에로의 침투를 말한다."고 하였다.[14] 공공신학은 종교와 사회가 구별되는 것이긴 하되 서로 분리되어서는 안 됨을 언급한다. 또한 공공신학은 하나의 종교적인 전통이 존재하는 것으로서의 공적 맥락(public context)을 강조한다.[15] 종교는 그 종교가 배태된 이전의 사회적 맥락을 무시할 수 없는바, 오늘의 사회적 맥락 속에서 그 종교적 전통을 해석하여야 한다는 것이다. 이러한 벤의 입장은 스택하우스의 공공신학보다는 티먼의 입장과 더 유사성을 갖는다.

흥미로운 점은 예일 학파에 속한 티먼도 자신의 입장을 공공신학적 범주에서 보고 있다는 것이다.[16] 티먼은 『공공신학 구성하기』(Constructing a Public Theology: The Church in a Pluralistic Culture)이란 책을 쓴 바 있는데, 그는 그의 신학을 일종의 공공신학으로 소개한다. 곧 예일 학파의 입장도 교회 밖의 사람들과의 관계에 있어 차단된 입장이 아니며, 그들과 서로 의사소통할 가능성이 있는바, 사회에 영향력을 미쳐 사회를 변혁해 나갈 가능성이 있음을 시사한 것이다. 교회적 신학이라고 하여 교회 내에만 머물러 있는 것이 아니며, 교회 밖을 향해 열려 있음을 언급한 것이라 할 수 있다. 앞에서도 말하였듯, 교회적 신학은 그 신학 나름대로 사회 변혁의 방안이 된다. 곧 교회가 교회다울 때, 사회가 변하게 된다는 논리이다.

티먼은 클리포드 게이어쯔(Cliffor Geertz)의 입장의 의거하여, 좁은

---

14 Robert Benne, *The Paradoxical Vision: A Public Theology for the Twenty-first Century* (Minneapolis: Fortress Press, 1995), 4.

15 Robert Benne, *The Paradoxical Vision: A Public Theology for the Twenty-first Century*, 6-7.

16 장신근, 『공적 실천신학과 세계화 시대의 기독교 교육』(서울: 장로회신학 대학교출판부, 2007), 73-80.

범위의 기독교 공동체는 더 넓은 맥락에서 전체 사회의 문화적 구조와 연결되어 있음을 말하면서, 기독교의 독특한 확신이 넓은 사회라는 공적인 장에서 교차할 수 있음을 언급하였다. 그러나 이러한 교차는 언제나 불변하는 토대에 근거하고 있는 것이 아니라, 가변하는 정황 속에서 임시적으로 반영되는 것임을 그는 말한다.[17]

티먼과 동일한 입장에 있는 챨스 캠벨(Charles Campbell)은 그의 공적 실천신학의 입장을 다음과 같이 진술한다. 실천신학으로서의 설교학이란 교회를 문화-언어적으로 독특한 그리스도교 공동체로 세워, 그리스도인들의 독특한 신앙과 공동체성을 형성하여, 공공 영역에 기여하도록 하는 행위임을 그는 말한다. 곧 기독교인의 독특한 정체성 형성이 공적 담론으로 나아가는 것을 가로막는 것이 아니라, 나름대로 공공 영역에 기여할 수 있는 것임을 그는 설명한 것이다. 기독교의 신학은 자유주의 신학이 말하는 바와 같이, 사적인 인간 경험의 표현이 아니며, 공동체이고 공적일 수밖에 없음을 그는 언급한 것이다. 예수 그리스도의 이야기는 한 사회 속에서 교회 공동체를 형성하는 것에 영향을 주며, 그렇게 형성된 교회 공동체의 하부 구조는 가변적인 사회의 공적인 영역과 상호 작용하고 있음을 그는 강조한 것이다.

티먼이 추구하였던 공공신학의 목표는 교회와 세계 또는 근본적 질문과 대답 사이의 관계를 설명하는 전체적 이론을 제공하려 하였던 것이 아니며, 기독교적 확신이 오늘의 공적인 삶을 특징짓는 실천들과 교차되는 특정한 장소를 확인하는 것이었다. 그런 의미에서 티먼의 공공신학은 보편적 이성을 기반으로 한 토대적 입장의 실천신학이 아

---

17 장신근, 『공적 실천신학과 세계화 시대의 기독교 교육』, 73-76.

니며, 기독교적인 확신과 오늘의 삶과 경험에 대한 심층 기술(a thick description)의 내용이 임시적으로 만나는 장을 전제한다.[18]

하지만 필자는 티먼이나 하우어와스와 같은 교회가 교회다울 때, 사회는 바르게 변혁되게 된다는 논리를 갖는 신학을 진정한 공공신학의 범주로 넣어야 할 것인가에 대해서는 의문이 많다. 정치나 경제, 그리고 학문이나 종교와 같은 공공 영역에 대한 논의를 직접 회피한 채, 일종의 하부 구조의 문제만을 다루는 탈자유주의적인 신학의 경향으로는 오늘의 공공적 문제들을 대처하기에는 너무 빈약한 것 같다. 오히려 월터 라우셴부쉬(Walter Rauschenbusch), 라이홀드 니버(Reinhold Niebuhr), 존 웨슬리(John Wesley), 던컨 포레스터(Duncan Baillie Forrester),[19] 아브람 카이퍼(Abram Kuyper)와 같이 사회적 이슈들을 신학적 장으로 끌어들여 적극 다루는 능동적 공공신학의 노력이, 오늘과 같은 급변하는 사회에 생활하는 우리들을 위해 더 요긴한 것이라 여겨진다.[20] 하지만 우리나라의 보수적 교회들의 견해는 예일 학파의 공공신학적 입장과 더 어우러지는 면이 있다.

이상과 같은 공공신학은 신학과 윤리의 교차 부분에서 파생된 신학 분야로, 그것을 말하는 학자마다 그 정의가 다양한 편이나 그 공통분모

18　Ronald F. Thiemann, *Constructing a Public Theology: The Church in a Pluralistic Culture*, 21-23.
19　William F. Storrar & Andrew R. Morton, *Public Theology for the 21st Century: Essays in Honor of Duncan B. Forrester* (London: T & T Clark, 2004). 이 책에는 로빈 길(Robin Gill), 맥스 스택하우스, 위르겐 몰트만, 마이클 노쓰코트(Michael Northcott) 등 공공신학에 공헌이 많은 학자들의 글이 실려 있다.
20　영국의 레슬리 뉴비긴(Lesslie Newbigin), 던컨 포레스터(Duncan B. Forrester), 네덜란드의 아브라함 카이퍼(Abraham Kuyper), 미국의 월터 라우셴부쉬(Walter Rauschenbusch), 라인홀드 니버(Reinhold Niebuhr), 제임스 파울러(James Fowler), 짐 월리스(Jim Qallis), 리처드 뉴하우스(Richard Neuhaus) 등이 공공신학의 입장에 있는 신학자들로 언급되기도 한다.

들을 묶어 대략으로 정리하면 다음과 같다.[21] 먼저 공공신학은 교회 내의 사람뿐 아니라, 교회 밖의 사람들에게도 그 종교적 담론이 이해되고 확신되며 설득(persuasion)력을 가질 수 있도록 의도된 신학이다. 이런 의미에서 그 공공신학은 과학적이어야 할 것이다. 둘째로 종교적 공동체뿐 아니라 더 넓은 사회를 포괄하는 문제에 대해 진술한다. 셋째로 공공신학은 이 같은 목적을 성취하기 위해 이론에 있어 모든 것에 열려져 있는바, 다양한 도구와 자료와 방법들을 채용하고 있다. 넷째로 이런 의미에서 공공신학자란 어떤 한 신앙을 가지고 있으면서도, 사회의 모든 사람들을 향해 설득력 있게 사회의 공적인 문제를 분석하고 논의하며 해결 방안을 제시하는 자라고 할 수 있다. 아래에 공공신학의 특징을 표로 정리하였다.

공공신학의 주요 특징	설 명
사적인 신학에서 공적인 신학으로의 전환	개인의 구원과 행복만을 추구하는 데에서, 공동체적 행복과 하나님 나라의 구현을 추구하는 신학으로의 전환
교회 밖의 사람들에게 기독교의 진리를 이해시키고 설득시키고자 하는 신학	이성을 가진 자연인에게 기독교의 진리를 소통할 수 있을 것이라는 전제하에 그들과 공유할 수 있는 것들을 공유하고자 하는 신학이다. 그러나 믿음의 문제는 또 다른 문제일 것이다.
교회 내의 목회뿐 아니라, 교회 밖의 사회적 문제들도 동일하게 관심을 갖는 신학[22]	공적 신학은 우리의 신학이 교회 내 목회자의 활동에 대해 집중하는 목회 신학(pastoral theology)으로 머물러서는 안 되며, 세계를 변혁하는 정치적 참여의 신학, 곧 폭넓은 실천 신학(practical theology)으로 전개되어야 함을 강조한다.

---

21 Eugene Harold Breitenberg, Jr. "The Comprehensive Public Theology of Max Stackhouse: Theological Ethics, Society and the Theological Education (UMI: Union Theological Seminary and PSCE, Ph. D. Dissertation, 2004)," 25-27.
22 20세기에 유행한 신학 가운데 정치 신학(political theology)이 있다. 정치 신학은 변혁을 강조하는 혁명적인 신학인데 비해, 공공신학은 점진적인 변화를 추구하는 보다 개혁적인 신학이라 할 수 있다. 정치 신학은 직접 국가와 상대하여 문제를 해결하려는 것에 비해, 공공신학

일반 학문의 방법론과 대화하며 사회 문제 등을 다루는 신학이다.	신학적인 방법론뿐 아니라, 다양한 일반 학문의 방법론을 포섭하여 신학을 하는바, 비전문가로서 다른 학문의 방법론을 채용하는 데에 있어 일면 한계를 갖기도 한다.
정치, 경제, 사회, 문화, 교육 등 다양한 사회 문제들을 외면하지 않고 그에 대해 적극적으로 의견을 개진하는 신학	기독교의 신학이 교회 내의 비전적(esoteric) 신학으로만 머물러서는 안 되며, 교회 밖에 있는 사람에게도 이해될 수 있는 공공신학 및 보편적인 공동 도덕(common morality)의 담론으로 표현될 필요가 있다는 것이다.[23]
공공신학은 한 나라 내의 사회적 문제만을 다루는 것이 아니며, 글로벌한 문제를 취급하고 있다.	특히 이주민의 문제, 기후변화, 난민, 전쟁 등의 문제들을 오늘날 한 국가 내의 문제로서 해결되지 않으며 전지구적 공조를 필요로 하는 것으로, 공공신학은 사회 문제를 다루며 글로벌한 전망을 갖고 있다.[24]
마지막으로 공공신학은 이론을 앞세우는 신학이기보다는 실천을 강조하는 신학이다.	공공신학은 책상머리에서 전개되는 신학이 아니며, 사회적 실천을 통해 표현될 때 발전하고 진화되는 신학이다. 이런 각도에서 공공신학은 이론적 논의만으로 끝나지 않으며 언제나 실천을 동반하는 신학이다.[25]

4. 공공신학의 비판에 대한 반성

공공신학에 대한 몇 가지의 비판들과 그에 대한 응답을 아래에 열거하였다.[26]

1) 먼저 바르트 신학의 견지에서의 공공신학에 대한 비판이다. 공공

은 공공 영역에서의 대화를 중시하며 시민 사회 내에 윤리적 구조를 만들어 사회를 개혁해나가고자 하는 점진적인 방안을 추구하는 것이다[Sebastian Kim, *Theology in the Public Sphere: Public Theology as a Catalyst for Open Debate* (London: SCM Press, 2011), 22-23.]

23   M. L. 스택하우스, *Public Theology and Political Economy*, 김수영, 심정근 역 『대중 신학과 정치 경제학』 (서울: 도서출판 로고스, 1991) 참조.

24   Katie Day and Sebastian Kim, "Introduction," In Sebastian Kim and Katie Day (eds.), *A Companion to Public Theology* (Leiden, Netherlands: Brill, 2017), 10-18.

25   Katie Day and Sebastian Kim, "Introduction," 10-18.

26   Eugene Harold Breitenberg, Jr. "The Comprehensive Public Theology of Max Stackhouse," 183-186.

신학은 인간의 이성이나 경험 등을 계시와 동등한 차원에서 신학의 근거로 채용하므로, 일반 계시의 위치를 지나치게 강조하고 있다는 것이다. 그러나 공공신학은 일반 계시가 우리의 믿음을 야기하는 것으로 말하지 않는다. 신앙을 가진 자는 그의 전망 안에서 인간의 경험이나 일반 계시를 바로 사용할 수 있음을 공공신학은 언급하는 것이다.

2) 두 번째의 비판은 공적인 영역의 일에 봉사하면서, 기독교적 전통에 반대되는 제도와 이념 및 권력들에 기독교가 예속되는 것 같다는 비판이다. 하지만 우리는 그 같은 공공신학의 입장을 그러한 기독교에 반대되는 입장들에 예속되는 것이 아니라, 그 같은 사회를 변혁하려는 의도를 가지는 것으로 보아야 할 것이다.

3) 다음의 비판은 본질적인(substantive) 공공신학을 다룸에 있어서의 반대이다. 단순히 구성적인(constructive) 입장에서 공적이며 사회적인 문제를 다루면 되지 그것을 이론화하여 비기독교적인 집단에 속한 사람들까지 설득하려는 것은 더 많은 반대에 직면하게 될 것이라는 우려이다. 그러나 공적인 신학은 그러한 비기독교인들의 반대를 줄여 설득하려는 적극적인 입장을 갖는다고 볼 수 있다는 응답이 가능하다.

4) 네 번째의 비판은 공공신학이 기독교의 신앙이나 교회나 종교가 사회에 어떤 기능을 제공하는 것으로서의 기능주의적이고 도구주의적인(functionalist and instrumentalist) 측면으로 환원하고 있다는 것이

다.[27] 그러나 공공신학을 강조하는 학자들은 본인들이 그러한 작업을 하는 것이 오히려 하나님의 복음의 부르심에 바로 응답하는 것임을 강조한다. 곧 기독교의 신앙을 도구적인 것으로 이해하는 것이 아니며, 이미 절대적인 신앙을 가진 자들의 책임을 강조하는 것이 공공신학이라고 그들은 말한다. 그러므로 신앙이나 종교는 사회적인 기능상의 이유로 채택되거나 폐기되는 것이 아님을 그들은 강조한다.[28]

5) 스택하우스는 윤리의 유형을 목적론적 윤리, 의무론적 윤리, 덕의 윤리(virtue ethics)로 구분하는데, 그의 공공신학에선 덕의 윤리에 대한 강조가 부족하다는 비판이 있다. 사회 정책적이며 공적인 문제를 다루는 것도 중요하지만, 인간의 도덕적 성품을 준비하는 것도 그에 못지않게 중요한 것임을 우리는 강조할 필요가 있을 것이라 생각한다.[29]

6) 다음으로 공공신학은 비기독교인이나 다른 종교를 가진 사람들과의 대화를 강조함으로 일종의 종교적 다원주의가 아닌가 하는 비판이 있을 수 있다. 하지만 우리는 공공신학이 말하는 대화가 종교 간의 대화가 아니며, 이 사회 문제를 놓고 서로 다른 견해를 가진 사람들 간의 대화라는 것을 파악할 필요가 있다. 오히려 그들과의 대화를 통

---

27 Eugene Harold Breitenberg, Jr. "The Comprehensive Public Theology of Max Stackhouse," 190-191.
28 Eugene Harold Breitenberg, Jr. "The Comprehensive Public Theology of Max Stackhouse," 191-192.
29 Eugene Harold Breitenberg, Jr. "The Comprehensive Public Theology of Max Stackhouse," 197-198.

해 우리 사회에 진정 유리한 논리가 기독교가 제공하는 생각임을 보이면서, 그들에게 기독교의 진리를 받아들이게 하고 그들을 하나님의 진리 앞으로 인도하려는 선교적인 의도를 가진 것이 공공신학임을 우리는 인정하여야 할 것 것이다.

7) 또 다른 비판은 이미 앞에서 언급한 내용에 포함되어 있는 것이다. 곧 공공신학은 공적인 문제와 교회 밖의 사람들에 대해 관심을 갖는 나머지, 기독교의 독특성과 정체성을 손상할 것이라는 비판이다.[30] 물론 미국의 탈자유주의 신학과 비교해 볼 때에는 기독교의 정체성 측면에서의 약점이 있기는 하지만, 공공신학을 일방적으로 기독교의 정체성을 상실한 신학으로 보는 것에는 무리가 있다. 공공신학은 기독교적인 신앙을 가진 자들의 공적 문제에 대한 관여를 말하는 것이지, 공적인 장에 나가기 위해 기독교적 신앙과 가치관을 포기함을 말하는 신학이 아니다. 공공신학은 기독교의 신앙과 교회 공동체의 형성이, 오늘의 공공 부문(public sector)들 및 공공 영역(public sphere)의 문제들의 해결에 많은 영향을 준다고 생각하면서, 기독교 신앙과 정체성으로서의 가치에 무게를 두고 있다고 볼 수 있다.

필자는 앞에서 공공신학이 기독교의 정체성을 침해하지 않고 있음을 어느 정도 제시한 것 같다. 여기서 필자는 이런 공공신학의 적용함에 있어 우리가 주의하여야 할 유의점 등이 없는지를 고찰해보려 한다.

---

30   Robert Gascoigne, *The Public Forum and Christian Ethics* (Cambridge: The Cambridge University Press, 2001), 1.

공공신학을 오늘의 한국교회에 적용하는 데에 있어 생각해야 될 유의점 중 하나는 기독교적인 구원관과 교회론의 의미를 바로 이해함이 없이, 기독교인이 공공의 문제를 다룰 시 천박한 논의에 그치기 쉬움을 인식해야 한다는 것이다. 오늘의 기독교인들의 수많은 공적 문제에 대한 논의들을 살필 때 그것이 과연 기독교적인 세계관을 바탕으로 논구된 것인지 의심이 가는 것들이 한두 가지가 아니다. 그것은 본인의 신앙상의 불투명도도 그 이유 중에 하나이겠지만, 우리의 신앙과 기독교적 신념을 가지고 공공의 문제를 다룰 때의 나름의 방법론이 허약하여 생긴 문제이기도 하다. 그러므로 우리는 우리의 신앙상의 내용을 분명히 함과 동시, 그 신앙의 내용을 우리의 공적 영역으로 해석해내는 방법론의 성찰에도 게을리해서는 안 될 것이라 생각한다. 그러므로 구성적 공공신학의 논의와 함께 그것의 방법론에 천착하는 본질적 공공신학의 논의에도 우리는 착목하여야 할 것이라 생각하는 것이다.

5. 공공신학의 입장에서 본 마을목회

여태까지 언급한 공공신학과 마을목회는 일면 통하는 면이 적지 않다. 마을목회는 일종의 기독교의 구원을 통해 개인이 바뀔 뿐 아니라, 이 사회가 거룩하게 변하는 것을 강조하는 하나님 나라 구현 운동인 것이다. 이에 있어 공공신학도 교회의 목회를 교회 내의 사역에만 국한하지 않으며 사회 변혁을 목회의 중심된 일로 강조하는 것으로 마을목회와 공공신학은 통하는 면이 많다.

다음으로 마을목회는 복음을 바탕으로 하여 이 사회를 변혁하고자 하는 운동이다. 교회 밖의 사람들을 복음화하는 것이 사회를 바꾸는 첩경임을 마을목회는 강조한다. 이에 있어 공공신학도 교회 밖의 사람들이 복음을 잘 이해할 수 있도록 설명하여 그들을 설득하려는 시도를 강조한다. 교회 밖의 사람들이 복음을 이해하지 못한다고 하여 그들의 입장을 무시하는 것이 아니라, 그들로 하여금 쉽게 복음을 이해할 수 있도록 그들의 눈높이에서 복음을 설명하려는 시도를 공공신학은 하고 있다.

우리는 이와 같이 처음 교회에 오는 사람들을 위해 복음을 쉽게 설명하려 하였던 시도를 수정교회의 로버트 슐러(Robert H. Schuller) 목사님에게서 찾을 수 있다. 그는 기독교의 믿음을 '적극적 사고방식'(possibility thinking)이란 개념을 통해 제시하려 하였던 목회자로 복음 전도의 설교를 잘 하셨던 분이었다.

공공신학의 입장에 있는 신학자들은 그들의 용어의 선택에 있어서도, 지나치게 신학적이며 교리적인 개념들을 가진 용어보다는, 비기독교인과 대화하기 쉬운 용어를 선택하려 한다. 예를 들어 교회적 신학을 하는 사람들은 '이 땅에 하나님의 나라가 임하게 하자'는 말을 한다면, 공공신학을 하는 사람들은 비기독교인들도 설득할 수 있는 '건강하고 행복한 나라를 건설하자'라는 공동적인 개념을 제시한다고 볼 수 있다.

우리는 월드비전의 선교 전략인 CHE(Community Health Evangelism, 지역 사회 보건 선교)에 대해 잘 알고 있다. 이 이론은 '건강'이란 개념을 내세워 지역 사회 공동체를 개발하고 그를 통해 주님의 사랑과 함께 주님의 복음을 전하는 운동이다. 물론 이 지역 사회 건강 전도도 우리 사회의 궁극의 변화는 주님의 복음이 아니고서는 불가능함을 잘 알고 있다. 그러나 이 운동은 지역의 건강이란 개념을 내세워 믿지 않는 세계에 접근하고 있으며, 이를 바탕으로 그들을 주님의 자녀로 만드는 전략을 추구하는 것이다.

미국의 프린스턴 신학대학원에서 은퇴한 신학자인 스택하우스(Max Stackhouse)는 소명과 청지기라는 기독교적 개념보다는 보다 보편적인 '공공선'(common good)이란 일반적인 도덕적 개념을 갖고 기독교인의 사회적 책임을 진술하려 하였다.[31] 물론 이러한 공공신학이 기독교의 독특성이나 교회의 정체성을 포기한 신학으로 봐서는 안 될 것이다. 오히려 비기독교인과의 공동의 장을 만들어 그들을 공동의 장으로 나아오게 한 후, 그들에게 기독교의 독특함을 전할 기회를 삼는 전략을 공공신학은 갖는 것이라 할 수 있다.

공공신학은 기독교인이나 기독교인이 공유하는 보편적인 실천적 도덕적 사유(universal practical moral reasoning)와 자연법(natural law) 및 공유된 도덕법(moral law)에 호소하려 한다. 이런 각도에서 공공신학은 기독교인과 비기독교인이 공유하는 바의 공동 도덕(common morality)을 강조한다. 공공신학은 단지 기독교 밖의 사람들에게 신학을 선포하는 데에 그치지 않으며, 그를 위한 이론적이며 지적인 논구를 하려 한다. 이에 공공신학은 다른 신앙이나 전통을 갖거나 다른 학문 분야의 사람들을 대화의 대상에서 배제하지 않으며, 그러한 차이에도 불구하고 그들과 지속적인 대화의 하려고 노력한다.

우리는 전체의 마을과 주민 모두를 목회의 대상으로 삼는 마을목회는 우리 기독교인만의 네트워크를 통해 실천할 수도 있다. 그러나 이런

31　Max Stackhouse, "Theological and Ethical Considerations for Business Decision-Making," *New Catholic World*, 223 no. 6 (1982): 258.

일이 더 잘 되기 위해서는 교회 밖의 사람들과 잘 연대하는 것이 필요하다. 전 시민을 위해, 전 시민과 함께 하는 운동이 될 때 마을목회는 더 힘이 있을 것이다. 그들을 불신자로 도외시하는 것이 아니라, 복음을 듣고 회개하면 하나님의 자녀가 될 수 있는 예비 기독교인(pre-christian)이나 구도자(seeker)로서 인식하는 것이 마을목회의 전략이다.

우리만의 리그를 만들어 이 사회를 거룩하게 하는 운동을 하기보다는 교회 밖의 사람들도 초청하여 함께 사회를 위해 일해 나갈 때, 교회 밖의 사람들은 교회를 더 잘 이해하게 될 것이며, 그것을 통해 주님의 복음이 더욱 확산될 수 있을 것이라 생각한다. 그러므로 우리는 이러한 마을목회 운동을 하면서, 교회 밖의 사람들이 잘 이해하지 못하는 교리적인 용어를 그들이 잘 이해할 수 있는 용어를 통해 변용하여 실천할 필요가 있다. 예를 들어 함께 건강하고 행복한 도시를 만들자는 비교적 덜 교리적인 모토를 만들어, 비기독교인과 협력해나가면 이런 일이 더 용이해질 것이라 생각한다. 교회는 이런 접근을 통해 더 많은 교회 밖의 사람들을 포섭하며 그들과 함께 일하면서 복음을 지속적으로 제시한다면, 그들이 진정된 교회의 일원으로 편입될 수 있을 것이다. 이와 같이 마을목회는 먼저 비기독교인들을 교회 공동체에 초대한 다음, 그들이 진정 그리스도의 복음을 받아들여 회개하고 믿음을 갖도록 하는 순서를 강조한다.

이상에서 필자는 공공신학적 입장에서 어느 정도 마을목회 운동을 고찰하였다. 오늘 한국교회는 교회 안에만 갇혀 있으며, 사회와의 소통을 점점 잃어버리는 것이 아닌가 하는 염려들이 많다. 그 결과 젊은 층을 위시한 지성 있는 많은 사람이 교회를 등지게 된 것이 아니냐는 자성도 있다. 이런 상황에서 한국교회는 세상을 향해 좀 더 알기 쉬운 내용으로 기독교의 복음을 설명할 필요가 있으며, 그들과 공유하고 있는 사회를 함께 염려해가며 협력하고자 하는 노력이 더욱 필요한 시점인 것 같다. 하나의 방언과 같이 교회 밖의 사람들이 교인들이 하는 말을 점점 이해할 수 없게 된다면, 기독교의 게토화는 점점 심화될 것이기 때문이다.

물론 교회가 사회를 개혁해나가는 구체적인 방법에 대해서는 한국교회 내 보수와 진보 간의 견해 차이가 없는 것은 아니나, 그 양자 간의 공통분모의 범위를 확대해가며 실천해간다면 이 또한 극복키 어려운 과제는 아니라고 생각한다. 오늘 한국교회가 마을목회 운동을 통해 이 사회에서의 빛과 소금의 역할을 분명히 할 때, 사람들은 교회가 하는 말에 점점 더 귀를 기울이게 될 것이며, 그를 통해 주님의 복음을 더욱 확산될 수 있을 것이 확실하다.

이 같은 '마을목회 운동'을 이 세상 속에서 구현할 때, 교회 밖의 사람들과 함께하려면 공공신학적 입장에서 그 운동의 이름은 '사랑마을 만들기 운동'으로 하는 것을 추천하고 싶다. 이웃과 사랑의 정을 나누며 함께 살아가는 운동으로서의 사랑마을 만들기 운동은 마을목회의 개념과 연결되어 있는 것으로 사랑마을 만들기 운동은 오늘의 사회를 향한 좋은 대안적 운동이 될 수 있을 것 같다. 본 교단은 이 같은 '마을목회 운동'을 2017년부터 시작하여 2022년까지 5년간의 운동으로 정하여 현재 그를 위한 노력을 하고 있는데, 2021년부터 7년 곧 2028년까지 사랑마을 만들기 기도 운동과 함께 이 운동을 계속한다면 더 많은 결과를 얻을 수 있을 것이다.

이전 우리나라는 박정희 대통령 시절에 새마을운동을 벌인 바 있다. 그 운동의 장단점들에 대해서는 많은 말들이 있지만, 나라의 쇄신이 정치적 노력만으로 가능한 것이 아니며 정신적 변화와 함께해야 한다는 생각으로서의 이 운동은 우리 사회에 준 영향이 적지 않았다. 이 운동은 그 후 여러 변형된 형태로서 외국에 소개되어 동일한 운동으로 개진된 바도 있다. 마을목회 운동과 마을 만들기 운동, 그리고 사랑마을 만들기 운동은 그 용어 속에 '마을'이란 단어를 공유하고 있다. 물론 이것들은 동일한 운동들은 아니지만 마을공동체의 복리에 초점을 맞추고 있다는 공통점을 갖는다. 이에 지난날의 이 같은 운동들의 공과를 살피며 배울 점을 찾아내는 것도 우리가 하여야 할 일이라 생각한다.

이미 마을목회 운동이 여러 모습으로 우리 교회 내에서 구현되고 있는데, 이러한 마을목회를 보다 공공적 입장에서 사랑마을 만들기 운동으로 우리 사회 속에서 구현한다면, 마을목회 운동의 영역을 더 넓힐 수 있을 것이라 생각한다. 예전 우리 한국 사회는 마을 단위로 서로 사랑을 느끼며 도우면서 사는 삶의 모습을 가졌었다. 그런 끈끈한 정이 있는 공동체적 삶을 오늘의 '사랑마을 만들기 운동'을 통해 재현할 때, 우리 사회는 보다 밝아지고 한 단계 성숙해지리라 믿는다. 이 운동이 기독교인들의 기도와 함께 계속되어 간다면, 우리 사회에 좋은 영향력을 미칠 수 있을 것이다.

6. 마을을 품고 세상을 살리는 마을목회의 전략

우리는 앞에서 마을목회가 공공신학의 입장을 잘 견지하고 있음을 살폈다. 이젠 마을목회에 대해 더 집중하여 살피고자 한다. 먼저 마을목회의 핵심 전략을 다음과 같다.

1) '마을'이란 주로 시골 지역에서 여러 집이 모여 사는 곳을 말한다. 그러나 '마을목회'는 농어촌 지역의 목회 전략을 말하는 것이 아니다. 마을이 하나의 **공동체**를 이뤄 그곳의 주민들이 서로 도우며 살 듯, 도시에서도 이런 공동체를 이루며 사는 것이 필요한바, 지역 공동체로서의 **하나님 나라**를 동네 속에 세우기 위한 목회가 마을목회다.

2) 교회에는 여러 사명이 있다. 복음 전도, 예배, 교육, 교제, 사회봉사 등이다. 마을목회는 이런 기능들 중 교회의 **사회봉사 영역에 치중한 목회 방안**이다. 그간 한국교회는 복음 전도, 제자 훈련, 예배 및 교육 등의 일들을 잘 수행해왔다. 그 같은 노력과 함께 마을목회로서의 대사회적인 교회의 기능이 잘 수행된다면, 보다 활력 있는 하나님의 선교가 가능해질 것이다.

3) 마을목회는 주님의 십자가의 능력과 성령의 감화를 강조하는 목회 방안이다(갈 5:16-26). 주님의 칭의의 능력이 아니고는 아무도 이웃을 진정으로 사랑할 수 없다. 그러므로 우리는 항상 주님께 의존하며 기도하면서 마을과 온 세상의 샬롬을 이뤄나가야 할 것이다(막 9:29, 사 11:1-9). 이와 같이 마을목회는 오늘의 시대에 기독교 사랑의 진정성을 보여주려는 목회 방안으로(요일 3:16-18), 우리는 **믿음에 따른 사랑의 실천**이 주님의 복음을 왕성하게 할 수 있음을 믿는다(마 5:16).

4) 마을목회는 이론에 앞서 실천을 중시하는 정행의 목회 신학이다. 마을목회는 본 교단의 교회들이 전개한 현실 목회에서의 노력들을 살펴 만들어낸 이론으로 **실천성**을 강조하는 운동이다. 그러므로 마

을목회는 신학을 위한 신학이 아니라 교회를 위한 신학을 강조한다. 이전 해외에서 한국을 대표하던 신학으로 민중 신학이 있었다. 사회 현실과는 밀착된 신학이었지만 목회 현실과는 거리가 있는 신학이었다. 이에 비해 마을목회는 목회 현장에 충실한 사회봉사 신학으로, 사랑의 실천을 구체화하는 목회 방안인 것이다.

5) 마을목회는 **개인적 행복과 함께 공동체적 행복**에 관심을 갖는다. 이런 견지에서 마을목회는 지역 사회를 공동체적 가치를 통해 만들어나가는 것을 강조한다(요 17:21-23). 마을목회는 오늘 우리 사회의 위기가 지나친 개인주의적 삶의 방식에 기인한 것으로 분석하여, 경제, 교육, 복지, 환경, 문화 등 사회 각 분야에 기독교가 강조하는 사랑의 하나 됨과 공동체성을 불어넣을 것을 주창하는 목회 전략인 것이다.

6) 마을목회는 교회 밖의 주민들도 회개하고 믿기만 하면 주님의 자녀가 될 수 있는 **잠재적 교인**으로 생각하며, 그들을 목회의 대상 안에 포함시키는 운동이다(롬 3:29-30). 이런 의미에서 마을목회는 '마을을 교회로, 주민을 교인'으로라는 표어를 주창한다(요 3:16). 주님은 우리 안의 99마리의 양을 두고, 길 잃은 한 마리의 양을 찾아 나서시는 분이시다(마 18:12-14).

7) 마을목회는 **평신도 사역**을 강화하는 목회 전략이다(고전 12:4-31). 평신도의 역량을 강화하여 그들을 주민 자치와 교회 사역의 전면에 내세우는 목회가 마을목회다. 우리는 마을목회를 통해 대사회적인

봉사의 일은 평신도들이 우선적으로 담당케 하며, 목회자는 기도하고 설교하는 일에 전념하는 분담이 필요하다.

8) 마을목회는 지방 자치 분권화를 통해 **마을 만들기 운동**을 전개함으로 우리 사회의 풀뿌리 민주주의를 정착시키려는 노력을 지지한다. 이에 마을목회는 관 주도적인 하향식 운동이 아니며, **주민주도적인 상향식 운동**이다. 이에 마을목회는 복음을 통해 마을 공동체를 행복하게 만드는 일에 교인과 주민이 앞장서는 주체적 시민 의식을 강조하며, 마을의 일을 위해 함께 의논하는 민주적 소통을 중시한다.

9) 마을목회가 가능하려면 주민들의 주체적 역량이 전제되어야 한다(벧전 2:9). 마을 만들기를 위해서는 주민들의 자주성과 소통 능력, 마을을 개발하는 일을 위한 핵심 역량과 주민의 민주적 시민 정신이 함양되어야 하는 것으로, 이를 위해 지역 사회와 교회는 주민들의 **역량을 강화하는 교육**에 관심을 두어야 한다. 이에 제자직을 위한 성경 교육과 시민직을 위한 시민 교육이 중요할 것이다(마 28:19-20, 딤후 3:16).

10) 마을목회는 **삼위일체 하나님 안에 나타난 생명성**을 온 세상에 퍼뜨리는 운동이다(요 17:21). 삼위일체 하나님께서 세 분이시면서 하나이신 것과 같이, 우리는 개인주의와 집합주의를 넘어서는 기독교 복음의 강조점을 나타내보여야 한다. 이에 마을목회의 사역을 위해서는 상호 간 하나 됨과 네트워크가 중시된다(고전 12:12). 마을 속의 주민들의 연대, 교회들의 연대, 교인과 마을 주민 사이의 네트워킹, 교

회와 관청, 마을의 학교와 기업 등과의 폭넓은 사귐과 관계적 통전성이 이런 마을목회를 활력 있게 할 것이다.

11) 교회가 성장하려면 교회 밖의 사람들을 전도하고 선교해야 하는데, 이를 위해서는 그들과의 접촉이 확대되어야 한다. 마을목회는 교회의 문턱을 낮추는 목회 전략으로, 교회의 봉사를 통해 **교회 밖의 사람들과 관계망을 확장**하여 그들이 교회 안으로 들어와 주님의 자녀가 되는 것을 쉽게 하는 목회 전략이다.

12) 마을목회는 전략을 세워 사회봉사의 사역을 추진하는 과학적 목회 방안으로 지역 사회 개발 이론, 역량 강화 이론 및 **전략 기획 이론** 등의 방법론을 사용한다. 마을목회는 실천과 함께 일의 기획 과정과 사후 평가를 중시하는 목회 방식이다(엡 1:11).

이상에서 보는 대로 오늘의 마을목회 운동은 여러 지자체에서 실시하는 마을 만들기 운동과 중첩되는 점이 적지 않다. 특히 마을목회는 마을이 교회이며 주민 전체가 잠재적 교인임을 강조하는 운동으로, 공공신학과 같이 사회침투력을 공유하고 있다. 위와 같은 마을목회의 12가지의 전략들은 오늘의 공공신학적 접근을 위해 참고 될 사항들로 서로간의 대화를 통해 양자가 더욱 발전할 계기로 삼으면 한다.

7. '마을목회' 운동의 외연 확대

채영남 전 총회장이 이사장으로, 그리고 필자가 원장으로 있는 총회한국교회연구원은 102회 총회로부터 '마을목회'에 대한 연구를 수임하여, 지난 4년여간 20권의 책을 편찬하였는데 그 책의 목록은 다음과 같다.

1. 총회한국교회연구원. 『제102회기 총회 정책 자료집/ 마을목회 매뉴얼』(2017).

2. 조용훈. 『총회한국교회연구원 '마을목회' 개인저작 시리즈 1/ 마을공동체와 교회 공동체』(2017).

3. 김도일. 『총회한국교회연구원 '마을목회' 개인저작 시리즈 2/ 더불어 행복한 가정 교회 마을 교육 공동체』(2018).

4. 성석환. 『총회한국교회연구원 '마을목회' 개인저작 시리즈 3/ 지역 공동체와 함께 하는 교회의 새로운 도전들』(2018).

5. 노영상 편. 『총회한국교회연구원 '마을목회' 시리즈 1/ 마을교회와 마을목회(이론편)』(2018).

6. 노영상 편. 『총회한국교회연구원 '마을목회' 시리즈 2/ 마을교회와 마을목회(실천편)』(2018).

7. 총회한국교회연구원 편. 『총회한국교회연구원 '마을목회' 시리즈 7/ 성경 공부 교재: 마을과 함께 주님과 더불어, 제1권 - 하나님 나라를 구현하는 마을목회』(2018).

8. 총회한국교회연구원 편. 『총회한국교회연구원 '마을목회' 시리즈 8/ 성경 공부 교재: 마을과 함께 주님과 더불어, 제2권 - 마을과 함께하는

교회』(2018).

9. 총회한국교회연구원 편.『총회한국교회연구원 '마을목회' 시리즈 9/ 성경 공부 교재: 마을과 함께 주님과 더불어, 제3권 - 주민과 더불어 마을목회 실천하기』(2018).

10. 총회한국교회연구원 편.『총회한국교회연구원 '마을목회' 시리즈 10/ 성경 공부 교재: 마을과 함께 주님과 더불어 4권 - 세상을 살리는 마을목회』(2018).

11. 한경호 편,『총회한국교회연구원 '마을목회' 시리즈 11/ 협동조합운동과 마을목회』(2018).

12. 한국 기독교 사회 복지실천학회 편.『총회한국교회연구원 '마을목회' 시리즈 12/ 마을목회와 지역 사회 복지』(2019).

13. 한경호 엮음,『총회한국교회연구원 '마을목회' 시리즈 13/ 마을을 일구는 농촌 교회들』(2019).

14. 총회한국교회연구원 편.『총회한국교회연구원 '마을목회' 시리즈 14/ 마을목회 개론』(2020).

15. 오상철 편.『총회한국교회연구원 '마을목회' 시리즈 15/ 사회적 봉사와 섬김을 중심으로 한 한국교회 통계 조사』(2020).

16. 송민호.『총회한국교회연구원 '마을목회' 시리즈 16/ 선교적 교회로 가는 길: 전통적인 교회에서 미셔널 처치로』(2020).

17. 총회한국교회연구원편.『총회한국교회연구원 '마을목회' 시리즈 17/ 온누리교회의 더멋진세상 만들기 선교』(2020).

18. 기독교환경교육센터 살림, 총회한국교회연구원편.『총회한국교회연구원 '마을목회' 시리즈 18/ 생명 살림 마을교회』(2020).

19. 노영상 편.『총회한국교회연구원 '마을목회' 시리즈 19/ 마을목회의

프런티어 교회들』(2021).

20. 노영상, 김도일 공동 책임편집.『총회한국교회연구원 '마을목회' 시리즈 20/ 새로운 목회의 프런티어들』(2021).

위의 책 중 시리즈 17번째의 책인『온누리교회의 더멋진세상 만들기 선교』(2020)는 NGO를 통한 세계 선교의 가능성을 진단한 책으로, 오늘의 한국교회 선교에 대한 많은 생각을 하게 한다. 이 책의 마지막 부분에서 온누리교회의 해외 선교를 위한 NGO '더멋진세상'의 관련자는 그 선교의 의의를 다음과 같이 말하고 있다.

> '더멋진세상'은 지난 9년 동안 맡겨진 큰 그림 중, 밑 그림의 일부를 그렸을 뿐이라 생각한다. 물론 그 큰 그림을 '더멋진세상'이 모두 채워야 한다고 생각하지는 않지만, 적어도 맡겨진 부분을 충실하게 채워가기 위해서는 보다 정교한 작업들이 필요하다는 것을 배웠다.
> 하나님 나라와 세상 사이에서 영적 전쟁을 치루는 일이기에 지금보다 더 많은 기도 지원이 필요하다는 것을 배웠고, 각 사람들이 똑같은 어려운 환경에 처해 있다 하더라도 그들의 문화는 각각 다른 방법으로 접근해야 소통할 수 있다는 것을 배우는 시간이 있었다.
> 또한 선교는 어느 경우이든 재생산이 가능한 구조로 남겨져야 하기에, NGO 사역이 가지고 있는 한계를 극복하기 위한 전략들도 개발되어야 할 필요가 있다. 결국 그 땅에 남아야 하는 것은 하나님의 말씀과 하나님의 선교적 비전을 품은 거듭난 사람들이어야 하기 때문이다. 이를 위해, '더멋진세상'과 함께 할 준비되고 훈련된 사람들이 얼마나 절실히 필요한가를 배우는 시간이기도 했다.

예수께서 승천하실 때, 여전히 준비되지 못한 제자들을 보시면서 걱정하지 않으셨던 것은, 성령을 통해 하나님께서 이 일을 완성하실 것을 아셨기 때문이라 믿는다. 예수님도 그들만을 홀로 남겨두시지 않고 세상 끝날까지 함께 하시겠다고 약속하셨고, 그 약속은 지금 '더멋진세상'에게도 주셨다. 우리가 끝없이 주님께 순종하려고만 한다면, 우리는 결국 주님의 열매들을 보게 될 것을 믿는다. 그것은 우리에게 고갈되지 않는 자원을 주셨기 때문이 아니라, 예수 그리스도를 통한 하나님 나라의 임재의 약속이 영원하기 때문이다.

이상에서 우리는 온누리교회의 NGO '더멋진세상'이 전개한 선교가 '마을목회'(Maul Ministry)의 방법에 의거한 것임을 확인하게 된다. 그 같은 선교의 방식이 아니었더라면 그곳의 교회들이 오늘과 같이 성장하지 못하였을 것이다. 물론 우리의 사회봉사는 교인을 모으는 일을 목적으로 해서는 안 되지만, 그러한 봉사 사역이 교회를 발전시키는 데에 크게 공헌한다는 사실을 우리는 확인하게 되었던 것이다. 결국 복음의 전파는 하나님의 진정한 사랑을 전하는 것으로부터 동력을 얻는 것으로, 입으로만의 사랑을 가지고는 효과가 없음을 우리는 깨닫게 된다. 특히 '더멋진세상'의 선교는 마을목회의 전략 기획(strategic planning) 방법에 충실한 선교로서 한국교회 해외 선교의 중요한 모델이라고 말하지 않을 수 없다. 이에 우리는 이 선교 방안을 연구하고 발전시켜 한국교회의 새로운 선교 전략으로 정착시킬 필요가 있다. 피선교국 사람들의 영육 간의 구원을 위한 '더멋진세상'의 하나님의 선교는 그런 의미에서 오늘 우리에게 신선한 반향을 불러일으키는 것이다.

이상에서 보듯 온누리교회의 NGO 더멋진세상은 선교를 하며 먼저 교회를 세우지 않았다. 그 지역 사회에 들어가 마을 사람들과 같이 마을의 복리에 대해 고민하였으며, 그 마을에 필요한 봉사를 실천하다 보니 선교가 자연히 되었다는 것이 그 사역에 참여한 사람들의 고백이다. 교회를 세우는 것과 함께 그들을 위한 헌신의 실천을 하는 것이 사람의 영혼을 구원하는 데에 효과적이었음을 그들은 말하고 있다. 이상과 같이 온누리교회는 하나의 선교적 실험을 하였다 볼 수 있다. 해외 선교를 함에 있어서도 마을목회 이론에 따른 NGO 선교가 힘 있다는 결론이다.

마을목회 차원에서의 국내 선교의 예를 부천의 새롬교회나 후암동교동협의회가 잘 보여주었다면, 영등포 노회가 추진한 베트남 선교나 한아봉사회가 동남아 지역에서 펼친 선교 및 온누리교회의 더멋진세상이 펼치고 있는 사역들은 해외 선교로서의 마을목회의 모습을 잘 보여주고 있다. 영등포노회는 그들이 파송한 선교사들을 통하여 복음을 전할 뿐 아니라, 그 지역을 아름답게 개발하는 일에 많은 노력을 하였다. 노회 차원에서 그 지역을 자주 방문하는 등, 지역의 많은 교회들이 합심하여 베트남 선교를 도왔던 것이다. 이렇게 단일 교회가 선교사를 파송하여 선교를 하는 것보다 교회들이 연합하여 선교의 일을 할 때, 보다 건실한 선교가 될 수 있음을 영등포 노회의 선교는 우리에게 잘 보여준다.

한아봉사회는 그 이름부터 남다르다. '선교회'란 이름으로 활동하기 보다는 NGO의 이름과 같은 '봉사회'란 이름으로 활동하고 있는 것이다. 한아봉사회는 그 기관을 다음과 같이 소개한다. "'한아봉사회는' 선교 대상 지역의 지도자 양성, 기술교육, 빈곤퇴치프로그램, 의료 지원 등 정의롭고 평화로운 시국 발전과 관련된 프로그램을 지원하고 있습니다. 아시아에 정의와 평화가 정착 되도록 하기 위하여 제1단계로 베트남, 라오스, 캄보디아, 미얀마, 제2단계로 중국과 북한, 그리고 제3단계로 근동 지역으로 활동 영역을 넓혀 가려 합니다."

한아봉사회는 그들의 봉사 활동이 복음 전도와 잘 연결되는 것임을 다음과 같이 설명한다. "이것은 단순히 인적 물적 자원을 나누는 차원을 넘어서 '지금' '여기'에서의 복음에 대한 구체적인 체험 자체를 나누는 것을 의미한다. 따라서 본 회는 우리 구주 예수님의 말씀과 사역에서 나타난 '섬김과 나눔'을 복음 선포의 본질적 차원으로 밝히며 선교 사역에 있어 인적 물적 차원뿐만 아니라 한반도에서 체득된 복음의 깊이와 신앙 체험의 차원에서의 섬김과 나눔을 실천하고자 한다." 이런 설립 취지에 대한 언급에서와 같이 한아봉사회는 선교의 사역과 사회봉사의 일을 통전적으로 잘 융합하고 있다.

한 지역에 교회와 병원과 학교 등등을 세워나가며 복합적 선교를 하는 것이 효율적인 것으로, 초기 한국 선교사들이 하였던 선교도 그와 같은 모델이었다. 이에 이 같은 해외 선교 사역을 위해선 선교사에게 생활비만 지원해선 충분치 않다. 그 선교 지역을 살리는 마을목회적 선교를 하려면 선교 센터를 만들어 여러 명의 선교사들이 힘을 합해 선교를 해 나 갈 필요가 있는 것으로, 이 일을 위해선 많은 재정이 요청되는바 여러 교회들이 힘을 합쳐 선교를 하는 것이 좋을 것이라 생각한다.

작은 교회라 할지라도 마을을 위해 할 수 있는 사랑의 실천이 없는 것이 아니다. 우리가 모은 사례들 중 많은 것들이 작은 교회들이 실천한 마을사역이었다. 그들은 교회의 생존을 위한 마을목회를 실천하였고 그러한 그들의 노력들이 여기저기서 결실하고 있음을 우리는 확인할 수 있었던 것이다. 작은 한 교회가 한 사람이라도 제대로 도울 수 있고 불행한 한 사람을 행복하게 할 수 있다면 그것은 결코 작은 일이 아니다. 무엇보다 마을의 어려운 사람들을 끝까지 돕겠다는 정신이 중요하다.

지금 내가 가진 힘이 작은 것이지만, 어떻게든 나의 힘을 키워 남을 돕자고 생각하고 살면 그 안에 참 행복이 넘칠 것이 분명하다.

8. 나가는 말: 공동체성을 강조하는 공공신학과 마을목회

우리의 인생은 결코 순탄한 바다를 항해하는 것과 같지 않다. 인생 중에 우리는 많은 풍랑과 어려움들을 만나곤 한다. 그러나 이런 와중에서도 우리가 서로의 손을 잡아준다면 우리의 삶이 그렇게 험하지만은 않을 것이다. 예전 중세 시대의 마을을 보면 타운 중심에 관공서, 오페라 하우스, 교회가 있었다. 이런 세 주체들이 힘을 합하여 행복한 마을을 구성해 나갔던 것이다. 교회가 마을의 중심에서 공동체를 품고 있었던 것이다.

마을목회는 개인적 행복과 함께 공동체적 행복에 관심을 갖는다. 이런 견지에서 마을목회는 지역 사회를 공동체적 가치를 통해 구성해나갈 것을 강조한다(요 17:21-23). 마을목회는 오늘 우리 사회의 위기가 지나친 개인주의적 삶의 방식에 기인한 것으로 분석하여, 경제, 교육, 복지, 환경, 문화 등 사회 각 분야에 기독교가 강조하는 사랑의 하나 됨과 공동체성 및 공동성을 불어넣을 것을 주장한다.

이윤을 내기 위해 혈안이 된 구조들이 아니라 서로의 행복을 위해 함께 일구어나가는 적극적인 구성 주체들을 만들어 보려는 것이 마을목회의 주요 관심이다. 마을교회, 마을학교, 마을기업, 마을은행, 마을병원, 마을복지, 마을협동조합, 마을은행, 청년들을 위한 마을 공유주택, 마을 환경 지킴이 등 우리의 조직들을 공동의 유익을 위해 조율하려는 것이 마을목회의 의중이기도 한 것이다.

이 같은 마을목회 사역은 상호 간 하나 됨과 네트워크를 중시한다(고전 12:12). 마을 속의 주민들과의 연대, 지역 교회들의 연대, 교인과 마을 주민 사이의 네트워킹, 관청과 다양한 거버넌스들 및 마을의 학교와 기업 등과의 폭넓은 사귐과 관계적 통전성이 마을목회에 활력을 더하게 하는 것이다. 마을목회는 교회의 봉사를 통해 교회 밖의 사람들과의 관계망을 확장하여 그들이 주님의 자녀가 되는 것을 쉽게 하는 목회 전략이다.

고린도전서 12장을 특히 우리가 그리스도를 머리로 하는 몸임을 강조한다. 서로 나뉘어 각 지체로서 사역하고 있지만, 전체적으로 한 몸을 이루는 모습을 이 본문은 강조한다. 셋이라는 개별성이 있지만 전체적으로 하나인 삼위일체 하나님의 모습과 같이, 우리의 나눠진 지체들이 하나 될 때 그 안에 성령의 역사하는 생명력이 있음을 마을목회는 강조한다.

오늘 우리는 너무 개인주의적인 파편화된 삶을 살고 있다. 이웃과이 하나 됨과 친교가 우리 행복에 큰 비중을 차지하는 것을 잊은 채 서로 분리된 삶을 영위하고 있는 것이다. 자기에게 밀려오는 모든 아픔과 불행들을 자기 혼자 감당하려 하니 그 짐들이 우리를 너무 짓누르게 된다. 이에 마을목회는 서로의 짐을 져주는 공동적 삶의 방식을 제시한다. 너의 기쁨이 나의 기쁨이고 너의 아픔인 나의 아픔이 되는 공감의 삶을 마을목회는 강조하는 것이다.

기실 우리는 이런 불행에 대해 공동으로 대처하는 많은 방안들을 만든 바 있다. 보험제도, 신용협동조합, 사회 복지 수당, 은행, 주식회사 등 많은 제도들이 이런 공동적 삶의 방식을 포섭하는 것이다. 그러나 우리는 이런 부분적인 공동적 대응 방식을 보다 폭넓은 영역으로 확대할 필요가 있다. 내가 먼저 저축한 돈을 나중에 받게 되는 단순한 형식에서 나아가, 대책 없는 남들의 고통들에 상관하여 이를 덜어주고자 하는 사회 제도들을 더 강화해나가는 것이 필요하다.

필자는 이미 출간된 책들에서 마을목회가 이와 같은 여러 개념들과 연관되는 것임을 강조했다. 공동체 정신, 마을 만들기, 주민 자치, 협동조합운동, 지역 사회 복지, 사회적 목회(social ministry), 사회적 기업, 평신도 사역, 네트워크 사역, 공공신학, 선교적 교회, 커먼즈, 공공 디자인, 거주공동체, NGO, 희년 사상, 건강 도시 운동, 프런티어 목회, 카페 미니스트리 등이다. 필자는 이런 각각의 주제들을 이 같은 마을목회와 연결하여 20권의 책들을 편찬하였는데, 이러한 책들은 교회를 위해서도 소중할 뿐 아니라, 우리 사회와 국가를 아름답게 만드는 일에도 유용하리라 생각한다.

'마을'이란 사전적으로는 시골 지역에서 여러 집이 모여 사는 곳을 말한다. 그러나 '마을목회'는 농어촌 지역의 목회 전략을 말하는 것이 아니다. 마을이 하나의 공동체를 이뤄 그곳의 주민들이 서로 도우며 살 듯 도시에서도 이런 공동체를 이루며 사는 것이 필요한바, 지역 공동체로서의 하나님 나라를 동네 속에 세우기 위한 목회가 마을목회다. 그러므로 마을목회는 농어촌에만 해당하는 목회가 아니다. 오늘날엔 도시가 공동체성이 더 무너진 곳이라 할 수 있다. 그러므로 오히려 도시에서의 마을목회 운동이 더 필요하다. 도시에서는 동 정도의 테두리를 마을로 생각하면 좋을 것 같으며, 농촌에서는 면 정도의 단위를 마을로 보면 어떨까 생각한다. 그 정도 크기의 지역을 하나의 생명 공동체로 만들어 보고자 하는 목회가 마을목회다.

오늘 우리 사회는 도시건 농촌이건 공동체성이 상실된 곳들이 되었다. 서로 자기 살기 바빠 남에게는 눈길 한 번 주기 어려운 각박한 삶이 된 것이다. 마을목회는 공동체성이 상실된 오늘의 삶을 전환하여 우리의 동네들을 정이 있고 살가운 공동체로 만들고자 한다. 도움이 필요할 때 서로 도움을 주고 마을의 일들을 함께 의논하며, 공동으로 가지고 있는 이야기와 문화가 있는 마을을 만들고자 하는 것이 마을목회인 것이다. 이상과 같이 필자는 공공신학과 마을목회의 상관성에 대해 고찰하였다. 이에 마지막으로 이 두 신학적 개념 사이의 관계를 아래의 표로 정리하였다.

공공신학의 주요 특징	이에 상응하는 마을목회의 입장
사적인 신학에서 공적인 신학으로의 전환	마을목회는 개인적 행복과 함께 공동체적 행복에 관심을 갖는다. 이런 견지에서 마을목회는 지역 사회를 공동체적 가치를 통해 만들어나가는 것을 강조한다.
교회 밖의 사람들에게 기독교의 진리를 이해시키고 설득시키고자 하는 신학	마을목회는 교회 밖의 주민들도 회개하고 믿기만 하면 주님의 자녀가 될 수 있는 잠재적 교인으로 생각하며, 그들을 목회의 대상 안에 포함시키는 운동이다. 이런 의미에서 마을목회는 '마을을 교회로, 주민을 교인'으로라는 표어를 주창한다. 이런 각도에서 마을목회는 주민들과의 소통을 강조한다.
교회 내의 목회뿐 아니라, 교회 밖의 사회적 문제들도 동일하게 관심을 갖는 신학	마을목회는 믿음 안에서 행복하고 안전하며 건강한 마을을 만들기 위해 노력하는 목회다. 이런 마을을 만들기 위해서는 자연 사회의 제반 문제들에 관여할 수밖에 없는바, 마을목회는 개인의 구원과 함께 이 땅에 하나님의 나라를 구현하는 기독교인의 사명을 강조하는 것이다.
일반 학문의 방법론과 대화하며 사회 문제 등을 다루는 신학이다.	마을목회는 전략을 세워 사회봉사의 사역을 추진하는 과학적 목회 방안으로 지역 사회 개발 이론, 역량 강화 이론 및 전략 기획 이론 등의 방법론을 사용한다. 마을목회는 실천과 함께 일의 기획 과정과 사후 평가를 중시하는 목회 방식이다.

정치, 경제, 사회, 문화, 교육 등 다양한 사회 문제들을 외면하지 않고 그에 대해 적극적으로 의견을 개진하는 신학	마을목회는 오늘 우리 사회의 위기가 지나친 개인주의적 삶의 방식에 기인한 것으로 분석하여, 경제, 교육, 복지, 환경, 문화 등 사회 각 분야에 기독교가 강조하는 사랑의 하나 됨과 공동체성을 불어넣을 것을 주창하는 목회 전략인 것이다.
공공신학은 한 나라 내의 사회적 문제만을 다루는 것이 아니며, 글로벌한 문제를 취급하고 있다.	마을목회는 지역(local)에 뿌리내리고 있지만, 글로벌(global)한 입장을 지향하는 목회다. 마을목회는 한 마을의 행복을 위해 노력하면서도 그러한 노력이 전지구적인 영역과 긴히 연결되어 있음을 강조한다. 이런 의미에서 마을목회는 '로글로'(lo-glo)[32]의 실천신학이라 할 수 있다.
마지막으로 공공신학은 이론을 앞세우는 신학이기보다는 실천을 강조하는 신학이다.	마을목회는 이론에 앞서 실천을 중시하는 목회다. 마을목회는 예장 통합 교단의 교회들이 전개한 현실 목회에서의 노력들을 살펴 만들어낸 이론으로 실천성을 강조하는 운동이다. 이에 마을목회는 신학을 위한 신학이 아니라 교회를 위한 신학을 강조한다.

---

[32] 필자는 '글로컬'(glocal)이란 말보다 '로글로'(loglo)란 말을 선호한다.